Ernst Haeckel, 1872-1876 Challenger Expedition

Monographie der Medusen

Ernst Haeckel, 1872-1876 Challenger Expedition

Monographie der Medusen

ISBN/EAN: 9783743693968

Hergestellt in Europa, USA, Kanada, Australien, Japan

Cover: Foto ©Thomas Meinert / pixelio.de

Weitere Bücher finden Sie auf **www.hansebooks.com**

MONOGRAPHIE DER MEDUSEN.

VON

ERNST HAECKEL.

ZWEITER THEIL.

ERSTE HÄLFTE:
DIE TIEFSEE-MEDUSEN DER CHALLENGER-REISE.

ZWEITE HÄLFTE:
DER ORGANISMUS DER MEDUSEN.

MIT 32 TAFELN UND MIT 8 HOLZSCHNITTEN.

JENA
VERLAG VON GUSTAV FISCHER
VORMALS FRIEDRICH MAUKE
1881.

DIE

TIEFSEE-MEDUSEN

DER

CHALLENGER-REISE

UND DER

ORGANISMUS DER MEDUSEN.

ZWEITER THEIL EINER

MONOGRAPHIE DER MEDUSEN.

VON

Dr. ERNST HAECKEL

PROFESSOR AN DER UNIVERSITÄT JENA.

MIT EINEM ATLAS VON ZWEIUNDDREISSIG TAFELN
UND MIT ACHT HOLZSCHNITTEN.

JENA

VERLAG VON GUSTAV FISCHER

VORMALS FRIEDRICH MAUKE

1881.

Inhalts-Verzeichniss.

Erste Hälfte des zweiten Theiles:

Die Tiefsee-Medusen der Challenger-Reise.

pag.   pag.

Zweite Hälfte des zweiten Theiles:

Der Organismus der Medusen.

Grundriss einer vergleichenden Morphologie der Medusen.

pag.   pag.

VORWORT.

In der reichen und wunderbaren Tiefsee-Fauna, deren Entdeckung wir der Reise von „H. M. S. Challenger" verdanken, bilden die Tiefsee-Medusen eine der kleinsten und wenigst bedeutenden Gruppen; die Zahl ihrer nachstehend beschriebenen Arten beträgt nicht mehr als 18, von denen die Hälfte Craspedoten, die Hälfte Acraspeden sind. Allein unter diesen 18 Species, welche ebenso viele verschiedene Genera repräsentiren, ist die Mehrzahl von hervorragendem morphologischen Interesse; und ausserdem dürften dieselben schon desshalb eine besondere Bedeutung in Anspruch nehmen, weil sie überhaupt die ersten Tiefsee-Bewohner aus dieser Thierklasse sind, welche wir kennen. Ich bin daher dem wissenschaftlichen Director der „Challenger"-Expedition, Sir Wyville Thomson, zu besonderem Danke verpflichtet, dass er mir alle von dieser Expedition gesammelten Medusen in liberalster Weise zur Untersuchung übergab. Den ersten, 1877 übersendeten grösseren Tiefsee-Medusen konnte ich später noch einige andere hinzufügen, welche ich theils gelegentlich der Untersuchung der Challenger-Radiolarien, theils während eines Besuches in Edinburgh (1879) bei genauerer Durchmusterung der Challenger-Sammlung selbst nachträglich auffand. Für die gütige Unterstützung, welche ich hierbei von dem ersten Assistenten des „Challenger-Museums", Mr. John Murray, erfuhr, spreche ich demselben hier meinen herzlichen Dank aus, und ebenso für die freundliche Zusendung der interessanten *Lucernaria bathyphila*, der ersten Lucernaride der Tiefsee; sie wurde von ihm auf der Expedition des „Knight Errant" entdeckt, und ihre Beschreibung mit Bewilligung von Sir Wyville Thomson nachstehend eingeschlossen.

Alle 18 hier beschriebenen Arten von Tiefsee-Medusen sind bereits in meinem 1879 erschienenen „System der Medusen" durch vorläufige Species-Diagnosen characterisirt worden. Ausserdem hatte ich daselbst noch 2 andere Species mit aufgeführt, die Aeginide *Aeginorhodus rosarius* (System, p. 345, Nr. 379) und die Cyaneide *Melusina formosa* (System, p. 535, Nr. 500). Leider erwiesen sich aber die Fragmente des einzigen Exemplares, welches ich von diesen beiden schönen Medusen erhielt, bei näherer Untersuchung gar zu unvollständig und zu schlecht conservirt, so dass ich von einer speciellen Beschreibung und Abbildung schliesslich lieber ganz absehen zu müssen glaubte. Auf der anderen Seite erwuchs mir für die nachfolgende Darstellung einiger anderer Tiefsee-Medusen, deren einziges Exemplar in der Challenger-Sammlung ebenfalls nur sehr ungenügend conservirt war, ein sehr wesentlicher Vortheil dadurch, dass ich dieselbe durch anderweit gesammeltes Material ergänzen konnte. Insbesondere erhielt ich von *Ptychogena pinnulata* und *Pectyllis arctica* durch die Güte der Herren Prof. Steenstrup und Dr. Lütken mehrere wohlerhaltene Exemplare aus dem zoologischen Museum von Kopenhagen; von *Drymonema Victoria* mehrere vortrefflich conservirte Exemplare durch meinen Freund, Hrn. Gregor Buccich, von der Insel Lesina in Dalmatien. Drei Species, von welchen die Challenger-

Sammlung nur ein dürftiges und unvollständiges Fragment enthielt, fing ich selbst lebend mit dem Schwebenetz und konnte sie demnach eingehend untersuchen: *Pectanthis asteroides* aus dem Mittelmeer, *Cunarcha aeginoides* von der canarischen Insel Lanzerote und *Polycolpa Forskalii* aus dem rothen Meere. Von der Mehrzahl der 12 übrigen Arten stand mir leider nur ein einziges Exemplar zur Verfügung und auch dieses war mehrfach unvollständig; trotzdem ist es mir, wie ich hoffe, mit Hülfe der vergleichenden Morphologie der nächstverwandten Medusen geglückt, ihren Organismus ziemlich vollständig zu reconstruiren.

Ob alle 18 nachstehend beschriebenen Tiefsee-Medusen wirklich ständige Bewohner der Tiefsee sind, lässt sich mit Sicherheit nicht behaupten; die Methode des Fanges mit dem Schwebenetze, durch welche solche zarte und zerstörbare Organismen aus grossen Meeres-Tiefen gelegentlich gehoben werden, ist gegenwärtig noch zu wenig ausgebildet, und es ist sehr möglich, dass mehrere scheinbar aus grossen Tiefen gehobene Medusen in Wirklichkeit in geringeren Tiefen schwebten und beim Heraufziehen des Netzes mit erfasst wurden. Dagegen können mit grosser Wahrscheinlichkeit als ständige und characteristische Bewohner grosser Meeres-Tiefen solche Medusen angesehen werden, welche entweder durch eigenthümliche Organisations-Verhältnisse für derartige Lebensweise besonders angepasst erscheinen, oder welche durch ihre primitive Structur ein hohes phylogenetisches Alter verrathen. Als solche betrachte ich unter den nachstehend beschriebenen 9 Craspedoten vor allen die 3 Pectylliden (*Pectyllis, Pectis* und *Pectanthis*); ferner *Cunarcha* und *Aeginura*. Unter den 9 aufgeführten Acraspeden dürften ebenso zu beurtheilen sein: *Tesserantha*, die beiden grossen Periphylliden (*Periphylla, Periphema*) und die beiden merkwürdigen Ephyriden (*Nauphanta* und *Atolla*). Indessen scheint aus den gelegentlichen Mittheilungen einzelner Forscher hervorzugehen, dass auch andere Medusen-Formen (insbesondere Charybdeiden und Rhizostomen) grossentheils auf dem Meeresboden sich aufhalten und in ansehnliche Tiefen hinabgehen. Somit ist denn hoffentlich die nachstehende Abhandlung über Tiefsee-Medusen nur als der erste Anfang auf einem interessanten Gebiete anzusehen, von dem noch viele und wichtige Aufschlüsse über die Organisation der Medusen zu erwarten sind.

Aus der systematischen Uebersicht auf p. 119 ergiebt sich, dass unter den 18 Tiefsee-Medusen der Challenger-Expedition sämmtliche 8 Ordnungen dieser Classe vertreten sind, welche ich in meinem „System der Medusen" 1879 unterschieden habe; und zwar kommen auf die I. Anthomedusen 1 Art (*Thamnostylus*, Taf. 1); auf die II. Leptomedusen 1 Art (*Ptychogena*, Taf. 2), auf die III. Trachomedusen 3 Arten (*Pectyllis, Pectis, Pectanthis*, Taf. 3—8), auf die IV. Narcomedusen 4 Arten (*Cunarcha, Polycolpa, Pegantha, Aeginura*, Taf. 9—14), auf die V. Stauromedusen 2 Arten (*Tesserantha, Lucernaria*, Taf. 15—17), auf die VI. Peromedusen 2 Arten (*Periphylla, Periphema*, Taf. 18—25), auf die VII. Cubomedusen 1 Art (*Charybdea*, Taf. 26), auf die VIII. Discomedusen 4 Arten (*Nauphanta, Atolla, Drymonema, Leonura*, Taf. 27—32). Darunter befinden sich 13 von den 32 Familien vertreten, welche ich 1879 im System der Medusen unterschieden habe (vergl. p. 119).

Für die Chorologie unserer Medusen ergiebt sich aus der tabellarischen Uebersicht auf p. 120 Folgendes: Die geographische Verbreitung derselben erstreckt sich auf alle grösseren Meere, und zwar kommen im Ganzen 8 Species auf das atlantisch-mediterrane Gebiet, 10 Species auf das indo-pacifische Gebiet. Von den 8 ersteren gehören 7 der nördlichen, 1 der südlichen Hälfte des atlantischen Oceans an (davon 2 zugleich dem Mittelmeer). Von den übrigen 10 Arten kommen 2 auf die nördliche, 3 auf die südliche Hälfte des pacifischen Oceans, und 5 auf den antarctischen Theil des indischen Oceans. Von den letzteren findet sich eine zugleich im südwestlichen Theile des atlantischen Gebietes. Bezüglich der bathygraphischen Verbreitung ergiebt sich aus der Tabelle p. 120, dass 7 Species in Tiefen von 80—600 Faden gefangen wurden, 6 Species in Tiefen von 1100—1600 Faden und 5 Species in Tiefen von 2000—2200 Faden. Indessen dürfen diese Tiefen-Angaben (wenigstens zum Theil) aus den vorher angeführten Gründen wohl nur als mehr oder minder approximative angesehen werden.

Was die Abbildungen unserer Tiefsee-Medusen auf den angehängten 32 Tafeln betrifft, so können sie selbstverständlich bei dem mangelhaften Conservations-Zustande der in Spiritus aufbewahrten Präparate auf absolute Naturtreue keinen Anspruch machen. Vielmehr hielt ich es für meine Aufgabe, auch hier, wie bei denjenigen Abbildungen meines „Systems der Medusen", welche nach Alkohol-Präparaten entworfen wurden, meine ausgedehnte Kenntniss der Formen lebender Medusen zur annähernden Reconstruction eines möglichst naturgetreuen Bildes der lebenden Formen zu verwerthen. In diesem Bemühen wurde ich hier wie dort wesentlich unterstützt durch die geschickte Künstlerhand des Lithographen Herrn Adolf Giltsch. Für die Anfertigung einer grossen Anzahl von trefflichen microscopischen Schnitten durch eingebettete Präparate bin ich meinem verehrten Freunde Herrn Dr. Reinhold Teuscher zu freundlichem Danke verpflichtet.

Die vielen neuen morphologischen Thatsachen, welche die genaue Untersuchung der Tiefsee-Medusen ergeben hat, sind nicht allein an sich von speciellem Interesse, sondern zum grossen Theil auch von genereller Bedeutung für das vergleichend-anatomische Verständniss der ganzen Classe; dies gilt namentlich von den *Pectyllidae* und *Peganthidae* unter den Craspedoten, von den *Periphyllidae* und *Ephyridae* unter den Acraspeden. Es schien mir daher angemessen, der speciellen anatomischen Beschreibung der 18 Tiefsee-Medusen als zweite Hälfte eine kurzgefasste Abhandlung über den „Organismus der Medusen" anzuhängen, welche gewissermaassen die morphologische Einleitung zu der ersteren darstellt und zugleich einen vorläufigen „Grundriss einer vergleichenden Morphologie der Medusen" überhaupt. Ich habe darin den Versuch gewagt, ein zusammenhängendes und einheitliches Bild von der gesammten Organisation der Medusen zu entwerfen, wie dieselbe gegenwärtig nach Abschluss meines „Systems der Medusen" und der speciellen Untersuchung der „Tiefsee-Medusen" meinem Blicke sich darstellt.

Dieser Versuch soll zugleich als Grundriss für die ausführliche „Morphologie der Medusen" dienen, welche ich im Vorwort zum „System der Medusen" (1879, p. XIX) versprochen habe. In Hinblick auf dieses später auszuführende allgemeine Werk, welches zugleich die gesammte Medusen-Litteratur historisch und kritisch behandeln wird, habe ich in dem vorliegenden Entwurfe von jedem Eingehen auf die letztere vollständig abgesehen; dasselbe würde zu viel Raum weggenommen haben. Wenn dadurch einerseits dieser „Grundriss" ein ganz subjectives Gepräge erhält und lediglich als der Ausdruck meiner gegenwärtigen Gesammtauffassung des Medusen-Organismus zu betrachten ist, so wird dieser Mangel vielleicht anderseits dadurch aufgewogen, dass das so gewonnene Bild — wenn auch im Einzelnen vielfach irrthümlich — dennoch im Ganzen eine einheitlichere und vollständigere Vorstellung von der Medusen-Organisation giebt, als bisher möglich war. Uebrigens ist unter der neueren Medusen-Litteratur nur ein grösseres Werk zu nennen, welches den vorliegenden „Grundriss" in vielen wesentlichen Punkten ergänzt und namentlich von dessen zweitem Abschnitte, von der „Generellen Histologie der Medusen" eine eingehendere und genauere Darstellung giebt; es sind dies die werthvollen Untersuchungen der Gebrüder Oscar und Richard Hertwig, welche theils in einer besonderen Monographie „das Nervensystem und die Sinnesorgane der Medusen" (1878) sehr ausführlich geschildert haben, theils in ihrer Abhandlung über den „Organismus der Medusen" (1879) das Verhältniss desselben zur Keimblätter-Theorie vortrefflich beleuchtet haben. Viele wichtige Punkte sind in diesen Arbeiten der Gebrüder Hertwig weit ausführlicher beschrieben und kritisch behandelt, als es in dem vorliegenden kurzgefassten „Grundriss" möglich war.

Die englische Ausgabe der vorliegenden Untersuchungen bildet einen integrirenden Bestandtheil des von Sir Wyville Thomson herausgegebenen „Report on the scientific results of the Voyage of H. M. S. Challenger". Die deutsche Ausgabe derselben kann als zweiter Theil meiner „Monographie der Medusen" betrachtet werden, von welcher das 1879 erschienene „System der Medusen" (mit 40 Tafeln) den ersten Theil bildet. Während die specielle Beschreibung der „Tiefsee-Medusen der Challenger-Reise" die erste Hälfte des zweiten Theiles darstellt, bildet dessen zweite Hälfte die vergleichend-morphologische Abhandlung über den „Organismus der Medusen".

Jena, am 14. September 1881.

                                                    ERNST HAECKEL.

DIE

TIEFSEE-MEDUSEN

DER

CHALLENGER-REISE.

ERSTE HÄLFTE

DES

ZWEITEN THEILES EINER

MONOGRAPHIE DER MEDUSEN.

VON

ERNST HAECKEL.

Erste Legion der Medusen-Classe:

CRASPEDOTAE, Gegenbaur, 1856.

CRYPTOCARPAE, Eschscholtz, 1829.   **GYMNOPHTHALMAE,** Forbes, 1848.
HYDROMEDUSAE, Carus, 1863.   **APHACELLAE,** Haeckel, 1878.

Character der Craspedoten-Legion: Medusen ohne Gastral-Filamente oder Phacellen; mit exodermalen Gonaden (oder Geschlechts-Producten vom äusseren Keimblatte); mit echtem Velum (— stets ohne Velarium —); ohne echte Randlappen des Schirms; mit doppeltem, centralisirtem Nervenring. Phylogenetische Descendenz (wahrscheinlich allgemein!) und ontogenetische Descendenz (noch heute bei der Mehrzahl!) abgeleitet von Hydropolypen ohne Gastral-Filamente oder von Hydrostomen. Ontogenese meistens Generationswechsel, oft mit Metamorphose verknüpft. Die geschlechtliche Craspedoten-Generation entsteht durch laterale Knospung aus der ungeschlechtlichen Hydrostomen-Generation.

I. Erste Medusen-Ordnung:

(Erste Ordnung der Craspedoten:)

ANTHOMEDUSAE, Haeckel (1877).

Character der Anthomedusen-Ordnung: Craspedoten ohne Randbläschen und Otolithen, mit Ocellen an der Tentakel-Basis. Gonaden in der äusseren oder subumbralen Wand des Magens. Zahl der Radial-Canäle fast immer vier, sehr selten sechs oder acht. Ontogenese meistens Generationswechsel, oft mit Metamorphose verknüpft. Die Ammen der ungeschlechtlichen Generation sind Hydropolypen aus der **Tubularien-Ordnung.**

Familia: **MARGELIDAE**, Haeckel (1877).

Haeckel, System der Medusen, 1879; p. 68, Taf. V, VI.

Familien-Character: Anthomedusen mit vier oder mehr, einfachen oder verästelten Mundgriffeln, mit vier oder acht getrennten Gonaden in der Magenwand, mit vier engen und einfachen Radial-Canälen, und mit einfachen, unverästelten Tentakeln, welche bald gleichmässig vertheilt, bald in vier oder acht Bündel gruppirt sind.

Subfamilia: **THAMNOSTOMIDAE**, Haeckel (1877).

Margeliden mit verästelten oder zusammengesetzten Mundgriffeln, und mit gleichmässig vertheilten, nicht in Bündel gruppirten Tentakeln.

Genus: **THAMNOSTYLUS**, Haeckel (1879).

ϑάμνος = Busch; στῦλος = Griffel.

Genus-Diagnose: Margelide mit verästelten oder zusammengesetzten Mundgriffeln und mit 2 gegenständigen perradialen Tentakeln.

Das Genus *Thamnostylus*, mit der einzigen Species *T. dinema* (Taf. I), ist zugleich die einzige Tiefsee-Anthomeduse, welche ich unter den Sammlungen der Challenger-Expedition gefunden habe. Sie gehört zur Familie der Margeliden, zur Subfamilie der Thamnostomiden und ist die einzige dissonemale Gattung dieser Subfamilie, mit nur 2 entwickelten gegenständigen Rand-Tentakeln (gleich *Cubogaster* unter den Cytaeiden). Ausgezeichnet ist diese Gattung durch die ganz ausserordentliche Entwickelung der Mundorgane; sowohl das lange centrale Mundrohr, welches unten weit aus dem Central-Magen hervortritt, als die 4 mächtigen, reich verästelten Mundgriffel, welche an dessen Basis entspringen, sind bei *Thamnostylus* im Verhältniss zum übrigen Körper weit grösser als bei den übrigen Margeliden. Auch in anderen Beziehungen erscheint *Thamnostylus dinema* auf den ersten Blick als eine sehr abweichende und sonderbar gebildete Anthomeduse. Indessen ergiebt eine nähere Betrachtung und Vergleichung mit anderen Craspedoten dieser Ordnung, dass sie keinerlei ganz besondere und nur ihr eigenthümliche Bildung besitzt. Vielmehr finden wir in ihr nur eine Combination von auffallenden Merkmalen, welche bei anderen Anthomedusen in anderen Combinationen auftreten. Unter allen bisher bekannten Medusen scheinen die von Péron (1809) beschriebenen Margeliden *Limnorea triedra* und *Favonia octonema* ihr am nächsten zu stehen (Péron, Tableau des Méduses etc., Nr. 8; Annales du Museum d'hist. nat. Tom. XIV, p. 329). Von Beiden hat Lesueur (auf Pl. III seines „Recueil des Planches inédites de Méduses", Fig. 3, 5) eine recht gute Abbildung gegeben, welche deutlich die nahe Verwandtschaft mit *Thamnostylus* und *Nemopsis* nachweist. Auch hier tritt das Mundrohr in Gestalt eines langen Rüssels weit aus der Schirmhöhle hervor und ist von einem Busche blutrother, stark verästelter Mundgriffel umgeben, welche rings um seine Basis entspringen. Doch hatte L. Agassiz auf Grund jener Abbildungen (die mehrfach, u. A. von Blainville und Milne-Edwards copirt sind) *Limnorea* und *Favonia* zu den Rhizostomen gestellt! Vergl. darüber mein „System der Medusen" (1879, p. 87, sowie die Abbildung von *Nemopsis heteronema*, p. 93, Taf. V, Fig. 6, 9).

Species: **Thamnostylus dinema**, Haeckel.
Tafel I.

Thamnostylus dinema, Haeckel, 1879; System der Medusen p. 85, Nr. 95.

Species-Diagnose: Schirm halbkugelig, doppelt so breit als hoch. Magen vierseitig-pyramidal, fast bis zur Velar-Ebene hinabreichend. Gonaden 4 eiförmige, gefiederte Wülste in der Magenwand. Mundrohr vierseitig-prismatisch, doppelt so lang als der Magen, weit aus der Schirmhöhle vortretend. 4 Mundgriffel wenig kürzer als das Mundrohr, von dessen Basis entspringend, 6—8 mal dichotom. 2 gegenständige Tentakeln lang und stark, mehrmals länger als die Schirmbreite.

Grösse: Horizontal-Diameter der Umbrella 16 Mm.; Vertical-Diameter 8 Mm.

Fundort: Antarktischer Ocean, südlich von den Kerguelen-Inseln; Station 153 des Challenger-Catalages, von 65° 42′ S. Br., 79° 49′ Ö. L. v. Gr. in 120 Faden Tiefe.

Umbrella. Die Gestalt des Schirmes ist fast halbkugelig, seine Höhe halb so gross als seine grösste Breite, etwas oberhalb des Schirmrandes. Die Gallerte ist ziemlich dick, nach dem Rande hin allmählich und gleichmässig verdünnt. Die Exumbrella (oder die äussere, convexe Schirmfläche) erscheint fein punctirt, indem kleine runde Nesselwarzen gleichmässig über dieselbe zerstreut sind (Fig. 1). Die Subumbrella (oder die innere, concave Schirmfläche) zeigt eine kräftige Ring-Musku-latur, und ausserdem 8 schmale radiale oder Längs-Muskeln, von denen 4 perradiale *(mp)* die 4 Radial-Canäle begleiten, 4 interradiale hingegen in der Mitte zwischen letzteren verlaufen *(mi)*. Ihr proximales Ende geht über in die Längs-Muskulatur des Magens und des Mundrohres. Das Velum springt vom Schirmrande als eine ziemlich breite und muskulöse Membran nach innen vor und verengt den Ein-gang zur Schirmhöhle beträchtlich. Die Schirmhöhle selbst ist ziemlich flach und beschränkt, indem das centrale Drittel derselben von der ansehnlichen Magen-Pyramide mit den Gonaden eingenom-men wird.

Der Schirmrand ist wulstförmig verdickt und roth pigmentirt. An den Stellen, wo die 4 per-radialen Canäle in den marginalen Ringcanal einmünden, schwillt der Wulst des Schirmrandes in 4 dicke, dunkelroth pigmentirte Ocellar-Bulben an. 2 gegenständige von diesen sind ohne Tentakeln, während die beiden anderen, mit jenen alternirenden, 2 sehr lange und starke Tentakeln tragen (Fig. 1). Diese sind mehrmals länger als der Schirm-Durchmesser, cylindrisch, an der proximalen Basis kolbenförmig verdickt und in ihrer ganzen Länge mit roth pigmentirten Nessel-Ringen besetzt.

Gastrocanal-System. Der centrale Theil desselben besteht aus dem vierseitig-pyramidalen Central-Magen, an dessen Wand die Gonaden liegen, und aus dem doppelt so langen, weit vortreten-den Mundrohr, an dessen Basis die 4 vielverzweigten Büsche der Mundgriffel entspringen. Der peri-phere Theil des Gastrocanal-Systems besteht aus den 4 perradialen Canälen, welche aus der Basis des Central-Magens entspringen und am Schirmrande in den Ringcanal einmünden; von letzterem geht ein Canal in jeden der beiden Tentakeln hinein und durchsetzt diesen in seiner ganzen Länge. So-wohl diese beiden Tentakel-Canäle, als auch jene 4 Radial-Canäle und der sie vereinende Ringcanal sind ziemlich schmal und eng, bandförmig, und zeigen nichts Besonderes. Dagegen besitzt der Central-Theil des Ernährungs-Apparates eine ziemlich complicirte Beschaffenheit.

Der Central-Magen (Fig. 1, 3 *gc*) hat die Gestalt einer vierseitigen Pyramide, deren Höhe ungefähr der Diagonale ihrer Grundfläche gleichkommt, und deren abgestutzte, nach unten gerichtete Spitze die Ursprungsstätte des langen Mundrohres und der 4 baumförmigen Mundgriffel ist. Die quadratische Basis der vierseitigen Magen-Pyramide nimmt das centrale Drittel der Subumbrella ein und wird von der unteren Fläche des Gallertschirmes gebildet; an den 4 Ecken des Quadrates münden die 4 Radial-Canäle in die Magenhöhle ein und setzen sich von da in Gestalt halbcylindrischer Rinnen auf die 4 perradialen Kanten der Magen-Pyramide fort. Die verdickte Wand dieser Rinnen bildet die Mittelrippe der 4 blattförmigen Gonaden oder der gefiederten „Geschlechtsblätter".

Gonaden. Jedes Geschlechtsblatt bildet einen eiförmigen Wulst, dessen abgerundete Basis nach oben, dessen abgestutzte Spitze nach unten gekehrt ist. Indem beiderseits der Mittelrippe 4—5 tiefe transversale Einschnitte die Gonade in eben so viele Lappen theilen, erhält sie die zierliche Form eines gefiederten Blattes. Die 5—6 Fiederpaare desselben nehmen von oben nach unten an Länge ab und sind an ihren Rändern zierlich gekerbt, wie bei manchen Farn-Wedeln (Fig. 6). Aus der Oberfläche der einzelnen Fiederblättchen treten zahlreiche grössere und kleinere Eier dicht gedrängt hervor. Die

Eier sind grosse, nackte, amoeboide Zellen von unregelmässig rundlichem oder polyedrischen Umrisse, welche ein grosses helles Keimbläschen einschliessen. In diesem Nucleus ist ein ansehnlicher dunkler Keimfleck (Nucleolus) sichtbar, welcher einen deutlichen Keimpunkt (Nucleolinus) enthält (Fig. 8). Scheinbar nehmen die 4 zierlichen Geschlechtsblätter den grössten Theil der verdickten Wand des Central-Magens ein, so dass nur 4 schmale interradiale Felder seiner Aussenfläche von ihnen frei bleiben (Fig. 3). Die genauere Untersuchung lehrt jedoch, dass nur die perradiale Mittelrippe und die aboralen Basal-Theile der Geschlechtsblätter integrirende Bestandtheile der Magenwand selbst sind, aus deren Kanten-Exoderm sie sich entwickeln. Hingegen ist die orale Spitze der Gonaden und der grösste Theil ihrer Seitenränder frei und liegt nur oberflächlich der äusseren Magenwand auf. Zwischen den farblosen Eiern finden sich, wie in den übrigen Theilen der Magenwand und am Schirmrande, zahlreiche feine Körner desselben blutrothen (in Weingeist unlöslichen) Pigmentes, welches auch die rothe Farbe der Mundgriffel und der Nesselknöpfe der Tentakeln bewirkt.

Mundgriffel (*Stomostyli*, Fig. 1, 5). Die characteristischen Mundgriffel bilden bei dieser Art, wie bei mehreren anderen Margeliden (*Limnorea*, *Nemopsis*, *Rathkea* etc.) äusserst zierliche, vielästige und durch blutrothe Farbe ausgezeichnete Büsche. Im Verhältnisse zum übrigen Körper sind aber diese Büsche hier umfangreicher und stärker entwickelt, als bei allen übrigen Margeliden. In völlig ausgestrecktem Zustande (wie er an unserem Weingeist-Exemplar vorzuliegen scheint) nehmen sie einen Raum ein, welcher den der gesammten Umbrella übertrifft. Die 4 perradialen starken Stämme der Mundgriffel sind ungefähr eben so dick als die angeschwollenen Basalstücke der beiden Tentakeln und entspringen aus der abgestutzten Spitze des Central-Magens, rings um die Basis des langen Mundrohres, ungefähr in der Höhe der Velar-Ebene (Fig. 1). Jeder der 4 starken Stämme theilt sich alsbald in 2 dicke Hauptäste, die sich nach kurzem Verlaufe abermals gabeln. Diese Dichotomie scheint sich wenigstens 6—8 mal (vielleicht noch öfter) zu wiederholen, so dass die Gesammtzahl der Endäste wohl über Tausend beträgt. Bei jeder neuen Gabeltheilung wird das Kaliber der Aeste kleiner, so dass die 4 basalen Hauptstämme wenigstens 6—8 mal so dick sind als ihre letzten Terminal-Aestchen. Jeder der letzteren endigt mit einem kugeligen Nessel-Knopfe, der aus zahlreichen langgestreckten, radial gestellten Nesselzellen zusammengesetzt ist und lange feine Cnidocilien trägt (Fig 5 n). Der feinere Bau der Mundgriffel und ihrer Aeste ist derselbe, wie bei den übrigen Margeliden. Die Hauptmasse derselben bildet eine entodermale Zellen-Axe, bestehend aus einer einzigen Reihe von flachen, münzenförmigen, wie in einer Geldrolle über einander gereihten Entoderm-Zellen. Die Kerne derselben, von einem Protoplasma-Hofe umgeben, liegen in ihrer Mitte (Fig. 5 d) und bilden scheinbar in der Mitte der ganzen Zell-Säule einen zusammenhängenden Axenstrang (von früheren Beobachtern bei den soliden Mundgriffeln anderer Margeliden, wie bei den ähnlichen Tentakeln der Narcomedusen und vieler Hydroiden, irrthümlich für einen „Central-Canal" gehalten). Diese solide entodermale Zellen-Axe der Mundgriffel ist rings umschlossen von einer dünnen, aber festen und sehr elastischen, stark lichtbrechenden Stützlamelle oder Fulcral-Platte, durch deren Elasticität die Ausdehnung der contrahirten Mundgriffel bei Nachlass der Muskel-Contraction bewirkt wird (Fig. 5 z, 7 z). Die Muskeln, welche bei ihrer Zusammenziehung die Griffel in hohem Maasse verkürzen und gleichzeitig verdicken, bilden eine dünne Lamelle, zusammengesetzt aus parallelen longitudinal verlaufenden Fasern. Diese Muskelplatte ist hier, ebenso wie an den Tentakeln, ein Product des Exoderms, während die Fulcral-Platte vom Entoderm ausgeschieden wird. Der Exoderm-Ueberzug der Mundgriffel besteht aus platten Epithel-Zellen, welche theilweise Geissel-, theilweise Nesselkapseln bilden und ausserdem zahlreiche Körner des blutrothen Pigmentes enthalten. Die Nesselzellen der Endknöpfe sind nicht pigmentirt.

Das Mundrohr oder „Schlundrohr", welches auch als „Rüssel" (Proboscis) bezeichnet werden kann und in der Mitte zwischen den 4 Stämmen der Mundgriffel aus der Oral-Oeffnung der centralen Magen-Pyramide entspringt, ist 2—3mal so lang als letztere und ragt aus der Velar-Oeffnung der Schirmhöhle weit hervor. Dasselbe ist vierseitig-prismatisch, in den beiden oberen Dritteln von gleichmässiger Dicke, während das untere Drittel in einen eiförmigen muskulösen Schlundkopf (Pharynx) angeschwollen ist. Letzterer ist durch eine ringförmige Einschnürung (Strictura palatina) von dem untersten Theile des Mundrohres abgesetzt, welcher die quadratische Mundöffnung trägt (Fig. 4). Der wulstig verdickte Mundsaum trägt einen Kranz von Nesselknöpfen (Fig. 4 an). Die 4 perradialen Kanten des Mundrohres springen stark vor, während die concaven Seitenflächen desselben in Falten gelegt sind.

II. Zweite Medusen-Ordnung:

(Zweite Ordnung der Craspedoten:)

LEPTOMEDUSAE, Haeckel (1866).

Character der Leptomedusen-Ordnung: Craspedoten theils ohne, theils mit Randbläschen, letztere aus der Velum-Insertion entwickelt, mit exodermalen Otolithen-Zellen. Ocellen an der Tentakel-Basis bald vorhanden, bald fehlend. Gonaden stets im Verlaufe der Radial-Canäle. Zahl der Radial-Canäle wechselnd, bald 4, 6 oder 8, bald sehr gross, 16—32—80, oder selbst mehrere hundert. Velum dünn und zart. Ontogenese meistens Generationswechsel, oft mit Metamorphose verknüpft. Die Ammen der ungeschlechtlichen Generation sind Hydropolypen aus der Campanarien-Ordnung.

Familia: CANNOTIDAE, Haeckel (1877).

HAECKEL, System der Medusen, 1879; p. 140, Taf. IX.

Familien-Character: Leptomedusen ohne Randbläschen, mit 4 oder 6 Radial-Canälen, welche verästelt, gabelspaltig oder gefiedert sind, und in deren Verlaufe die Gonaden liegen.

Subfamilia: POLYORCHIDAE, AL. AGASSIZ (1862) s. a.

Cannotiden mit 4 oder 6 Radial-Canälen, welche gefiedert oder mit blinden Seitenästen versehen sind, die den Ringcanal nicht erreichen.

Genus: PTYCHOGENA, AL. AGASSIZ (1865).

πτυχή = Windung; γενή = Geschlechtsorgan.

Genus-Diagnose: Cannotide mit 4 gefiederten Radial-Canälen, deren alternirende Fiederäste sämmtlich blattförmige, gespaltene, gekerbte oder zusammengesetzte Gonaden tragen. Magen eine flache weite Tasche, ohne eigentliche Mundlappen.

Das Genus *Ptychogena* wurde 1865 von AL. AGASSIZ für die nordamerikanische Tiefsee-Cannotide *P. lactea* aufgestellt (North American Acalephae p. 137, Fig. 220). Eine zweite, wenig verschiedene Tiefsee-Art aus dem nord-atlantischen Ocean *(P. pinnulata)* ist nachstehend beschrieben und wird die kurze Darstellung von AGASSIZ ergänzen. *Ptychogena* ist das verbindende Zwischenglied zwischen den anscheinend sehr verschiedenen Gattungen *Gonynema* und *Staurophora*. Während bei ersterer der Magen ein langes Rohr, bei letzterer gänzlich verstrichen ist, stellt der Magen von *Ptychogena* eine flache, weit offene, quadratische Tasche dar, deren 4 Ecken konisch zugespitzt ohne scharfe Grenze in die 4 Radial-Canäle übergehen; und während die Fiederäste der Gonaden bei *Gonynema* ganz auf die Radial-Canäle beschränkt, hingegen bei *Staurophora* centripetal bis zum Centrum des Canal-Kreuzes fortgesetzt sind, erreichen sie bei *Ptychogena* einen mittleren Grad der Ausbildung; sie nehmen hier nur die Proximalhälfte der Radial-Canäle ein, setzen sich aber von da noch eine Strecke weit auf die eigentliche Magenwand fort. Beide (nordatlantische) Arten von *Ptychogena* scheinen echte Tiefsee-Medusen zu sein. AL. AGASSIZ sagt darüber Folgendes (l. c. p. 139): „This Medusa, like *Tima*, swims at a considerable depth below the surface. The action of the light and increase of temperature of the surface is sufficient to kill them in the course of half an hour; the moment they are brought to the surface, the spherosome loses its transparency, the genital organs become dull, and the Medusa is soon completely decomposed. This action is much more rapid than any thing of the kind which I have noticed even in Ctenophorae, Mertensia being the only genus in which the decomposing effects of light and heat are at all equal to what is produced here. This Jelly-fish must be a deep-water species, as they have only been found during a single fall, and then only for a few days, when they seemed quite abundant." Wie für *Ptychogena lactea*, so werden diese Bemerkungen höchst wahrscheinlich auch für *P. pinnulata* gelten. Das Exemplar der letzteren aus der Challenger-Sammlung stammt aus 1250 Faden (= 2500 Meter) Tiefe.

Species: **Ptychogena pinnulata**, HAECKEL.

Tafel II.

Ptychogena pinnulata, HAECKEL, 1879; System der Medusen p. 148, Nr. 150.

Species-Diagnose: Schirm flach gewölbt, 2—3 mal so breit als hoch. Magen quadratisch, sehr flach und weit (von $\frac{1}{3}$ des Schirm-Durchmessers), mit niedrigem Mundrande, der an den 4 Ecken in 4 kurze Lappen ausgezogen ist. Gonaden 4 breite, fast kreisrunde, gefiederte Blätter, welche die Proximalhälfte der Radial-Canäle einnehmen und an deren konisch erweitertem Ursprung auf die Magenwand sich fortsetzen; jedes Blatt mit 20—30 Paar alternirenden Fiederästen, welche nicht gespalten sind, und einen blattförmigen, am unteren freien Rande tief gekerbten Geschlechtslappen tragen. 200 bis 300 lange Tentakeln, dazwischen viele Randkolben.

Grösse: Horizontal-Diameter der Umbrella 50—60 Mm.; Vertical-Diameter 20—30 Mm.

Fundort: Nord-Atlantischer Ocean. Ich konnte von dieser nord-atlantischen Species mehrere wohl erhaltene Spiritus-Exemplare aus dem zoologischen Museum von Kopenhagen untersuchen, welche von Capitain MORERG zwischen Irland und Island gefunden worden waren (59° 7' N. Br., 13° 32' W. L. v. Gr.). Mit dieser identisch erscheint ein Cannotiden-Fragment, welches ich in einem Glase der Challenger-Sammlung von Station 50 (vom 21. Mai 1873) entdeckte, demselben Glase, in welchem sich auch *Pectyllis arctica* fand (aus 1250 Faden Tiefe in der Nähe von Halifax gehoben, 42° 8' N. Br., 63° 39' W. L. v. Gr.). Obgleich dieses zerfetzte Fragment kaum einen Schirm-Quadranten umfasst, genügte es dennoch, um die Identität mit jenen Kopenhagener Exemplaren festzustellen, nach welchen die nachstehende Beschreibung und Abbildung entworfen ist.

Umbrella. *Ptychogena pinnulata* zeigt im Ganzen dieselbe Schirmbildung, wie die nahe verwandte *P. lactea* (l. c.). Der Schirm ist flach gewölbt, in der Mitte etwas stärker vortretend. Die horizontale

Breite an der Mündung der Schirmhöhle ist 2—3mal so gross als die verticale Höhe. Die Gallerte des Schirmes ist ziemlich fest, aber dünn, und nimmt von der Mitte nach dem Rande hin ziemlich rasch ab; in der Mitte beträgt ihre Dicke 5—6 Mm. Die Exumbrella ist glatt, ohne besondere Auszeichnung.

Schirmrand. Derselbe ist dicht besetzt mit 2 Reihen von Anhängen, einer äusseren Reihe von langen Tentakeln und einer inneren Reihe von kurzen Randkolben (Fig. 3, 4). Die Zahl der Tentakeln oder Randfäden beträgt 200—300; bei einem Exemplar zählte ich 320. Gewöhnlich kommen auf jeden Quadranten 70—80. Sie stehen dicht gedrängt. Die angeschwollene Basis oder der Tentakel-Bulbus (Fig. 3 *tb*) ist 1,8 Mm. lang, 0,6 Mm. breit und hat die Form eines halb ovalen Blattes, das in der Meridian-Ebene liegt; der abaxiale Rand ist stark gewölbt, von der Basis an allmählich ansteigend und dann plötzlich abfallend; der axiale Rand ist gerade oder ein wenig concav ausgeschweift. Der Randfaden selbst ist sehr dünn und an den vorliegenden Spiritus-Exemplaren ungefähr so lang als der Schirm-Durchmesser; am lebenden Thiere wahrscheinlich 3—4mal so lang. Die Randkolben oder Tastkolben (Fig. 3, 4 *ok*) sitzen an der Innenseite der Tentakeln, zwischen ihrer Insertion und der Velum-Basis. An einigen Stellen alterniren sie mit den Tentakeln, meistens aber sind sie unregelmässig vertheilt. Ihre Zahl scheint sehr variabel. An einem der vorliegenden drei Exemplare sind nur sehr wenige (20—30), am zweiten über 100 und am dritten über 200 vorhanden. Bei auffallendem Lichte erscheinen die undurchsichtigen Randkolben kreideweiss, bei durchfallendem schwarz; sie sind birnförmig, aus schmal gestielter Basis allmählich anschwellend, etwa $\frac{1}{5}$—$\frac{1}{4}$ so lang als die Basal-Bulben der Randfäden, 0,6—0,8, höchstens 1 Mm. lang, 0,3 Mm. breit. Das Velum (*v*) ist ziemlich breit, aber sehr dünn und zart, vielfach gefaltet. Auch die Ringmuskulatur der Subumbrella ist mässig entwickelt und zeigt keine besonderen Eigenthümlichkeiten. Die Schirmhöhle ist sehr flach, ihre obere Hälfte grösstentheils vom Magen und den 4 Gonaden ausgefüllt.

Gastrocanal-System (Fig. 1, 2). Die weite Mundöffnung führt in einen kurzen flachen Magensack, dessen 4 Basal-Ecken in 4 konische Trichter ausgezogen sind. Diese setzen sich fort in die 4 Radial-Canäle, welche in ihrer Proximalhälfte gefiedert sind und die Gonaden tragen. Am Schirmrande münden die engen Radial-Canäle in einen Ringcanal, welcher Ausläufer in die Tentakeln und Randkolben schickt.

Die Mundöffnung (Fig. 1, 2 in der Mitte) ist quadratisch, sehr weit, mit unregelmässig gefalteten Rändern, welche sich an den 4 perradialen Ecken in 4 kurze wellige Mundlappen ausziehen (Fig. 2 *al*). Sie führt unmittelbar in die weite und flache, fast kubisch gestaltete Magenhöhle, von 12—16 Mm. Durchmesser. Die dünne durchsichtige Wand des vierseitig-prismatischen Magenschlauches hängt ungefähr bis zur Mitte der Schirmhöhle herab; ihr unterer freier Mundrand ist sehr verdünnt. Im Magengrunde tritt an der Gastralfläche des Gallertschirmes sehr deutlich ein perradiales Kreuz hervor (Fig. 2 *g*), dessen 4 Schenkel 0,5 Mm. breit und 8 Mm. lang sind. Dasselbe wird gebildet durch 4 enge Flimmerrinnen, welche centripetale Fortsetzungen der Umbral-Wand der 4 Radial-Canäle sind. Bei einem von den drei Exemplaren treffen die 4 Schenkel des Kreuzes im aboralen Mittelpunkt der Subumbrella zusammen, so dass der quadratische Magengrund in 4 congruente gleichschenkelige Dreiecke zerlegt wird (Fig. 2). Bei den anderen beiden Exemplaren sind die Spitzen von 2 gegenständigen Dreiecken abgestutzt und berühren sich (bei dem einen Exemplar in der Länge von 2, bei dem anderen von 6 Mm.), so dass die gegenständigen Spitzen der beiden anderen, alternirenden Dreiecke um eben so viel aus einander stehen (Fig. 7). Die geometrische Form des Flimmerkreuzes ist mithin hier deutlich amphithect, während sie bei dem ersten Exemplare völlig regulär ist (Fig. 2).

Die 4 perradialen Ecken des Magengrundes sind in 4 conische Trichter ausgezogen (Fig. 2 *ck*), deren Spitzen bis in die Mitte der Gonaden hineinreichen und die proximale Hälfte der Radial-Canäle einnehmen. Letztere sind sehr breit in dieser proximalen, dagegen sehr schmal in der distalen Hälfte, unterhalb der Gonaden. In der Mitte seines Verlaufes giebt jeder Radial-Canal an beiden Rändern unter rechten Winkeln eine Anzahl alternirender Fieder-Aeste ab, 20—30 jederseits (Fig. 5). Diese Aeste sind in der Mitte am längsten (bis 10 Mm.) und nehmen nach beiden Enden des Radial-Canals stufenweise an Länge ab; an beiden Enden sind sie sehr kurz. Aus ihrer unteren Wand gehen die Gonaden hervor.

Gonaden (Fig. 5, 6). Die 4 Geschlechtsdrüsen haben, von der subumbralen Fläche betrachtet, die Gestalt von breiten, elliptischen oder fast kreisrunden Blättern, welche die Mitte der Radial-Canäle einnehmen; sie hängen von diesen frei in die Schirmhöhle herab (Fig. 1, 2). Bei genauerer Betrachtung zeigt sich, dass jede Gonade ein zierlich gefiedertes Blatt bildet, dessen 20—30 Paar Fiederäste senkrecht stehende Lamellen sind *(s)*. Der obere Rand jeder Lamelle steht mit einem queren Fiederaste des Radialgefässes in Verbindung, dessen untere (subumbrale) Wand eine Falte bildet; der untere freie Rand jeder Lamelle ist gesägt oder vielmehr in eine Anzahl fingerförmiger Zipfel gespalten. Die Anzahl dieser Zipfel ist am grössten (10—15) bei den breitesten Lamellen, in der Mitte jeder Gonade, am geringsten bei den schmälsten Lamellen, an beiden Enden der Gonade. Jede Lamelle ist also eigentlich ein halb gefiedertes Blatt, dessen gerader oberer Rand an den Querast des Radial-Canals angewachsen ist, während der eingeschnittene untere Rand frei in die Schirmhöhle vorragt.

III. Dritte Medusen-Ordnung:

(Dritte Ordnung der Craspedoten:)

TRACHOMEDUSAE, Haeckel (1866).

Character der Trachomedusen-Ordnung: **Craspedoten mit Hörkölbchen, welche bald frei am Schirmrande stehen, bald in Hörbläschen eingeschlossen sind, mit entodermalen Otolithen-Zellen. Ocellen an der Tentakel-Basis meist fehlend. Gonaden stets im Verlaufe der Radial-Canäle. Zahl der Radial-Canäle bald vier, bald sechs, bald acht, niemals mehr; oft zwischen denselben blinde Centripetal-Canäle. Velum derb und breit. Ontogenese — soweit bis jetzt bekannt — Hypogenese (oder „directe Entwicklung", kein Generationswechsel), meist mit Metamorphose verknüpft.**

Familia: TRACHYNEMIDAE, Gegenbaur (1856).

HAECKEL, System der Medusen, 1879; p. 255, Taf. XVII.

Familien-Character: **Trachomedusen mit 8 Radial-Canälen, in deren Verlauf die 8 Gonaden liegen, mit langem schlauchförmigen Magen, ohne Magenstiel; mit Hörkölbchen, welche selten frei, meistens in Hörbläschen eingeschlossen am Schirmrande liegen.**

Subfamilia: PECTYLLIDAE, HAECKEL (1877).

Trachynemiden mit Saugnäpfen an den Tentakeln; mit radialen Mesogonien oder Geschlechtsgekrösen.

Genus: **PECTYLLIS**, Haeckel (1879).

Πηκτύλλις, Pectyllis, Derivativum von *Pectis.*

Genus-Diagnose: Trachynemide mit 8 Gonaden im Verlaufe der 8 Radial-Canäle, ohne Centri-petal-Canäle. Gonaden durch 8 radiale Mesogonien oder blattförmige Geschlechtsgekröse halbirt und mit der Magenbasis verbunden. Mundhöhle ohne Mundtrichter und ohne Backentaschen. Tentakeln mit Saugnäpfen, äusserst zahlreich, am Schirmrande dicht gedrängt, in mehreren Reihen über einander. Zahlreiche (8 oder 16?) Hörkölbchen.

Das Genus *Pectyllis* bildet zusammen mit den beiden folgenden Genera *Pectis* und *Pectanthis* die besondere kleine Gruppe der Pectylliden, welche ich im „System der Medusen" (1879, p. 265) als Subfamilie in der Familie der Trachynemiden aufgeführt habe. Doch zeichnen sich die Pectylliden durch mehrere auffallende Eigenthümlichkeiten so sehr vor den übrigen Trachynemiden — den Mar-manemiden — aus, dass sie wohl besser als besondere Familie von diesen getrennt werden. In dem Besitze von 8 Radial-Canälen und 8 an diesen anhängenden Gonaden, in der Bildung des flach-gewölbten Schirmes und dem Mangel eines gallertigen Magenstiels, stimmen die Pectylliden mit den Marmanemiden überein; dagegen unterscheiden sie sich von ihnen auffallend durch zwei eigenthüm-liche Merkmale, welche auch den übrigen Trachomedusen fehlen: durch den Besitz von 8 Mesogonien und von zahlreichen, am Ende mit Saugnäpfen versehenen Saug-Tentakeln. Auch sind die Hörkölb-chen des Schirmrandes frei, wie bei den Aglauriden; nicht in „Randbläschen" eingeschlossen, wie bei den Marmanemiden. Die eigenthümlichen „Mesogonien" oder „Genital-Mesenterien" sind dünne, membranöse, vertical gestellte Blätter, welche in Radial-Ebenen zwischen dem centralen Magen-rohr einerseits und den 8 sackförmigen Geschlechtsdrüsen andererseits ausgespannt sind und sich in deren subumbraler Mittellinie inseriren, bisweilen auch längs der Radial-Canäle bis fast zum Schirm-rande hin fortsetzen. Dadurch zerfällt der obere Theil der Schirmhöhle in 8 radiale Fächer oder Schirmtrichterhöhlen *(Infundibula subumbralia)*. — Die eigenthümlichen Saug-Tentakeln der Pectylliden sind hohle oder solide, sehr elastische und contractile Fäden, welche am freien Ende einen kräftigen Saugnapf tragen und zum Ansaugen benutzt werden. Ein Theil derselben hat in Form und Bewegungsweise die grösste Aehnlichkeit mit den „Ambulacral-Füsschen" der Echinodermen. Bei allen 3 Pectylliden-Gattungen sind die Saug-Tentakeln äusserst zahlreich, bald dicht gedrängt am Schirm-rande vertheilt, in mehreren Reihen über einander; bald mehr oder minder deutlich in getrennte Büschel gruppirt; eigentlich lassen sich bei allen 16 (oder x $\times$ 16) Büschel unterscheiden, durch marginale Einschnitte mehr oder minder getrennt, so dass der Schirmrand selbst dadurch fast gelappt erscheint. — Eine weitere Eigenthümlichkeit der Pectylliden ist das ausserordentlich breite und kräftige Velum, welches wahrscheinlich bei allen drei Gattungen bis zum völligen Verschlusse der Schirm-höhle, einem Sphincter gleich, ausgedehnt werden kann; sie scheinen in dieser extremen Ausbildung des Velum alle anderen Craspedoten zu übertreffen. — Endlich zeichnen sich die Pecty-lliden auch noch durch eine eigenthümliche Bildung des Ringcanals aus, nämlich drüsige Falten oder Zotten seiner Entoderm-Auskleidung, welche von dem unteren Rande desselben in sein Lumen hineinragen. — Da alle drei bisher beobachteten Pectylliden-Genera (— jedes nur mit einer Species —) typische Tiefsee-Medusen sind, so ist es wahrscheinlich, dass die angeführten sonderbaren Eigen-thümlichkeiten theilweise oder ganz Folgen der Anpassung an das Leben in grossen Meeres-tiefen sind. Jedenfalls sind sie von solcher Bedeutung, dass sie die Trennung der Pectylliden von den Marmanemiden als besondere „Familie" rechtfertigen. Unter den 3 Genera der Pectylliden zeichnet sich *Pectanthis* dadurch aus, dass die Saug-Tentakeln in 16 getrennte Büschel gruppirt sind, während sie bei den anderen beiden Genera dicht gedrängt den ganzen Schirmrand säumen; *Pectis* ist durch den Besitz von blinden Centripetal-Canälen characterisirt, welche *Pectyllis* (und *Pectanthis*) fehlen.

Species: **Pectyllis arctica,** Haeckel.

Tafel III, IV.

Pectyllis arctica, Haeckel, 1879; System der Medusen p. 266, Nr. 287.

Species-Diagnose: Schirm fast halbkugelig, ungefähr 1½ mal so breit als hoch. Exumbrella mit 16 vorspringenden radialen Rippen, welche mit 16 tiefen radialen Furchen alterniren. Magen vierseitig-prismatisch, ungefähr so lang als der Schirm-Radius. Mundrand fleischig verdickt, quadratisch, mit 4 perradialen spitzen Lappen und 4 interradialen starken Längsmuskeln. 8 Gonaden eiförmige Säcke in der Proximalhälfte der Radial-Canäle, durch breite radiale Mesogonien halbirt. Schirmrand wulstig-verdickt, dicht besetzt mit mehreren Reihen von Saugnäpfen, welche auf 16 grössere und 48 kleinere Gruppen vertheilt sind (in jeder Gruppe 16—20 Saugnäpfe). Dazwischen 16 längere und 32 kürzere Tentakeln (?) und zahlreiche (8—16?) Hörkölbchen.

Grösse: Horizontal-Diameter der Umbrella 18—24 Mm.; Vertical-Diameter 12—16 Mm.

Fundort: Arktischer Theil des Nord-Atlantischen Oceans.

Von dieser Art konnte ich mehrere wohl conservirte Spiritus-Exemplare aus dem zoologischen Museum von Kopenhagen untersuchen, welche an der Westküste von Grönland 1860 von Olrik gesammelt waren. Damit identisch ist ein Exemplar von Station 50 der Challenger-Expedition (am 21. Mai 1873 in der Nähe von Halifax aus 1250 Faden Tiefe gehoben; Lat. N. 42° 8'; Long. W. v. Gr. 63° 39'). Mit dieser Species nahe verwandt scheint die Pectyllide zu sein, welche Allman 1878 als *Ptychogastria polaris* beschrieben hat (in Nare's Narrative Voyage Polar Sea Vol. I, p. 299). Ein unvollständiges Exemplar derselben sah ich 1879 im British Museum.

Umbrella (Taf. III, Fig. 1, 2; Taf. IV, Fig. 3, 4). Der Schirm ist ungefähr halbkugelig gewölbt, so dass der grösste horizontale Durchmesser (an der Mündung der Schirmhöhle) den grössten verticalen (die Hauptaxe) fast um das Doppelte übertrifft (Fig. 1). Ersterer misst 18—24, letzterer 12—16 Mm. Die Gallerte des Schirmes ist dünn, aber fest, und scheint in der ganzen Ausdehnung des Schirmes nahezu von gleicher Dicke zu sein (Fig. 3). Die Exumbrella oder die äussere convexe Schirmfläche wird durch 16 leistenförmige Radial-Rippen, deren Distal-Ende am Schirmrande lappenartig vorspringt, in 16 vertiefte Radial-Felder oder Thäler getheilt (Taf. III, Fig. 1, 2). Von den 16 Radial-Rippen *(Costae exumbrales,* Fig. 10 *er)* entsprechen 8 den darunter gelegenen Gonaden und Mesogonien (4 perradiale und 4 interradiale). Diese 8 principalen Rippen vereinigen sich oben im Centrum der Exumbrella zu einem achtstrahligen Stern, während die 8 übrigen, mit ihnen alternirenden, adradialen Rippen nicht bis zum Scheitel des Schirmes hinaufreichen. Am Distal-Ende sind je 2 Rippen durch eine zweischenkelige flache Klammer verbunden, deren intercostale Mitte spitz nach innen und unten zurücktritt (Fig. 1, 2). Diese Einbuchtung bildet die Grenze zwischen je 2 von den 16 flachen Randlappen und liegt in der idealen Verlängerung der 16 intercostalen Radial-Furchen der Exumbrella *(Sulci exumbrales).* Die letzteren bilden den tiefsten Theil der concaven Thäler zwischen je 2 Rippen, sind aber nur in einer mittleren Zone der Exumbrella scharf ausgeprägt, oben und unten verstrichen. Zwischen jeder Furche und jeder Rippe verläuft in der Exumbrella noch eine sehr zarte Radial-Rippe (Fig. 1).

Schirmrand (*Margo umbralis*, Fig. 1, 2, 4, 10 etc.). Der Schirmrand ist sehr beträchtlich verdickt und erscheint schon bei oberflächlicher Betrachtung mehr oder weniger deutlich in 16 flache, etwas convex vorspringende Lappen getheilt, deren mittlere Spitze das Distal-Ende einer radialen Exumbral-Rippe bildet. Ohne Unterbrechung ist der ganze Schirmrand dicht besetzt mit sehr zahlreichen (über tausend) Tentakeln, welche in mehreren Reihen übereinander stehen und zum grössten Theile in kurz-gestielte Saugnäpfe umgebildet sind. Zwischen ihnen sitzen einzelne (8 oder 16?) Hörkölbchen. Nach innen von dem Nesselringe des Schirmrandes entspringt ein sehr breites Velum.

Tentakeln. Die Zahl der marginalen Tentakeln beläuft sich auf 1000—1200; alle tragen am Ende einen Saugnapf. Aber nur ein geringer Theil derselben tritt in Form längerer oder kürzerer Fäden hervor; bei der grossen Mehrzahl ist der Fadentheil des Tentakels so reducirt und der termi-nale Saugnapf so mächtig entwickelt, dass sie als kurzgestielte oder selbst ungestielte Saugnäpfe (Acetabula) erscheinen. Die Vertheilung dieser Anhänge ist sehr regelmässig und eigenthümlich. Jeder der 16 Randlappen trägt eine Hauptgruppe, die aus 3 grösseren Saugnäpfen und 3 dreieckigen, damit alternirenden Saugplatten zusammengesetzt ist, und in jeder Saugplatte lassen sich 16—20 Saugnäpfe von verschiedener Grösse unterscheiden (vergl. Fig. 1. 2, 4, 10). 16 colossale Saugnäpfe erster Grösse nehmen die höchste Lage ein, am Ende der 16 Exumbral-Rippen (Fig. 7 *xa*, Fig. 10 A). Zwischen ihnen liegen etwas tiefer 32 Saugnäpfe zweiter Grösse (Fig. 8 *xb*, Fig. 10 B). Zwischen ersteren und letzteren, wieder etwas tiefer (und etwas länger gestielt) finden sich 48 Saugnäpfe dritter Grösse (Fig. 5 *xc*, Fig. 10 C). Nach innen und unten von diesen endlich sitzen dicht gedrängt, in einer drei-eckigen Gruppe, die zahlreichen, länger gestielten, kleineren Saugnäpfe; ihre Zahl nimmt gegen die Velum-Insertion gleichmässig zu, ihre Grösse hingegen ab (Fig. 6 *xd*). Jede der so gebildeten „Saug-platten" hat grosse Aehnlichkeit mit den Saugplatten am Ende der beiden langen Fangarme der zehn-armigen Cephalopoden (Sepia etc.). Die Zahl der längeren, am Ende einen kleinen Saugnapf tragenden Tentakeln liess sich leider nicht genau bestimmen, da die meisten abgerissen waren. Es scheint jedoch, dass 16 längere Tentakeln (kaum so lang als der Schirm-Radius) sich unterhalb der 16 obersten Saug-näpfe erster Grösse inseriren, und 32 kürzere Tentakeln zwischen diesen, unterhalb der Saugnäpfe zweiter Grösse (Fig. 1, 2). Die Structur dieser tentacularen Bildungen ist überall dieselbe: Die Haupt-masse bildet eine starke solide Axe von grossen Chordal-Zellen (oder hellen, blasenförmigen Entoderm-Zellen, *yt*). Diese ist rings überzogen von einer dünnen, aber festen und sehr elastischen Fulcral-Platte und über dieser liegt eine dünne Schicht von longitudinalen Muskelfasern. Das äussere, letztere bedeckende Epithel des Exoderms ist sehr reich an Nesselzellen, welche meistens an der abaxialen Seite der Tentakel-Basis in Gestalt eines starken Nesselpolsters angehäuft sind (Fig. 6 *n*, 8 *n*). Der Saugnapf, am abgestutzten Ende der Tentakeln, ist an seinem wulstigen Rande ebenfalls mit einem dicken Nesselringe ausgestattet, und trägt an seiner concaven Fläche eine starke Muskelplatte (Fig. 7 *xa*). Die Art und Weise, wie diese Saugnäpfe sehr regelmässig und zierlich am Schirmrande vertheilt sind, lässt sich am besten durch Vergleichung der Figuren 1 und 2 auf Taf. III, 4 und 10 auf Taf. IV, sowie der Durchschnitte des Schirmrandes in Fig. 5—8 ersehen (vergl. die Erklärung zu Taf. III und IV).

Velum (Fig. 2, 3 *v*, 4 *v*). Das Velum ist sehr breit und kräftig und scheint die Schirmhöhle vollständig abschliessen zu können. Die innere axiale Hälfte, deren freier Rand (Fig. 3, 4 *vm*) den engen Eingang in die Schirmhöhle umgrenzt, ist viel dünner als die starke äussere oder abaxiale Hälfte: beide Hälften sind durch eine tiefe, in die Schirmhöhle vorspringende Ringfalte von einander geschieden (Fig. 3, 4). Die Muskeln des Velum bilden zahlreiche, zierliche Ringfalten. — Die Subumbrella trägt ebenfalls sehr kräftige Ringmuskeln, welche zahlreiche ringförmige Falten an der ganzen unteren Fläche des Schirmes bilden. — Die Schirmhöhle zerfällt (wie bei *Pectanthis asteroides*) in 8 tiefe trichterförmige Fächer oder „Schirmtrichter-Höhlen", indem 8 breite verticale Scheidewände (4 perradiale und 4 interradiale) von den 8 Radial-Canälen und Gonaden zur Magenbasis herüberziehen („Meso-gonien", Fig. 3 *wr*).

Gastrocanal-System. Die centrale Mundöffnung führt in einen schlauchförmigen vierseitigen Magen, von dessen Basis im Grunde der Schirmhöhle 8 Radial-Canäle abgehen (4 perradiale und 4 interradiale). Diese tragen in ihrer Proximal-Hälfte die 8 sackförmigen Gonaden, welche durch die eben angeführten blattförmigen „Mesogonien" an der Subumbrella fixirt werden. Der Magen ist ein sehr dickwandiger musculöser Schlauch von der Form einer Quadrat-Pyramide, ist mit schmaler Basis im Centrum der Subumbrella befestigt und hängt ungefähr bis zur Mitte der Höhe der Schirmhöhle in diese hinein (Fig. 3 *gp*). An der quadratischen Mundöffnung gehen die 4 perradialen Kanten der Pyramide (*ak*) in 4 dreieckige Mundlappen (*al*) über, deren axiale Innenfläche durch eine (per-radiale) Längsfurche in 2 Lippenwülste getheilt ist (Fig. 2). In der Mitte zwischen je 2 Mundlappen tritt ein interradialer Längsmuskel-Wulst scharf vor (Fig. 2, 11). Die interradialen Mundränder, welche durch diese Längsmuskeln halbirt werden, sind rinnenförmig nach aussen umgeschlagen (gleich einer Hutkrempe). Die sehr kräftigen Ringmuskeln des Mundes wie des Magens sind in zahlreiche, innen vorspringende Ringfalten gelegt (Fig. 2, 12).

Radial-Canäle (Fig. 3 *cr*). Die 8 engen Radial-Canäle, welche vom Magengrunde (Fig. 3 *go*) in gleichen Abständen zur Peripherie gehen, vereinigen sich daselbst in einen engen Ringcanal (Fig. 3 *cc*, 5—8 *cc*). Auf dem Querschnitt zeigt dessen Wand zahlreiche starke Falten und Zotten (*dp*), welche vom distalen Rande des Ringcanals abgehen und frei in sein Lumen vorspringen. Wie gewöhnlich, ist die äussere oder umbrale Wand des Ringcanals, welche dem Marginal-Theil der Schirm-Gallerte (*u*) anliegt, von flachem Pflaster-Epithel überzogen (*du*), hingegen der übrige Theil seiner Wand von hohem Cylinder-Epithel (*dw*). Dieses letztere bekleidet auch die Zotten und Falten der unteren Canal-Wand. Die sehr hohen Cylinder-Zellen der Zotten (*dp*) enthalten an ihrem basalen Ende (welches vom Canal-Lumen abgekehrt ist) schwarze Pigmentkörner, welche den daselbst gelagerten Kern umhüllen. Wahrscheinlich haben diese pigmentirten Zotten (welche den Darmzotten der Wirbel-thiere ähnlich sind) secretorische oder excretorische Functionen (vergl. Taf. IV, Fig. 5—8 und Erklärung).

Gonaden (Fig. 2, 3 *sc*). In der proximalen Hälfte der 8 Radial-Canäle hängen als ansehnliche Aussackungen von denselben die 8 Geschlechtsdrüsen herab (4 perradiale und 4 interradiale). Die-selben erscheinen als weite, faltige und dickwandige Säcke von eiförmiger oder spindelförmiger Gestalt. In der Mitte der Subumbral-Wand jedes Sackes erhebt sich ein radiales Mesogonium (oder Genital-Mesenterium), eine dicke verticale Falte der Subumbrella, welche von der Magenbasis bis zum Schirm-rande geht (Fig. 3 *wr*). Durch diese 8 Mesogonien werden die Magen-Kanten fixirt, die 8 Gonaden halbirt und der Raum der Schirmhöhle in die 8 oben genannten „Schirmtrichter-Höhlen" oder die peri-pherischen Nischen der Schirmhöhle getheilt.

Genus: **PECTIS**, Haeckel (1879).

πηκτίς = erstarrt, derb, gefroren, besaitet.

Genus-Diagnose: Trachynemide mit 8 Gonaden im Verlaufe der 8 Radial-Canäle, zwischen denen blinde Centripetal-Canäle vom Ringcanale ausgehen. Gonaden durch 8 radiale Mesogonien oder blattförmige Geschlechts-Gekröse mit der Magen-Basis verbunden. Mundhöhle mit 8 eingestülpten

Mundtrichtern und 16 ausgestülpten Backentaschen. Tentakeln mit Saugnäpfen, äusserst zahlreich, am Schirmrande dicht gedrängt, in mehreren Reihen über einander. Zahlreiche (8—16?) Hörkölbchen.

Das Genus *Pectis* unterscheidet sich von den anderen beiden Pectylliden-Gattungen sogleich auffallend durch seine blinden Centripetal-Canäle, welche in grosser Zahl vom Ring-Canal ausgehen (ähnlich wie bei *Olindias* unter den Petasiden, *Glossonus* und *Glossocodon* unter den Liriopiden, *Carmaris* und *Carmarina* unter den Carmariniden). Die Saug-Tentakeln besetzen dicht gedrängt, in mehreren Reihen über einander stehend, den ganzen Schirmrand, wie bei *Pectyllis* (nicht in getrennten Büscheln, wie bei *Pectanthis*). Die radialen Mesogonien sind viel schwächer entwickelt als bei den genannten Gattungen. Ganz eigenthümlich (und mir bei keiner anderen Craspedote bekannt) ist die Structur des Mundrohres, mit seinen 8 sonderbaren, adradialen, exodermalen Mundtrichter-Höhlen und den 8 Paar damit alternirenden entodermalen Backentaschen.

Species: **Pectis antarctica**, HAECKEL.

Tafel V, VI.

Pectis antarctica, HAECKEL, 1879; System der Medusen, p. 266, Nr. 288.

Species-Diagnose: Schirm fast halbkugelig, ungefähr $1\frac{1}{2}$ mal so breit als hoch. Exumbrella fein radial gerippt, gegen den Rand mit 32 stärker vortretenden Rippen. Magen vierseitig-prismatisch, ungefähr so lang als der Schirm-Radius. Mundhöhle mit 8 adradialen conischen Mundtrichtern und 8 Paar halbkugeligen Backentaschen. Mundrand fleischig verdickt, quadratisch, mit 4 perradialen Mundzipfeln. 8 Gonaden eiförmige, faltige Säcke in der Proximal-Hälfte der Radial-Canäle, durch 8 schmale radiale Mesogonien mit der Magen-Basis verbunden. Zwischen je 2 Radial-Canälen 11—13 blinde Centripetal-Canäle (3 grössere und 8—10 kleinere). Schirmrand wulstig verdickt, dicht besetzt mit mehreren Reihen von Saugnäpfen (über tausend), welche 32 zusammenhängende Gruppen bilden. Dazwischen zahlreiche (8—16?) freie Hörkölbchen.

Grösse: Horizontaler Diameter der Umbrella 36 Mm.; verticaler Diameter 24 Mm.

Fundort: Antarktischer Theil des indischen Oceans, südsüdöstlich von den Kerguelen-Inseln (60° 52′ S. Br., 80° 20′ Ö. L. v. Gr.); in 1260 Faden Tiefe, Challenger-Station 152 (am 11. Februar 1874). Von diesem Fundorte lag nur ein einziges, aber vollständig erhaltenes und gut conservirtes Exemplar zur Untersuchung vor.

Umbrella. Der Schirm zeigte in unverletztem Zustande die eigenthümliche Hutform, welche Fig. 1 und 2 auf Taf. V, Fig. 11 auf Taf. VI darstellt. Ungefähr in der Mitte seiner Höhe läuft um den Schirm äusserlich eine tiefe circulare, exumbrale Kranzfurche, durch welche derselbe in eine obere, fast halbkugelige Schirmkuppel und einen unteren, flach trichterförmigen Schirmkranz zerfällt. Der grösste horizontale Durchmesser des Schirmes (an der Mündung der Schirmhöhle) beträgt 36—40 Mm. und übertrifft den grössten verticalen (in der Schirm-Axe) fast um das Doppelte.

Die Exumbrella (oder die äussere, convexe Schirmfläche) ist in ihrer ganzen Ausdehnung von sehr zahlreichen und feinen Radial-Rippen durchzogen, deren Zahl in der Peripherie des Schirmes 500—600 beträgt (Taf. V, Fig. 1; Taf. VI, Fig. 20). Ausserdem treten in der Exumbral-Fläche der unteren Schirmhälfte (oder des trichterförmigen „Schirmkranzes") noch 32 durchgehende Radial-Rippen stärker hervor, und 32 mit diesen alternirende, etwas schwächere *Costae exumbrales* (Fig. 20 *cs*).

Die Schirm-Gallerte (Fig. 2 *ug*) ist in der oberen, aboralen Hälfte des Schirmes ziemlich gleichmässig dick, auf dem Radial-Schnitt ungefähr eben so dick als die auf ihrer subumbralen Seite befestigten Gonaden. Im Centrum des Scheitels ist dieselbe besonders verdickt und springt in Gestalt eines kurzen konischen Gallert-Zapfens in den Grund der Magenhöhle vor (Fig. 2 *uk*). In der unteren, oralen Hälfte ist hingegen die Gallerte viel dünner, kaum ¼ oder ⅓ so dick als in der oberen Hälfte, welche von der unteren durch die exumbrale Kranzfurche (in halber Schirmhöhe) scharf abgeschnitten ist. Aeusserst zahlreiche geschlängelte elastische Fasern durchziehen die Schirmgallerte, indem sie von der exumbralen zur subumbralen Wand gehen, und verleihen ihr einen beträchtlichen Grad von Festigkeit; sie sind in zierliche Pyramiden zusammengestellt (Fig. 8 *uf*), deren Spitzen die Exumbrella *(e)*, deren Basen die Subumbrella berühren *(u)*; zugleich bilden diese Pyramiden regelmässige Längsreihen, entsprechend den exumbralen Radial-Rippen.

Schirmrand (*Margo umbralis*, Fig. 1, 11, 12, 20). Derselbe ist bei dieser Pectylliden-Gattung nicht so auffallend gelappt, wie bei den anderen beiden, erscheint vielmehr in seiner ganzen Ausdehnung ziemlich gleichmässig verdickt und mit sehr zahlreichen kurzen Saug-Tentakeln in mehreren über einander stehenden Reihen dicht besetzt. Die genauere Betrachtung lehrt jedoch auch hier, dass dieser Besatz des Schirmrandes keineswegs ganz gleichmässig vertheilt, vielmehr in 8 grössere und 32 kleinere Gruppen geordnet ist. Freilich hängen diese aber dicht zusammen und sind nicht durch Intervalle getheilt, wie bei *Pectyllis* und *Pectanthis*. Im Grunde ist also auch bei *Pectis* eine ähnliche Lappenbildung des Schirmrandes vorhanden, wie bei den genannten beiden Gattungen; nur tritt dieselbe äusserlich nicht so auffallend hervor. Jede der 32 kleinen Tentakel-Gruppen (Fig 20 *td*) besteht aus 30—40 tentacularen soliden Anhängen. Davon sind die 16—20 oberen (proximalen) kurzgestielte, birnförmige oder kolbenförmige Saugnäpfe, die 12—16 unteren (distalen) hingegen etwas längere Tentakeln, die am Ende theilweise ebenfalls einen Saugnapf tragen, theilweise aber Fühler zu sein scheinen. Diese „Tast-Tentakeln", ohne Saugnapf (Fig. 17), waren meistens abgerissen, die längsten kaum über 1 Mm. lang. Wahrscheinlich sind dieselben jedoch beim lebenden Thiere viel länger (ähnlich wie bei *Pectyllis arctica*, Taf. III, Fig. 1). Die zahlreicheren Saugnäpfe bilden 6—8 über einander sitzende, alternirende Reihen am Schirmrande; in jeder der 32 kleinen Gruppen, die einen fast rhombischen Umriss haben, stehen sie in 5—6 Diagonal-Reihen, jede mit 4—5 Tentakeln (Fig. 20). Die Grösse der Saugnäpfe, welche eine ansehnliche konische, exodermale Saughöhle einschliessen, nimmt von oben nach unten allmählich ab (Fig. 12). Zwischen je 2 Gruppen sitzt etwas weiter oben am Schirmrande ein grösserer Saugnapf (Fig. 20 *ts*). Alle Tentakeln dieser Gattung sind solid; ihre Entoderm-Axe besteht aus grossen hellen Chordal-Zellen, welche bald in einer Reihe scheibenförmig hinter einander (Fig. 17 *dt*), bald mehrfach neben einander sitzen (Fig. 15 *dt*). Sehr kräftige innere Ringmuskeln bedecken dieses blasige Axengewebe und verdicken sich am Ende zu einem starken Ringwulst; einzelne Bündel äusserer Längsmuskeln, die an der exumbralen Tentakel-Seite stark verdickt sind, ziehen über jene hinweg; unten am Saugnapfe laufen sie in 8—12 Radialstränge aus, die gegen das Centrum des Saugnapfs convergiren (Fig. 9, 10).

Hörkölbchen (wahrscheinlich 8 oder 16) sitzen an der Axial-Seite des Schirmrandes, unterhalb der Velum-Insertion, nach innen von der untersten Tentakel-Reihe. Ich konnte auch bei sorgfältigstem Suchen deren nur 2 oder 3 entdecken, sehr klein und ebenso gebaut wie bei den Aglauriden. Die dünne Entoderm-Axe des Hörkölbchens (Fig. 16) besteht aus wenigen Chordal-Zellen *(d)*, deren letzte blasenförmig angeschwollen ist und einen grossen kugeligen, concentrisch geschichteten Otolithen enthält *(ol)*. Die Exoderm-Zellen des Kölbchen-Epithels tragen sehr lange und feine Hörhaare *(oh)*.

Velum (Fig. 11—14). Bei *Pectis* ist das Velum dicker als bei allen anderen bisher bekannten Craspedoten und zeichnet sich durch ganz ungewöhnliche Entwickelung der Musculatur aus. Die

Breite des Velum ist so bedeutend, dass es wahrscheinlich im Zustande grösster Ausdehnung die ganze Schirmhöhle, gleich einem Sphincter, völlig abschliessen kann. Die äussere, abaxiale Hälfte des Velum, welche an den Schirmrand anstösst, ist ungefähr so dick wie die Tentakeln und 3—6 mal so dick als die innere axiale Hälfte, welche durch eine tiefe Ringfurche von der ersteren abgesetzt ist (Fig. 11, rechte Hälfte). Zieht man vorsichtig den frei vorspringenden Innenrand des Velum nach innen vor, so kann man ihn dem Centrum so weit nähern, dass der völlige Verschluss der Schirmhöhle durch Herüberziehen des Velum sehr wahrscheinlich wird, wie bei der vorigen Art. Auf verticalen Schnitten durch das Velum (Fig. 12, 13) lassen sich (von oben nach unten bei natürlicher Lage des horizontal ausgespannten Velum) folgende Schichten unterscheiden: 1) das ventrale oder subumbrale Epithel des Velum *(vw)*, gleich dem Subumbrella-Epithel dunkelbraunes Pigment enthaltend; 2) eine ansehnlich dicke Schicht von hellem blasigen Bindegewebe *(x)*; 3) die Muskelplatte des Velum, welche in Gestalt zahlreicher, sehr entwickelter Ringfalten in jenes Blasengewebe vorspringt; jede Falte sendet zahlreiche Nebenfalten oder Ausläufer in die helle Bindesubstanz-Platte *(x)* hinein, so dass sie auf dem Durchschnitt zierlich gefiedert erscheint (Fig. 13 *mv*); 4) eine dünne, aber feste elastische Stützlamelle, welche Ausläufer in die Muskelfalten hineinschickt *(zv)*; 5) das dorsale oder exumbrale Epithel des Velum *(ve)*; die Epithel-Zellen des exumbralen Velum-Epithels sind viel kleiner und flacher, als diejenigen des subumbralen.

Subumbrella. Das Exoderm-Epithel der unteren Schirmfläche besteht aus dunkelbraunen Pigment-Zellen, von welchem sich die milchweissen Wände der Canäle scharf abheben. Die darunter liegende Ring-Muskulatur der Subumbrella bildet zahlreiche derbe Ringfalten. Die Schirmhöhle ist bei *Pectis* einfach, ohne subumbrale Trichterhöhlen, da die 8 radialen, bei *Pectyllis* und *Pectanthis* so entwickelten „Mesogonien" oder Genital-Mesenterien hier nicht zu auffallender Ausbildung gelangen; sie werden nur schwach angedeutet durch 8 schmale Subumbral-Falten, welche von der Basis der 8 Gonaden zur Magen-Basis hinüberziehen (Fig. 2 *ur*).

Gastrocanal-System. Im Ganzen demjenigen von Pectyllis gleichgebildet, unterscheidet sich das Gastrovascular-System von Pectis hauptsächlich durch die blinden Centripetal-Canäle, welche vom Ringcanal ausgehen, sowie durch die eigenthümlichen Backentaschen in der Umgebung des Mundes und die mit diesen alternirenden Mundtrichter (Taf. V, Fig. 2—5; Taf. VI, Fig. 11). Das centrale Magenrohr hängt vom Grunde der Schirmhöhle bis über deren Mitte herab, in Gestalt eines vierseitigen Schlauches, welcher oberhalb der Mundöffnung mit 8 Paar Backentaschen besetzt ist. Die 8 Radial-Canäle, welche von der Magen-Basis ausgehen, vereinigen sich am Schirmrande in einen Ringcanal, von welchem zahlreiche kurze, blinde Centripetal-Canäle ausgehen (Taf. VI, Fig. 11).

Die quadratische Mundöffnung (Fig. 3, 4 *al*, Fig. 11 in der Mitte) ist von einem sehr muskulösen, wulstigen Mundrande umgeben, auf dessen Oberfläche starke Ringmuskel-Falten vortreten (Fig. 3 *mc*). Dieselben zerfallen in 4 interradiale Gruppen durch 4 perradiale Längsmuskeln, welche in den 4 kurzen herzförmigen Mundlappen endigen (Fig. 3 *al*). Oberhalb dieses muskulösen (wahrscheinlich sehr dehnbaren und zum Ansaugen geschickten) Mundrandes tritt ein Kranz von 16 Backentaschen sehr auffallend hervor (*Bursae buccales*, Fig. 2, 3, 4. 5 *bb*). Dieselben bilden halbkugelige — oder richtiger halbeiförmige — Ausstülpungen der Magenwand und hängen paarweise dergestalt zusammen, dass die 8 Paare als orale gabeltheilige Endausläufer der 8 Magenrinnen *(gs)* erscheinen; jener longitudinaler Rinnen der inneren Magenwand, welche sich oben (im Grunde der Magenhöhle) in die 8 Radial-Canäle fortsetzen (Fig. 3, 4 *cr*). Je 2 Backentaschen-Paare werden getrennt durch einen zapfenförmigen Mundtrichter (*Infundibulum orale*, Fig. 2, 4. 5 *io*). Diese konischen, adradialen

Mundtrichter sind ganz eigenthümliche, bei keiner anderen Meduse mir bekannte Einstülpungen der Magenwand, gewissermaassen „innere Backentaschen". Ihre kegelförmige Höhle, an der Spitze blind geschlossen, ist vom Exoderm ausgekleidet und mündet in die Schirmhöhle, während jene „äusseren Backentaschen" (bb) vom Entoderm ausgekleidet sind und in die Mundhöhle münden. Solche „äussere Backentaschen" sind mir auch von keiner anderen Craspedote bekannt, kehren aber unter den Acraspeden bei den Periphylliden wieder (vergl. unten). Die exodermale Aussenwand der äusseren Backentaschen von Pectis (Fig. 3 bb) ist violett-braun pigmentirt, in der Mitte mit einem breiten, milchweissen, gezähnten Längsstreifen. Hingegen ist der entodermale Ueberzug der Mundtrichter milchweiss gefärbt und setzt sich scharf von der dunkel-violetten Umgebung der Mundhöhle ab. — Der obere Theil der Magenhöhle, in welchen der Gallertkegel der Umbrella (Fig. 2 uk) tief hineinragt, erscheint auf dem Querschnitt (Fig. 6) achtstrahlig, indem 8 adradiale Längsfalten, von den 8 Mundtrichtern hinaufziehend, zwischen den 8 concaven Magenrinnen (gs) nach innen in das Lumen der Centralhöhle (g) vorspringen. (Vergl. den perradialen Längsschnitt Fig. 4.)

Die 8 Radial-Canäle (Fig. 11. 20 cr), welche von der Magen-Basis zum Schirmrande gehen und hier in den Ringcanal einmünden, sind ebenso wie der Ringcanal selbst (cc) und wie die blinden, von diesem ausgehenden Centripetal-Canäle, nicht cylindrische Röhren, sondern bandförmige, abgeplattete Gefässe, welche sich durch ihre milchweisse Färbung scharf von der dunkelvioletten Subumbrella abheben. Der Ringcanal zeigt auf dem Querschnitte (Fig. 12 cc) an seinem unteren, marginalen, die Velum-Basis berührenden Rande eine hohe bis zur Hälfte in das Lumen vorspringende Ringfalte (yc), deren hohes, theilweise pigmentirtes Cylinder-Epithel wahrscheinlich drüsiger Natur ist, gleich den ähnlichen Falten und Zotten im Ringcanal von Pectyllis. — Die blinden Centripetal-Canäle, welche vom Ringcanal ausgehen (Fig. 11, 20 ce) zeichnen Pectis besonders aus, da sie den nahe verwandten Gattungen Pectyllis und Pectanthis fehlen, obwohl sie bei der letzteren durch 8 adradiale, mit den 8 Radial-Canälen alternirende Vorsprünge des Ringcanals angedeutet werden (Fig. 8, 9, Taf. VIII). Im Ganzen verhalten sich die Centripetal-Canäle von Pectis ähnlich, wie diejenigen von Olindias unter den Petasiden, von Glossoconus und Carmarina unter den Geryoniden; nur sind sie kürzer und breiter, von der Form eines spitzen gleichschenkeligen Dreiecks (Fig. 20 ce). Ihre Gesammtzahl beträgt 80—100, indem zwischen je 2 Radial-Canälen 11—13 Centripetal-Canäle liegen, mit ihren breiten Basen beim Abgange vom Ringcanal sich berührend. Obwohl ihre Zahl und Anordnung nicht vollkommen regelmässig ist, so bleibt doch immer der (primäre) adradiale Centripetal-Canal (— in der Mitte zwischen je 2 durchgehenden Radial-Canälen —) der grösste. Demnächst folgen diejenigen (secundären) Centripetal-Canäle, welche in der Mitte zwischen den ersteren und letzteren liegen, während die übrigen bedeutend kleiner und unregelmässig vertheilt sind (vergl. Fig. 11 und 20 auf Taf. VI, Fig. 2 auf Taf. V).

Gonaden (Taf. V, Fig. 2 bs, Taf. VI, Fig. 11). Die 8 Genital-Säcke von Pectis sind ebenso wie bei Pectyllis (Taf. IV, Fig. 3) weite, faltige und dickwandige Beutel, welche die Proximal-Hälfte der Radial-Canäle einnehmen und durch einen weiten Spalt mit dem Lumen der 8 Radial-Canäle communiciren. Die 8 Mesogonien oder „Genital-Mesenterien", welche bei Pectyllis und Pectanthis als breite radiale Lamellen die Gonaden mit der Aboral-Hälfte des Magenrohres verbinden, sind bei Pectis rudimentär (Fig. 2 wr). Die weite Höhle der Geschlechtsbeutel war bei dem einzigen untersuchten Exemplare (einem Weibchen) grösstentheils leer und enthielt nur wenige Eier.

Genus: **PECTANTHIS**, Haeckel (1879).

πηχείς — erstarrt, derb; ἄνθος — Blume.

Genus-Diagnose: Trachymedusae mit 8 Gonaden im Verlaufe der 8 Radial-Canäle, ohne Centri-petal-Canäle. Gonaden durch 8 radiale Mesogonien oder blattförmige Geschlechts-Gekröse halbirt und mit der Magen-Basis verbunden. Mundhöhle ohne Mundtrichter und ohne Backentaschen. Tentakeln mit Saugnäpfen, sehr zahlreich, auf 16 getrennte Büschel vertheilt (je 2 Büschel zwischen je 2 Radial-Canälen). 16 subradiale Hörkölbchen, eines in der Mitte jedes Tentakel-Büschels.

Das Genus *Pectanthis* zeichnet sich vor den beiden anderen bis jetzt bekannten Pectylliden dadurch aus, dass die zahlreichen Tentakeln in 16 isolirte subradiale Büschel vertheilt sind, so dass jedes Büschel in der Mitte zwischen einem Radial-Canal und einer intercanalen Adradial-Rippe der Ex-umbrella steht. In der Mitte jedes Büschels steht ein freies Hörkölbchen auf einem Vorsprung an der Unterseite des Schirmrandes. Durch 16 Einschnitte (4 perradiale, 4 interradiale und 8 adradiale) er-scheint der Schirmrand deutlich in 16 vorspringende Lappen getheilt, deren jeder ein Tentakel-Büschel mit einem Hörkölbchen trägt. Die 8 Mesogonien, durch welche die Schirmhöhle in 8 Trichterhöhlen zerfällt, sind stark entwickelt, wie bei *Pectyllis*; und wie bei dieser fehlen die zahlreichen blinden Cen-tripetal-Canäle zwischen den Radial-Canälen, welche *Pectis* auszeichnen.

Species: **Pectanthis asteroides**, Haeckel.

Tafel VII, VIII.

Pectanthis asteroides, Haeckel, 1879; System der Medusen p. 267, Nr. 289.

Species-Diagnose: Schirm flach gewölbt bis halbkugelig, 2—4 mal so breit als hoch. Exum-brella mit 16 radialen Rippen. Magen vierseitig-prismatisch, ungefähr so lang als der Schirm-Radius. Mund vierlappig, in eine achteckige Saugscheibe ausdehnbar. 8 Gonaden eiförmig, im proximalen Drittel der Radial-Canäle, in Gestalt eines achtstrahligen Sternes die Magen-Basis umfassend, durch breite radiale Mesogonien halbirt. Schirmrand wulstig verdickt, mit 16 intercostalen Protuberanzen oder Randlappen, deren jeder ein subradiales Hörkölbchen und ein pinselförmiges Büschel von 12—16 Ten-takeln trägt. Tentakeln hohl, von ungleicher Länge, die längsten dem Schirm-Radius gleich, die mei-sten am Ende mit einer Saugscheibe.

Grösse: Horizontal-Diameter 5 Mm.; Vertical-Diameter 2 Mm.

Fundort: Mittelmeer. Ich selbst fing ein lebendes Exemplar dieser Tiefsee-Trachomeduse mit dem Schwebenetz im adriatischen Meere am 15. April 1878, in 200 Faden Tiefe, einige Meilen von Pola entfernt; nach diesem lebend untersuchten Exemplare (einem geschlechtsreifen Männchen) ist die nachstehende Beschreibung und die Abbildung auf Taf. VII, VIII angefertigt. Ausserdem ent-deckte ich ein kleines Exemplar derselben Art, welches zwar keine eingehende Untersuchung, aber doch die Feststellung ihrer Identität gestattete, in einer Grundprobe der Challenger-Sammlung von Sta-tion IV, vom Eingange der Gibraltar-Strasse (in 600 Faden Tiefe, am 16. Januar 1873 gesam-melt; 36° 25′ N. Br., 8° 12′ W. L. v. Gr.).

Umbrella. Der Schirm besass bei dem Exemplare, welches ich lebend in Pola beobachtete, in contrahirtem Zustande eine fast halbkugelige Glockenform. In dilatirtem Zustande hingegen erschien er bedeutend abgeflacht, so dass der grösste horizontale Durchmesser den grössten verticalen um das 3—4fache übertraf. Ersterer misst 4—5, letzterer 1—2 Mm.

Die Exumbrella oder die äussere convexe Schirmfläche wird durch 16 vorspringende Radial-Rippen in 16 vertiefte Radial-Felder oder -Thäler getheilt, welche am Schirmrande lappenartig vorspringen (Taf. VII, Fig. 1, 2). Von den 16 Radial-Rippen *(Costae exumbrales)* sind 4 perradiale und 4 interradiale (in der Mitte zwischen ersteren) oberhalb der Mesogonien gelegen; diese 8 principalen Rippen sind durch dünne Streifen purpurrothen Pigmentes ausgezeichnet, welche am Schirmrande in 8 grosse rothe Ocellar-Flecken ausgehen, und welche den 8 übrigen, mit ihnen alternirenden, adradialen Rippen fehlen. Alle 16 Rippen aber sind ausserdem mit zahlreichen Nesselkapseln bewaffnet und mit Pigment-Flecken getüpfelt, welche bei auffallendem Lichte gelblich-weiss, bei durchfallendem schwarz erscheinen. Dieselben Pigment-Flecken bilden ein breites Band in der Peripherie der Exumbrella, oberhalb des Schirmrandes und sind durch einen farblosen Streifen von diesem getrennt. An den Distal-Enden der 8 roth pigmentirten Rippen sitzen die 8 rothen, vorher erwähnten, eiförmigen Ocellar-Flecken, welche vielleicht als echte Ocellen zu betrachten sind, eine Linse jedoch nicht zu enthalten scheinen (vergl. Fig. 1, Taf. VII). Ausserdem finden sich 16 grosse halbmondförmige goldgelbe Flecken am marginalen Ende der Exumbral-Rippen. Die mit letzteren alternirenden 16 concaven, intercostalen Radial-Thäler der Exumbrella *(Valleculae exumbrales)* nehmen nach dem Schirmrande hin an Breite und Tiefe zu, und sind in der Mitte von einer tiefen Radialfurche *(Sulcus exumbralis)* durchzogen. Am Ende dieser letzteren sitzt ein gestieltes subradiales Hörkölbchen (Taf. VIII, Fig. 8 *ok*), in der Mitte des vorspringenden Randlappens und in der Mitte des Tentakel-Büschels, das dieser trägt.

Schirmrand *(Margo umbralis,* Taf. VIII, Fig. 8). Der eigentliche periphere Schirmrand ist beträchtlich verdickt und mit einem zusammenhängenden, aus dicht gehäuften Nesselzellen bestehenden Nesselring bewaffnet (*nc*). Die 16 Protuberanzen oder flachen Lappen desselben, welche zwischen je 2 Radial-Rippen der Exumbrella vorspringen, sind bogenförmig abgerundet und zeigen bei der Betrachtung von unten (also an ihrer Subumbral-Fläche), unmittelbar nach innen von dem Nesselring, eine schwarz-pigmentirte Flimmerschnur, welche geschlängelt ist und an jedem Lappen 8—10 vorspringende Buchten bildet (Fig. 8 *xp*). In der Einbuchtung des Schirmrandes zwischen je 2 Lappen, also am Distal-Ende einer Exumbral-Rippe, geht die schwarze Flimmerschnur auf einen zungenförmigen Vorsprung über, der in der Mitte eine trichterförmige Vertiefung zeigt (Fig. 8 *xo*); möglicherweise ist dies ein Geruchs-Organ. In der Mitte jedes der 16 marginalen Lappen erhebt sich an seinem Aussenrande ein freies kleines Hörkölbchen, welches am freien Ende einen kugeligen oder ellipsoiden Otolithen (in der letzten Entodermal-Zelle) umschliesst (Fig. 8 *ok*). Das Hörkölbchen steht mehr am unteren Rande des Schirmes, der Velum-Insertion genähert, nach innen von der Tentakel-Insertion. Eine genauere Untersuchung desselben war leider nicht möglich.

Die Tentakeln, deren Zahl sich auf 200—260 beläuft, sind auf 16 pinselförmige Büschel vertheilt, welche am vorspringenden Rande der 16 Randlappen sitzen, also paarweise intercanal, je 2 Büschel zwischen je 2 Radial-Canälen. Die Tentakeln sind auf dem Querschnitt hohl (Fig. 4), sehr dehnbar, beweglich und contractil, am Ende mit einer Saugscheibe bewaffnet und haben die grösste Aehnlichkeit mit den Ambulacral-Füsschen der Echinodermen. Die Meduse saugt sich mittelst derselben an den verticalen Wänden des Glasgefässes an und klettert an demselben in die Höhe, gleich einem Seesterne oder Seeigel (Fig. 6, 10). Ferner nahm das Exemplar, welches ich lebend in Pola beobachtete, mehrmals die eigenthümliche Lage ein, welche in Fig. 7 auf Taf. VIII dargestellt ist. Die Meduse legte sich auf den Rücken, spannte ringsum einen Theil der Saugfüsschen straff aus und saugte sich am Boden des Glases fest, während sie einen andern Theil frei im Wasser spielen liess, wie tastend und nach Beute angelnd; der Mund wurde dabei vertical aus der Oeffnung des trichter-

förmig contrahirten Velum emporgestreckt und ebenfalls tastend nach verschiedenen Richtungen bewegt.
Die Tentakeln sind ausgestreckt etwa so lang als der Schirm-Radius; zusammengezogen viel kürzer;
in der Mitte sind sie ein wenig spindelförmig verdickt, nach beiden Enden verdünnt. Bei genauerer
Untersuchung der Tentakeln wird sich wahrscheinlich herausstellen, dass zwei verschiedene Formen
derselben zu unterscheiden sind; die Mehrzahl trägt am Ende eine roth pigmentirte Saugscheibe und
wird zum Ansaugen und Kriechen benutzt; die Minderzahl endigt einfach zugespitzt, ohne Saugscheibe,
und wird zum Tasten verwendet, gewöhnlich nach oben ringsum ausgestreckt und wurmförmig bewegt
(Fig. 6—10).

Velum (Fig. 3 *vm*, Fig. 7). Das Velum ist sehr derb, breit und kräftig. Seine Ringmuskel-
Platte ist in zahlreiche, an der subumbralen Fläche vorspringende circulare Falten gelegt, welche durch
Interferenz einen irisirenden Glanz bewirken. Wahrscheinlich kann das breite Velum auch bei *Pectanthis* (wie bei *Pectis* und *Pectyllis*) so sehr verbreitert und ausgedehnt werden, dass es gleich einem
Sphincter die Schirmhöhle vollständig schliesst. — Die Ringmuskeln der Subumbrella bilden gleich
denen des Velum vorspringende Ringfalten, sind aber in 16 Arcaden geordnet, entsprechend den
16 Exumbral-Rippen und den Einschnitten des Schirmrandes zwischen je 2 Lappen (Fig. 9 *mu*). Das
Subumbral-Exoderm ist durch zerstreute Nesselknöpfe ausgezeichnet (Fig. 9 *wn*). Die Schirmhöhle
zerfällt in ähnlicher Weise, wie bei *Pectyllis arctica*, in 8 getrennte Fächer oder „Trichterhöhlen", indem
8 breite blattförmige Mesogonien (Fig. 9 *wr*) zwischen den Radial-Canälen und der Magen-Basis ausgespannt sind (s. unten).

Gastrocanal-System. Die centrale vierlappige Mundöffnung führt in einen schlauchförmigen
vierseitigen Magen, von dessen Basis im Grunde der Schirmhöhle 8 Radial-Canäle abgehen (4 perradiale und 4 interradiale). Diese tragen in ihrer Proximal-Hälfte als sackförmige Ausstülpungen die
8 Gonaden und vereinigen sich am Schirmrande durch einen Ringcanal, welcher Ausläufer in die
hohlen Tentakeln schickt. Das centrale Magenrohr (Fig. 9 *gt*) hängt in der Mitte der Schirmhöhle
als ein muskulöser Schlauch von goldgelber Farbe und vierseitig-prismatischer Gestalt herab. Zwischen
den 4 abgerundeten perradialen Kanten sind die 4 interradialen Seitenflächen schwach rinnenförmig
vertieft. In ausgedehntem Zustande ist das Magenrohr ungefähr so lang als der Schirm-Radius, zusammengezogen bedeutend kürzer. Die Mundöffnung ist durch 4 seichte Kerben in 4 kurze und
stumpfe Mundlappen (*al*) gespalten, welche mit gehäuften Nesselknöpfen bewaffnet sind. Der Mund
kann durch die Oeffnung des Velum aus der Schirmhöhle vortreten und sich ausserhalb in Gestalt
einer sehr dünnen und flachen achteckigen Saugscheibe ausbreiten (Fig. 3 *am*). Im Zustande grösster
Ausdehnung erreicht die angesaugte, dann äusserst dünnwandige Mundscheibe fast den Schirmrand
und zeigt am Mundrande 8 kleine dreieckige Zipfel (4 perradiale und 4 interradiale, Fig. 3 *am*). Von
der Peripherie des Magengrundes gehen 8 enge Radial-Canäle aus, die sich am Rande des Schirmes in einem Ringcanal vereinigen, und in deren proximalem Drittel die 8 Gonaden angebracht sind.

Gonaden. Die 8 Geschlechtsdrüsen (4 perradiale und 4 interradiale) sind eiförmige, dickwandige, roth pigmentirte Säcke, welche sich mit ihren Seitenwandungen berühren und die Magen-Basis
wie ein achtstrahliger Stern umgeben (Fig. 2 *s*, Fig. 9 *s*). Die Säcke sind halb so lang als das Magenrohr, nehmen die obere Hälfte der Schirmhöhle ein und enthalten eine geräumige Ausstülpung des
Radial-Canals (Fig. 5 *sc*). In der Mitte der Subumbral-Wand jedes Geschlechts-Sackes inserirt sich
ein radiales Genital-Mesenterium oder Mesogonium, eine verticale, braun gefleckte Radial-Falte der
Subumbrella, welche an der Magen-Basis beginnt und längs der subumbralen Medianlinie der Radial-
Canäle bis zum Schirmrande geht (Fig. 9 *wr*). Durch diese 8 Mesogon-Blätter werden die Magen-

Kanten fixirt, die 8 Gonaden halbirt und der Raum der Schirmhöhle in die 8 oben erwähnten peripherischen Nischen (oder unvollständigen Trichterhöhlen) getheilt. Auf dem Querschnitt jeder Gonade (Fig. 5) zeigt sich, dass dieselbe eigentlich aus 2 völlig getrennten Hälften besteht, zwischen welche sich die Insertions-Basis der Mesogon-Falte (*wr*) als trennende Scheidewand einschiebt. Das von mir in Pola lebend beobachtete Exemplar war ein Männchen. Die beiden Sperma-Säckchen jeder Gonade (*sm*) waren durch eine starke Fulcral-Platte (*z*) von dem hohen Cylinder-Epithel des Entoderms (*d*) getrennt, und lagen unmittelbar unter dem Exoderm-Epithel, dem sie ihren Ursprung verdanken.

IV. Vierte Medusen-Ordnung:

(Vierte Ordnung der Craspedoten:)

NARCOMEDUSAE, Haeckel (1877).

Character der Narcomedusen-Ordnung: Craspedoten mit Hörkölbchen, welche stets frei am Schirmrande stehen, mit entodermalen Otolithen-Zellen. Ocellen an der Tentakel-Basis meist fehlend. Tentakeln dorsal inserirt, mit dem entfernten Schirmrande durch Peronien verbunden, welche letzteren in eine Anzahl von Kragen-Lappen theilen. Gonaden ursprünglich in der unteren oder oralen Wand des Magens, von da oft peripherisch ausgebreitet, in radialen Magentaschen. Radial-Canäle bald fehlend, bald vorhanden, und dann in Gestalt flacher radialer Magentaschen ausgebreitet. Ringcanal bisweilen obliterirt, sonst immer durch die radialen Peronien in eine Anzahl von Bogen-Canälen getheilt, welche den Rand der Kragen-Lappen säumen. Zahl der Radial-Theile (Tentakeln, Lappen und Taschen) unbestimmt und wechselnd, selten 4, meistens 8 oder mehr, bis 32. Velum derb und breit. Ontogenese — soweit bis jetzt bekannt — meistens Hypogenese, selten Metagenese, oft mit Metamorphose verknüpft.

Familia: CUNANTHIDAE, Haeckel (1877).

HAECKEL, System der Medusen, 1879; p. 310, Taf. XIX, Fig. 1—3; Taf. XX, Fig. 1—6.

Familien-Character: Narcomedusen mit breiten, taschenförmigen Radial-Canälen (oder pernemalen Magentaschen), welche bald einfach, bald in je zwei blinde Lappentaschen gespalten, stets aber durch doppelte Peronial-Canäle mit dem Ringcanal verbunden sind; mit Otoporpen oder Hörspangen an der Basis der Hörkölbchen.

Subfamilia: CUNOCTONIDAE, HAECKEL (1877).

Cunanthiden, deren Radial-Taschen in je zwei blinde Lappentaschen gabelförmig gespalten sind.

Genus: CUNARCHA, HAECKEL (1879).

Cunarcha = Wiegenanfang.

Genus-Diagnose: Cunanthide mit 4 perradialen Tentakeln, inserirt in der Gabeltheilung von 4 perradialen Magentaschen, deren Distal-Theil in je 2 Lappentaschen sich fortsetzt.

Das Genus *Cunarcha* ist eine der einfachsten und ältesten unter allen Formen der Narcomedusen und schliesst sich unmittelbar an *Cunantha*, die hypothetische Stamm-Gattung dieser Ordnung an;

sie besitzt gleich dieser nur 4 Tentakeln und 4 damit alternirende Kragenlappen, unterscheidet sich aber von ihr dadurch, dass die 4 perradialen Magentaschen am Distal-Ende sich in 2 blinde Lappentaschen fortsetzen. So liegen in der Peripherie des Schirmkragens 8 blinde Lappentaschen, paarweise zwischen den 4 Tentakeln. Dadurch bildet diese Gattung eine sehr interessante phylogenetische Uebergangsform von *Cunantha* zu *Aegina*. Durch Rückbildung der Hörspangen und des Proximaltheils der Radial-Taschen würde sie sich in letztere verwandeln. *Cunarcha* theilt den Besitz von Lappentaschen mit den Genera *Cunoctona* und *Cunissa*; sie bildet mit diesen zusammen die besondere Subfamilie der *Cunoctonidae*, während die andere Subfamilie der Cunanthiden, die *Cunoctanthidae*, einfache Radialtaschen, ohne Lappentaschen, besitzen. (*Cunantha, Cunoctantha, Cunina*, System, p. 314).

Species: **Cunarcha aeginoides**, HAECKEL.

Tafel IX.

Cunarcha aeginoides, HAECKEL, 1879; System der Medusen p. 315, Nr. 329.

Species-Diagnose: Schirm mützenförmig, $1\frac{1}{2}$ mal so breit als hoch. Schirmlinse biconvex. Schirmkragen mit 4 breiten eiförmigen Lappen, so lang als der Linsen-Radius. Mund mit langem konischem Schlundrohr. 4 Magentaschen sehr breit und kurz, tief gespalten in 8 distale Lappentaschen, welche den grössten Theil der Kragen-Lappen einnehmen. 4 perradiale Tentakeln länger als der Schirm-Durchmesser. 12 Hörkölbchen (3 an jedem Lappen); das mittlere Hörkölbchen jedes Lappens doppelt so gross als die beiden seitlichen.

Grösse: Horizontal-Diameter 4 Mm., Vertical-Diameter 2 Mm.

Fundort: Westküste von Afrika. Ich beobachtete diese Art zuerst lebend (im December 1866) auf der canarischen Insel Lanzerote, und nach diesen lebend untersuchten Exemplaren sind die Abbildungen auf Taf. IX und die nachstehende Beschreibung entworfen. Später fand ich ein Exemplar in einem Glycerin-Präparate der Challenger-Expedition wieder, welches von Station 354 der Challenger-Liste herrührte und die schöne Phaeodarie *Coelodendrum* enthielt (südlich von den Azoren, westlich von den Canaren, $32^0 41'$ N. Br., $36^0 6'$ W. L. von Greenw., in 1675 Faden Tiefe). Allerdings war dieses Glycerin-Exemplar der Challenger-Sammlung nur sehr ungenügend conservirt, genügte aber doch, die Identität mit den lebend untersuchten canarischen Exemplaren festzustellen. Freilich ist es aber möglich (oder wahrscheinlich), dass die Meduse nicht in jener bedeutenden Tiefe, sondern beim Heraufziehen des Lothes in geringeren Tiefen erfasst worden ist.

Umbrella (Taf. IX, Fig. 1—3). Der Schirm hat die Form einer Mütze oder einer flachen Haube und ist ungefähr $1\frac{1}{2}$ mal so breit als hoch. Wenn das breite Velum schlaff herabhängt, kömmt die gesammte Höhe des Schirms (mit Einschluss des Velum) der grössten Breite (in der Mitte der Höhe) ungefähr gleich. Durch eine tiefe horizontale Ringfurche der Exumbrella, die Kranzfurche (Fig. 3 *cr*) zerfällt der Schirm in zwei sehr verschiedene Theile, die obere „Schirmlinse" und den untern „Schirmkragen". Die centrale Schirmlinse oder Schirmscheibe (Fig. 3 *u*) wird bloss durch den Gallertkörper der Umbrella gebildet und besitzt die Gestalt einer dicken biconvexen Linse mit abgerundetem Rande; ihre obere Fläche ist vom flachen Exoderm-Epithel der Exumbrella bekleidet und ist etwas stärker gewölbt, als die untere, gastrale, welche vom Entoderm-Epithel des Magens überzogen ist. Beide Flächen werden durch sehr zahlreiche und feine, geschlängelte elastische Fasern mit einander verbunden, welche die Gallerte senkrecht durchsetzen (Fig. 6 *uf*, 7 *uf*). Die Consistenz der Gallerte ist ziemlich bedeutend, einem weichen Gallertknorpel ähnlich.

Der Schirmkragen („Schirmsaum" oder kurzweg „Kragen"), wie wir den Schirmtheil unterhalb der Tentakel-Insertion nennen, ist im Gegensatze zu der oberhalb liegenden einfachen Linse ein
sehr zusammengesetztes Gebilde. Derselbe besteht aus einem Kranze von 4 Lappen, welche durch
radiale, tief gehende Einkerbungen oder Einschnitte des Schirmrandes, die Peronial-Furchen, bedingt werden; und diese ihrerseits sind wieder dadurch verursacht, dass die 4 Tentakeln ihre ursprüngliche Stellung am Schirmrande verlassen haben und eine Strecke weit in der Exumbrella aufwärts ge-
wandert sind. Diese eigenthümliche centripetale Wanderung der Tentakeln in der Exumbrella, welche wahrscheinlich mit der einseitigen Ausbildung derselben zu Fühlern in Zusammenhang steht, halte ich für die erste „wahre Ursache" der mannichfaltigen und sehr abweichenden
Umbildungen, welche der Schirmrand nebst den anliegenden Organen bei allen Narcomedusen erleidet.
Ursprünglich standen auch hier die Tentakeln unmittelbar am Schirmrande, wie bei den übrigen Craspedoten. Indem sie aber in der Aussenfläche des Schirms später aufwärts wanderten, nahmen sie einen
Nesselstreifen vom Nesselring des Randes mit, und dieser radiale centripetale Nesselstreif wurde zur
Schirmspange oder „Mantelspange" (Peronium) (Fig. 3, 4 en). Derselbe erhält die Basis des Tentakels mit dem Nesselringe des Schirmrandes in continuirlicher Verbindung und bedingt zugleich eine
mehr oder weniger tiefe radiale Furche des Schirmkragens, welche die Gallerte desselben durchschneidet, die Subumbrella jedoch intact lässt. Auf Querschnitten (Fig. 5 en) zeigt sich, dass die Peronien
ziemlich dicke, solide, spangenartige Stränge sind, welche aus einer eigenthümlichen Modification von
Nesselgewebe bestehen; zahlreiche grosse, kugelige Nesselkapseln liegen in mehreren Schichten dicht
über einander gehäuft. Das Distal-Ende der Schirmspangen steht mit dem Nesselring des Schirmrandes (Fig. 4 nc) in continuirlicher Verbindung, während ihr Proximal-Ende sich an der Stelle inserirt, wo
der Tentakel (t) von seiner conischen Wurzel (tr) abgeht. Die exumbrale Fläche jedes Peronium liegt
frei in der Tiefe der peronialen Furche (zwischen je 2 Kragenlappen), während seine subumbrale
Fläche von dem Längsmuskel (Fig. 5 mp) bekleidet ist, welcher vom Schirmrand zur Tentakel-Basis
emporsteigt. Die beiden lateralen Ränder des Peronium stossen an die benachbarten Peronial-Canäle (ck).

Die 4 Kragen-Lappen (Lobi collares, Fig. 4), welche durch die 4 Peronien getrennt werden,
haben eine breite einförmige Gestalt; ihre breite proximale Basis fällt in die Kranzfurche der Exumbrella, während ihre distale Spitze den am meisten vorspringenden Theil des Schirmrandes bildet
(Fig. 2, 3). Der distale Aussenrand derselben, welcher an jedem Lappen 3 Hörkölbchen trägt, wird
vom Velum gesäumt; die lateralen Ränder hingegen werden von den Peronien begrenzt. An der
concaven inneren oder axialen Fläche der Kragen-Lappen liegen die Lappentaschen (mit den Sexual-
Producten), während die äussere oder abaxiale Fläche stark convex gewölbt ist. Die dünne Gallert-
Platte der Lappen ist in der Mitte beträchtlich verdickt und in der interradialen Mittellinie springt eine
scharfe Kante der Exumbrella rippenartig vor (Fig. 1, 4 er).

Schirmrand. Wie bei allen Narcomedusen, so ist auch bei *Cunarcha arginoides* der eigentliche
Schirmrand durch die Bildung der Peronien, in Folge der dorsalen Tentakel-Wanderung, tief eingekerbt, und von einem starken Nesselring (Fig. 4 nc, 7 nc) gestützt. Der letztere besteht, gleich den
Peronien, aus dicht gehäuften, modificirten Nesselzellen, und ist von flimmerndem Sinnes-Epithel überzogen. Der Proximal-Rand des Nesselringes stösst an den Ringcanal (cc), sein Distal-Rand an das
Velum (v). An der Grenze beider liegen die beiden dünnen Nervenringe, welche durch die Stützlamelle des Velum von einander getrennt werden (Fig. 7 rc' dorsaler oder exumbraler, rc" ventraler
oder subumbraler Nervenring). Die specielleren Verhältnisse der Anatomie und Histologie des Schirm-

randes zeigt der Radial-Schnitt Fig. 7. (Vergl. die Erklärung.) Von tentacularen Organen besitzt der Schirmrand der *Cunarcha aeginoides* 16, nämlich 4 lange und starke perradiale Tentakeln, 4 interradiale grössere Hörkölbchen und 8 adradiale kleinere Hörkölbchen.

Die 4 perradialen Tentakeln, welche *Cunarcha* mit der nächstverwandten *Cunantha* theilt, bleiben bei diesen beiden Gattungen permanent allein, während diese ursprüngliche Zahl bei allen übrigen Cunanthiden vermehrt wird oder nur in der ersten Jugend 4 beträgt. Wie bei allen anderen Narcomedusen, sind die Tentakeln solid und durch eine eigenthümliche „Tentakel-Wurzel" in der Gallerte der Umbrella befestigt. An dem Insertions-Punkt der Tentakeln, wo die „Wurzel" in die Gallerte hineingeht, stehen beide in continuirlicher Verbindung mit dem Proximal-Ende des Peronium, dessen Distal-Ende in den Nesselring des Schirmrandes übergeht. An der Axial-Seite des Peronium verläuft der Spangen-Muskel und der Spangen-Nerv, welcher die directe Leitung zwischen dem Nervenring des Schirmrandes und dem Tentakel unterhält. Man kann daher auch sagen, dass die soliden, dorsal inserirten Tentakeln aus 3 wesentlichen Theilen zusammengesetzt sind, welche im Insertions-Punkte zusammentreffen, nämlich: 1. der Tentakel-Faden oder der frei vorragende Theil, 2. die Tentakel-Wurzel, welche als Stütze in der Gallerte eingeschlossen ist, und 3. das Peronium, welches die Verbindung mit dem Schirmrande unterhält. Der Tentakel-Faden oder der freie, vorragende Theil des Tentakels (Fig. 4, 6 *t*) zeigt ganz dieselbe Structur, welche wir oben von den soliden Tentakeln der Pectylliden beschrieben haben. Die entodermale Axe, welche vom Entoderm des Ringcanals abstammt, bildet eine cylindrische Säule und besteht nur aus einer einzigen Reihe von grossen, hellen, scheibenförmigen Chordal-Zellen, die gleich den Münzen einer Geldrolle übereinander liegen. Aus denselben Zellen besteht die conische oder rübenförmige Tentakel-Wurzel (Fig. 4, 6 *tr*) eine directe Fortsetzung der Entoderm-Axe, welche mehr oder weniger in die Gallerte der Umbrella vorspringt. Sie ist mit der Spitze centripetal gerichtet und liegt mit ihrer Unterseite der oberen (umbralen) Seite der Magentaschen auf, diesen zugleich zur festen Stütze dienend. Eine structurlose Scheide trennt sie von der umhüllenden Gallerte und dem anliegenden Entoderm des Canal-Systems. Das Exoderm-Epithel des freien Tentakel-Fadens, welches theils aus Nessel-, theils aus Sinnes-Zellen besteht, setzt sich an der Insertion desselben nicht auf die Wurzel fort, sondern geht continuirlich in das Nessel-Epithel des Peronium über. Die Vertheilung der Nesselzellen, welche kugelige Nessel-Kapseln enthalten, ist ziemlich gleichmässig, ebenso die der Sinneszellen, welche zum Theil Flimmer-Haare oder Tastborsten tragen. Nur an dem kolbenförmig angeschwollenen Distal-Ende der Tentakeln sind die kugeligen Nesselzellen dichter gehäuft und die Flimmerhaare des Sinnes-Epithels beträchtlich verlängert, so dass sie einen dichten Busch bilden (Fig. 3). Das Insertions-Stück der Tentakeln, wo Faden, Wurzel und Peronium zusammentreffen, ist von einem dicken halbringförmigen Nesselwulste kragenartig umfasst (Fig. 2, 4, 6 *n*).

Die 12 Hörkölbchen dieser Art sind, wie bei allen Narcomedusen, als modificirte „acustische Tentakeln" zu betrachten (System der Medusen, p. 307). Die 4 interradialen (primären), welche an der Spitze der 4 Kragenlappen stehen, sind 2—3 mal so gross als die 8 adradialen (secundären) (Fig. 4 *ok*). Das frei vorragende Hörkölbchen ist keulenförmig und sitzt mit dünnerem kurzem Stiele auf einem flachen rundlichen „Hörpolster" auf (Fig. 4, 6, 7, 8). Die solide Axe jedes Hörkölbchens besteht aus 3—4 kurzen und breiten, scheibenförmigen, entodermalen Chordal-Zellen, deren proximale die kleinste ist und mit dem Entoderm-Epithel des Ringcanals in Continuität steht. Die distale End-Zelle der Axe hingegen ist sehr gross und schliesst einen prismatisch-krystallinischen Otolithen ein (Fig. 8 *ol*). Das Sinnes-Epithel, welches den exodermalen Ueberzug des Hörkölbchens bildet, ist mit sehr langen und feinen Hörhäärchen ausgestattet, welche radial divergirend ein Büschel bilden, in dessen Axe das Kölbchen steht (Fig. 7, 8 *oh*).

Von der Basis jedes Hörkölbchens geht eine H ö r s p a n g e aus, auch als „marginale Mantel-spange" oder „centripetaler Nesselstreifen" bezeichnet (*Otoporpa*, Fig. 4 *oo*, Fig. 8 *oo*). Das ist ein brei-ter verdickter Streifen des Exoderm-Epithels, bestehend aus einer dichten Anhäufung von Nesselzellen und überzogen von flimmernden Sinneszellen. Die Längsaxe der Hörspange ist eine centripetale (bald gerade, bald geknickte) Verlängerung der Längsaxe des Hörkölbchens; beide liegen in derselben Me-ridian-Ebene. Die Hörspangen von *Cunarcha aeginoides* sind von ähnlicher Beschaffenheit, wie diejenigen von *Cunoctantha polygonia* (System, p. 317, Taf. XIX, Fig. 2). Sie sind kürzer und plumper, als bei den meisten übrigen Cunanthiden, fast keulenförmig-dreieckig, von dem dünnen Distal-Ende (am mar-ginalen Nesselring) gegen das breite Proximal-Ende hin allmählich verbreitert und endigen hier in einem dicken halbmondförmigen Nesselwulste, welcher demjenigen an der Tentakel-Insertion gleicht (Fig. 4, 8 *op*). Wie die 3 Hörkölbchen jedes Kragenlappens selbst, so sind auch ihre zugehörigen Hör-spangen von sehr ungleicher Grösse, die mediale (interradiale) 2—3 mal so lang und breit, als die beiden lateralen (adradialen); während letztere nur wenig über den Proximal-Rand des Ringcanals centripetal vorspringen, reicht erstere bis zwischen die beiden Lappentaschen jedes Lappens hinein (Fig. 2, 3, 4 *op*).

Subumbrella. Wie bei allen Narcomedusen, so bleibt auch bei *Cunarcha aeginoides* die eigent-liche „Subumbrella" auf die concave Ventral-Seite des peripheren S c h i r m k r a g e n s beschränkt, weil die ganze Ventralfläche der centralen Schirmlinse von der breiten Magenscheibe eingenommen wird. Mithin bildet der circulare Kranzmuskel der Subumbrella einen breiten Muskelring, welcher lediglich die concave Fläche der 4 Kragenlappen auskleidet; seine obere oder proximale Grenzlinie fällt mit der Kranzfurche und der Magen-Peripherie zusammen, während sein unterer oder distaler Rand durch den Nesselring und Nervenring des eigentlichen Schirmrandes von dem starken Velum abgegrenzt wird.

Das V e l u m ist von ansehnlicher Breite, dick und derb, an den 4 perradialen Peronial-Kerben des Schirmrandes beträchtlich breiter, als an den 4 interradialen Spitzen der Kragenlappen (Fig. 1, 3 *v*). Bald ist dasselbe straff horizontal ausgespannt und verengt dann den Eingang in die Schirmhöhle so beträchtlich, dass nur eine enge Oeffnung für den Durchtritt des Mundrohres übrig bleibt; bald ist es nach unten trichterartig vorgestülpt (Fig. 3 *v*); bald hängt es als ein faltiger derber Vorhang schlaff vertical vom Schirmrande herab. Gleich dem vierlappigen Schirmkragen gewährt demnach auch das breite Velum, als dessen distale Fortsetzung, je nach dem Zustande der Dilatation oder Contraction einen sehr verschiedenartigen Anblick, und dasselbe gilt somit auch von der S c h i r m h ö h l e, deren Wand sie bilden. (Vergl. Fig. 1, 3, 6.) Gewöhnlich erscheint die letztere nur als ein schmaler ring-förmiger Hohlraum, dessen innere (axiale) Wand von der conischen Basal-Hälfte des Schlundrohres, dessen äussere (abaxiale) Wand oben vom Schirmkragen, unten vom Velum gebildet wird; der obere (proximale) Rand fällt mit dem peripheren Rande der Magenhöhle zusammen und entspricht der ex-umbralen Kranzfurche, während der untere (distale) Rand die Mündung der Schirmhöhle bildet.

Gastrocanal-System (Fig. 1—4). Dasselbe zerfällt hier, wie bei allen Narcomedusen, in zwei wesentliche und scharf geschiedene Haupttheile, in den centralen Magen nebst Schlundrohr und in den peripheren Taschen-Kranz nebst Ringcanal; ersterer ist an der Ventral-Seite der centralen Schirmlinse, letzterer hingegen an derjenigen des peripheren Schirmkragens befestigt. Der c e n t r a l e M a g e n (*ge*) ist eine flache kreisrunde Tasche, deren horizontale Decke oder obere (aborale) Wand von der unteren, schwach convex nach unten vorgewölbten Fläche der centralen Gallert-Linse der Umbrella gebildet wird. Hingegen bildet der Boden oder die untere (orale) Wand des Central-Magens nur einen schmalen Ring, dessen dicke Muskelwand sich nach unten kegelförmig auszieht und in ein langes kräftiges Schlundrohr fortsetzt (Fig. 3 *gt*). Dasselbe ist sehr beweglich und contractil, ungefähr so lang als der horizontale Schirm-Durchmesser, und in der oberen Hälfte konisch-trichterförmig, in der unteren Hälfte fast vierseitig-prismatisch; es endigt unten mit einer engen, bald quadratisch, bald kreisrund erscheinenden Mundöffnung (Fig. 3 *aa*). Gleich der ganzen unteren Magenwand ist auch das rüsselförmige Mundrohr äusserst dehnbar und contractil.

Der periphere Taschen-Kranz, welcher von der Peripherie der Magen-Basis (nach innen von der exumbralen Kranzfurche) abgeht, beginnt mit 4 breiten, perradialen, im Kreuze stehenden Magentaschen (Fig. 2—4 *bg*), deren obere (adumbrale) Wand in ihrer perradialen Mittellinie durch die aufliegenden steifen Tentakel-Wurzeln gestützt wird *(tr)*. Die Breite der 4 gastralen Radialtaschen nimmt nach aussen bedeutend zu und übertrifft ihre Länge beträchtlich; schon nach kurzem Verlaufe theilt sich jede gabelförmig in 2 halbeiförmige, blinde, spitze Lappentaschen (Fig. 2—4 *bl*). Diese erfüllen den grössten Theil der Subumbral-Wand der Kragenlappen und stellen zugleich die Gonaden dar, da sich aus dem Exoderm-Epithel ihrer Subumbral-Wand die Eier entwickeln (Fig. 4 *so*). In jeder Lappentasche liegen nur wenige (2—4) grosse reife Eier inmitten zahlreicher, sehr kleiner und unentwickelter. Zwischen den beiden Lappentaschen einer jeden perradialen Magentasche entspringt aus der Mitte des Distal-Endes der letzteren ein doppelter Spangen-Canal oder Peronial-Canal (Fig. 4 *ck*). Dieser Doppel-Canal besteht aus zwei engen, parallelen Röhren, welche durch die tiefe Furche der Peronien oder Schirmspangen getrennt werden. Am Distal-Ende der letzteren, am Schirmrande, trennen sich die beiden parallelen Canäle, indem sie fast rechtwinklig in entgegensetzter Richtung umbiegen und dem Distal-Rande des Schirmlappens entlang laufen, um in dessen Mitte sich mit den entgegenkommenden Hälften der entsprechenden Nachbar-Canäle zu vereinigen. So entsteht ein ganz eigenthümlicher Ringcanal von der Form einer Guirlande oder eines Festons, dessen Bogen die Peripherie der Schirmlappen säumen und dessen einspringende Winkel mit der Tentakel-Insertion zusammenfallen. Je mehr sich die Bogen der Lappenkragen bei den Cunanthiden abrunden, desto kürzer wird der Doppel-Canal, welcher den freien Bogenrand des Ringcanals mit der radialen Magentasche in Verbindung setzt; desto länger wird gleichzeitig der Feston-Canal, wie man den Ringcanal mit seinen bogenförmigen Einbuchtungen passend bezeichnen kann. So isolirt zunächst diese Bildung des Canal-Systems bei den Cunanthiden dazustehen scheint, so lässt sie sich doch leicht auf diejenige einiger nächstverwandten Trachomedusen (Insbesondere Geryoniden) zurückführen. Bei denjenigen Geryoniden, bei denen die flachen „Genitalblätter" (oder die taschenförmig verbreiterten Radial-Canäle) bis zum Ringcanal heranreichen, braucht man sich bloss die Einkerbung des Schirmrandes an deren Einmündungsstelle tiefer eingeschnitten und die Schirmspangen an der Tentakel-Basis bis zum Canal durchschneidend vorzustellen, um die Bildung der Cunanthiden zu erhalten. Mithin entspricht der Ringcanal der Geryoniden (und der übrigen Craspedoten) dem ganzen „Feston-Canal" der Cunanthiden, welcher sich aus den doppelten Peronial-Canälen und dem peripheren, diese verbindenden (dem marginalen Nesselring anliegenden) „Randcanal" zusammensetzt. Hingegen entsprechen die 4 breiten perradialen „Magentaschen" von *Cunantha* und *Cunarcha* den 4 typischen „Radial-Canälen" der Craspedoten, welche auch bisweilen (z. B. bei *Liriope* und *Glossocodon*) bandförmig verbreitert sind. Auch können demgemäss die beiden lateralen Flügel der letzteren, in denen sich die Geschlechts-Producte entwickeln, den beiden sexuellen „Lappentaschen" der *Cunarcha* verglichen werden (vergl. mein „System der Medusen", 1879, p. 304, 306, Taf. XIX, Fig. 2, Taf. XX, Fig. 1, 2). Gleichzeitig sind offenbar die paarigen Lappentaschen von *Cunarcha* und *Cunoctantha* (l. c. Taf. XX, Fig. 1, 2) nichts Anderes als die „internemalen Magentaschen" der Aeginiden (l. c. Taf. XX, Fig. 11). Dadurch erscheint *Cunarcha* als eine sehr interessante phylogenetische Zwischenform zwischen *Cunantha* und *Aegina*, welche unmittelbar diese beiden tetranemalen Stamm-Gattungen der Cunanthiden und Aeginiden mit einander verbindet. (Vergl. die tabellarische „Uebersicht über die Homologien der Radial-Canäle einiger tetranemaler Tracho- medusen und Narcomedusen" in meinem „System der Medusen". 1879, p. 336.)

Familia: **PEGANTHIDAE**, Haeckel (1877).

HAECKEL, System der Medusen, 1879; p. 323, Taf. XIX. Fig. 4—7; Taf. XX, Fig. 14, 15.

Familien-Charakter: Narcomedusen ohne Radial-Canäle und ohne Magentaschen in der Sub- umbrella; aber mit einem Festoncanal (oder einem Ringcanal, der einen Kranz von getrennten Lappencanälen bildet); mit Otoporpen oder Hörspangen an der Basis der Hörkölbchen.

Subfamilia: **POLYXENIDAE**, HAECKEL (1877).

Peganthiden mit einer einzigen ringförmigen Gonade, welche einen einfachen oder gelappten Gürtel in der sub- umbralen Magenwand bildet.

Genus: **POLYCOLPA**, HAECKEL (1879).

πολύκολπα = mit vielen Buchten (am Schirmrande).

Genus-Diagnose: Peganthide mit einfachem Geschlechts-Gürtel, der einen geschlossenen Ring in der unteren Magenwand bildet (ohne genitale Blindsäckchen in den Lappenhöhlen). Zahlreiche (10—30) Kragenlappen und eben so viele damit alternirende Tentakeln.

Das Genus *Polycolpa* ist die einfachste und phylogenetisch älteste Gattung in der Familie der Peganthiden, jener sonderbaren Narcomedusen-Gruppe, welche sich durch den vollständigen Mangel der Radial-Canäle und die Ausbildung eines bogenförmigen Feston-Canals auszeichnet. Während die nächstverwandten Cunanthiden noch sämmtlich echte Radial-Canäle (in Form breiter pernemaler „Ma- gentaschen") besitzen, verschwinden dieselben bei den Peganthiden gänzlich, indem die starken Ten- takeln bei ihrer dorsalen Wanderung den ganzen Schirmrand bis zur Magen-Peripherie, wo sie sich inseriren, mit hinaufnehmen. Dadurch wird sowohl der ursprüngliche Radial-Canal (die „Magentasche") als der peroniale Doppel-Canal rückgebildet; beide gehen verloren. Der Ringcanal aber zerfällt in so viel isolirte Bogen, als Lappen des Schirmkragens vorhanden sind. Jeder hufeisenförmige Lappen- Canal oder Bogen-Canal säumt den Rand seines Lappens und mündet an dessen Basis mit 2 ge- trennten Oeffnungen unmittelbar in die Magenhöhle (neben der Tentakel-Insertion). Das ganze Gastro- canal-System besteht also bei den Peganthiden nur aus dem flachen linsenförmigen Magensack und dem Kranze von isolirten Lappen-Canälen, von denen jeder mit 2 Oeffnungen in die Peri- pherie des Magens mündet. Unter den 4 Genera der Peganthiden, welche alle sehr nahe verwandt sind, erscheint *Polycolpa* als die einfachste und älteste Form, da sie die primitivste Gonaden-Bildung besitzt. Der einfache Geschlechts-Gürtel bildet einen breiten, ungetheilten Ring in der unteren oder subumbralen Magenwand. Derselbe entsendet keine blindsackförmigen oder taschenförmigen Fortsätze in die einzelnen Lappenhöhlen, wie es bei der nächstverwandten Gattung *Polyxenia* der Fall ist, sowie bei den davon abgeleiteten Genera *Pegasia* und *Pegantha*.

Species: **Polycolpa Forskalii**, Haeckel.
Tafel X.

Polycolpa Forskalii, Haeckel, 1879; System der Medusen, p. 328, Nr. 350.

Species-Diagnose: Schirm flach scheibenförmig, 2—3 mal so breit als hoch. 25 Lappen fast fünfeckig, doppelt so lang als breit. Geschlechts-Gürtel sehr breit, fast die ganze untere Magenwand einnehmend. 25 Tentakeln 3 mal so lang als der Schirm-Radius. 130—170 Hörkölbchen (5—7 an jedem Lappen).

Grösse: Horizontal-Diameter 20—30 Mm.; Vertical-Diameter 8—10 Mm.

Fundort: Indischer und pacifischer Ocean (?). Ich selbst beobachtete ein (weibliches) Exemplar dieser Art lebend im rothen Meere. Dasselbe wurde mit dem Schwebe-Netze in einer Tiefe von ungefähr 60 Faden gefangen, und nach diesem sind die Abbildungen auf Taf. X entworfen. Dieselbe Species glaube ich in einem unvollständigen Fragmente wieder zu erkennen, welches von der Challenger-Expedition in der Nähe der Philippinen-Insel Mindanao in 82 Faden Tiefe gefangen wurde (Challenger-Station 201, in 7° 3′ N. Br., 121° 48′ Ö. L. v. Gr., am 26. October 1874).

Ich benenne diese Art zu Ehren des verdienstvollen schwedischen Naturforschers Peter Forskal, der nicht allein die werthvollsten Darstellungen der Medusen im vorigen Jahrhundert gab und zuerst die Medusen des rothen Meeres beschrieb, sondern auch (1775) die erste (und bisher beste!) Beschreibung und Abbildung einer Peganthide entwarf *(Polyxenia mollicina).*

Umbrella (Taf. X, Fig. 1—3). Der Schirm ist flach gedrückt, scheibenförmig, ungefähr 2—3 mal so breit als hoch, und zerfällt, wie bei allen Peganthiden, durch eine tiefe horizontale Kranzfurche (Fig. 3 cc) in eine obere Hälfte, die massive Schirmlinse, und eine untere Hälfte, den gelappten Schirmkragen. Die dicke Schirmlinse („Schirmscheibe" oder „Gallertmantel") besteht aus einer planconvexen oder biconvexen Gallertmasse von knorpelähnlicher oder selbst kaoutschukartiger Consistenz. Die Festigkeit der Gallertscheibe, verbunden mit einem hohen Grade von Elasticität, erreicht in dieser Familie das Maximum unter den Craspedoten. Die Ursache dieser ausserordentlichen Consistenz sind sehr zahlreiche, verästelte und netzförmig anastomosirende, elastische Fasern, welche quer durch die Gallerte von der äusseren zur inneren Schirmfläche gehen. Die verticale Dicke der Schirmlinse ist ein Drittel so gross als ihr grösster horizontaler Durchmesser. Die Exumbrella ist glatt, ohne besondere Auszeichnung (Fig. 2). Der Schirmkragen, welcher durch die tiefe ringförmige Einschnürung der Kranzfurche scharf von der darüber gelegenen Schirmlinse abgesetzt ist, besteht aus einem Kranze von 25 dicken Gallertlappen und aus dem breiten Velum, welches nicht nur die Zwischenräume zwischen diesen oder die pernemalen Einkerbungen der Subumbrella vollständig ausfüllt und sie gleich einer Schwimmhaut verbindet, sondern auch eine bedeutende Strecke weit über den äussersten Rand der Lappen nach innen vorragt. Die Grenze zwischen Schirmkragen und Schirmlinse wird durch eine Ringlinie markirt, in welcher sich die Tentakeln inseriren, und in welcher die Einmündungs-Stellen des Feston-Canals in die Magen-Peripherie liegen (vergl. Fig. 2, 3, 6).

Die Schirmlappen — oder genauer „die Gallertlappen des Schirmkragens" — bestehen aus einer Fortsetzung der Linsen-Gallerte, welche nach aussen, gegen den Lappenrand hin, immer dünner wird. Trotzdem die Dicke der Gallerte in den Lappen weit hinter derjenigen der centralen Linse zurücksteht, so ist sie doch beträchtlich, und die Lappen sind von sehr grosser Festigkeit. Daher gelingt es nur schwer, die Randlappen, welche sowohl an lebenden als an todten Thieren stets stark nach innen eingerollt sind, flach auszubreiten. Der Kranz von eingerollten Lappen giebt dem Schirm

4 *

hier (wie noch mehr bei anderen Peganthiden) Aehnlichkeit mit der Blüthe der Türkenbund-Lilie
(*Lilium martagon*). Die Gestalt der Kragenlappen ist im Umrisse bald mehr rechteckig, bald mehr fünfeckig, je nach dem Contractions-Zustande (Fig. 1. 2, 6). Stets sind dieselben sowohl mit den Seitenrändern als auch besonders mit der Spitze s t a r k e i n w ä r t s g e k r ü m m t; daher ist ihre exumbrale
Aussenfläche sowohl in radialer (longitudinaler) als in tangentialer (transversaler) Richtung stark c o n -
v e x. Entsprechend dieser äusseren Wölbung ist die subumbrale Innenfläche stark c o n c a v und bildet
eine schützende Höhle, welche nur in axialer Richtung gegen die Schirmhöhle geöffnet ist. Wir wollen
diese Höhlen, welche eigentlich peripherische Nischen oder Nebenhöhlen der Schirmhöhle sind, und
diese gleich den Altar-Nischen eines Rundtempels (Pantheon) umgeben, als L a p p e n h ö h l e n bezeichnen; sie dienen bei den meisten anderen Peganthiden (wie bei der folgenden Art, *Pegantha pantheon*)
zur Aufnahme und zum Schutze der Genitalsäckchen, welche vom gastralen Gonaden-Ring sich abzweigen. Die centrale S c h i r m h ö h l e selbst (Fig. 3 *h*) ist sehr flach und niedrig, wie bei allen Peganthiden, und wird oben von der subumbralen Magenwand und der darin liegenden Gonade begrenzt,
während sie unten sich weit öffnet (Fig. 1).

Die S u b u m b r e l l a wird im centralen Theile — an der unteren Fläche der Schirmlinse — durch
die musculöse subumbrale Magenwand vertreten, da diese bis zur Grenze von Linse und Kragen reicht.
Im peripherischen Theile hingegen — an der unteren Fläche des Schirmkragens — bildet die Sub-
umbrella einen Kranz isolirter Muskelplatten, welche die innere, concave Fläche der Lappen auskleiden.
Da nämlich der eigentliche Schirmrand (mit Nerven- und Nessel-Ring) zwischen je 2 Lappen tief ein-
geschnitten ist, so erscheint auch der Muskelring der Subumbrella dadurch im unteren Theile gelappt.
Das V e l u m füllt gleich einer Schwimmhaut die Zwischenräume zwischen diesen Lappen bis zum
Schirmrande vollständig aus und springt ausserdem noch eine Strecke weit als zusammenhängender
Ring-Saum nach innen gegen die Axe der Schirmhöhle vor. Das Velum ist sehr dick und derb, viel-
fach in Falten gelegt, und wird fast immer, gleich den Lappen, mehr oder minder eingerollt angetroffen.
Im inneren oder axialen Theile des Velum herrschen concentrische Ringfalten vor, im äusseren oder
abaxialen Theile hingegen, der in Gestalt dreieckiger Zipfel zwischen die Lappen hineingeht, vorwiegend
Radial-Falten (Fig. 6, 8 *r*). Der Contractionszustand des Velum lässt die Form und Beschaffenheit desselben oft sehr verschieden erscheinen. Die Subumbrella ist zwischen je 2 Lappen so tief eingeschnitten, dass die dreieckigen Zipfel des Velum zwischen denselben bis zu ihrer Basis und bis zur Tentakel-Insertion emporsteigen (Fig. 2, 6). Die Structur der Subumbrella und des Velum ist dieselbe,
wie bei der nächstfolgenden Art (vergl. Taf. XII, Fig. 12).

Schirmrand. Da der eigentliche Schirmrand (im morphologischen Sinne) nicht durch den freien
Axial-Rand des Velum (— die Grenze zwischen Exumbrella und Subumbrella —) bestimmt wird,
sondern vielmehr durch den marginalen Nesselring und den doppelten, diesem anliegenden Nervenring, so erscheint der wahre Schirmrand bei *Polycolpa Forskalii*, wie bei allen Peganthiden, tief eingeschnitten. Er bildet einen continuirlichen Saum der Kragenlappen und zugleich die Grenzlinie zwischen
diesen und dem Velum (Fig. 6 *nc*). An dem inneren Rande des Nesselringes liegt der Feston-Canal
(Fig. 6 *cf*), welcher ihn in der ganzen Länge begleitet. Die feinere Structur des Schirmrandes ist dieselbe wie bei der folgenden Art (vergl. Taf. XII, Fig. 12). Von tentacularen Organen trägt der Schirmrand 25 Tentakeln und eine grosse Anzahl Hörkölbchen (5—7 an jedem Lappen).

Die T e n t a k e l n, deren Zahl bei allen Peganthiden derjenigen der Kragenlappen gleicht, alterniren mit letzteren regelmässig und sind zwischen den Basen von je 2 Lappen in der Kranzfurche der
Exumbrella inserirt (Fig. 1—3, 6). Die 25 Tentakeln unserer *Polycolpa Forskalii* sind 1½—2mal so lang

als der Schirm-Durchmesser und bald kronenartig nach aufwärts gekrümmt (wie bei *Pegantha pantheon*, Taf. XI, Fig. 1), bald unter den Schirm nach abwärts geschlagen (Taf. X, Fig. 2); sie sind cylindrische knorpelähnliche Fäden, an der Basis etwas verdickt, gegen die Spitze allmählich fein zugespitzt und verbinden einen hohen Grad von Steifheit und Festigkeit mit bedeutender Biegsamkeit und Elasticität. Die solide Chordal-Axe gleicht mehrfach der Chorda dorsalis der Wirbelthiere und besteht aus grossen und hellen dickwandigen Entoderm-Zellen, die eine derbe elastische Membran, wasserklaren Inhalt und einen grossen Kern besitzen. Die Chordal-Axe jedes Fadens bildet eine einzige Reihe oder Säule solcher „münzenförmigen" Chordal-Zellen (vergl. Taf. XII, Fig. 10, 11). Ihr Exoderm-Epithel enthält zahlreiche kugelige Nessel-Kapseln, besonders an der Abaxial-Seite des Fadens. Dickere Chordal-Zellen setzen auch die helle konische Tentakel-Wurzel zusammen, welche von der Tentakel-Insertion aus in die Gallertscheibe des Schirmes eine Strecke weit radial (centripetal) hineingeht und mit ihrer unteren (oralen) Seite, oft hakenförmig gekrümmt, der Peripherie der Magendecke aufliegt (Taf. X, Fig. 3 *tr*, Fig. 7). In jeder Chordal-Zelle der Wurzel ist ein Netz von verzweigten Protoplasma-Fäden sichtbar, welche von der den Kern umgebenden Schicht ausstrahlen (Fig. 7). Die entodermale Stützlamelle, welche die Chordal-Axe der Tentakeln röhrenförmig einschliesst, setzt sich auch auf die Wurzel bis zur Spitze fort, die ectodermale, nach aussen daran liegende Schicht der longitudinalen Muskelfasern hingegen nicht. — „Schirmspangen" oder Peronien, welche bei *Cunarcha* und *Aeginura* sehr entwickelt erscheinen, sind bei *Polycolpa* und *Pegantha*, wie bei den meisten Peganthiden, rudimentär. Da die tiefen Schirmrand-Einschnitte zwischen je 2 Lappen bis fast zur Tentakel-Basis hinaufgehen, werden die Peronien natürlich so verkürzt, dass sie fast verschwinden. Durch die Rückbildung derselben bleibt hier die Tentakel-Insertion mit dem Nesselringe des Schirmrandes in continuirlichem directen Zusammenhang, weil ja der letztere in die erstere an der Lappen-Basis unmittelbar übergeht. Desshalb geht auch das Velum hier mit interlobaren Zipfeln zwischen je 2 Kragenlappen bis zur Tentakel-Wurzel hinauf (Fig. 6).

Hörkölbchen besitzt *Polyxenia Forskalii* 130—170, da auf jeden der 25 Lappen deren 5—7 kommen (Fig. 6). Eines davon sitzt an der Spitze des Lappens, die anderen (paarweise gegenständig) an dessen unterem Seitenrande. Ihre Structur ist dieselbe, welche oben (p. 23) von *Cunarcha* beschrieben wurde. Gewöhnlich enthält aber hier jede der 3—4 entodermalen Axen-Zellen einen Otolithen (Fig. 8 *ot*). Die Otoporpen oder „Hörspangen" an ihrer Basis (Fig. 8 *oo*) sind kolbenförmige Nesselstreifen der Exumbrella, überzogen von flimmerndem Sinnes-Epithel, mit grösseren und kleineren kugeligen Nesselkapseln (Fig. 8 *n*). Ihr sonstiges Verhalten ist wie bei *Pegantha pantheon* (vergl. Taf. XI, Fig. 4).

Gastrocanal-System (Fig. 1, 3, 6, 8). Dasselbe besitzt die sonderbare, allen Peganthiden eigenthümliche Bildung, welche diese Medusen-Familie von allen anderen unterscheidet. Es besteht aus zwei Hauptabschnitten, dem centralen Magen und dem peripherischen Feston-Canal (Fig. 6 *cf*, 8 *cf*). Der letztere läuft gleich einer Guirlande dem Rande der Lappen entlang und mündet überall zwischen je 2 Tentakeln doppelt in den Umkreis des Magens ein. Der Magen ist eine ganz flache, kreisrunde oder polygonale Tasche, und nimmt die ganze untere Fläche der Schirmlinse ein (Fig. 3 *gc*). Entsprechend der letzteren bildet die obere Wand oder die Decke des Magens eine ebene oder nur wenig convexe, seltener etwas concave kreisrunde Fläche, deren Peripherie bei gewissen Contractions-Zuständen ein reguläres Polygon darstellt; jede vorspringende Ecke desselben entspricht einer Tentakel-Insertion, jede Seite der Basis eines Kragenlappens. Die vorspringenden Ecken bilden bisweilen dreieckige Taschen, deren Spitze gegen die Tentakel-Insertion gerichtet ist (letzte Rudimente von Radial-Taschen). Die untere Wand oder der Boden der Magentasche ist eine kreisrunde oder regulär-polygonale, dicke Muskelplatte, oben vom Entoderm, unten vom Exoderm überzogen. In der Mitte findet sich die Mundöffnung, die in ein kurzes, cylindrisches, frei herabhängendes „Schlundrohr" ausgezogen ist (Fig. 3 *at*). Der verdickte Mundrand ist einfach, nicht in Mundlappen gespalten. Die Muskelplatte erscheint an demselben beträchtlich angeschwollen (Fig. 5 *m* im Längsschnitt). Zwischen den hohen Cylinder-Zellen des gastralen Entoderms *(dg)* sind zahlreiche Drüsenzellen zerstreut *(gd)*, 2—3 mal so breit als die ersteren, mit einem doppelt so grossen Kern, und durch die trübe körnige Beschaffenheit des Protoplasma ausgezeichnet. Wie bei allen Narcomedusen, ist die muskulöse Magenwand sehr bedeutender Contraction und Dilatation fähig.

Der eigenthümliche, bei den Peganthiden zur höchsten Ausbildung gelangende Feston-Canal *(Canalis festivus*, Fig. 6 *cf*, 8 *cf)* und der damit in Zusammenhang stehende völlige Mangel der Radial-Canäle genügt allein, um diese Familie als solche zu characterisiren und von allen anderen Medusen-Familien zu unterscheiden. Phylogenetisch ist dieses merkwürdige Verhalten einfach von demjenigen der Cunanthiden abzuleiten, und zwar dadurch, dass der Magen durch peripherisches Wachsthum sich bis zur Tentakel-Insertion (oder bis zur Grenze von Schirmlinse und Schirmkragen) ausdehnt, und so die breiten taschenförmigen Radial-Canäle in sich aufnimmt. Die tiefen Buchten, welche bei den Cunanthiden zwischen je 2 Radial-Taschen sich finden, sind bei den Peganthiden gewissermaassen verstrichen. Daher sind auch die „dreieckigen Zipfel" der Magen-Peripherie, welche bei einigen Peganthiden zur Insertion der Tentakeln hingehen (schon von Eschscholtz bei *Polyxenia* als „lange dreiseitige Fortsätze des Magens" beschrieben), in der That als letzte rudimentäre Ueberbleibsel von Radial-Canälen zu deuten. Während diese letzteren bei den Cunanthiden noch die Verbindung des Magens mit dem Ringcanal vermitteln, mündet nunmehr bei den Peganthiden der letztere unmittelbar in die Peripherie des ersteren ein, und zwar an so viel Stellen, als Tentakel-Insertionen vorhanden sind, zwischen je 2 Kragenlappen. Der Ringcanal hat demnach eigentlich dieselbe Beschaffenheit, wie bei den nächstverwandten Cunanthiden; er verläuft längs des velaren Randes der Kragenlappen, unmittelbar über dem Nesselring des eigentlichen Schirmrandes; zwischen der Basis je zweier benachbarter Lappen aber wird er durch die Tentakel-Insertion unterbrochen und mündet neben derselben in den Magen ein. Man könnte das Verhältniss auch so ausdrücken: Der Ringcanal der Peganthiden ist in viele (10—20) einzelne bogenförmige oder halbkreisförmige Lappen-Canäle zerfallen, welche am Rande der Gallert-Lappen, nach innen von der Velum-Insertion verlaufen und an der Lappen-Basis in den Magenumkreis münden. Uebrigens ist der Ringcanal keineswegs reducirt, vielmehr ein geräumiges Rohr, dessen Lumen bei den grösseren Arten oft über einen Millimeter Durchmesser hat und leicht die Einführung einer Sonde gestattet. Das Entoderm desselben ist häufig verdickt und in Falten gelegt, bei einigen Arten sogar in zahlreiche Zotten oder Papillen erhoben (ähnlich Darmzotten). Bei unserer *Polycolpa Forskalii* liess sich auf dem Querschnitt des Feston-Canals keine solche Falte erkennen, während bei der nächstfolgenden Art eine niedrige Ringfalte am Distal-Rande desselben deutlich nachzuweisen war, ähnlich wie bei *Pectis* (vergl. Taf. VI, Fig. 12 *yc* und Taf. XII, Fig. 12 *yc*).

Gonaden. Die Geschlechtsdrüse tritt bei *Polycolpa Forskalii* in der einfachsten Form auf, als ein breiter kreisrunder Gürtel, welcher den grössten Theil der unteren, submubralen Magenwand einnimmt (Fig. 1 *sf*, Fig. 3 *sf*). Bei dem weiblichen Exemplare, welches ich lebend im rothen Meere beobachtete, war derselbe schön himmelblau gefärbt, ebenso auch die Tentakeln und der Nesselring des Schirmrandes; die Spitze der Tentakeln war dunkelblau. Die submubrale, convexe Aussenfläche des Geschlechts-Gürtels ist ziemlich glatt, nur von unbedeutenden und unvollständigen Radial-Falten durchzogen (Fig. 1 *sf*). Auf dem radialen Querschnitt (Fig. 3 *sf*, Fig. 4) zeigt sich zwischen dem hohen gastralen Entoderm-Epithel des Eierstocks (Fig. 4 *dg*) und dem flachen subumbralen Exoderm-Epithel (Fig. 4 *qg*) eine dicht gedrängte Masse kleiner Eizellen, zwischen denen einzelne grosse Eier zerstreut sind.

Subfamilia: **PEGASIDAE**, HAECKEL.

Peganthiden mit einem Kranze von mehreren getrennten Gonaden, welche Aussackungen der subumbralen Magenwand bilden und einzeln in den Lappenhöhlen des Schirmkragens liegen.

Genus: **PEGANTHA**, HAECKEL (1879).

πηγή == Quelle; ἄνθη == Blume.

Genus-Diagnose: Peganthide, deren gastraler Geschlechts-Gürtel in einen Kranz von getrennten bläschenförmigen Genital-Säckchen zerfallen ist, eben so viel als Tentakeln und mit diesen alternirend (ein einfaches oder mehrlappiges Blindsäckchen in jeder Lappenhöhle). Zahlreiche (10—30) Kragenlappen und eben so viele damit alternirende Tentakeln.

Das Genus *Pegantha* stellt die vollkommenste und phylogenetisch jüngste Gattung in der merkwürdigen Familie der Peganthiden dar, in welcher der Familien-Typus zu seiner höchsten Ausbildung gelangt. Während bei der vorhergehenden Gattung *Polycolpa*, der Stamm-Gattung der Familie, die Gonade als ein einfacher Gürtel in der unteren Magenwand auftritt, der bei *Polyxenia* und *Pegasia* zu einem peripherischen Lappenkranz sich entwickelt, ist dieser letztere bei *Pegantha* in einen Kranz von völlig getrennten, perigastralen Genital-Säckchen zerfallen, von denen je eines frei in eine jede Lappenhöhle des Schirmkragens hinabhängt (vergl. System der Medusen, 1879, p. 327, Taf. XIX, Fig. 4—7).

Species: **Pegantha pantheon**, HAECKEL.
Tafel XI, XII.

Pegantha pantheon, HAECKEL, 1879; System der Medusen p. 332, Nr. 359.

Species-Diagnose: Schirm kronenförmig, doppelt so breit als hoch. 18 Lappen eiförmig, 1½ mal so lang als breit. In jeder Lappenhöhle eine einfache Gonade von der Form eines breiten, rundlichen, zierlich gewundenen Blattes. 18 Tentakeln doppelt so lang als der Schirm-Radius. 400—450 Hörkölbchen (23—25 an jedem Lappen).

Grösse: Horizontal-Diameter 20 Mm.; Vertical-Diameter 10 Mm.

Fundort: Südpacifischer Ocean; in der Nähe der Philippinen-Insel Mindanao. Das vortrefflich erhaltene (männliche) Exemplar dieser Art, nach welchem die Abbildungen auf Taf. XI und XII entworfen wurden, fand ich in demselben Glase der Challenger-Sammlung, welches auch das Fragment der vorhergehenden Art enthielt (gefunden in 82 Faden Tiefe, Station 201, in 7° 3′ N. Br., 121° 48′ Ö. L. v. Gr., am 26. October 1874).

Umbrella (Taf. XI, Fig. 1, Taf. XII, Fig. 7—9). Der Schirm hat die Gestalt eines Diadems oder einer Krone, ist ungefähr doppelt so breit (20 Mm.), als hoch (10 Mm.), und zerfällt durch eine tiefe horizontale Kranzfurche in eine obere massive Hälfte, die Schirmlinse, und eine untere gelappte Hälfte, den Schirmkragen. Die massive Schirmlinse oder Schirmscheibe besteht, wie bei der vorigen Art, aus einer ziemlich festen, biconvexen Gallertlinse, deren horizontaler Durchmesser mehr als das Doppelte ihrer Dicke beträgt (Fig. 7 *ug*). Die Exumbrella ist ausgezeichnet durch verzweigte, stark vorspringende Radial-Rippen, zwischen denen tiefe radiale Furchen die äussere Oberfläche durchziehen (Fig. 1, 8). Die Rippen der Schirmlinse, vom Centrum nach der Peripherie an Stärke zunehmend, sind derartig vertheilt, dass zur Mitte eines jeden Kragenlappens eine stärkere Hauptrippe hinläuft, von welcher sich seitlich mehrere schwächere Nebenrippen abzweigen.

Der Schirmkragen besteht aus einem Kranze von 18 eiförmigen Schirmlappen (Fig. 7, 8). Diese „Gallertlappen des Schirmkragens" standen an dem untersuchten Exemplare dicht gedrängt, waren stark einwärts gerollt, und dabei von solcher knorpelartiger Festigkeit, dass sie sich nur mittelst starken Druckes flach ausbreiten liessen (Fig. 8, rechte Hälfte). Sie erscheinen dann breit eiförmig, $1\frac{1}{2}$ mal so lang als breit. Die convexe Aussenfläche jedes Lappens (Fig. 2) ist stark gewölbt und von 5 vorspringenden Längsrippen durchzogen, von welchen die mittlere bedeutend stärker ist als die seitlichen. Die concave Innenfläche jedes Lappens (Fig. 3) umschliesst eine geräumige Lappenhöhle, in welche ein faltiges Genital-Säckchen hineinhängt. Diese 18 Lappenhöhlen (Fig. 3 hl) bilden einen Kranz von Nischen oder Nebenhöhlen um die centrale Schirmhöhle und umgeben diese gleich den Altarnischen eines Rundtempels (Pantheon). Die centrale Schirmhöhle selbst ist flach und niedrig, unten weit geöffnet, während sie oben durch die subumbrale Magenwand begrenzt wird (vergl. Fig. 1, 7, 9).

Die Subumbrella mit ihrer Ringmuskelschicht zerfällt, wie bei der vorigen Art, in zwei sehr verschiedene Theile, deren Grenze der Gonaden-Kranz bildet (Fig. 9). Der Central-Theil der Subumbrella, in seiner Ausdehnung der unteren Fläche der Schirmlinse entsprechend, wird von der unteren, faltigen, sehr musculösen Magenwand gebildet und erscheint in der Mitte vom Mundrohr durchbohrt (Fig. 7). Der periphere Theil hingegen setzt sich aus dem Kranze der isolirten Muskelplatten zusammen, welche die innere concave Fläche der 18 Kragenlappen auskleiden. Das Velum füllt die schmalen Zwischenräume dieser Lappen vollständig aus und springt ausserdem noch eine Strecke weit über die Lappenspitzen frei vor als zusammenhängender Ringsaum (Fig. 1 v, 9 rechte Hälfte, v). Auf senkrechten Schnitten durch das derbe Velum (Fig. 12 links) zeigt sich das obere (subumbrale oder ventrale) Epithel desselben (vv) 3 mal so hoch und stark als das untere (exumbrale oder dorsale Epithel, vv). Dem ersteren liegt eine starke Ringmuskel-Schicht an (mr), dem letzteren eine dicke elastische Stützplatte (zr).

Schirmrand. Wie bei den übrigen Peganthiden, ist der eigentliche Schirmrand (durch den Nesselring und Nervenring characterisirt) tief eingeschnitten und bekleidet als zusammenhängender Saum den Rand der Kragenlappen. Demnach bildet derselbe bei *Pegantha pantheon* 18 tiefe Buchten, welche bis zur Insertion der Tentakeln hinaufreichen (Fig. 2, 3, 8, 12). Auf dem radialen Querschnitt des Schirmrandes (Taf. XII, Fig. 12) zeigt sich der Nesselring (ne) von Sinnesepithel mit langen Flimmerhaaren überzogen. Der dorsale Nervenring (rc') wird durch die Stützlamelle des Velum (zr) vom ventralen Nervenring getrennt (rc''); beide liegen unmittelbar nach aussen (abaxial) von der Insertion des Velum (vergl. die Erklärung von Fig. 12). Unmittelbar daran stösst der Distal-Rand des breiten Feston-Canals (cf). Von tentacularen Organen trägt der Schirmrand 18 Tentakeln und sehr zahlreiche (über 400) freie Hörkölbchen.

Die 18 starken Tentakeln, welche mit den 18 Kragen-Lappen regelmässig alterniren und an deren Basis in der Kranzfurche inserirt sind, waren an dem untersuchten Exemplare sämmtlich nach aufwärts geschlagen, wie es so häufig bei den Narcomedusen geschieht (Fig. 1). Sie sind cylindrisch, gegen die Basis ein wenig verdickt, gegen die Spitze verdünnt, ungefähr so lang als der Schirm-Durchmesser. In der Mitte der entodermalen Axe, welche aus einer einzigen Reihe münzenförmiger Chordal-Zellen (von einem Millimeter Breite!) zusammengesetzt wird, bilden die Kerne der letzteren eine centrale Kette (Fig. 11). Ueber der starken Stützplatte (Fig. 10 z) liegt aussen eine ansehnliche Schicht longitudinaler Muskelfasern (m). Die kugeligen Nesselkapseln (n) im Exoderm-Epithel sind hauptsächlich an der Abaxial-Seite der Tentakeln angehäuft, am dichtesten an der Spitze. An der Tentakel-Insertion findet sich ein dicker, fast geschlossener Nesselring, der nur innen an der Axial-Seite eine Lücke besitzt (Fig. 2, 3 *nb*). Nach innen davon setzt sich der Tentakel in die spitze konische Wurzel fort (*tr*), welche in die Gallerte der Umbrella centripetal hinein geht.

Die Hörkölbchen sind bei *Pegantha pantheon* sehr zahlreich, 400—450, da auf jeden der 18 Kragenlappen 23—25 kommen (Fig. 1, 2). Sie sind regelmässig längs des bogenförmigen Saumes der Lappen vertheilt und sitzen mit verdünnter stielartiger Basis auf dem Nesselringe des Schirmrandes auf, nach innen unmittelbar in die Hörspange sich fortsetzend. Die kolbenförmigen Otoporpen oder Hörspangen (Fig. 2, 4 *oo*) sind alle von gleicher Länge, ungefähr 3 mal so lang als die Hörkölbchen; ihre Axen convergiren mehr oder minder gegen den Mittelpunkt der Lappen-Basis (Fig. 2). Ihr inneres Ende ist verdickt und keulenförmig abgerundet; ihr Exoderm-Epithel enthält viele grössere und kleinere Nesselzellen. Die Hörkölbchen selbst sind grösser als bei den meisten übrigen Narcomedusen und enthalten eine Axe von 3—5, meistens 4 grossen Entoderm-Zellen, deren jede einen Krystall einschliesst. Der proximale Otolith (an der dünnen Basis des Kölbchens) ist der kleinste, der distale (im keulenförmig abgerundeten Ende) der grösste, und zwischen beiden (in den mittleren Entoderm-Zellen) liegen ein oder zwei Krystalle von mittlerer Grösse. Ein dichter Busch starrer Hörhäärchen (*oh*), vom Exoderm des Hörpolsters (*op*) ausgehend, umgiebt das Kölbchen. Nach Behandlung mit Essigsäure und Carmin wurde im Centrum der Otolithen ein roth gefärbter Kern sichtbar (vielleicht der ursprüngliche, bei der Otolithen-Bildung eingeschlossene Zellkern? Fig. 12 *ol*). Die Lagerungs-Verhältnisse der Hörkölbchen und ihrer Hörspangen am Schirmrande und ihre Beziehungen zu den benachbarten Organen des letzteren ergeben sich am besten durch vergleichendes Studium der Figuren 2 und 4 auf Taf. XI, 7 und 12 auf Taf. XII. Insbesondere ist in Fig. 12 ersichtlich, wie sich das Hörkölbchen vom conischen Hörpolster (*op*) des Nesselringes (*nc*) mit dünnem Stiel erhebt, und wie die Fulcral-Lamelle (*z*) zwischen den beiden Nervenringen (*rr*) hindurch zur Basis des Hörkölbchens tritt, um sich hier in dessen Stützplatte fortzusetzen.

Gastrocanal-System (Taf. XI, Fig. 1, 3; Taf. XII, Fig. 7, 9, 12). Im Ganzen ist dasselbe demjenigen von *Polycolpa Forskalii* gleich gebildet (vergl. oben p. 29 und Taf. XI, Fig. 1, 3, 6, 8). Der Magen bildet auch hier eine weite und flache, kreisrunde Tasche, welche die ganze Unterseite der Schirmlinse einnimmt (Fig. 7 *gc*). Während die schwach convexe untere Fläche der letzteren die Decke der Magenhöhle bildet, wird deren Boden von dem sehr muskulösen und dehnbaren Central-Theile der Subumbrella hergestellt, welche in viele radiale Falten gelegt ist (Fig. 9). In der Mitte der letzteren geht ein kurzes und weites Schlundrohr ab, dessen einfache Mundöffnung einen wulstig verdickten Mundrand zeigt (Fig. 7 *qg*). Den peripherischen Theil des Gastrocanal-Systems bildet der breite Feston-Canal, welcher sich bei unserer Art aus 18 einzelnen Lappen-Canälen zusammensetzt (vergl. oben p. 30). Diese letzteren laufen an der Innenseite des Nesselringes (*nc*) den Rand der eiförmigen Kragen-Lappen entlang und münden an deren Basis unmittelbar in die Peripherie der Magenhöhle ein (Fig. 3 *go*). Die beiden Mündungen eines jeden Lappen-Canales nehmen also den Stiel des Genital-Säckchens zwischen sich, welches in die betreffende Lappenhöhle hinabhängt (Fig. 3 *sc*). Die bauchförmig abgeplatteten Canäle sind ungefähr ¼ so breit, als die grösste Breite der Lappen. Ihr subumbrales Entoderm-Epithel (Fig. 12 *du*) ist, wie gewöhnlich, aus sehr hohen und schmalen Cylinder-Zellen zusammengesetzt, während dasjenige ihrer umbralen Wand (*du*) aus viel kleineren flachen Geisselzellen besteht. Aehnlich wie bei *Pectis* (Taf. VI, Fig. 12 *yc*), jedoch schwächer entwickelt, erhebt sich am Distal-Rande des Feston-Canals eine niedrige Entoderm-Falte, welche in dessen Lumen frei hineinragt (Taf. XII, Fig. 12 *yc*).

Gonaden. Im Gegensatze zu der vorhergehenden *Polycolpa*, bei welcher die Geschlechtsdrüse in der einfachsten Form, als ein ringförmig geschlossener Gürtel in der unteren Magenwand auftritt (Taf. X, Fig. 1 *s*, 3 *s*), zeigt uns *Pegantha* die differenzirteste, am weitesten entwickelte Form dieses Organs. Der ursprünglich einfache und zusammenhängende Genital-Gürtel ist hier in einen Kranz von getrennten Geschlechts-Säckchen zerfallen, welche von der Peripherie der Magenhöhle frei herabhängen. Jede Lappenhöhle des Schirmkragens nimmt ein solches Genital-Beutelchen auf, welches von der concaven Subumbralfläche des Kragenlappens schützend umgeben wird (Taf. XI, Fig. 3, Taf. XII, Fig. 7, 9). Die Peganthiden-Genera *Polyxenia* und *Pegasia* stellen vermittelnde Zwischenformen zwischen den beiden Extremen *Polycolpa* und *Pegantha* her, so dass der Zerfall des einfachen subgastralen Geschlechts-Gürtels in einen Kranz getrennter Säckchen uns hier auf 4 verschiedenen phylogenetischen Stufen entgegentritt (vergl. mein „System der Medusen", 1879, p. 327—332). Die Höhlen der einzelnen Genital-Säckchen von *Pegantha pantheon* (Fig. 5 *sc*) communiciren mit der Peripherie der Magenhöhle (Fig. 7, 9 *sc*). Jede von den 18 Gonaden hat die Gestalt eines dicken rundlichen Blattes, dessen beide Ränder den Rändern des Kragenlappens zugekehrt sind, während die Oberfläche zierlich gewunden oder gefaltet ist (Fig. 3 *s*). Auf dem Querschnitt (Fig. 5, 6) zeigt sich, dass das gastrale Entoderm-Epithel der Säckchen-Höhle (*sd*) aus hohen Cylinder-Zellen zusammengesetzt und durch eine starke Stützplatte von der Masse des Sperma (*sm*) völlig getrennt ist. Dagegen steht letztere in continuirlichem Zusammenhang mit dem gastralen Exoderm-Epithel der Subumbrella, aus welchem sie hervorgeht. Bei stärkerer Vergrösserung zeigt sich hier dasselbe Verhalten, welches HERTWIG (1878) von *Cunina lativentris* geschildert hat. Die oberflächliche Exoderm-Zellenschicht (Fig. 5, 6 *sw*), welche den subumbralen Ueberzug des Hodens bildet, schickt kernhaltige Stützfasern (*zs*) in die darunter gelegene subepitheliale Zellenschicht. In dieser sind die grössten Zellen (*sm*) am meisten nach innen gelegen, stossen an die entodermale Fulcral-Platte (*z*), und sind als „Sperma-Mutterzellen" zu betrachten, während die kleinsten, am meisten nach aussen gelegenen Zellen bereits reifes Sperma bilden (Fig. 6 *sz*).

Familia: **AEGINIDAE**, Gegenbaur (1856), p. p.

HAECKEL, System der Medusen, 1879; p. 334, Tafel XIX, Figur 8, 9; Tafel XX, Figur 11—16.

Familien-Character: Narcomedusen mit einem Randcanal, welcher durch doppelte Peronial-Canäle unmittelbar mit dem Magen communicirt; mit internemalen Magentaschen (welche aus den distalen Lappentaschen rückgebildeter Radial-Canäle entstanden sind); ohne Otoporpen oder Hörspangen an der Basis der Hörkölbchen.

Subfamilia: **AEGINURIDAE,** HAECKEL (1879).

Aeginiden mit 8 peronialen Doppel-Canälen (4 perradialen und 4 interradialen).

Genus: **AEGINURA**, HAECKEL (1879).

Aeginura, Nomen proprium.

Genus-Diagnose: Aeginide mit 8 peronialen Doppel-Canälen und 8 Tentakeln (4 perradialen und 4 interradialen), sowie mit 16 internemalen Genital-Taschen, welche paarweise mit den 8 Tentakeln alterniren.

Das Genus *Aeginura* zeigt die doppelte Zahl von Tentakeln und Genital-Taschen, wie die bekannte Stamm-Gattung der Aeginiden, *Aegina*. Die nachstehend beschriebene *Aeginura myosura* ist bisher die einzige Art dieser Gattung, und zugleich die einzige Aeginiden-Species der Challenger-Sammlung, von welcher ich eine genügende Beschreibung geben kann. Eine zweite, viel grössere und complicirter gebaute Species dieser Familie, welche ich in meinem „System" 1879 als *Aeginorhodus rosarius* aufgeführt habe (p. 345), zeigte sich leider bei näherer Untersuchung zu sehr zerstört und zu schlecht erhalten, um davon eine genügende Darstellung geben zu können. Ich bin selbst zweifelhaft geworden, ob die angeführte, nach diesem Fragment daselbst entworfene Diagnose richtig ist.

Species: **Aeginura myosura**, Haeckel.

Tafel XIII, XIV.

Aeginura myosura, Haeckel, 1879; System der Medusen, p. 343, Tafel XIX, Figur 8, 9.

Species-Diagnose: Schirm mützenförmig, doppelt so breit als hoch. Mund quadratisch oder vierlappig, mit cylindrischem Schlundrohr, halb so lang als der Schirm-Radius. 16 Genital-Taschen fast rechteckig, die beiden medialen jedes Quadranten kleiner als die beiden lateralen. 8 Tentakeln alternirend verschieden; die 4 perradialen grösser und höher inserirt als die 4 interradialen; erstere ungefähr doppelt so lang, letztere eben so lang als der Schirm-Radius.

Grösse: Horizontal-Diameter 30 Mm., Vertical-Diameter 15 Mm.

Fundort: Indischer Ocean, südlich von Australien. Ein etwas verletztes, aber sonst ziemlich gut gehaltenes männliches Exemplar dieser Art fand ich in einem Glase der Challenger-Sammlung, welches zahlreiche Phaeodarien (*Aulosphaera*, *Coelodendrum* etc.) enthielt und welches von Station 159 stammt (10. März 1874; in 47° 25′ Südl. Br., 130° 32′ Oestl. L. von Greenw.). Die Probe scheint aus 2150 Faden Tiefe gehoben zu sein. Im „System der Medusen" (p. 343) ist irrthümlich durch ein Versehen „Weber" statt „Challenger" angegeben.

Umbrella (Taf. XIII, Fig. 1, 2; Taf. XIV, Fig. 11). Der Schirm hat die Gestalt einer flachen Mütze oder eines Barettes; die obere Fläche ist fast horizontal abgeplattet (in der Mitte ein wenig vertieft), während die Seitenwände fast vertical abfallen (ein wenig nach unten erweitert). Der grösste Horizontal-Durchmesser, nahe dem Schirmrande, beträgt 30 Mm., das Doppelte der verticalen Schirmhöhe (15 Mm.). Da der Schirmrand an dem untersuchten Exemplare ziemlich stark eingezogen ist, dürfte die Höhe am lebenden Thiere im Verhältnisse beträchtlicher sein (20 Mm. und darüber). Von der oberen oder unteren Fläche betrachtet, erscheint der Schirm deutlich achteckig, indem die 8 principalen Radien (mit den Peronien und Tentakeln) stärker nach aussen vorspringen, als die 8 Seitenwände zwischen ihnen (Fig. 2); daher hat eigentlich der Schirm (der todten Meduse) die Form eines kurzen, regulär-achtseitigen Prisma. Die Gallerte des Schirms ist (— wie bei allen eigentlichen Aeginiden —) ziemlich weich, nicht so fest wie bei den Cunanthiden und Peganthiden; obwohl sie auch dort, wie hier, von zahlreichen elastischen Fasern durchsetzt wird. Die Dicke des Gallertschirms ist sehr beträchtlich (gleich ⅓ der Schirmhöhe) in der ganzen abgeplatteten Scheitelfläche, dagegen sehr gering (und nach unten gleichmässig abnehmend) an den dünnen Seitenwänden (Fig. 11 *ug*).

Die **Exumbrella** ist glatt, ohne besondere Auszeichnung, nur von 8 seichten **Peronial-Furchen** durchzogen (Fig. 7 *es*); diese gehen vertical von der Insertion der 8 Tentakeln zum Schirmrande herab und sind durch dünne „Peronial-Platten" mit den darunter liegenden Peronien oder „Schirmspangen" (*en*) verbunden. Die 8 **Peronial-Platten** (*Laminae peroniales*, Fig. 7 *em*, 12 *em*)

3 *

bestehen aus einer doppelten Lage des exodermalen Platten-Epithels der Exumbrella und sind offenbar dadurch entstanden, dass die beiden Gallertwände des Schirms, welche bei den Cunanthiden seitlich die offene Peronial-Rinne begrenzen (Taf. IX, Fig. 5 *en*), bei den Aeginiden über derselben sich aneinandergelegt haben und verwachsen sind. Daher liegt hier das Peronium (Taf. XIII, Fig. 7 *en*) ganz eingeschlossen von der Schirmgallerte (an seiner abaxialen) und von der Subumbrella (an seiner axialen Seite), während die Abaxial-Seite desselben bei den Cunanthiden ganz frei im Grunde der offenen Peronial-Rinne liegt (Taf. IX, Fig. 5 *en*). Unten am Schirmrande trifft bei *Aeginura* das Distal-Ende des Peronium mit demjenigen der Peronial-Platte zusammen; beide gehen hier continuirlich in den marginalen Nesselring über (Taf. XIII, Fig. 1, 2, 4 *nc*; Taf. XIV, Fig. 11 *nc*).

Die Schirmhöhle und die sie auskleidende Subumbrella zeigt bei *Aeginura*, gleichwie bei den übrigen Aeginiden, nicht die auffallenden Eigenthümlichkeiten, welche die beiden Narcomedusen-Familien der Cunanthiden und Peganthiden auszeichnen; vielmehr weichen die Verhältnisse derselben nicht wesentlich von den gewöhnlichen der Craspedoten ab. Das hängt damit zusammen, dass der Schirm-Kragen hier nicht durch tiefe peroniale Einschnitte in getrennte Lappen getheilt und der Schirmrand daher fast ganzrandig ist. Mithin fehlen auch die besonderen Lappenhöhlen der Cunanthiden (Taf. IX, Fig. 6 *hl*) und der Peganthiden (Taf. XII, Fig. 7 *hl*). Vielmehr ist die Schirmhöhle bei *Aeginura* ein einfacher cylindrischer oder fast achtseitig prismatischer Hohlraum, in dessen Axe das Schlundrohr herabhängt, und dessen horizontale Decke der subumbrale Magenboden bildet (Taf. XIV, Fig. 11 *gw*); während sie sich unten weit öffnet und seitlich von der verticalen Seitenwand der Subumbrella begrenzt wird. Letztere besitzt eine ununterbrochene breite Schicht von Ringmuskelfasern, welche durch die 8 Peronien zwar in 8 viereckige Tafeln getheilt, aber nicht von denselben durchschnitten wird (vergl. Fig. 7, 11, 12 *mw*).

Das Velum (*v*) ist bei *Aeginura*, gleichwie bei den übrigen Aeginiden, ziemlich breit und stark, jedoch nicht so muskulös und dick, wie bei den Cunanthiden und Peganthiden. Auch bildet es nicht, wie bei diesen letzteren, die eigenthümlichen, vertical aufsteigenden Seitenzipfel, welche in tiefen peronialen Einschnitten des Schirmrandes zwischen je 2 Kragenlappen emporsteigen. Da diese letzteren bei den Aeginiden nicht getrennt, sondern bis unten zum Schirmrande durch die Peronial-Platten vereinigt sind, so ist das Velum hier überall von ziemlich gleicher Breite und an den 8 principalen Punkten, wo die Peronien von den 8 Ecken des Schirmrandes abgehen, nur unbedeutend breiter (Taf. XIII, Fig. 2 *v*, 4 *v*).

Schirmrand. Durch die eben erwähnten schwachen Einkerbungen an den 8 Principal-Punkten. an welchen die Distal-Enden der Peronien und Peronial-Platten vom Nesselring des Schirmrandes abgehen. erscheint dieser regulär-achteckig (Fig. 2). Der cylindrische Nesselring desselben grenzt unten an das Velum, aussen an den Distalrand der Exumbrella, oben an den Ringcanal und innen an den doppelten Nervenring. An der abaxialen Aussenfläche des Nesselringes, zwischen dem unteren Rande des Gallertschirmes und dem oberen des Velum, sitzen die 16 subradialen Hörkölbchen, während die 8 Tentakeln viel weiter oben an der Exumbrella (in der Höhe der Magendecke) inserirt sind.

Die 16 Hörkölbchen (*Cordyli*, Taf. XIII, Fig. 1—3 *ok*) sind genau subradial gestellt; d. h. sie sitzen in den 16 radialen Meridian-Ebenen vierter Ordnung, genau in der Mitte zwischen den 8 adradialen Ebenen dritter Ordnung und den 8 principalen Ebenen, in welchen die 4 interradialen Tentakeln (zweiter Ordnung) und die 4 perradialen Tentakeln (erster Ordnung) sich befinden. Die Hörkölbchen sitzen auf einem halbkugeligen Hörpolster auf (Fig. 3 *op*), einer warzenförmigen Anschwellung des Nesselringes, in welcher ein *Ganglion acusticum* verborgen zu sein scheint; wenigstens sind die Ganglien-Zellen des dorsalen Nervenringes in demselben viel dichter gehäuft (Fig. 10) und hängen durch zahlreiche feine Nerven-Fibrillen unmittelbar mit den hohen cylindrischen Sinneszellen zusammen, welche das Hörpolster bedecken. Von letzterem strahlt ein dichter Busch von sehr langen und feinen Hörhäärchen aus (Fig. 3 *oh*). In der Axe dieses konischen Büschels steht das keulenförmige Hörkölbchen, welches an der Basis sehr dünn, am Distal-Ende beträchtlich verdickt ist. Seine entodermale Axe besteht aus 5—6 Chordal-Zellen, von denen die 2—3 proximalen sehr klein und ohne Otolithen, die 3—4 distalen hingegen sehr gross sind und Otolithen einschliessen. Der grösste Otolith, in der terminalen Entoderm-Zelle, ist bisweilen fast halb so lang als das ganze Hörkölbchen. Der exodermale Ueberzug des letzteren ist durch eine zarte Fulcral-Lamelle (*z*) von der Entoderm-Axe getrennt und besteht aus flachen Sinneszellen (Fig. 3 *q*).

Die 8 Tentakeln sind hoch oben an der Exumbralfläche, weit vom Schirmrande inserirt, und hängen mit diesem nur mittelbar durch die 8 langen und starken Peronien zusammen. Vom Insertions-Punkte aus (am Proximal-Ende der Peronial-Furche) geht eine conische Tentakel-Wurzel (Fig. 11 *tr*) horizontal und centripetal nach innen in die Schirm-Gallerte hinein, während das Peronium (*en*) fast rechtwinkelig nach abwärts zum Schirmrande hinabsteigt. Alle 8 Tentakeln sind von gleicher Gestalt und Structur, die 4 primären, perradialen jedoch doppelt so lang, als die 4 secundären, interradialen; auch sind die ersteren etwas höher inserirt als die letzteren, deren Spangen in Folge dessen etwas kürzer sind. Die 4 perradialen Tentakeln sind etwas länger als der grösste Schirm-Durchmesser, die 4 interradialen nur ungefähr halb so lang. Der freie cylindrische Tentakel-Faden (Fig. 5 im Längsschnitt, Fig. 6 von aussen) ist an der Basis über einen Millimeter dick, gegen die Spitze pfriemlich verdünnt, von der Gestalt eines Mäuseschwanzes (*„Myosura"*). Seine solide Axe gleicht einer Geldrolle und besteht aus einer einzigen Reihe münzenförmiger Chordal-Zellen, deren Kerne in der Mitte einer hinter dem anderen liegen (Fig. 5 *yn*; vergl. auch Taf. XII, Fig. 10, 11). Die elastische, structurlose Stützplatte, welche diese chordale Zellsäule einschliesst (*z*), ist von einer Schicht longitudinaler Muskelfasern (Fig. 6 *mt*) überzogen, und über dieser liegt aussen das einschichtige Epithel des Exoderms (*d*). Die kugeligen Nesselkapseln (*n*) in letzterem sind auf der dorsalen (abaxialen) Seite des Tentakels dicht gedrängt und bilden ein vortretendes Nesselband (Fig. 6 *n*), während sie auf den übrigen Seiten des Tentakels nur spärlich und in geringer Grösse zerstreut sind.

Die Peronien oder „Schirmspangen", welche die Tentakel-Basis mit dem Nesselringe des Schirmrandes in Verbindung erhalten, sind 8 dicke Nesselstreifen, deren Breite von oben nach unten allmählig abnimmt (Fig. 1, 2, 4 *en*). Auf dem Querschnitt (Fig. 7 *en*, 12 *en*) erscheinen sie eirund, und zeigen sich bei starker Vergrösserung aus jenem eigenthümlichen „Peronial-Gewebe" oder „Nessel-Skelet-Gewebe" zusammengesetzt, welches im Nesselring, wie in den Peronien und Otoporpen der Narcomedusen als deren wichtigster Bestandtheil dominirt. Dasselbe (Fig. 12 *en*) besteht aus dicht gedrängten exodermalen Nesselzellen von sehr verschiedener Form und Grösse. Die rundlichen, in denselben enthaltenen Nesselkapseln schliessen einen langen, dicht spiralig aufgerollten Nesselfaden ein, sind sehr dickwandig und zum Theil viel grösser (3—4 mal so gross) als die gewöhnlichen grössten Nesselkapseln der Tentakeln. Offenbar können diese Nesselkapseln ihren Faden nicht nach aussen entladen, sondern mit ihrer verdickten Wand nur als feste „Stützzellen" fungiren; denn die innere Axial-Seite der Peronien ist gegen das exodermale Epithel der Subumbrella (Fig. 7, 12 *qw*) durch eine dicke Stützplatte abgeschlossen (*zw*), und ebenso gegen die seitlich anstossenden Peronial-Canäle (*ck*), während ihre äussere Abaxial-Seite an die Schirm-Gallerte (*ug*) anstösst.

Die Tentakel-Wurzeln (Fig. 11 *tr*) sind, wie gewöhnlich, conische Zapfen, welche mit ihrer Spitze centripetal gerichtet sind und aus wenigen grossen Chordal-Zellen des Entoderms bestehen, einer centripetalen Verlängerung der Tentakel-Axe. Sie sind überzogen von einer structurlosen Stützlamelle, aber ohne Exoderm-Epithel. Während ihre dorsale und die seitlichen Flächen von der Schirm-Gallerte eingeschlossen sind, liegt ihre ventrale Fläche unmittelbar der Magendecke (oder der dorsalen Magenwand) auf, welcher sie zugleich als Stütze dienen.

Gastrocanal-System (Taf. XIII, Fig. 1, 2, 4, 7; Taf. XIV, Fig. 8, 11, 12). Wie bei den übrigen echten Aeginiden, so besteht auch bei unserer *Aeginura* das Gastrovascular-System aus zwei verschiedenen Haupttheilen, welche den beiden Haupttheilen des Schirms entsprechen und durch dessen Kranzfurche (*cc*) getrennt werden. An der Subumbral-Seite der centralen Schirmlinse liegt die centrale Magenhöhle nebst Schlundrohr und Mundöffnung, während an der Subumbral-Seite des peripheren Schirmkranzes ein Kranz von 16 internemalen Genital-Taschen sich findet, sowie von 8 peronialen Doppel-Canälen, welche am Schirmrande durch einen achteckigen Rand-Canal zusammenhängen und mit ihm zusammen den „Feston-Canal" bilden. Die centrale Magenhöhle ist flach und weit, im Umriss regulär achteckig (entsprechend den 8 Tentakel-Wurzeln und Peronial-Furchen). Die Magendecke, oder die obere umbrale Wand, wird durch die ebene oder schwach convexe Gastral-Fläche der gallertigen Schirmlinse gebildet, in welcher die anliegenden Tentakel-Wurzeln (*tr*) als 8 stützende Leisten centripetal vorspringen. Der Magenboden, oder die untere subumbrale Wand, besteht aus einer dicken Schicht von Ringmuskelfasern, welche an ihrer unteren Fläche unmittelbar mit dem Exoderm-Epithel der Subumbrella (*w*) zusammenhängt, an ihrer oberen Fläche hingegen durch eine dicke Stützplatte (*z*) von dem hohen Entoderm-Epithel des Magens getrennt wird. In der Mitte hängt ein cylindrisches Schlundrohr herab (*gt*), ungefähr halb so lang als der Schirm-Radius (beim lebenden Thiere wahrscheinlich bedeutend länger). Dasselbe ist fast eben so breit als lang und wird nach unten vierkantigprismatisch; hier treten 4 interradiale Längs-Furchen auf, welche die 4 breiten ausgerandeten Mundlappen trennen (Fig. 8).

Der Kranzdarm, welcher aus der Peripherie des centralen Hauptdarms entspringt, ist zusammengesetzt aus einem Kranze von 16 Genital-Taschen, welche paarweise mit 8 peronialen Doppel-Canälen alterniren, und aus dem achteckigen Marginal-Canal, der mit den letzteren zusammen den Feston-Canal bildet. Dieser Feston-Canal (*Canalis festivus*) ist dem oben beschriebenen Feston-Canal von *Cunarcha*, *Polycolpa* und *Pegantha* homolog und besteht eigentlich aus 8 internemalen „Lappen-Canälen", welche den Rand der 8 viereckigen „Kragen-Lappen" des Schirm-Kranzes säumen. Da aber diese letzteren hier bei *Aeginura* mit ihren Seitenrändern (in den 8 Peronial-Furchen, *cs*) verwachsen sind, so zerfällt jeder Lappen-Canal in ein horizontales Mittelstück (einen Octanten des Randcanals) und zwei verticale Seitenschenkel (die beiden zugekehrten Hälften von 2 peronialen Doppel-Canälen). Auf den ersten Blick könnte es scheinen (Taf. XIII, Fig. 1, 2, 4), als ob ein einfacher „Ringcanal" am Schirmrande existire, welcher durch 8 einfache breite „Radial-Canäle" mit dem Magen zusammenhänge (wie bei vielen Craspedoten, z. B. den Pectylliden, Taf. III—VIII). Allein auf Querschnitten (Fig. 7, 12) zeigt sich sofort und unzweifelhaft, dass die 8 breiten, scheinbar einfachen „Radial-Canäle" aus je 2 isolirten, durch das Peronium völlig getrennten „Peronial-Canälen" bestehen (*ck*). Jeder der beiden benachbarten Peronial-Canäle oder Spangen-Canäle mündet oben (neben der Tentakel-Insertion) selbstständig in die Magen-Peripherie ein, während er unten fast rechtwinkelig in das zugehörige Stück des Randcanals umbiegt. Der Randcanal (*Canalis marginalis, cm*), welcher an der Proximal-Seite des Nesselringes entlang läuft, ist mithin keineswegs der gewöhnliche marginale „Ringcanal" des Medusen-

Schirms (*Canalis circularis, cc*), sondern besteht vielmehr aus 8 völlig getrennten Stücken, welche durch die Distal-Enden der Peronien von einander geschieden werden. Jeder dieser selbständigen „Octanten des Randcanals" läuft an beiden Enden in einen Peronial-Canal aus und bildet mit diesen beiden Schenkeln zusammen einen hufeisenförmigen „Lappencanal". Jeder Lappencanal mündet zwischen je 2 Tentakeln, neben deren Insertions-Basis, mit 2 getrennten Oeffnungen in die Magenhöhle. Die beiden Peronial-Canäle jedes Doppel-Canals und ihre beiden Gastral-Oeffnungen (zu beiden Seiten eines Tentakels) gehören somit 2 verschiedenen „Lappen-Canälen" an; alle 8 Lappen-Canäle zusammen aber bilden den achtlappigen „Feston-Canal" und dieser ist phylogenetisch nur eine eigenthümliche Modification des ursprünglichen einfachen „Ringcanals", bedingt durch die dorsale Tentakel-Wanderung und die damit verknüpfte Peronien-Bildung.

Gonaden. Die 16 subradialen Genital-Taschen von *Aeginura* zeigen im Wesentlichen ganz dieselbe Bildung, welche schon MERTENS von *Aeginopsis Laurentii* abgebildet hat (1838, l. c. Tab. VI). Sie sind viereckig, fast rechteckig und dergestalt vertheilt, dass auf jeden der 8 Kragen-Lappen eine grössere und eine kleinere Tasche kömmt (Taf. XIII, Fig. 1, 2). Mithin liegen die Taschen paarweise internemal, ein Paar zwischen je 2 Tentakeln und Peronien. Bei genauerer Betrachtung zeigt sich ferner, dass ebenso wie bei *Aeginopsis Laurentii* alle 16 Taschen eigentlich 4 primären Gruppen angehören. Zu beiden Seiten der 4 grösseren perradialen Tentakeln stehen 2 kleinere Taschen, hingegen zu beiden Seiten der 4 kleineren interradialen Tentakeln 2 grössere Taschen. Wenn man demnach den ganzen Schirm in 4 Quadranten theilt, deren Mittellinien die 4 perradialen Peronien, deren Grenzlinien die 4 interradialen Peronien bilden, so kommt auf jeden der 4 Quadranten eine Taschengruppe, welche aus 2 kleineren medialen und 2 grösseren lateralen Taschen besteht. Dasselbe Verhältniss tritt auf, wenn man sich die 8 oben beschriebenen Lappen-Taschen von *Cunarcha* (Taf. IX, Fig. 2—4 *bl*) durch einen centripetalen Einschnitt ihres Distalrandes in je 2 Täschchen von ungleicher Grösse getheilt denkt, und wenn man gleichzeitig die 4 proximalen (perradialen) Magentaschen, durch deren Gabeltheilung die 8 Lappentaschen entstehen, sich rückbilden lässt. Hierdurch wird es klar, dass jede Gruppe von 4 zusammengehörigen Genitaltaschen der *Aeginura* nichts Anderes ist, als der doppelt gabelspaltige Distal-Theil einer perradialen Magentasche, deren ungetheilter Proximal-Theil rückgebildet (oder im „Central-Magen" aufgegangen) ist.

In der That ist nur durch diese morphologische Vergleichung das phylogenetische Verständniss für die merkwürdigen und so abweichenden Canalisations-Verhältnisse der Nareomedusen zu gewinnen. Das sonderbare, scheinbar so isolirt stehende Gastrocanal-System der *Aeginidae* lässt sich dann ganz naturgemäss aus dem der *Cunoctonidae* ableiten, derjenigen Cunanthiden (*Cunarcha, Cunoctona, Cunissa*), bei welchen jeder Radial-Canal (oder jede „pernemale Magentasche") am Distal-Rande in 2 blinde Lappentaschen gespalten ist. Wenn diese paarigen Lappentaschen sich vergrössern, während gleichzeitig das ungetheilte Proximal-Stück der pernemalen Magentaschen rückgebildet wird, so entstehen aus ersteren die characteristischen „internemalen Magentaschen" der Aeginiden, welche ursprünglich paarweise zwischen je 2 Tentakeln stehen (so bei der tetranemalen *Aegina*, System. 1879, p. 337, Taf. XX). Die beiden Taschen, welche einen Tentakel zwischen sich nehmen, sind daher zusammengehörige Distal-Hälften einer vormaligen pernemalen Magentasche, d. h. eines Radial-Canals, an dessen Ende jener Tentakel ursprünglich stand. Die beiden Taschen aber, welche zwischen je 2 primären Tentakeln stehen, sind gegenständige Distal-Hälften zweier benachbarter Radial-Canäle. Diese Auffassung wird dadurch gerechtfertigt, dass bei allen älteren und einfacheren Formen der Aeginiden immer 2 Magentaschen zwischen je 2 Tentakeln stehen. Bei unserer *Aeginura* (wie bei *Aeginopsis*) hat

sich jede der 8 Lappentaschen dann nochmals gespalten. So allein erklärt sich auch die eigenthümliche Bildung des Feston-Canals der Aeginiden. Derselbe zeigt im Wesentlichen keine anderen
Verhältnisse als bei den Cunanthiden. Auch hier, wie bei letzteren, zerfällt der ursprünglich einfache
Ringcanal in so viel einzelne Bogen oder „Lappen-Canäle", als Schirmlappen vorhanden sind; und
jeder Lappen-Canal mündet mit 2 Oeffnungen neben der Basis zweier benachbarter Tentakeln. Während aber bei den Cunanthiden die Einmündung der Lappen-Canäle in die Mitte des Distal-Randes
eines Radial-Canals geschieht, so erfolgt sie bei den Aeginiden unmittelbar in die Magen-Peripherie.
Denn das ungetheilte Proximal-Stück oder Hauptstück der Radial-Canäle (oder der pernemalen Magentaschen) ist ja hier verschwunden und nur die internemalen Lappentaschen (als Reste des getheilten
Distal-Stückes) sind übrig geblieben. Auch hier sind die zugekehrten Hälften je zweier benachbarter
Lappen-Canäle zu einem „Doppel-Canal" oder doppelten „Peronial-Canal" verbunden. Da nun
aber bei den Aeginiden die Proximal-Hälfte der Schirmlappen rückgebildet, die Distal-Hälfte um so
stärker entwickelt ist, so erscheint hier der Doppel-Canal sehr verlängert und hat den täuschenden
Anschein eines „einfachen Radial-Canals, der zwischen je 2 internemalen Magentaschen in die Magen-
Peripherie mündet". So ergeben sich ganz einfache und klare Homologien zwischen scheinbar so verschiedenartigen Bildungen, wie ich bereits in meinem „System der Medusen" gezeigt habe (1879,
p. 305, 336 etc.).

Das untersuchte Exemplar von *Aeginura myosura* war ein Männchen und seine 16 Hoden (= die
16 „internemalen Magentaschen" —) enthielten Massen von reifem Sperma. Dasselbe erfüllte jedoch
nicht die Höhlung der Taschen, sondern befand sich an der Aussenseite von deren subumbraler Wand.
Auf Querschnitten zeigt sich an der Innenseite ihrer Subumbral-Wand dasselbe hohe Cylinder-Epithel,
wie an derjenigen der Peronial-Canäle (Fig. 7, 12), während das Entoderm-Epithel der entgegenge-
setzten Umbral-Wand hier wie dort aus flachen Plattenzellen besteht, die in dünner Schicht die Schirm-
gallerte überziehen. Das Sperma hingegen liegt als dicke Platte unmittelbar unter dem Exoderm-Epithel der Subumbrella, aus dem es hervorgeht, und bleibt durch eine deutliche Stützplatte vom hohen
Cylinder-Epithel des Entoderms getrennt. Auch bei *Aeginura*, wie bei *Pegantha* (p. 34, Taf. XI, Fig. 5, 6)
sendet das subumbrale Exoderm kernhaltige Stützfasern in das darunter gelegene und davon abgeleitete
Sperma hinein. Demnach ist auch hier, wie bei allen Craspedoten, das Exoderm die Keimstätte der
Geschlechts-Producte, während sie bei den Acraspeden umgekehrt das Entoderm bildet; und zwar
ebenso beim männlichen, wie beim weiblichen Geschlechte. Das reife Sperma und die reifen
Eier werden daher bei den Craspedoten oder „Cryptocarpen" unmittelbar nach aussen entleert, während sie bei den Acraspeden oder „Phanerocarpen" nach innen in das Gastrocanal-System und aus
diesem erst durch die Mundöffnung ausgeworfen werden; erstere sind somit eigentlich *„Ectocarpae"*,
letztere *„Entocarpae"* (HERTWIG, 1879). Indem schon ESCHSCHOLTZ, der verdienstvolle Begründer des Medu-
sen-Systems, 1829 die beiden Hauptabtheilungen dieser Classe nach der verschiedenen Bildung ihrer
Geschlechts-Organe als *„Cryptocarpae"* und *„Phanerocarpae"* unterschied, gab er prophetisch einer bedeutungsvollen Differenz Ausdruck, deren eigentliches Wesen erst 50 Jahre später genauer erkannt wurde.

Zweite Legion der Medusen-Classe:

ACRASPEDAE, Gegenbaur, 1856.

PHANEROCARPAE, Eschscholtz, 1829.   **STEGANOPHTHALMAE**, Forbes, 1848.
SCYPHOMEDUSAE, Ray-Lankester, 1877.   **PHACELLOTAE**, Haeckel, 1878.

Character der Acraspeden-Legion: Medusen mit Gastral-Filamenten oder Phacellen; mit entodermalen Gonaden (oder Geschlechts-Producten vom inneren Keimblatte); ohne echtes Velum
(— oft mit Velarium —); mit echten Randlappen des Schirms; ohne doppelten centralisirten Nervenring. Phylogenetische Descendenz (wahrscheinlich allgemein!) und ontogenetische Descendenz
(noch heute bei der Mehrzahl?) abgeleitet von Scyphopolypen mit Gastral-Filamenten oder von
Scyphostomen. Ontogenese meistens Generationswechsel (— in Form der Strobilogenesis —), oft
mit Metamorphose verknüpft. Die geschlechtliche Acraspeden-Generation entsteht durch terminale
Knospung aus der ungeschlechtlichen Scyphostomen-Generation.

V. Fünfte Medusen-Ordnung:

(Erste Ordnung der Acraspeden:)

STAUROMEDUSAE, Haeckel (1877).

Character der Stauromedusen-Ordnung: Acraspeden ohne Sinneskolben, an deren
Stelle mit einfachen Tentakeln oder mit Randankern (adhaesiven Tentakel-Rudimenten). Ausser
diesen 8 Principal-Tentakeln oft noch kleine Succursal-Tentakeln (meist in Büscheln auf 8 adradialen Randlappen). Magen mit 4 weiten perradialen Magentaschen, welche durch 4 schmale
interradiale Septa oder Verwachsungs-Leisten geschieden werden und am Schirmrande durch einen
Ring-Sinus in Verbindung stehen. Gonaden 4 interradiale hufeisenförmige Wülste oder 4 Paar
adradiale Wülste, welche in der Subumbral-Wand der Magentaschen aus deren Entoderm sich
entwickeln und theilweise oder ganz in deren Höhle hineinragen.

Familia: TESSERIDAE, Haeckel (1877).

Haeckel, System der Medusen, 1879; p. 371, Taf. XXI.

Familien-Character: Stauromedusen mit einfachem, ungetheiltem Schirmrand, ohne hohle
Randlappen oder „Arme". 8 principale Tentakeln (4 perradiale und 4 interradiale) stets vorhan-

den, nicht in Randanker oder Sinneskolben verwandelt; ausserdem bisweilen noch zahlreiche succursale Tentakeln. Kranzmuskel des Schirmrandes ringförmig, nicht in 8 isolirte Randmuskeln
zerfallen. Auf dem Scheitel des Schirms entweder ein Scheitel-Aufsatz oder ein Schirmstiel.

Subfamilia: TESSERANTHIDAE. Haeckel (1879).

Frei schwimmende Tesseriden ohne Stiel, aber mit Scheitel-Aufsatz auf der Kuppel des Schirms; mit einfachen
soliden Tentakeln ohne terminalen Nesselknopf.

Genus: TESSERANTHA, Haeckel (1879).

Tesserantha = Würfelblume, Vierseitige Blume.

Genus-Diagnose: Tesseride ohne Schirmstiel, mit Scheitel-Aufsatz, und mit 16 einfachen soliden
Tentakeln ohne terminalen Nesselknopf (4 perradialen, 4 interradialen und 8 adradialen).

Das Genus *Tesserantha* ist eine der einfachsten und ältesten Medusen-Formen aus jener bedeutungsvollen Familie der Tesseriden, welche wir als die gemeinschaftliche Stammgruppe sämmtlicher
Acraspeden anzusehen haben. Im Wesentlichen ist diese uralte Acraspeden-Form nichts Anderes als
ein Scyphostoma mit 16 Tentakeln, welches durch Anpassung an frei schwimmende Lebensweise
seine Mundscheibe in eine Subumbrella, seinen Basal-Stiel in einen Scheitel-Aufsatz verwandelte, durch
4 interradiale Verwachsungs-Knoten den peripherischen Gastral-Raum in 4 Radial-Taschen theilte und
in dieser Form geschlechtsreif wurde. *Tesserantha* unterscheidet sich von der octonemalen nahe verwandten *Tessera* zunächst dadurch, dass zu den 8 principalen Tentakeln (4 perradialen und 4 interradialen) noch 8 neue, adradiale Tentakeln (dritter Ordnung) hinzugekommen sind. Während ferner
bei *Tessera* nur 4 einfache Gastral-Filamente von den 4 Septal-Knoten ausgehen — als terminale freie
Fortsetzungen der 4 interradialen Taeniolen — sind diese letzteren hier in grössten Theile ihrer Länge
(nur das proximale Basalstück ausgenommen) mit einer Doppelreihe von Filamenten besetzt. In dieser
und in anderen Beziehungen, namentlich auch durch die Bildung von 4 perradialen Mesogon-Falten
und 4 damit alternirenden interradialen Trichterhöhlen schliesst sich *Tesserantha* mehr an *Depastrella* an
und bildet somit eine interessante Uebergangsform zwischen *Tessera* und *Depastrella*. Bis jetzt ist nur
eine einzige Species dieses Genus bekannt, die nachstehend beschriebene Tiefsee-Meduse.

Species: Tesserantha connectens, Haeckel.
Tafel XV.

Tesserantha connectens, Haeckel, 1879; System der Medusen p. 375, Nr. 402.

Species-Diagnose: Schirm helmförmig, 1½ mal so hoch als breit, oben mit conischem Scheitel-
Aufsatz und Stielcanal. Exumbrella mit 8 längeren und 8 kürzeren exumbralen Nessel-Rippen. 4 Dop-
pelreihen von Gastral-Filamenten längs der 4 interradialen Taeniolen innerhalb des Central-Magens.
Mundrohr vierseitig-prismatisch, halb so lang als die Schirmhöhe. Mundöffnung mit 4 kurzen gekräu-
selten Mundlappen. 4 einfache Gonaden hufeisenförmig, mit der Concavität des Bogens die kleinen
Septal-Knoten umfassend. Die 8 principalen Tentakeln (4 perradiale und 4 interradiale) von gleicher
Länge, ungefähr so lang als die Schirmhöhe; die 8 succursalen (adradialen) Tentakeln nur halb so lang.

Grösse: Horizontal-Diameter der Umbrella 6 Mm.; Vertical-Diameter 9 Mm.

Fundort: Südöstlicher Theil des pacifischen Oceans, unweit der Insel Juan Fernandez; 33°
31′ S. Br., 74° 43′ W. L. v. Gr.; am 14. December 1875 aus 4320 Meter (= 2160 Faden) Tiefe
gehoben; Station 299 der Challenger-Expedition.

Umbrella (Fig. 1 — 3). Der Schirm ist hochgewölbt, glockenförmig oder helmförmig, an der Mündung unten gleich über dem Schirmrande etwas eingeschnürt, und oben mit einem spitzen conischen Scheitel-Aufsatz versehen, dessen Länge ungefähr ein Drittel der gesammten Schirmhöhe beträgt. Letztere ist ungefähr um die Hälfte grösser, als der grösste Horizontal-Durchmesser des Schirms, oberhalb des Schirm-Randes. Die Exumbrella ist durch 8 vorspringende starke Nesselrippen ausgezeichnet, 4 perradiale und 4 interradiale (Fig. 1 *er'*, 6 *er'*). Dies sind scharfe, auf dem Querschnitt fast dreieckige Kanten der äusseren Schirmfläche, welche mit einem breiten Streifen von Pigment- und Nessel-Zellen bewaffnet sind und ununterbrochen von der Spitze der Schirmkuppel bis zu den 8 Ocellen des Schirmrandes herabziehen, von wo sie sich auf die Dorsalfläche der 8 Principal-Tentakeln fortsetzen. Mit diesen 8 principalen und vollständigen Längs-Rippen der Exumbrella alterniren 8 succursale und unvollständige, welche viel schmäler und kürzer sind, und von der Insertions-Basis der 8 adradialen Tentakeln nur bis zur halben Höhe des Schirmes hinaufgehen (Fig. 1 *er"*).

Der Schirmrand ist durch eine ringförmige Marginal-Strictur etwas eingezogen und mit 16 Tentakeln besetzt, zwischen denen die Umbrella-Gallerte in Gestalt kurzer, rundlicher, solider Gallert-Lappen ein wenig vorspringt (Fig. 1, 4 *l*). Die 8 principalen Tentakeln (4 perradiale und 4 interradiale) sind ungefähr so lang als die Schirmhöhe, während die 8 adradialen oder succursalen, damit alternirenden Tentakeln nur halb so lang sind. Auch fehlt diesen letzteren der schwarze rundliche Augenfleck (*Ocellus*, Fig. 1 *or*), welcher an der Basis der 8 principalen Tentakeln sich findet. Die 8 Ocellen bestehen aus Anhäufungen schwarzer Pigmentkörner im Exoderm der Tentakel-Basis. Alle 16 Tentakeln sind solide cylindrische Fäden, welche gegen das spitze Distal-Ende sich allmählich verdünnen. Sie gleichen in ihrer Structur den oben beschriebenen Mundgriffeln der Margeliden (p. 4, Taf. I, Fig. 5) und den soliden Tentakeln der Peganthiden (p. 32, Taf. XII, Fig. 10, 11 etc.). Demnach besteht jeder Tentakel aus 4 verschiedenen Schichten: 1) einer soliden cylindrischen Entoderm-Axe, gebildet aus einer einzigen Reihe von hellen münzenförmigen Chordal-Zellen; 2) einer dünnen, aber festen und sehr elastischen Fulcral-Platte; 3) einer dünnen, aus parallelen Längsfasern zusammengesetzten Muskelplatte; und 4) einem Exoderm-Epithel, welches theils Nessel-, theils Pigment-Zellen trägt. Die letzteren enthalten schwärzliche Pigment-Körner und finden sich vorzugsweise auf der abaxialen oder dorsalen Tentakel-Seite; sie bilden hier einen schwarzen Längsstreifen, der die directe Fortsetzung der Ocellen und der exumbralen Pigment-Rippen darstellt. Die Tentakeln mit ihren basalen Ocellen sind die einzigen Sinnesorgane von *Tesserantha*, wie von allen Stauromedusen; besondere Sinneskolben, wie die übrigen Acraspeden besitzen, sind nicht vorhanden.

Subumbrella. Die tiefe Schirm-Höhle besteht aus einer unteren einfachen Schirmkranz-Höhle, deren verticale Axe das Mundrohr einnimmt (Fig. 2 *at*), und aus einem oberen vierfächerigen Theil, welcher durch 4 Mesenterien in 4 conische Trichterhöhlen zerfällt (Fig. 6 *ii*). Diese Mesenterien (oder Mesogonien, Fig. 2 *ser*) sind 4 dünne perradiale Membranen, welche in verticaler Richtung zwischen den 4 perradialen Kanten der Magen-Basis einerseits und den Mittellinien der 4 Radial-Taschen anderseits ausgespannt sind. Sie dienen hauptsächlich zur Befestigung des Magenrohres, sind am unteren freien Rande halbmondförmig ausgeschnitten und gehen am oberen etwas verdünnten basalen Rande unmittelbar in das Gewebe der Subumbrella über. Im Wesentlichen sind die Mesenterien als Falten der Subumbrella aufzufassen, deren Structur sie theilen. Sie finden sich in ähnlicher Form bei den Charybdeiden, Tiariden und Pectylliden wieder (Taf. IV, Fig. 3 *ser*, Taf. VIII, Fig. 9 *ser*). Die 4 interradialen Trichter-Höhlen (*Infundibula subumbralia*, Fig. 6 *ii*), welche durch die 4 Mesenterial-Blätter getrennt werden, sind conische Vertiefungen, welche unten offen in die Schirmhöhle münden, oben

6 *

aber mit ihrer blinden Spitze mehr oder weniger weit in die centrale Magenhöhle vorspringen; ihre aborale Ausdehnung war nicht sicher zu bestimmen; vielleicht gehen sie so weit als die Taeniolen mit Filamenten besetzt sind, bis zum Anfang des Basal-Magens.

Die Muskeln der Subumbrella werden durch zwei verschiedene Systeme gebildet, welche bei allen Acraspeden sich mehr oder minder modificirt wiederfinden; ein distales System von circularen und ein proximales System von radialen Muskel-Fasern. Die ersteren bilden den typischen Kranz-muskel (*M. coronarius*, Fig. 2—4 *mc*), einen breiten achteckigen Ring am Schirmrande, dessen 8 Ecken durch die Basen der 8 Adradial-Tentakeln fixirt werden. Das System der radialen oder longitudinalen Muskeln setzt sich aus den 8 dreieckigen Delta-Muskeln zusammen, welche mit ihrer breiten Basis den Proximal-Rand des Kranzmuskels berühren. Die 4 perradialen Delta-Muskeln (Fig. 3, 4 *md'*) sind schmäler und länger und setzen sich oben in die Mesenterial-Blätter fort. Die 4 interradialen Delta-Muskeln (Fig. 3, 4 *md''*) sind breiter und kürzer und inseriren sich mit ihrer abgestutzten Spitze an den 4 Septal-Knoten (*kn*).

Gastrocanal-System. Wie bei allen Acraspeden besteht das „Gastrovascular-System“ auch bei *Tesserantha* aus zwei Haupttheilen, dem centralen Hauptdarm und dem peripheren Kranzdarm. Der Central-Theil oder der axiale Hauptdarm (*Gaster principalis*) communicirt mit dem peripheren Kranz-darm durch die 4 Perradial-Ostien, und zerfällt selbst in 3 verschiedene Abschnitte, den basalen, cen-tralen und oralen Magen. Der aborale Basal-Magen oder Stiel-Canal (*Gaster basalis*, *gb*), auch als „Scheitel-Canal“ zu bezeichnen, ist ein enger, fast cylindrischer Hohlraum, welcher die ganze Kuppel des Schirms einnimmt und oben in deren Spitze blind geschlossen endet, während er unten durch den Pylorus (*gy*) sich in den Central-Magen öffnet. In seinen Hohlraum springen von der Innenfläche 4 longitudinale Gallertleisten vor, die wichtigen interradialen Taeniolen, welche auch bei den nahe verwandten *Lucernaridae* den hohlen basalen Schirmstiel in seiner ganzen Länge durchziehen (Fig. 2, 3, 8 *ft*). Dadurch zerfällt der periphere Theil des Basal-Magens in 4 perradiale Rinnen (Fig. 3, 8 *gb*).

Der Central-Magen oder Mittelmagen (*Gaster centralis*, *gc*) hat im Ganzen eine halbkugelige oder fast vierseitig-pyramidale Gestalt, die jedoch dadurch complicirt wird, dass sich von unten her die 4 interradialen exodermalen Trichterhöhlen (*ii*) in denselben einsenken. Auf der entodermalen Gastral-Fläche der letzteren verlaufen als vorspringende Leisten die distalen Fortsetzungen der 4 Tae-niolen, deren jede innerhalb des Central-Magens 2 Reihen von Gastral-Filamenten trägt (*ft*). Oben öffnet sich der Central-Magen durch die *Porta pylorica* (*gy*) in den Basal-Magen, unten in der Mitte durch die *Porta palatina* (*gp*) in den Oral-Magen, und rings herum durch die 4 spaltförmigen Gastral-Ostien in den Kranzdarm. Die Gastral-Ostien (Fig. 6 *go*) sind schmale, fast horizontale Spalten, welche von einander durch die 4 interradialen Septal-Knoten (*Nodi cathammales*, *kn*) getrennt werden, jene bedeutungsvollen Concrescenz-Stellen, in welchen die umbrale und die subumbrale Wand des Magen-raums mit einander verwachsen sind. Dass wirklich hier eine Verwachsung vorliegt, geht daraus her-vor, dass eine entodermale Epithel-Schicht (— „Entoderm-Lamelle oder Gastral-Platte“ —) mitten durch die knorpelharte Gallertmasse des Septal-Knotens hindurchgeht.

Der Oral-Magen oder das Mundrohr (*Proboscis*, *ga*) bildet ein vierseitig-prismatisches Rohr, dessen Länge ungefähr der Schirmbreite gleich kommt (Fig. 1, 2 *at*). Dasselbe ist 4 mal so lang als breit und besitzt 4 vorspringende perradiale Kanten, welche sich oben in die 4 Mesenterien fortsetzen, während zwischen ihnen die Aussenfläche rinnenartig vertieft ist (Fig. 6 *a*). Die Mundöffnung (*aa*) ist von einem welligen, mit Nesselzellen gespickten Mundrande umgeben und läuft in 4 kurze per-radiale Mundlappen aus (Fig. 4 in der Mitte).

Der periphere Kranzdarm (*Gaster coronarius*), welcher bei den meisten Acraspeden in 4—16 radiale Taschen oder Canäle zerfällt, ist bei *Tesserantha*, gleichwie bei *Periphylla*, ein einfacher weiter Ring-Sinus (*Sinus coronarius*, *cs*). Derselbe nimmt den ganzen Raum zwischen Septal-Knoten und Schirmrand ein (Fig. 2, 3, 5 *cs*). Als Homologa von 4 Radial-Taschen (*bp*) können daher nur die breiten Gastral-Ostien selbst angesehen werden; in der That entsprechen die 4 kurzen Septal-Knoten, durch welche dieselben getrennt werden, den 4 längeren Septen oder interradialen Leisten, welche bei den Lucernariden die 4 breiten Radial-Taschen scheiden (vergl. Taf. XVI, XVII).

Gonaden (Fig. 2, 3, 4, 6 *s*). Die 4 Geschlechtsdrüsen bilden in ähnlicher Weise, wie bei *Tessera* und *Depastrum* (= *Carduella*), auch bei *Tesserantha* 4 hufeisenförmige Wülste in der Subumbral-Wand des Ring-Sinus. Ihr centraler Bogen umfasst mit seinem concaven Distal-Rande die 4 Septal-Knoten, während sein convexer Proximal-Rand oben in die centrale Magenhöhle vorspringt und mit den untersten Distal-Gruppen der Gastral-Filamente gesäumt erscheint. Die beiden Schenkel der Uförmigen Genital-Bogen laufen schwach divergirend in der Subumbral-Wand des Kranz-Darms nach abwärts und berühren mit ihren auswärts gekrümmten Schenkeln den Proximal-Rand des Kranzmuskels. Wie bei *Tessera*, so scheint auch bei *Tesserantha* in der ganzen Ausdehnung der Geschlechtswülste eine verdickte Gallertleiste von der Fulcral-Platte der Subumbrella in den Hohlraum des Ring-Sinus vorzuspringen, und auf der Axial-Fläche dieser Genital-Leisten scheinen sich aus dem Entoderm-Epithel des Sinus die Sexual-Zellen zu entwickeln. Doch gestattete das untersuchte Weingeist-Exemplar (ein Weibchen) keine nähere Untersuchung der feineren Structur. Auf der entodermalen Oberfläche der Gonaden sind schwache Querfalten sichtbar (Fig. 3, 4 *s*).

Familia: **LUCERNARIDAE**, Johnston (1847).

HAECKEL, System der Medusen, 1879; p. 379, Taf. XXII.

Familien-Character: Stauromedusen mit gelapptem oder eingeschnittenem Schirmrande, welcher durch 8 concave Buchten (— 4 perradiale und 4 interradiale —) in 8 hohle adradiale Lappen oder „Arme" zerfällt; am Ende jedes Armes ein pinselförmiges Büschel von hohlen, geknöpften Tentakeln. 8 principale Tentakeln (4 perradiale und 4 interradiale) entweder in adhäsive Randanker verwandelt oder fehlend (rückgebildet oder ausgefallen). Kranzmuskel des Schirmrandes in 8 isolirte Randmuskeln zerfallen. Auf dem Scheitel des Schirms ein Stiel zum Anheften.

Subfamilia: **HALICLYSTIDAE**, HAECKEL (**ELEUTHEROCARPIDAE**, CLARK).

Lucernariden ohne Mesogon-Taschen in der Subumbral-Wand der vier Radial-Taschen.

Genus: **LUCERNARIA**, O. F. MÜLLER (1776).

Lucernaria = leuchterähnlich; Derivatum von *Lucerna* = Leuchter.

Genus-Diagnose: Lucernaride ohne Mesogon-Taschen in der Subumbral-Wand der 4 Radialtaschen, und ohne Randanker oder Randpapillen (— Lucernaridae eleutherocarpae inauriculatae —). Schirmstiel einkammerig, mit 4 getrennten Taeniolen.

Das Genus *Lucernaria*, die älteste bekannte Form unter den Stauromedusen, gründete schon vor mehr als hundert Jahren O. F. MÜLLER für jene grosse und weit verbreitete Acraspede des nordatlantischen Oceans, welche er *L. quadricornis* nannte (Prodrom. Zool. Dan. 1776, p. 227). Diese ansehnliche und wohlbekannte Form kann daher allein als typische Species den Character des Genus

Lucernaria bestimmen. Die späteren Autoren haben zum grösseren Theil auch alle anderen, später bekannt gewordenen Lucernariden in diese Gattung eingereiht, so namentlich KEFERSTEIN, LEUCKART, TASCHENBERG u. A. Indessen halte ich aus Gründen, welche ich im „System der Medusen" (1879, p. 380, 387) erörtert habe, die Vertheilung der eigentlichen Lucernariden auf 4 Genera für angezeigt, und beschränke daher hier das Genus *Lucernaria* auf die Formen ohne Mesogon-Taschen und ohne Randanker *(Eleutherocarpidae inauriculatae)*. Von dem nächstverwandten Genus *Haliclystus* (— welches CLARK in seiner Monographie von *H. auricula* (1878) sehr ausführlich geschildert hat —) unterscheidet sich die Gattung *Lucernaria* durch den Mangel der Randanker oder Randpapillen; von den beiden anderen Gattungen der Familie *(Halicyathus* und *Craterolophus)* durch den Mangel der eigenthümlichen „Mesogon-Taschen oder Mesenterial-Taschen", welche bei den letzteren vom Magen aus in die Subumbral-Wand der 4 perradialen Magentaschen eindringen. Die nachstehend beschriebene Species (aus 3240 Fuss Tiefe) ist die erste Tiefsee-Lucernaride, da alle anderen, bisher beschriebenen Arten dieser Familie littoral sind oder nur in geringe Tiefen (von 20 bis höchstens 50 Fuss) hinabgehen. Durch manche Eigenthümlichkeiten (insbesondere die schwache Entwickelung der 8 Arme und den verwickelten Bau der Gonaden) unterscheidet sich übrigens diese Species mehrfach von den 4 anderen, bisher bekannten Arten der Gattung, so dass es vielleicht richtiger ist, sie zum Repräsentanten eines besonderen Genus zu erheben: *Lucernosa*.

Species: **Lucernaria bathyphila,** HAECKEL.

Tafel XVI, XVII.

Lucernaria bathyphila, HAECKEL, 1880; System der Medusen p. 640, Nr. 597.
Lucernosa bathyphila, HAECKEL, 1880; in litteris.

Species-Diagnose: Schirm glockenförmig (ausgebreitet ungefähr eben so breit als hoch). Schirmstiel fast rudimentär, conisch, einkammerig, kaum ⅓ so lang als die Schirmhöhe, mit 4 starken linearen interradialen Längsmuskeln. 8 Arme paarweise verbunden. Die 4 perradialen Buchten des Schirmrandes 3 mal so breit und tief als die 4 interradialen. Jeder Arm mit 80 — 120 Tentakeln. 8 Gonaden sehr breit, sowohl vom Ansatz des Schirmstiels (oder vom Pylorus) als vom Ende der Arme durch einen breiten Zwischenraum getrennt. Jede Gonade aus sehr zahlreichen (über 200) getrennten Säckchen zusammengesetzt, von denen jedes wieder aus vielen einzelnen Follikeln besteht.

Grösse: Horizontal-Diameter der Umbrella 50—60 Mm.; Vertical-Diameter 60—80 Mm.

Fundort: Nord-Atlantischer Ocean, zwischen den Far-Öer- und Shetland-Inseln (60,3 ° N. Br., 5,51 ° W. L. v. Greenw.), in 540 Faden (= 1080 Meter Tiefe), JOHN MURRAY. Diese Species, die erste Lucernaride der Tiefsee, wurde nicht von der Challenger-Expedition erbeutet, sondern von Mr. JOHN MURRAY gelegentlich der Expedition des „Knight Errant". Ich verdanke seiner Güte die Mittheilung des einzigen, im Ganzen recht gut conservirten Spiritus-Exemplares, und nehme mit der gütigen Erlaubniss von Sir WYVILLE THOMSON dessen Beschreibung in diese Monographie der „Tiefsee-Medusen des Challenger" mit auf, weil sie in mehrfacher Beziehung von besonderem Interesse ist, namentlich als Mittelglied zwischen der vorhergehenden *Tesserantha* und der nachfolgenden *Periphylla*.

Umbrella (Taf. XVI, Fig. 1—8). Der Schirm ist rundlich glockenförmig oder fast birnförmig, nur wenig länger als breit und am Aboral-Pol durch einen sehr kurzen Stiel angeheftet. Die ganze Länge (oder Höhe) des untersuchten Spiritus-Exemplares (mit dem Stiel) betrug 60 Mm., die grösste Breite (in der Mitte der Höhe) 50 Mm. Da dasselbe jedoch stark contrahirt war, so wird beim lebenden Thiere die erstere mindestens 70—80, die letztere 55—60 betragen haben. Es gehört demnach diese Art zu den grössten Species der Lucernariden-Familie, sowie die beiden nächstverwandten Arten: *Lucernaria quadricornis* und *L. pyramidalis*; die letztere hat zwar einen viel längeren Stiel, aber einen kleineren Becher.

Der Schirmstiel *(Pedunculus, p)*, durch welchen der glockenförmige Becher am Meeresgrunde angeheftet wird, ist bei *Lucernaria bathyphila* rudimentär und weniger entwickelt, als bei allen anderen Arten der Familie. Er gleicht mehr dem conischen „Scheitel-Aufsatz oder Kuppel-Aufsatz" der Tesseriden, aus dem er wahrscheinlich hervorgegangen ist (System der Medusen, 1879, p. 365, Taf. XXI, XXII). Seine Länge beträgt höchstens $\frac{1}{4}$ von der gesammten Körperlänge, ist aber nicht scharf zu bestimmen, da das dickere Oral-Ende des kegelförmigen Stiels ohne scharfe Grenze in den Becher übergeht. Das dünnere Aboral-Ende ist abgestutzt und zeigt bei der Betrachtung von der Anheftungs-Fläche eine kleine rundliche Fussplatte (Fig. 8). Dieselbe enthält in ihrem verdickten Exoderm zahlreiche Klebzellen *(Colletocystae)*, ist unregelmässig gefaltet und zerfällt durch 4 interradiale tiefe Furchen in 4 perradiale wulstige Läppchen (Fig. 8). Jene Furchen setzen sich auch noch eine Strecke weit auf die Exumbrella des Stiels fort, so dass derselbe auf dem Querschnitt oberhalb der Fussplatte ebenfalls vierlappig erscheint (Fig. 13). Den 4 interradialen Längsfurchen der Exumbrella des hohlen Stiels entsprechen an dessen Innenwand die 4 gastralen Taeniolen (Fig. 1, 2, 21 *fl*); das sind jene wichtigen longitudinalen Gallertleisten, welche schon *Scyphostoma* besitzt, und welche den Stiel seiner ganzen Länge nach durchziehen und sich unten unmittelbar in die 4 interradialen Septen der Magentaschen fortsetzen (Fig. 12 *ks*). Auf dem horizontalen Querschnitt (Fig. 13, 14) zeigen sich diese Taeniolen fast eiförmig, lateral comprimirt, und nur durch eine sehr dünne Gallertplatte (Fig. 14 *fl*) stielartig mit der Wand des Schirmstiels im Zusammenhang, von welcher sie centripetal nach innen vorspringen. Dadurch zerfällt der gastrale Hohlraum desselben in 4 perradiale Stielrinnen (Fig. 13 *cp*), welche mit dem centralen Basal-Magen (*gb*) durch engere Spalten communiciren und auf dem Querschnitt ein reguläres Ordenskreuz bilden. Der Stiel ist demnach bei unserer Art einkammerig, wie bei allen Species der Gattung *Lucernaria* (im engeren Sinne! System der Medusen, 1879, p. 389). Die 4 starken Taeniolen enthalten einen sehr entwickelten Längsmuskel (Fig. 13 *m*, 14 *m*). Derselbe ist von einer voluminösen Gallert-Scheide umschlossen (*fl*), welche an der Axial-Seite bedeutend dicker ist, als an der Abaxial-Seite, und welche inwendig zahlreiche, dendritisch verzweigte Falten bildet. Auf diesen Falten der gallertigen Stützplatte breitet sich die Muskelplatte des Stielmuskels aus (*m*), welche einen centralen (— in der Axe des Taeniols gelegenen —) Axenstrang von Exoderm-Zellen (*q*) einschliesst; das sind die „Epithel-Muskelzellen" der Exumbrella, welche von deren Aussenfläche in die Gallertleiste centripetal eingewandert sind. Die zierliche Figur, welche jedes Taeniol auf seinem eiförmigen Querschnitt (Fig. 14) darbietet, besteht demnach, von der Axe desselben nach seiner Peripherie hin, aus folgenden Schichten: 1. der centrale Zellenstrang der exodermalen Epithel-Muskelzellen (*q*); 2. die daraus entsprungene faltige Muskelplatte (*m*); 3. die Fulcral-Lamelle (*z*) mit ihren dendritischen Stütz-Falten und der dicken umhüllenden Gallertscheide (*fl*), und 4. der entodermale Ueberzug des Gastral-Epithels (*d*).

Der Becher *(Calyx)* oder der eigentliche „Schirm" unserer *Lucernaria* (— nach Abzug des Stiels —) ist fast eiförmig, in der Mitte am breitesten, nach oben allmählig in den conischen Stiel übergehend, nach unten (gegen den Schirmrand und die 8 Arme) schwach eingezogen (Fig. 1—3). Wie bei allen Stauromedusen, besteht auch hier die Umbrella aus zwei dünnen Wänden: äusserer convexer Exumbrella und innerer concaver Subumbrella. Beide Wände schliessen den Hohlraum des

Gastrocanal-Systems zwischen sich ein, gehen am Schirmrande in einander über, und hängen ausserdem nur noch durch die 4 interradialen Septa („Verwachsungsstreifen oder Cathammal-Leisten", *ks*) mit einander zusammen. Beide Wände bestehen dem Volum nach grösstentheils aus einer dünnen, aber festen Gallert-Platte (Fuleral-Lamelle, *z*); die Innenseite derselben ist vom gastralen Entoderm (*d*), ihre Aussenseite vom dermalen Exoderm (*q*) überzogen. Die äussere convexe Fläche des Schirms, oder die eigentliche Exumbrella (*e*) ist glatt, ohne besondere Auszeichnung, nur von 4 schwachen inter-radialen Längsfurchen durchzogen (den distalen Fortsetzungen der Stiel-Furchen). Die Gallerte (*ug*) unter derselben ist von geringer Dicke, aber bedeutender Festigkeit, von zahlreichen elastischen Fasern durchzogen, welche von der äusseren zur inneren Fläche der Gallert-Platte gehen (Fig. 13 *uf*); diesel-ben finden sich ebenso zahlreich auch in der dünneren Gallert-Platte der Subumbrella wieder (Fig. 18 *uf*). Das exodermale Epithel dieser letzteren ist ebenso wie das jener ersteren mit zerstreuten Nessel-Organen bewaffnet (vergl. mein „System der Medusen", 1879, p. 382).

Schirmhöhle (Taf. XVI, Fig. 2—7, Tafel XVII, Fig. 21). Das Antrum oder die Schirmhöhle (*h*), vom Exoderm der Subumbrella (*qu*) ausgekleidet, zerfällt bei unserer Art, wie bei allen Lucernariden, in zwei Abtheilungen, die untere (distale) einfache Schirmkranzhöhle und die obere (proximale) viertheilige Schirmtrichterhöhle. Die Schirmkranzhöhle (Fig. 5 *hc*, *Antrum coronarium*) ist ganz einfach, cy-lindrisch oder fast kubisch, und nimmt die ganze untere Körperhälfte ein; in ihrer subumbralen Wand liegen die 8 Delta-Muskeln und die Distal-Hälften der Gonaden. Die Schirmtrichterhöhle (*Antrum infundibulare*, *i*) wird durch die orale Grenzlinie *EF* (Fig. 2. 3) von der ersteren getrennt und ist zu-sammengesetzt aus 4 interradialen grubenförmigen Vertiefungen (Fig. 6. 7 *ii*), welche durch 4 perra-diale verticale Falten der Subumbrella von einander geschieden werden (Fig. 3 *wr*). Letztere sind die „Mundstrebepfeiler oder *Circumoral buttresses*" von CLARK; sie spannen sich in Form von 4 freien Mesen-terial-Lamellen von den 4 perradialen Kanten des Mundrohres zur Mitte der subumbralen Radial-Ta-schen-Wand hinüber und werden am besten als Geschlechtsgekröse oder Mesogon-Falten (*Meso-gonia*) bezeichnet. Die 4 vertieften, vom Exoderm der Subumbrella ausgekleideten Gruben zwischen ihnen sind die Trichterhöhlen (*Infundibula*, Fig. 2, 6 *ii*). Diese conischen oder dreiseitig-pyramidalen Hohlräume dringen mit ihrer blinden Spitze von der Schirm-Kranzhöhle aus tief in die centrale Ma-genhöhle ein und haben zu vielen Missverständnissen Veranlassung gegeben. CLARK nennt sie „*Cir-cumoral pouches*", TASCHENBERG „Genitaltaschen", KLING „pyramidenförmige Räume" und HERTWIG „Inter-genitaltaschen". Da diese Trichterhöhlen nur vom Exoderm ausgekleidet sind und mit dem Gastro-canal-System keinerlei Zusammenhang haben, vielmehr dem System der subumbralen Schirmhöhle angehören, dürfen sie nicht als „Taschen", sondern nur als „Höhlen" bezeichnet werden. Sie keh-ren in gleicher Weise auch bei vielen anderen Acraspeden als „Subgenital-Höhlen" wieder. Bei un-serer Lucernaria dringen sie so tief in die centrale Magenhöhle ein, dass die Oral-Hälfte derselben dadurch in 4 perradiale periphere Nischen oder „Central-Kammern" zerfällt. Die conischen Trichter-höhlen zwischen den letzteren werden durch die Phacellen von ihnen abgegrenzt und gehen oben direct in die soliden Taeniolen über (Fig. 21 *fl*).

Die Muskelplatte der Subumbrella liegt unmittelbar unter dem Exoderm-Epithel, von dem sie ausgeschieden ist, und besteht aus einem marginalen achttheiligen Kranzmuskel und aus 8 einzelnen Radial-Muskeln. Der Kranzmuskel (*M. coronarius*) oder der Ringmuskel des Schirmrandes ist homolog dem einfachen marginalen Ringmuskel der Tesseriden und dem grossen achttheiligen Kranzmuskel der Pericolpiden, welcher bei den Periphylliden in 16 Muskelfelder zerfällt. Wie bei den achtlappigen Pericolpiden, so besteht auch bei den nächstverwandten achtarmigen Lucernariden der Kranzmuskel aus 8 einzelnen Muskelfeldern, den 8 „Marginal-Muskeln", von denen 4 längere (Fig. 2, 3, 12 *mm'*) in perradialen, 4 kürzere (*mm"*) in interradialen Oetanten liegen; da nun aber die 8 „Arme" (oder „Randlappen") adradial sind, so versorgt jedes Kranzmuskel-Feld (oder jeder Marginal-Muskel) die zugekehrten Hälften je zweier benachbarter Arme. Er breitet sich an diesen und an den davon ausgehenden Tentakeln auf deren äusserer oder Abaxial-Seite aus. Die einzelnen Muskelbündel, welche hier an die Tentakeln gehen, werden demnach dieselben strecken oder nach aussen umbiegen *(Extensores)*. Wenn hingegen alle 8 Randmuskeln gleichzeitig sich contrahiren, werden sie gleich dem einfachen Ringmuskel des Schirmrandes der Tesseriden die Schirm-Mündung verengern. Uebrigens ist bei allen Lucernariden der Kranzmuskel viel schmäler als bei den Pericolpiden und hat nicht die Form eines breiten Bandes, sondern eines dicken Stranges. Bei unserer Art zeigt derselbe 6—8 tiefe Parallel-Furchen, durch welche ebenso viele Ringfalten von einander getrennt werden (Fig. 20 im radialen Querschnitt). Die Höhe dieser Falten nimmt von oben nach unten (vom proximalen zum distalen Rande des Randmuskels) zu. Jede Falte wird durch eine Erhebung der Stützplatte (*z*) gebildet, welche selbst wieder Nebenfalten bildet und daher auf dem Querschnitt zierlich dendritisch verästelt erscheint (Fig. 20 *z*). Die Ringfasern der Muskelplatte (*m*) überziehen dieses Falten-System im Zusammenhang und werden ihrerseits von den exodermalen Epithelzellen der Subumbrella (*qu*) bedeckt, von denen sie ausgeschieden sind. Als Antagonisten dieser 8 circularen Randmuskeln wirken die 8 longitudinalen Delta-Muskeln (Fig. 2, 3, 4, 12 *md*). Von diesen sind bei unserer Art die 4 perradialen (*md'*) auffallend schwach, aber sehr breit, hingegen die 4 interradialen (*md'*) viel schmäler, aber um so stärker entwickelt. Die letzteren erscheinen als die directen Fortsetzungen der starken Taeniolen-Muskeln, begleiten die Taschen-Septen (Fig. 12 *ks*) in ihrer ganzen Länge und spalten sich unten an deren Distal-Ende in je 2 kräftige Schenkel (Fig. 12 *md'*), von denen jeder an ein Tentakel-Büschel tritt (*tf*).

Der **Schirmrand** zeigt 8 seichte concave Vertiefungen oder „Marginal-Buchten", zwischen welchen (wie bei allen *Lucernaridae*, und ebenso bei allen *Pericolpidae*) acht adradiale hohle Randlappen liegen; die 8 adradialen hohlen Randanhänge, welche bisher bei den Lucernariden allgemein als „Arme" bezeichnet und mit Unrecht als eine ganz besondere Eigenthümlichkeit dieser Familie betrachtet wurden, sind in der That nach Lage, Bau und Bedeutung nichts Anderes, als die 8 adradialen „Randlappen" der nahe verwandten Pericolpiden; und als solche sind sie zugleich homolog den 8 Sinneslappen (oder „Augenlappen") der Periphylliden. Dagegen besteht ein wesentlicher Unterschied von den Pericolpiden, der die Lucernariden allerdings auffallend auszeichnet, darin, dass hier jeder der 8 Randlappen oder „Arme" an seiner Spitze ein pinselförmiges Büschel von zahlreichen kleinen, hohlen geknöpften Tentakeln trägt. Morphologisch betrachtet gehören diese Tentakeln zur Kategorie der accessorischen oder suecursalen Tentakeln und sind bloss langgestielte Nesselknöpfe. Hingegen sind die 8 Principal-Tentakeln der *Tessera* (4 primäre perradiale und 4 secundäre interradiale) bei den Genera *Lucernaria* und *Craterolophus* verschwunden (während sie bei *Haliclystus* und *Halicyathus* in adhaesive „Randanker" verwandelt sind). Bei unserer Art sind die 8 Arme nur sehr klein und schwächer entwickelt als bei den meisten übrigen Lucernariden; sie springen als breite dreieckige Zipfel nur sehr wenig am Schirmrande vor und sind paarweise dergestalt genähert, dass die 4 perradialen Buchten des Schirmrandes 3 mal so gross sind als die 4 interradialen (Fig. 1—4). Jeder kurze Arm oder Randlappen trägt ein Büschel von 80—120 Tentakeln.

Tentakeln (Taf. XVII, Fig. 15, 16). Alle Tentakeln eines jeden Büschels sind in ihrer basalen Hälfte völlig mit einander verwachsen, so dass nur ihre distale Hälfte frei und beweglich ist (Fig. 15). Sie sind cylindrisch, in zusammengezogenem Zustande 2—3 Mm. lang (in ausgedehntem Zustande

vermuthlich mehr als das Doppelte) und gegen $\frac{1}{2}$ Mm. dick. Wie bei allen echten Lucernariden, stellen dieselben hohle dickwandige Röhrchen dar, deren blindes und etwas verdünntes Distal-Ende einen
dickeren Nesselknopf trägt. Dieser gestielte Knopf ist bei unserer Art zu einem kräftigen Saugnapf
entwickelt, welcher in seiner Mitte eine vertiefte Sauggrube zeigt (Fig. 16 x). Das hohle Cylinder-
Epithel des Exoderms (q) ist am Saugnapfe 4—6mal so hoch als am Tentakel-Stiele, und von eigenthümlicher Beschaffenheit, für deren nähere Untersuchung jedoch die Tentakeln nicht gut genug conservirt
waren. In den centralen Sauggruben sind die Exoderm-Zellen viel flacher und ohne Nessel-Kapseln
(Fig. 16 x). Unter dem Exoderm (q) liegt unmittelbar die Muskelplatte, aus kräftigen Längsfasern bestehend (m). Darauf folgt eine dicke gallertige Stützplatte (z), welche als elastischer Extensor dem
Zuge der longitudinalen Muskelfasern entgegenwirkt und die contrahirten, durch Wirkung der letzteren
verkürzten Tentakeln wieder streckt. Im Saugnapfe bildet die gelatinöse Fulcral-Lamelle eine besondere
dicke Kappe (Fig. 16 z'), welche das blinde Ende des Tentakel-Canals umfasst und sich durch eine
deutliche Grenzlinie (z'') scharf von der dünneren Gallert-Platte des Stiels absetzt (z'''). Das Entoderm (d), welches das Epithel des Tentakel-Canals (ct) bildet, besteht aus hohen dunkelbraun pigmentirten Cylinder-Zellen, zwischen welchen zahlreiche einzellige Drüsen vertheilt sind. Ein ganz eigenthümliches Verhalten, wie es mir bei keiner anderen Lucernaride bekannt ist, zeigt das blinde Distal-
Ende des Tentakel-Canals. Der letztere ist nämlich hier durch einen kegelförmigen Keil verstopft,
welcher den Distal-Theil des Röhren-Lumen vollständig ausfüllt und vom Entoderm rings umschlossen
wird. Dieser Axen-Keil des Saugnapfes (Fig. 16 y) färbt sich durch Carmin dunkelroth, viel
intensiver, als alle übrigen Theile des Tentakels. Er setzt sich ganz scharf von den gelbbräunlichen
Entoderm-Zellen ab, welche ihn rings einschliessen, und scheint aus rundlichen, dicht gedrängten Kör-
perchen zusammengesetzt zu sein, welche das Licht stark brechen und Nesselkapseln ähnlich sehen.
Vielleicht dient dieser Axen-Keil der Saugnäpfe bei deren Anheftung als feste Stütze.

Gastrocanal-System (Taf. XVI, Fig. 2—7; Taf. XVII, Fig. 13—16). Die Bildung des Gastrocanal-Systems weicht bei unserer *Lucernaria* nicht wesentlich von der bekannten Form ab, welche dasselbe bei den anderen Species dieses Genus besitzt; sie steht in der Mitte zwischen der einfacheren
Bildung der Tesseriden (Taf. XV) und der verwickelteren der Periphylliden (Taf. XVIII—XXII). Wie
bei diesen zerfällt es zunächst in einen centralen Hauptdarm (*Gaster principalis*) und einen peripherischen Kranzdarm (*Gaster coronaris*); beide communiciren durch 4 perradiale Gastral-Ostien (go). Der
Hauptdarm besteht aus 3 Abschnitten, dem aboralen Grundmagen im Schirmstiel, dem Central-Magen
und dem frei vorragenden Buccal-Magen oder Mundrohr. Der Central-Magen wird durch die Magenpforte (*Pylorus*) vom Grundmagen, durch die Gaumenpforte (*Palatum*) vom Buccal-Magen getrennt. Der
Grundmagen (*Gaster basalis*, gb) ist der oben genannte „Stielcanal“, durchzieht den Schirmstiel in
seiner ganzen Länge und endigt in dessen aboraler Basis blind geschlossen, während er sich am oralen Stiel-Ende durch den Pylorus (gy) in den Central-Magen öffnet. Ursprünglich stellt der Grundmagen einen einfachen cylindrischen oder vierseitig-prismatischen Hohlraum dar, welcher dem „Scheitel-Canal“ der Tesseriden entspricht. Indem die 4 interradialen Taeniolen (ft) von der Wand des
Schirmstiels in den Grundmagen vorspringen, theilen sie seine Peripherie in die 4 perradialen, oben
schon beschriebenen Stielrinnen oder Halbcanäle (Fig. 13 cp). Dadurch bekömmt der Basal-Magen auf
dem Querschnitt die characteristische reguläre Kreuzform, welche Fig. 13, Taf. XVII zeigt. Der Central-Magen (*Gaster centralis*) ist im Allgemeinen von conischer oder vierseitig-pyramidaler Gestalt
und mündet mit der abgestutzten, aboralen Spitze durch die Magenpforte (*Pylorus*, gy) in den Stiel-
Magen, mit der quadratischen, stark eingeschnürten, oralen Basis durch die Gaumenpforte (*Pala-*

tum, gp) in den Buccal - Magen. 4 perradiale Spalten, die Gastral - Ostien (Fig. 2, 3 *go*, 21 *go*) führen aus dem Central - Magen in die 4 Radial - Taschen hinein (*bp*). Da die 4 conischen, oben schon
beschriebenen, interradialen Trichterhöhlen (*ii*) zwischen den 4 Gastral - Ostien gewölbt in den Central-
Magen vorspringen, so wird die Gestalt desselben ziemlich complicirt. Die beiden Ränder der spaltförmigen Gastral - Ostien werden fast in ihrer ganzen Länge von einer Reihe feiner Gastral - Filamente gesäumt (Fig. 21 *f*); dieselben fehlen nur am unteren (oralen) Viertel der Gastral - Ostien, wo
deren Rand die knorpelartig verdickte Gaumen - Rinne bildet (Fig. 21 *gs*). Oben gehen die Filament-
Reihen oder Phacellen bis zur Spitze der Trichterhöhlen, setzen sich aber nicht auf den soliden Theil
der Taeniolen fort. Im Verhältnisse zu anderen Lucernariden und zu der ansehnlichen Körpergrösse
unserer Art erscheinen die Filamente derselben schwach entwickelt, sehr fein und ziemlich kurz; auch
bleiben sie hier auf den Seitenrand der Gastral-Ostien beschränkt, während sie sich bei anderen Arten
oft weit distalwärts auf die Seitenränder der Gonaden fortsetzen, oder proximalwärts auf die basalen
Taeniolen. Ebenso wie die Filamente erscheint bei *Lucernaria bathyphila* auch das Mundrohr oder
der „Buccal-Magen" schwach entwickelt (*Proboscis*, Fig. 2—4 *gu*). Dasselbe bildet einen niedrigen, fleischigen Hautsaum von quadratischem Umrisse, welcher von der Gaumenpforte (*gp*) nur sehr wenig in
die Schirmhöhle vorspringt. Die verdickten drüsigen Ränder der Mundöffnung sind nur schwach gekräuselt (Fig. 9). Die 4 perradialen Kanten des Mundrohres gehen an der Gaumenpforte in die 4 subumbralen Mesogon-Falten über (*ur*).

Der periphere Kranzdarm (*Gaster coronarius*), welcher nur durch die 4 perradialen Gastral-
Ostien mit dem Central-Magen communicirt, wird bei *Lucernaria bathyphila* (wegen der schwachen Entwickelung der 8 Arme) fast ausschliesslich durch die 4 voluminösen Radialtaschen (*Bursae radiales*)
gebildet, *bp* (von CLARK als „Quadrant-Kammern" bezeichnet, von KEFERSTEIN als „breite taschenförmige
Radiär-Gefässe", von TASCHENBERG als „Radiär-Canäle", von KLING als „Radiär-Kammern" und von HERT-
WIG als „Radial-Kammern oder Radial-Taschen"). Dieselben stellen 4 flache taschenartige Hohlräume
dar, welche sich zwischen Umbrella und Subumbrella bis zum Schirmrande ausdehnen. Sie werden
nur durch die 4 interradialen Septal-Leisten oder „Verwachsungs-Streifen" getrennt, lineare Scheidewände, in denen die Umbrella mit der Subumbrella verwachsen ist (*Limites cathammales*, *ks*). Da diese
Verwachsung aber nicht bis zum Schirmrande reicht, communiciren die 4 Taschen hier, unterhalb des
Distal-Endes der Septen, durch 4 interradiale Circular-Ostien, so dass am Schirmrande eine
ringförmige Communication, eine Art „Ringcanal" hergestellt wird (Fig. 12 *cc*). Der Proximal-Theil
der 4 Radialtaschen mündet durch die Gastral-Ostien in den Central-Magen; von ihrem Distal-Rande
hingegen gehen 8 Lappentaschen oder „Armtaschen" (*Bursae lobares*) in die 8 Arme ab. Das Ende
jeder Lappentasche entsendet wieder einen Tentakel-Canal in jeden Tentakel (Fig. 15, 16 *ct*). Da die
8 Arme oder Randlappen bei unserer Art so wenig über den Schirmrand vortreten, so gelangen auch
deren Lappentaschen (*bl*) zu keiner selbstständigen Ausbildung. Um so grossartiger ist hier die Entwickelung der 4 Radialtaschen, deren Länge fast ⅔ von der gesammten Schirmlänge beträgt, und von
welcher die ansehnlichen, in ihrer Subumbral-Wand liegenden Gonaden nur einen Theil einnehmen
(vergl. Fig. 2—7 *bp*).

Gonaden (Taf. XVI, Fig. 2—7 *s*, 10, 11; Taf. XVII. Fig. 17—19, 21). Das untersuchte Exemplar war ein geschlechtsreifes Weibchen und zeigte mit besonderer Deutlichkeit, dass die Eier sich bei
den Lucernariden (wie bei allen Stauromedusen) in der Subumbral-Wand der Radial-Taschen
aus deren Entoderm entwickeln, dann in deren Höhlung hineinfallen, aus dieser durch die Gastral-
Ostien in den Central-Magen gerathen und endlich durch den Mund entleert werden; alle die genann-

7 *

ten Theile des Gastrocanal-Systems enthielten bei der Oeffnung der unverletzten Meduse zahlreiche abgelöste reife Eier. — Die 8 Ovarien (Fig. 2, 3 *sf*) bilden 8 breite Platten, welche den grössten Theil der Subumbral-Wand der 4 perradialen Magentaschen einnehmen und dergestalt paarweise auf dieselben vertheilt sind, dass die beiden, durch ein interradiales Septum getrennten Gonaden ein zusammengehöriges Paar bilden. Die beiden Ovarien, welche in einer und derselben Radial-Tasche liegen, gehören demnach 2 verschiedenen Paaren an (vergl. mein System der Medusen, 1879, p. 386). Das interradiale Intervall zwischen je 2 Geschlechts-Blättern ist beträchtlich kleiner als das perradiale Intervall; ebenso ist ihr Abstand vom Distal-Rande der 4 Radial-Taschen bedeutend geringer als ihr Abstand vom Proximal-Rande derselben (vergl. Fig. 2, 3 *sf*). Ihr Umriss ist halbeiförmig oder fast lanzetförmig, mit einer Verbreiterung im distalen Drittel.

Die Structur der Ovarien ist bei *Lucernaria bathyphila* ganz eigenthümlich und verwickelter als bei allen anderen, bis jetzt bekannten Stauromedusen. Schon mit blossem Auge betrachtet erscheint die Oberfläche der 8 Geschlechtsblätter körnig, wie gepflastert; und schon bei schwacher Vergrösserung (Fig. 21 *sk*) zeigt sich, dass jede Gonade aus einer sehr grossen Anzahl (ungefähr 200—250) völlig getrennten Säcken zusammengesetzt ist. Dieselben sind von unregelmässig rundlichem oder polygonalem Umrisse, durchschnittlich von einem Millimeter Durchmesser (die kleinsten etwas unter $\frac{1}{2}$ Mm., die grössten etwas über $1\frac{1}{2}$ Mm.). Während nun diese Geschlechts-Säckel (*Sacculi genitales*, *sk*) bei allen anderen, bis jetzt bekannten Lucernariden einfache Drüsen (mit einem einzigen Hohlraum und Ausführgang) darstellen, sind dieselben bei unserer Tiefsee-Art gelappte Drüsen, zusammengesetzt aus mehreren einzelnen Läppchen oder Follikeln, von denen ein jeder seine eigene Höhle und seinen eigenen Ausführgang besitzt. Jeder einzelne Säckel (Fig. 10 von der Fläche gesehen, Fig. 18 im senkrechten Längsschnitt) ist demnach gewöhnlich aus 30—50 Follikeln zusammengesetzt (*sb*). Jeder einzelne Follikel (Fig. 11 von der Fläche, Fig. 19 im Längsschnitt) enthält einen *Sinulus* (*sc,*) oder eine Nebenhöhle, welche durch einen *Ductulus* oder Neben-Ausführgang (*sl,*) in den *Sinus genitalis* oder die Haupthöhle des Säckels mündet (Fig. 18 *sc*); letztere aber mündet wiederum durch ihren *Ductus* oder Haupt-Ausführgang (*sl*) in die Radial-Tasche ein (*sa*). Die Eier (Fig. 19 *so*), welche sich aus dem Entoderm-Epithel der Follikel entwickeln, gelangen also zunächst aus deren Sinulus (*sc,*) in ihren Ductulus (*sl,,*), aus diesem in den Sinus des Sacculus (Fig. 18 *sc*) und dann erst aus letzterem durch dessen Ductus (*sl*) in die Radial-Tasche. Somit liefert das Ovarium von *Lucernaria bathyphila* in der Ordnung der Stauromedusen das erste Beispiel einer vielfach zusammengesetzten Geschlechtsdrüse mit gelappten Säckchen und verästelten Hohlräumen, und diese, sowie andere vorher angeführte Eigenthümlichkeiten unserer Tiefsee-Species berechtigen vielleicht dazu, sie zum Typus eines besonderen Genus: *Lucernosa*, zu erheben. — Sowohl die einzelnen Säckel, als die sie zusammensetzenden Follikel sind von einer dünnen, structurlosen *Membrana propria* umhüllt, einer directen Fortsetzung der gallertigen Fulcral-Platte der Subumbrella. Die Säckel (Fig. 17, 18 *sk*) ragen von der Subumbral-Wand der Radial-Taschen, deren Entoderm-Fläche sie aufsitzen, frei in den Hohlraum der Taschen hinein; ihre freie Abaxial-Fläche ist von deren flimmerndem Entoderm-Epithel überzogen, während ihre angeheftete Axial-Fläche durch die dicke Gallert-Platte der Subumbrella (Fig. 17, 18 *ug*) von deren Exoderm-Epithel getrennt ist (*qw*). Somit kann es hier gar nicht zweifelhaft sein, dass sich die Eier aus den Entoderm-Zellen der Säckel entwickeln, welche gar keinen Zusammenhang mit dem subumbralen Exoderm besitzen.

VI. Sechste Medusen-Ordnung:

(Zweite Ordnung der Acraspeden:)

PEROMEDUSAE, Haeckel (1877).

Character der Peromedusen-Ordnung: Acraspeden mit 4 interradialen Sinneskolben, welche ein Hörkölbchen mit entodermalem Otolithen-Sack und ein oder mehrere Augen enthalten. 4 perradiale Tentakeln oder 12 Tentakeln (4 perradiale und 8 adradiale). 8 adradiale oder 16 subradiale Randlappen. Magen von einem mächtigen subumbralen Ring-Sinus umgeben, dessen Theilung in 4 perradiale Magentaschen nur durch 4 kleine interradiale Septal-Knoten angedeutet wird. Am Distal-Rande des Ring-Sinus 8 oder 16 Kranztaschen, von denen jede 2 seitliche Lappentaschen und in der Mitte zwischen diesen eine Tasche für den Tentakel oder den Sinneskolben abgiebt. Gonaden 8 adradiale hufeisenförmige Wülste, welche in der Subumbral-Wand des Ring-Sinus aus dessen Entoderm sich entwickeln und in dessen Höhle theilweise hineinragen.

Familia: **PERIPHYLLIDAE**, Haeckel (1877).

HAECKEL, System der Medusen, 1879; p. 415, Tafel XXIV.

Familien-Character: Peromedusen mit 12 Tentakeln (4 perradialen und 8 adradialen), mit 4 interradialen Sinneskolben und mit 16 subradialen Randlappen (8 tentacularen und 8 ocularen). Exumbrella mit 16 Pedalien und Kranzmuskel mit 16 Kranz-Feldern (4 perradialen, 4 interradialen und 8 adradialen); zwischen jedem Pedal und jedem Kranz-Feld eine Kranztasche. Marginaler Feston-Canal aus 32 Lappentaschen gebildet.

Subfamilia: **PERIPHEMIDAE**, HAECKEL (1880).

Periphylliden, deren 4 interradiale Trichterhöhlen nicht auf den Central-Magen beschränkt sind, sondern auch den Basal-Magen ganz oder theilweise durchsetzen.

Genus: **PERIPHYLLA**, STEENSTRUP (1837).

περιφύλλα = ringsum mit Blättern besetzt.

Genus-Diagnose: Periphyllide mit 4 perradialen Backentaschen des Mundrohrs und mit 4 perradialen, völlig getrennten Nischen des Basal-Magens. Zwischen letzteren bilden die 4 subumbralen Trichterhöhlen (oder die 4 hohlen interradialen Taeniolen des Basal-Magens) hohle Kegel, welche in ihrer ganzen Länge mit 2 Reihen von Gastral-Filamenten besetzt sind und oben in der Kuppelspitze zusammenstossen.

Das Genus *Periphylla* ist ebenso wie das nächstfolgende, nahe verwandte Genus *Periphema* in der Challenger-Sammlung nur durch ein einziges Exemplar vertreten. Allein die ansehnliche Grösse desselben und sein guter Conservations-Zustand gestatteten mir eine genauere und eingehendere Untersuchung, als bisher von irgend einer Peromeduse gegeben werden konnte. So gestaltete sich denn die nachstehende Beschreibung der *Periphylla mirabilis*, begleitet von 6 Tafeln (XVIII—XXIII) zu einer festen Grundlage für die anatomische Kenntniss der ganzen Ordnung der Peromedusen. Diese ausgezeichnete und sehr merkwürdige Acraspeden-Gruppe war bis vor Kurzem so gut wie ganz unbekannt. Einerseits behalten dieselben die primitive Bildung der Stauromedusen vielmehr bei und schliessen sich sowohl an die Tesseriden als an die Lucernariden enger an, als die beiden Ordnungen der Cubomedusen und Discomedusen; namentlich gilt das von der merkwürdigen Bildung des centralen Gastrocanal-Systems. Anderseits aber erheben sie sich durch eigenthümliche Complicationen im anatomischen Bau, und namentlich durch verwickelte Taschenbildungen, so sehr über die drei anderen Acraspeden-Ordnungen, dass man sie in mancher Beziehung als die höchst organisirten unter allen Medusen bezeichnen könnte. Jedenfalls sind sie als eine selbstständige Hauptgruppe, als eine besondere Acraspeden-„Ordnung" zu betrachten, welche zu den Cubomedusen und Discomedusen gar keine directen Beziehungen besitzt, vielmehr als ein eigenthümlich entwickelter Ausläufer der Stauromedusen zu betrachten ist. Alles, was bis zum Jahre 1879 von den wunderbaren Peromedusen bekannt war, beschränkte sich auf die unvollkommene Abbildung von drei verschiedenen Arten der Gattung *Periphylla*. Aber zwei von diesen Figuren zeigen nur den leeren Schirm des todten Thieres, ohne alle inneren Organe: *Charybdea periphylla*, Péron et Lesueur (1809), und *C. bicolor*, Quoy et Gaimard (1833). Die Abbildung der dritten Art, *Dodecabostrycha dubia*, Brandt (1838), ist zum Theil gut, zum Theil sehr unrichtig und unvollständig, und blieb bisher auch völlig unverstanden. Erst die genaue Untersuchung mehrerer, wohl conservirter Exemplare der stattlichen *Periphylla hyacinthina*, sowie einiger kleinerer Arten, welche ich auf die Genera *Pericolpa*, *Pericrypta* und *Peripalma* vertheilte, setzte mich 1879 in den Stand, die eigenthümliche, bis dahin unbekannte Organisation der Peromedusen näher zu schildern und sie als selbstständige Ordnung der Klasse aufzustellen (im „System der Medusen", p. 396—422, Taf. XXIII, XXIV). Indessen wird die dort gegebene anatomische Darstellung durch die nachfolgende ausführlichere Anatomie der *Periphylla mirabilis* in vielen Punkten ergänzt und vervollständigt. Sowohl diese Art, als die nachfolgende *Periphema regina* gehören zur Familie der *Periphyllidae*, jener grösseren und höher organisirten Peromedusen, welche 12 Tentakeln, 16 Randlappen und 32 Lappentaschen besitzen. Ihnen stehen gegenüber die älteren und einfacher gebauten *Pericolpidae*, welche sich näher an die Lucernariden anschliessen und nur 4 perradiale Tentakeln, sowie 8 Randlappen und 16 Lappentaschen haben. Jeder perradiale Tentakel der Pericolpiden ist bei den Periphylliden durch 3 Tentakeln und 2 dazwischen eingeschaltete Randlappen vertreten. Alle Peromedusen haben beständig nur 4 interradiale Sinneskolben oder Rhopalien und sind dadurch allein schon von allen anderen Medusen verschieden. Unsere *Periphylla mirabilis* unterscheidet sich von den übrigen Species des Genus namentlich durch den Besitz von 8 starken adradialen Bartfäden des Mundrandes und kann daher auch als Repräsentant einer besonderen Gattung angesehen werden: *Periphenga mirabilis* (περιφέγγα, Strahlende).

Species: **Periphylla mirabilis,** Haeckel.

Tafel XVIII—XXIII.

Periphenga mirabilis, Haeckel, 1879; System der Medusen, p. 422, Nr. 424.

Species-Diagnose: Schirm kegelförmig, um $\frac{1}{4}$ höher als breit. Pedal-Zone der Exumbrella etwas höher als die Lappen-Zone, beide zusammen ungefähr $\frac{2}{3}$ so hoch als die Kegel-Zone. Randlappen eiförmig, spitz, ihre distalen Flügel dreieckig, halb so hoch als ihre proximalen Gallertwülste. Die 8 Tentakel-Lappen weniger am Schirmrande vorspringend als die 8 Rhopalien-Lappen. Tentakeln doppelt so lang als die Schirmhöhe, an ihrer Basis $\frac{1}{2}$ so breit als die Randlappen. Mundrohr cubisch,

¼ so hoch als der Schirm, nur bis zum Kranzmuskel hinabreichend, am Mundrande mit 8 adradialen, langen, zerfaserten Bartfäden.

Grösse: Horizontal-Diameter 120 Mm., Vertical-Diameter 160 Mm.

Fundort: Süd-Pacifischer Ocean, in der Nähe der Ostküste von Neu-Seeland (40 ° 28′ S. Br.; 177 ° 43′ Ö. L. v. Greenw.); Station 168 des Challenger-Catalogs. Das einzige erbeutete Exemplar, ein geschlechtsreifes **Männchen**, wurde am 8. Juli 1874 aus einer Tiefe von 1100 Faden (= 6600 Fuss) gehoben. Dasselbe war in Weingeist vortrefflich conservirt, ganz vollständig, und zeigte im Ganzen eine hell violette Färbung. Die innere oder entodermale Fläche des Gallertschirms war mit dunkelm, violett-braunem Pigment belegt, welches sich leicht ablöste und aus kleinen rundlichen Körnern in den Entoderm-Zellen der Abaxial-Wand des Gastral-Raumes bestand. Die Tentakeln erschienen dunkler violett gefärbt, die Gonaden röthlich gelb. Nach mehrjährigem Liegen in Weingeist verblassten die Farben mehr und mehr.

Umbrella (Taf. XVIII, Fig. 1; Taf. XIX, Fig. 6; Taf. XX, Fig. 8; Taf. XXI, Fig. 12—20). Der Schirm von *Periphylla mirabilis* (— wie von den meisten Peromedusen —) ist hoch gewölbt, kegelförmig, oben zugespitzt, unten trichterförmig erweitert oder fast helmförmig. Die Höhe (oder der verticale Durchmesser) des Schirms (inclusive der Randlappen, exclusive der Tentakeln) betrug an dem unverletzten Exemplare 16 Centimeter, also ⅓ mehr als die Breite an der Schirm-Mündung (12 Ctm., der grösste horizontale Durchmesser). Fast in der Mitte seiner Höhe (8½ Ctm. von der Schirmkuppel, 7½ Ctm. vom Schirmrande entfernt) wird der Schirm durch eine horizontale Ringfurche tief eingeschnürt, die **Kranzfurche** (*Fossa coronaris, cc*). Dadurch zerfällt die Umbrella in den oberen, proximalen oder centralen **Schirmkegel** (*Conus umbralis*) und in den unteren, distalen oder peripheren **Schirmkranz** (*Corona umbralis*). Der Schirmkegel oder die „Kegelzone" (*Zona conaris*) ist ein ganz einfacher glatter Kegel, oben zugespitzt und nach unten gleichmässig erweitert; seine feste Gallerte ist ziemlich gleichmässig dick, circa 8 Mm.; in der Kranzfurche (*cc*) sinkt ihre Dicke plötzlich auf 2—3 Mm. (Fig. 35). Die Aussenfläche des Kegels ist gleichmässig glatt, ohne jedes Ornament. Der Schirmkranz hingegen zerfällt durch eine untere horizontale Ringfurche nochmals in zwei Gürtel, in den oberen **Pedalgürtel** und den unteren **Lappengürtel**.

Der **Pedalgürtel** (*Zona pedalis*) wird durch 16 tiefe subradiale Längs-Furchen in eben so viele vorspringende keilförmige Gallert-Sockel getheilt, die **Pedalien**. Von diesen sind die 4 interradialen beträchtlich kleiner (25 Mm. hoch; oben 12, unten nur 8 Mm. breit) und tragen unten die 4 Sinneskolben und deren Ocular-Lappen (*Pedalia ocularia*). Die 12 übrigen Gallert-Sockel (*Pedalia tentacularia*) tragen unten die Tentakeln und deren Lappen, und sind bedeutend grösser (35 Mm. hoch; oben 13, unten 17 Mm. breit). Somit stehen zwischen je 2 interradialen Ocular-Pedalien (Fig. 19 *ui*) je 3 grössere Tentakel-Pedalien, von denen das mittlere (*up*) perradial, die beiden seitlichen (*ua*) adradial liegen (vergl. Fig. 18 und 19). Die feste Gallertsubstanz der Umbrella erreicht im oberen Theile der Pedalien die Dicke von 10—12 Mm., während sie sich im unteren Theile derselben auf 3—5 Mm. verdünnt. Am oberen convexen Rande wird jedes Pedal von einem halbmondförmigen Feldchen (*Areola semilunaris*) (Fig. 34 *xs*) begrenzt, welches durch 8—10 kleine seichte Längsfurchen in ebensoviele kleinere Wülstchen (*Gyruli*) getheilt wird; sie enden oben in der Tiefe der grossen Kranzfurche und enthalten zipfelförmige Fortsätze des exumbralen Gürtel-Muskels (Fig. 34).

Die **Exumbrella** des Schirmkranzes ist bei unserer Periphylla (— wie wahrscheinlich bei allen Peromedusen —) nicht allein durch die angeführten longitudinalen und transversalen Furchen ausgezeichnet, welche bald mehr, bald weniger tief gehen und zu wichtigen inneren, anatomischen und genetischen Organisations-Verhältnissen in Beziehung stehen; sondern auch durch besondere exumbrale Muskeln. In der tiefen Kranzfurche zwischen Schirmkegel und Schirmkranz (*Fossa coronaris, ec*) findet sich ein ringförmiger äusserer Gürtelmuskel (*M. zonaris, mz*), von dessen Distalrande unten 16 exumbrale Zacken vorspringen; dieselben sind dreieckig, mit der Spitze nach unten gerichtet und entsprechen den Radien der Randlappen; sie liegen mithin subradial und dringen mit ihrem Distal-Ende unten in die Furche zwischen je 2 Pedalien ein, in deren Verlängerung die Lappenspange liegt (Fig. 34 *mz*). Wie der Gürtelmuskel selbst, so bestehen auch die von ihm ausgehenden Zacken-Muskeln aus starken Ringfasern.

Schirmrand (*Margo umbralis, um*; Taf. XVIII, Fig. 1; Taf. XIX, Fig. 6; Taf. XX, Fig. 8; Taf. XXII, Fig. 22). Der eigentliche Schirmrand (im weiteren Sinne) wird durch den schon vorher angeführten Lappengürtel des Schirmkranzes gebildet (*Zona lobaris*) und setzt sich aus folgenden wichtigen Organen zusammen: 4 interradialen Sinneskolben, 12 Tentakeln (4 perradialen und 8 adradialen), und 16 subradialen Randlappen, welche zwischen die ersteren und letzteren eingeschaltet sind. Diese Organe zeigen bei allen Peromedusen sehr eigenthümliche und verwickelte Structur-Verhältnisse, welche sie von den Stauromedusen sowohl als von den Cubomedusen durchgreifend unterscheiden. Trotzdem sind auch diese Bildungen phylogenetisch von denjenigen der Stauromedusen abzuleiten, und zwar zunächst die der Pericolpiden (vergl. mein „System", 1879, Taf. XXIII). Die 4 perradialen Tentakeln und die 4 interradialen Sinneskolben derselben sind aus den 8 Principal-Tentakeln der Tesseriden entstanden und daher auch den 8 „Randankern" der Lucernariden homolog; hingegen entsprechen die 8 adradialen, mit jenen alternirenden Randlappen der Pericolpiden den 8 hohlen „Armen" der Lucernariden. Der Schirmrand der Periphylliden ist aus demjenigen der Pericolpiden offenbar dadurch entstanden, dass an die Stelle eines jeden perradialen Tentakels 3 Tentakeln und 2 zwischen diese eingefügte tentaculare Randlappen traten. So stieg die Zahl der Tentakeln von 4 auf 12 und die Zahl der Randlappen von 8 auf 16. Die ursprüngliche Zahl der 4 Sinneskolben bleibt bei allen Peromedusen erhalten und ist für die ganze Ordnung typisch.

Randlappen (*Lobi marginales*; Taf. XVIII, Fig. 1; Taf. XXII, Fig. 22; Taf. XXIII, Fig. 29—32). Die 16 Lappen des Schirmkranzes sind im Ganzen von eiförmiger Gestalt, liegen subradial (in den Meridian-Ebenen vierter Ordnung) und zerfallen in 4 Paar Augenlappen (*lo*) und 4 Paar damit alternirende Fühlerlappen (*lt*). Die beiden Augenlappen jedes Schirmquadranten (*Lobi oculares*) liegen exradial, indem sie das interradiale Auge zwischen sich fassen. Der Randeinschnitt zwischen denselben bis zum Auge ist 17 Mm. tief, halb so tief als der Einschnitt zwischen jedem Augenlappen und dem benachbarten Fühlerlappen. Demnach bilden die beiden Augenlappen jedes Paares zusammen einen breiteiförmigen ocularen Hauptlappen, dessen freier Rand in zwei Nebenlappen zerfällt (Fig. 1). Jeder oculare Nebenlappen ist durch eine tiefe longitudinale Furche in zwei Hälften getheilt, eine adoculare und eine exoculare. Die exoculare (oder äussere) Hälfte, welche an den adradialen Tentakel grenzt, ist flügelförmig verdünnt und läuft am Lappenrande in einen zarten häutigen Saum aus (*Patagium, lp*). Die innere oder adoculare Hälfte hingegen, welche an das interradiale Auge grenzt, ist stark verdickt, so dass sie zusammen mit derjenigen des benachbarten Nebenlappens einen dicken, aussen convex vorspringenden Wulst bildet, die directe Verlängerung des ocularen Pedalium (*ui*). Jeder oculare Hauptlappen erscheint demnach als ein breites eiförmiges Blatt, welches in der Mitte eine convexe, 1 Ctm. breite Mittelrippe trägt, mit den Seitenflügeln 3 Ctm. breit und im Ganzen (in der Mittellinie) 4 Ctm. lang ist. — Die beiden Fühler-Lappen (*Lobi tentaculares*) jedes Schirm-Quadranten liegen corradial, indem sie den perradialen Tentakel zwischen sich fassen und nach aussen durch den adradialen Tentakel vom Augenlappen getrennt werden. Jeder der beiden Tentakel-Lappen stellt ein länglich eiförmiges Blatt von 4 Ctm. Länge und 2 Ctm. Breite dar, welches durch eine tiefe subradiale Längsfurche in zwei seitliche Wülste getheilt ist; diese Furche bildet die directe Fortsetzung der corradialen Furche, welche die adradialen Pedalien der Furchenzone von den perradialen trennt. Jeder der beiden Wülste eines jeden Fühlerlappens ist 3 Ctm. lang, 6 Mm. breit, fast linear. Ein sehr dünner, faltiger, flügelförmiger Hautsaum (*Patagium*, *lp*) von 5—8 Mm. Breite umgiebt den Rand auch dieser Lappen; am breitesten ist er an der Spitze, am schmälsten an der Basis derselben (Fig. 1, 22 etc.).

Lappenspange (*Loboseptum, Cathamma lobare, kl*; Taf. XXII, Fig. 22; Taf. XXIII, Fig. 29). Der exumbralen Längsfurche jedes Lappens, welche dessen beide Gallertwülste trennt und sich oben in den Sulcus interpedalis fortsetzt, entspricht im Inneren des Lappens eine Lappenspange (*kl*). Dieselbe ist eine geradlinige radiale Gallertleiste von knorpelartiger Härte, Festigkeit und Elasticität. Sie entspringt mit verbreiterter Basis (Fig. 29 *kl*) vom Proximalrande des Kranzmuskels und reicht bis zur Grenze des mittleren und distalen Drittels des Lappens, woselbst sie verdickt endet (Fig. 22 *kl'*). Ihre eigentliche Structur ist in Fig. 10, Taf. XXV bei starker Vergrösserung dargestellt. Die Spange entsteht dadurch, dass das umbrale oder abaxiale (Fig. 10 *du₂*) und das subumbrale oder axiale Entoderm-Epithel (Fig. 10 *dic₂*) im peripherischen Theile des Ring-Sinus in 16 subradialen geraden Linien mit einander verwachsen; dadurch zerfällt der letztere im Bereiche des Kranzmuskels in 16 Kranztaschen (*bc*). Die Lappenspange trennt 2 benachbarte Kranztaschen vollständig, hingegen nur unvollständig die von ihnen ausgehenden Lappentaschen (Taf. XXV, Fig. 10 *bl*), welche am verdickten Distal-Ende der Spange hufeisenförmig in einander umbiegen (*bu*, Fig. 22. 29). Sowohl die dickere Gallertplatte der Umbrella (Taf. XXV, Fig. 10 *ug*), als die dünnere Gallertplatte der Subumbrella (*zw*) erleiden im Bereiche der Verlöthung beider Entoderm-Epithel-Schichten eine beträchtliche Induration und eigenthümliche histologische Veränderung. Das weichere Gallert-Gewebe geht in festen Faserknorpel über, dessen zahlreiche rundliche Zellen durch fibrilläre Zwischensubstanz getrennt werden. Die Faserzüge der Intercellular-Substanz durchkreuzen sich nach allen Richtungen, ähnlich wie bei dem analogen Cathamma der Septal-Knoten (Taf. XXV, Fig. 4 *kn*).

Tentakeln (Taf. XVIII, Fig. 1; Taf. XIX, Fig. 6, 7; Taf. XXI, Fig. 21; Taf. XXII, Fig. 22). Die 12 Tentakeln sind starke, hohle, cylindrische Schläuche, welche sich gegen die distale Spitze allmählig conisch verdünnen. Alle 12 Tentakeln (4 perradiale und 8 adradiale) sind von gleicher Grösse. Ihre Länge beträgt 30—40 Ctm., mithin das Doppelte der Schirmhöhe, und darüber; beim lebenden Thiere mögen sie 50—60 Ctm. lang sein. An der sehr verdickten conischen Basis sind die Tentakeln 8 Mm. dick; 3 Ctm. unterhalb der Insertion beträgt ihre Dicke 5 Mm., 6 Ctm. unterhalb nur 3 Mm.; und so nimmt dieselbe allmählig ab bis gegen die fadenförmig auslaufende Spitze. Durch zahlreiche Ringfalten erscheint die glatte Oberfläche der cylindrischen Röhren vielfach eingeschnürt; nur durch die Längsmuskeln werden die Falten unterbrochen (Fig. 1, 6, 7). Die geräumige Höhle der Tentakeln wird von einer dünnen, aber sehr festen lederartigen Wand umschlossen.

Die Tentakel-Wand wird aus 4 Schichten gebildet (Taf. XXI, Fig. 21): 1. Entoderm-Epithel (*d*) des Canals, *ct*; 2. Stützplatte, *z*; 3. Muskelplatte, *m*; 4) Exoderm-Epithel der Aussenfläche, *q*. Die feinere Structur der Wand ist sehr eigenthümlich, liess sich jedoch an dem einzigen untersuchten Spiritus-Exemplare nicht genügend eruiren. Das Exoderm-Epithel (*q*) enthält zahlreiche Nesselkapseln. Die Muskelplatte (*m*) erscheint an den beiden Seitenflächen des Tentakels sehr verdünnt, dagegen an der inneren und äusseren Seite ausserordentlich stark verdickt, so dass sie hier in Gestalt zweier kräftiger bandförmiger Längsmuskeln vorspringt. Der äussere oder axiale Längsmuskel entspringt vom Pedal und nimmt gewöhnlich nur das proximale Drittel oder Viertel der Tentakel-Länge ein. Der innere oder axiale Längsmuskel geht durch die ganze Länge des Tentakels hindurch und spaltet sich oben in zwei conische Wurzel-Muskeln (*mk*, Fig. 22, 29). Diese stülpen den Distal-Rand der betreffenden Kranztasche ein, theilen sie in äussere Velartasche und innere Avelartasche, und gehen in der so gebildeten „Trichterhöhle des Tentakels" (*it*) zwischen ersterer und letzterer divergirend bis zum Proximal-Rande des Kranzmuskels, woselbst sie sich inseriren (vergl. unten). Wenn der innere Längsmuskel stark contrahirt ist, so erscheint der Tentakel spiralig aufgerollt und in tiefe Querfalten gelegt (Fig. 7). Unter der Muskelplatte (*m*) liegt eine structurlose, dünne, aber sehr feste, elastische Stützplatte (*Lamina fulcralis*, Fig. 21 *z*) und unter dieser das Entoderm-Epithel des Tentakel-Canals (*d*). Dieses letztere zeigt eine sehr auffallende Beschaffenheit, besteht aus grossen Blasen-Zellen und erhebt sich an der Abaxial-Seite der Canal-Wand in Gestalt eines dicken schwammigen Stranges (Fig. 21 *d'*). Derselbe besteht aus gehäuften, sehr grossen, blasigen Zellen und füllt markähnlich fast die Hälfte des Röhren-Lumens (*ct*) aus. An lebenden und gut conservirten Thieren bedarf derselbe einer genaueren Untersuchung. Dasselbe gilt von einer anderen, höchst eigenthümlichen Einrichtung der Tentakeln; innerhalb der Tentakel-Basis, gleich unterhalb des Abganges der divergirenden Tentakel-Wurzeln, liegt ein starkes doppeltes Klappenventil (Taf. XXII, Fig. 22 *yk*). Die elastische Fulcral-Lamelle (*z*) ist hier zu einer dicken, zellenhaltigen Gallertplatte angeschwollen und bildet zwei horizontale, über einander liegende Ventil-Klappen, durch welche die Höhle des Tentakels völlig abgeschlossen werden kann. Auch bei kräftiger Injection von der Tentakelhöhle aus gelingt es nicht, den Widerstand der Doppel-Klappe zu überwinden. Die Ventil-Höhle (Fig. 22 *cx*) zwischen der distalen Klappe (*yk''*) und der proximalen Klappe (*yk'*) ist ungefähr eben so hoch als breit.

Sinneskolben (*Rhopalia*, Taf. XVIII, Fig. 1—5; Taf. XXII, Fig. 22 *or*; Taf. XXIII, Fig. 31, 32 *or*). Die marginalen Sinneskolben von *Periphylla* habe ich schon in meinen „System der Medusen" (1879, Taf. XXIII, Fig. 9—12) von *Periphylla hyacinthina* abgebildet. Dieselben scheinen auch bei *P. mirabilis* im Wesentlichen dieselbe Bildung zu besitzen und sehr zusammengesetzte Sinnesorgane darzustellen, welche unter den bisher bekannten Formen sich am nächsten einerseits an die Sinneskolben der Cubomedusen, anderseits an diejenigen der Nausithoiden anschliessen. Wie bei allen Peromedusen, sind nur vier interradiale Sinneskolben vorhanden, welche also in den Radien der Septal-Knoten und Taeniolen liegen. Leider waren dieselben an dem untersuchten Weingeist-Exemplar sehr schlecht erhalten; eine vollständige und richtige Einsicht in ihren feinen und sehr zusammengesetzten Bau wird sich nur durch Untersuchung und geeignete Präparation frischer Rhopalien gewinnen lassen. Schon mit blossem Auge werden sie als weisse Körnchen in den Einschnitten zwischen je 2 ocularen Randlappen erkannt. Jeder Sinneskolben besteht aus einem conischen Basal-Theil, dem Sinneshügel, einer grossen, an dessen Axial-Seite befindlichen Sinnesblase und aus einer Sinnesfalte oder Deckschuppe, welche am Distal-Ende des Sinneshügels steht und das Hörkölbchen nebst den Augen umschliesst (vergl. Taf. XVIII, Fig. 2 Ansicht von innen, Axial-Seite; Fig. 3 Ansicht von aussen, Abaxial-Seite; Fig. 4 Profil-Ansicht, und Fig. 5 schräge Ansicht, halb von innen, halb im Profil). Der Sinneshügel entspricht dem Basal-Theile des sehr verkürzten und verdickten Tentakels, aus welchem der ganze Sinneskolben phylogenetisch entstanden ist. Er tritt zwischen der Basis der beiden zugehörigen Sinneslappen hervor, ist im Allgemeinen von conischer Gestalt und trägt an seiner inneren oder axialen Seite die grosse kugelige oder eiförmige Sinnesblase (*Ampulla rhopalaris*, *oa*), eine blinde Ausbuchtung der Sinnestasche (*bo*). Gleich unter der Ampulle ist der Sinneshügel halsförmig eingeschnürt und von dem grossen, dunkel-pigmentirten Sinneskragen umgeben (*op*). Dieser letztere bildet einen Exoderm-Wulst mit einer starken Anhäufung von braunem oder schwarzem Pigment; er hat ganz die Gestalt eines hohen Rockkragens, welcher den Hals des Sinneskegels an der abaxialen (äusseren oder dorsalen) Seite geschlossen umgiebt, während er an der axialen (inneren oder ventralen) Seite schräg abfällt und in zwei seitliche, symmetrisch gestellte Arme oder Aufschläge übergeht (Fig. 2, 3 *op*). Die beiden Arme des Sinneskragens bleiben hier durch eine tiefe und breite Furche von einander getrennt; nur unten, am Distal-Rande des Kragens, wird diese Furche durch ein schmales queres Pigment-Band überbrückt. In der Tiefe der Furche scheint zwischen beiden Armen ein unpaares axiales Auge mit Linse (*oc'*) und Pigmentbecher zu liegen, und gleich darunter erhebt sich auf dünnem Stiele das keulenförmige Hörkölbchen (*ok*), das Distal-Ende des akustischen Tentakels. Dasselbe ist solid und besteht aus einer Axe von Entoderm-Zellen, deren letzte (distale) einen grossen kugeligen Otolithen-Sack bilden; dieser ist dicht gefüllt mit zahlreichen, scharfkantigen Krystallen (*ol*). Der Exoderm-Ueberzug des Hörkölbchens trägt wahrscheinlich Hörhäärchen, welche frei in die Nische der Hörschuppe hineinragen (*os*). Letztere bildet eine Deckschuppe von ovaler oder dreieckiger Form, welche nach aussen convex, nach innen concav gewölbt ist, so dass sie das Hörkölbchen von der abaxialen (äusseren) und distalen (unteren) Seite schützend umgiebt. Innerhalb der Schuppen-Nische (*on*) scheinen auf der Abaxial-Seite des Hörkölbchens (zwischen Otolithen-Sack und Sinneskragen) zwei Augen zu sitzen, welche eine planconvexe oder biconvexe Linse in der Mitte eines braunen oder schwarzen Pigmentbechers enthalten (?). Leider waren aber alle diese Verhältnisse an dem mangelhaft conservirten Spiritus-Exemplare nur undeutlich und unvollkommen zu erkennen, und ich musste die Sinneskolben einiger anderer Periphylliden zu Hülfe nehmen, um mit deren Vergleichung die auf Taf. XVIII, Fig. 2—5 wiedergegebenen Figuren zu entwerfen; dieselben können nur auf annähernde, vielleicht nur auf entferute Richtigkeit Anspruch erheben. Mit Sicherheit lässt sich nur behaupten, dass die Sinneskolben der *Periphylla* modificirte interradiale Tentakeln sind, welche gleichzeitig als akustische und als optische Sinnesorgane fungiren; in einigen Beziehungen scheinen sie mehr den Sinneskolben von *Charybdea*, in anderen Beziehungen mehr denjenigen von *Nausithoe* sich anzuschliessen. Wahrscheinlich sind bei unserer Art oberhalb des Hörkölbchens 3 kleine, mit Pigment, Linse und Nerven ausgestattete Augen vorhanden, von denen das unpaare (obere) axiale nach innen sieht, die beiden paarigen (unteren) abaxialen hingegen nach aussen.

Des Nervensystem der Periphylla ist gleich dem der anderen Peromedusen zur Zeit noch unbekannt, und es ist mir leider trotz vielfacher Bemühungen an dem allein untersuchten Spiritus-Exemplare nicht gelungen dasselbe nachzuweisen. Es bedarf dazu neuer Untersuchungen an lebendigem und besonders präparirtem Materiale. Allein in Erwägung der hohen Stufe von Differenzirung und Vollkommenheit, welche sowohl die Bildung des Muskel-Systems als der Sinnes-Organe bei dieser hochentwickelten Meduse erreicht hat, ist anzunehmen, dass auch das Nervensystem einen bedeutenden Grad der Ausbildung besitzen wird. Diese Vermuthung ist um so mehr gerechtfertigt, als auch bei den nahe verwandten Cubomedusen ein sehr entwickeltes Nervensystem mit centralisirtem Nervenring besteht und gerade die Sinnesorgane in beiden Ordnungen viel Analogie zeigen. Wahrscheinlich verläuft in der Kranzfurche ein Nervenring, als wichtigstes Central-Organ, welches zu den 4 interradialen Sinneskolben in unmittelbarer Beziehung steht. Ein zweiter Nervenring dürfte vielleicht am Rande des Kranz-Muskels, ein dritter möglicherweise am Mundrand oder am Gaumenring sich finden. An besser conservirten, mit Osmium und anderen entsprechenden Reagentien behandelten Periphyllen dürfte es bei der ansehnlichen Grösse dieser Medusen wohl gelingen, diese wichtigen Verhältnisse befriedigend aufzuklären.

8 *

Schirmhöhle (*Antrum*; Taf. XIX, Fig. 6; Taf. XX, Fig. 8; Taf. XXI, Fig. 12—19). Wie bei allen Peromedusen, so zerfällt auch bei unserer *Periphylla* die subumbrale Schirmhöhle (im weiteren Sinne!) in zwei verschiedene Abschnitte, die distale einfache Schirmkranzhöhle und die proximale viertheilige Schirmtrichterhöhle; die Grenze zwischen beiden bildet der Gaumenring. Die distale (untere oder orale) Schirmkranzhöhle (*Antrum coronare*, Fig. 19 *hc*) ist einfach, hat im Ganzen die Form einer Halbkugel oder eines abgestutzten Kegels und ist ringsum vom Schirmkranze eingeschlossen; sie hat 7 Ctm. Höhe, bei 12 Ctm. Durchmesser, öffnet sich unten nach aussen durch die Schirmöffnung und enthält in der Mitte das Mundrohr. Die obere Grenze der Schirmkranzhöhle gegen die Schirmtrichterhöhle wird durch den Gaumenring gebildet (*Annulus palatinus*, *up*). So nenne ich den wichtigen subumbralen Grenzring zwischen Mundrohr und Ring-Sinus, in dessen Ebene die 4 perradialen Gaumenknoten (*gk*) sich an der Wand des letzteren inseriren. Zwischen den 4 Gaumenknoten bleiben 4 weite horizontale Oeffnungen, die Trichtermündungen (*Ostia infundibularia*, Fig. 18 *if*). Diese führen aus der Schirmkranzhöhle in die 4 interradialen Trichterhöhlen hinein (*ii*).

Die Trichterhöhlen (*Infundibula*) sind conische exodermale Einstülpungen der Subumbrella in den Central-Magen. Sie entsprechen vollständig den „Trichterhöhlen“ der Lucernariden, sind aber viel stärker entwickelt und spielen eine viel grössere Rolle. Während sie bei *Pericolpa* und *Peripalma* nur bis zur Grenze von Central- und Basal-Magen (bis zum Pylorus-Ring) hinaufgehen, höhlen sie hingegen bei *Pericrypta* und *Periphylla* die kegelförmigen Taeniolen vollständig aus und setzen sich nach oben auch in den Basal-Magen bis zu dessen conischer Spitze fort; hier berühren sich ihre blinden Kegelspitzen im subumbralen Centrum der Schirm-Kuppel. Jedes Infundibulum stellt einen subregulären Conus von 8 Ctm. Höhe und 4 Ctm. Durchmesser der Basis dar, und zerfällt durch die horizontale Grenzlinie der Magenpforte (*gy*, Fig. 12, 13) in zwei verschiedene Abschnitte von gleicher Höhe, eine untere distale und eine obere proximale Hälfte. Die untere oder distale Trichterhälfte (oder der „Central-Trichter“, Fig. 16, 17 *ic*) liegt an der Aussenfläche des Central-Magens (*gc*); ihre innere oder axiale Wand wird durch dessen Obelisken-Platten gebildet (*gz*), ihre äussere oder abaxiale Wand durch die Subumbral-Wand des Ringsinus (*cs*). Die obere oder proximale Trichterhälfte (oder der „Basaltrichter“, Fig. 14 *ib*) wird rings von den 4 Nischen des Basal-Magens (*gn*) eingeschlossen und ist nur an der Interradial-Linie an die Innenwand des Gallertschirms angewachsen (Fig. 14 *ug*). Die 4 Trichterhöhlen der Peromedusen sind homolog denjenigen der Stauromedusen und der Cubomedusen, und sie können auch den Subgenital-Höhlen der Discomedusen, den „Athemhöhlen“ älterer Medusologen verglichen werden. In der That dürften sie sowohl respiratorischen als locomotorischen Zwecken dienen, da sie bei jeder Systole des Schirms entleert und bei jeder Diastole mit frischem Wasser gefüllt werden; ihre Wand ist zwar fest, aber sehr dünn.

Muskeln der Subumbrella. Die innere concave Schirmwand oder „Subumbrella“ zeigt ein sehr entwickeltes System von kräftigen Schwimm-Muskeln, hervorgegangen aus den einfacheren Muskeln, die ich bei den Stauromedusen als distalen Kranzmuskel und proximalen Glockenmuskel unterschieden habe (vergl. mein „System der Medusen“, 1879, p. 366, 382, 399, 456; Taf. XXI—XXX etc.). Der Kranzmuskel (*Musculus coronaris*, *mc*) ist bei Periphylla zu einem mächtigen breiten Bande ausgebildet und stärker entwickelt als bei allen anderen Acraspeden. Er besteht aus kräftigen Ringmuskel-Blättern, deren dicke Stützplatte sich über der Subumbral-Fläche in Gestalt von 10—12 starken Ringfalten erhebt; die Höhe dieser Ringfalten (*mc₂*) nimmt von oben nach unten ab, ihre Breite zu (Taf. XIX, Fig. 6; Taf. XXI, Fig. 8; Taf. XXII, Fig. 22 *mc*). Der obere oder proximale Rand des Kranzmuskels (Fig. 8, 22 *mc₁*) bildet eine einfache Kreislinie und fällt mit dem Distalrande des grossen

Ringsinus zusammen. Der untere oder distale Rand des Kranzmuskels hingegen (Fig. 8, 22 mc_4) bildet 16 dreieckige, subradial vorspringende Zacken, welche bis zur Mitte der Randlappen hinabgehen. Der ganze Kranzmuskel zerfällt nämlich durch 16 Leisten in 16 viereckige Felder, die Kranztafeln (*Tabulae coronares*). Die 4 interradialen (ocularen) sind etwas schmäler als die 12 übrigen (tentacularen). Dieselben werden getrennt durch die Lappenspangen (*Lobosepta, kl*), jene longitudinalen Concrescenz-Leisten, welche jeden Randlappen in zwei Hälften theilen (vergl. p. 57); sie dienen zugleich als feste knorpelartige Leisten zur Insertion der circularen Muskelfasern. Jede viereckige Kranztafel entspricht mithin den benachbarten Hälften zweier Randlappen und verbindet diese auf das Engste. 4 von den Muskelfeldern correspondiren zugleich den 4 interradialen Sinneskolben, während die 12 anderen den Tentakeln entsprechen. Die beiden lateralen Ränder jedes Muskelfeldes (durch die Lappenspangen gebildet) sind gerade und convergiren nach oben; der untere oder distale Rand ist der grösste und concav ausgeschweift; der obere oder proximale Rand ist convex und berührt abwechselnd die Basis der Delta-Muskeln und das Distal-Ende der Gonaden.

Glockenmuskel (*Musculus codonoides*). Während der grosse Kranzmuskel mit seinen Circular-Fasern den Distaltheil der Subumbrella contrahirt, versorgt das System des Glockenmuskels mit seinen Longitudinal-Fasern den Proximaltheil der Subumbrella. Die wichtigsten Längsmuskeln dieses Systems sind die acht starken Delta-Muskeln (*M. deltoides, md*; Taf. XIX, Fig. 6; Taf. XX, Fig. 8). Dieselben sind sehr kräftig, gleichschenkelig-dreieckig, und berühren mit ihrer breiten Basis den Proximal-Rand des Kranzmuskels, während ihre abgestutzte Spitze nach oben gerichtet ist, und ihre longitudinalen Fasern somit centripetal convergiren. Die 4 schwächeren perradialen Delta-Muskeln (*md'*) inseriren sich mit ihrer abgestutzten Spitze am Distal-Ende der Gastral-Ostien, an der Subumbral-Wand der 4 knorpeligen Gaumenknoten (*gk*). Die 4 stärkeren interradialen Delta-Muskeln hingegen (*md"*) sind länger und inseriren sich weiter oben an der Subumbral-Wand der 4 Septal-Knoten (*kn*), in der Mitte der Länge jedes Gonaden-Paares, zwischen dessen beiden Hälften. Zwischen letzteren bildet der Delta-Muskel auch noch oberhalb des Septal-Knotens eine dünne bandförmige Verlängerung, die centripetal bis zum Pylorus geht: *M. intergenitalis* (Fig. 8 *ms*). An den beiden Seitenrändern jedes der 4 Gastral-Ostien, zwischen ihnen und den angrenzenden Genital-Bändern, verläuft ausserdem in der Subumbrella ein kräftiger Längsmuskel, den ich *M. congenitalis* nennen will (Fig. 8 *mn*). Derselbe entspringt mit breiterer Basis von dem zugekehrten Seitenrande des perradialen Delta-Muskels, läuft sich verschmälernd zwischen Gastral-Ostium und Gonaden-Schenkel in die Höhe, und inserirt sich oben mit schmälerem Ende am Pylorus-Ring (Fig. 8 *gy*). Endlich verläuft auch noch in der Mitte der 8 Gonaden, und zwar auf der Mittelrippe zwischen den beiden Schenkeln jeder Gonade (Fig. 38 *mx*) ein schmaler, aber nur sehr schwacher Längsmuskel, der als *M. axogenitalis* bezeichnet werden kann. Im Ganzen zerfällt also das System des Glockenmuskels (*M. codonoides*) in 4 stärkere interradiale und 4 schwächere perradiale Felder; zu den ersteren gehören die 4 interradialen Delta-Muskeln, die 4 Intergenital-Muskeln und die 8 Axogenital-Muskeln; zu den letzteren die 4 perradialen Delta-Muskeln und die 8 Congenital-Muskeln.

Lappen-Muskeln (*Musculi lobares, mh*). Obgleich das Circular-System des distalen Kranzmuskels und das Longitudinal-System des proximalen Glockenmuskels weitaus den bedeutendsten Theil der subumbralen Muskulatur bildet, so ist dieselbe doch auch noch an anderen Stellen der Subumbrella durch schwächere Muskeln vertreten. Dahin gehören einerseits die schon angeführten Ringfasern in der Wand der basalen Trichterhöhlen, andrerseits Längsfasern an der concaven Axial-Seite der Randlappen, welche wir kurz als „Lappenmuskeln" bezeichnen wollen. Jeder der 16 Randlappen enthält in seiner dünnen Subumbral-Wand ein Paar solcher longitudinaler Muskelbänder, welche zu beiden Seiten der medialen (subradialen) Lappenspange (*lk*) verlaufen und offenbar den bekannten stärkeren Lappenmuskeln der Discomedusen entsprechen.

Gastrocanal-System (Taf. XX, Fig. 8—11; Taf. XXI, Fig. 12—20; Taf. XXII, Fig. 22; Taf. XXIII, Fig. 29 — 31). Das Gastrovascular-System unserer *Periphylla mirabilis* zeichnet sich gleich demjenigen aller anderen Peromedusen durch viele, höchst eigenthümliche und verwickelte Einrichtungen aus, welche erst nach längerem eingehendem Studium vollständig zu verstehen sind. Unter den bisher bekannten Formen des Medusen-Gastrocanal-Systems ist es allein dasjenige der *Lucernaridae*, welches nähere Vergleichungspunkte darbietet; und gleich dem letzteren ist auch das erstere phylogenetisch von demjenigen der *Tesseridae* abzuleiten (vergl. die allgemeine anatomische Darstellung der *Stauromedusae* in meinem „System", 1879. p. 363 — 395; Taf. XXI, XXII). Allein während das wesentliche Verhalten des centralen Gastrocanal-Systems bei diesen Stauromedusen demjenigen der Peromedusen gleicht, weicht das Detail desselben und besonders die Bildung des peripheren Theiles bei den letzteren durch sehr bedeutende und eigenthümliche Complicationen ab. Im Allgemeinen lassen sich zunächst bei allen Peromedusen zwei Hauptabschnitte des Gastrocanal-Systems unterscheiden, der **centrale Hauptdarm** (*Gaster principalis*) und der **periphere Kranzdarm** (*Gaster coronaris*); beide hängen nur durch 4 schmale, spaltenförmige, perradiale Gastral-Ostien unmittelbar zusammen und bleiben im Uebrigen völlig getrennt.

Centraler Hauptdarm (*Gaster principalis*). Dieser nimmt den Axial-Raum des Körpers in seiner ganzen Länge ein und reicht von der Schirmkuppel bis zum Mundrande. Er zerfällt durch zwei ringförmige Einschnürungen oder horizontale Stricturen in drei Hauptabschnitte: Basal-Magen (*gb*), Central-Magen (*gc*) und Buccal-Magen (*ga*). Die obere oder aborale Ring-Strictur, zwischen Basal- und Central-Magen, bezeichne ich als **Magenpforte** oder *Pylorus* (*Porta pylorica*, *gy*); die untere oder orale Ring-Strictur, zwischen Central- und Buccal-Magen, nenne ich **Gaumenpforte** oder *Palatum* (*Porta palatina*, *gp*). Um im Allgemeinen eine richtige Vorstellung von den verwickelten Form-Verhältnissen dieser 3 Hauptdarm-Abschnitte zu erhalten, ist es gut, die Grundform derselben auf einfache mathematische Gestalten zu beziehen; der Grundmagen ist ein Kegel (oder genauer eine Quadrat-Pyramide), der Central-Magen ein Obelisk (oder eine abgestutzte reguläre vierseitige Pyramide), der Buccal-Magen ein Würfel (oder ein vierseitiges Prisma). Der Central-Magen communicirt durch 4 grosse, lanzetförmige Perradial-Mündungen (*Ostia gastralia*) mit dem peripheren Ring-Sinus des Kranzdarmes.

Buccal-Magen (*Gaster buccalis*, *Tubus oralis*, *Proboscis*; eventuell auch als „Rüssel, Mundrohr oder Schlundrohr" zu bezeichnen; Taf. XIX, Fig. 6 im Centrum; Taf. XX, Fig. 9—11; Taf. XXI, Fig. 19). Der Buccal-Magen oder „Rüssel" bildet das unterste, orale Drittel des axialen Principal-Darms, hat im Ganzen würfelförmige Gestalt und hängt völlig frei im Centrum der Schirmkranzhöhle, indem er nur oben durch die 4 perradialen Gaumenknoten (*gk*) an der Subumbrella befestigt ist. Die Kantenlänge des Würfels beträgt ungefähr 5 Ctm.; Taf. XX zeigt denselben isolirt in natürlicher Grösse, und zwar Fig. 9 die interradiale, Fig. 10 die perradiale Aussen-Ansicht und Fig. 11 den perradialen Durchschnitt. Die untere (orale) Wand des Würfels nimmt die quadratische Mundöffnung ein (*aa*), die obere (aborale) Wand hingegen die Gaumenpforte (*gp*); die 4 perradialen verticalen Seitenflächen des Cubus werden von den Backentaschen gebildet (*bb*), die 4 interradialen Kanten zwischen ihnen von den Backensäulen oder Mundsäulen (*ac*).

Die **Mundöffnung** (*Osculum*, *aa*) zeigt die Mitte der Fig. 6 auf Taf. XIX von unten; sie bildet ein Quadrat mit abgerundeten Ecken. Der zarte dünnhäutige Mundrand (*am*) ist horizontal nach innen eingezogen, gleich einem schmalen Velum, und erscheint an den 4 interradialen Ecken wulstig verdickt durch die halbmondförmigen (nach innen concaven) Oral-Enden der Buccal-Säulen. Jede der letzteren trägt hier am Ende der Halbmondhörner 2 dünne Bartfäden oder Mundfäden von 2 Ctm. Länge (*Barbulae, Filamenta oralia*, Fig. 9—11 *af*). Dieselben sind wahrscheinlich als die letzten oralen Ausläufer der 8 Taeniolen-Schenkel zu betrachten (s. unten). An der Basis conisch verdickt, laufen sie an der Spitze in einen sehr dünnen zerfaserten Faden (oder in ein pinselförmiges Fadenbüschel?) aus; sie sind mit sehr grossen bohnenförmigen Nesselkapseln, deren Nesselfaden spiralig gedreht und mit Borsten bewaffnet ist, reichlich ausgestattet.

Die Mundhöhle (*Cavitas buccalis*) zerfällt durch die 4 interradialen Buccal-Säulen in 4 perradiale periphere Backentaschen (*bb*), welche nur durch 4 enge Schlundspalten (*ae*) mit dem axialen centralen Mundraum (*ax*) communiciren. Die 4 Mundsäulen (*Columnae buccales, ac*, Fig. 9—11, 19) sind fast rechteckige Leisten oder Tafeln von 5 Ctm. Höhe, 2—3 Ctm. Breite, welche in den interradialen Meridian-Ebenen einwärts in die Mundhöhle vorspringen. Sie werden durch eine ansehnliche, mehrere Millimeter dicke Schicht von Gallertsubstanz gestützt, die ihre grösste Dicke an beiden Seitenrändern und in der Mitte jeder Platte erreicht, so dass also an ihrer gastralen Fläche jede Platte von ein paar flachen, parallelen, longitudinalen Rinnen durchzogen wird (Querschnitt Fig. 19 *ac*). Zu beiden Seiten derselben springt der Lateraltheil der Buccal-Säulen flügelförmig vor („Mundsäulen-Flügel", *Alae buccales, ad*). Sie gleichen darin den Taeniolen des Scyphostoma und ich halte sie in der That für homolog dem Peristom-Stück dieser letzteren. Uebrigens sind sie bei *Periphylla mirabilis* bei weitem nicht so stark entwickelt, als bei der nächstfolgenden Art, *P. regina* (Taf. XXIV, Fig. 3) und als bei *P. hyacinthina* (System, 1879, Taf. XXIV, Fig. 14). Zwischen den Buccalsäulen springen nach aussen gewölbt die 4 perradialen eiförmigen Backentaschen vor (*Bursae buccales, bb*, Fig. 9—11. 19). Nur der Mittelraum jeder Backentasche öffnet sich frei in die Mundhöhle, die peripherischen Räume derselben besitzen Aussackungen oder Hörner, welche von Vorsprüngen der einschliessenden Wände grösstentheils verdeckt werden. Durch die vorspringenden Mundsäulen-Flügel (*ad*, Fig. 11, 19) zerfällt zunächst jede Backentasche in den offenen Mittelraum und die von ersteren verdeckten Seitenhörner oder Flügeltaschen (*Ventriculi laterales, Bursae alares, bl*). Jede Flügeltasche geht oben in ein grösseres und tieferes aborales Eckhorn, unten in ein kleineres und seichteres orales Eckhorn aus; ersteres endigt blind im oberen, letzteres im unteren verdickten Ende des Mundsäulen-Flügels (Fig. 11 *ad*). Die Eckhörner sind bei dieser Species nicht so vertieft, wie bei der folgenden. Die perradialen Schlundspalten (*Fissurae buccales, ae*), durch welche die 4 Backentaschen mit dem Centralraum der Mundhöhle communiciren, sind in der Mitte verengt. Von ihnen aus lassen sich die Backentaschen eiförmig aufblasen (Fig. 9, 10 *bb*). Die perradiale Wand der Backentaschen ist sehr verdünnt und von parallelen Längsstreifen durchzogen, welche durch feine Querstreifen in dunklere Würfelchen abgetheilt werden (Munddrüsen? Fig. 10 *ag*). Oben verdickt sich diese Wand beträchtlich und geht hier direct in die 4 perradialen Gaumenknoten über (*gk*), durch welche der Buccal-Magen an der Subumbrella befestigt ist.

Gaumenpforte (*Palatum, Porta palatina, gp*; Taf. XX, Fig. 8—11; Taf. XXI, Fig. 12, 13, 18 *IK*). Der Gaumen (oder die Gaumenpforte) bildet die wichtige Communicationsöffnung zwischen Buccal-Magen (*ga*) und Central-Magen (*gc*); sie wird bei der lebenden Periphylla wahrscheinlich durch Muskel-Contraction vollständig geschlossen werden können. Eigentlich besteht sie aus dem weiteren centralen Gaumenthor und den 4 perradialen, dasselbe umgebenden Gaumenrinnen. Das centrale Gaumenthor (*Porta palatina, gp*) ist quadratisch; seine interradialen Seitenränder werden von den oberen, wulstförmig verdickten Aboral-Rändern der Mundsäulen (*ac*) gebildet, welche hier unmittelbar in die unteren, zarten Oral-Ränder der dünnen Obelisken-Platten (gz) übergehen. Seine perradialen Ecken dagegen communiciren durch einen schmalen (wohl verschliessbaren) Spalt mit den 4 Gaumenrinnen, die gewissermassen 4 Nebenpforten des centralen Hauptthores darstellen (Fig. 8, 11, 18 gs). Diese 4 perradialen Gaumenrinnen (*Sulci palatini*, gs) führen aus der Mundhöhle unmittelbar nach aussen in den Ringsinus und bilden zugleich die erweiterten Distal-Enden der spaltförmigen Gastral-Ostien (go). Sie sind eingebettet in die Knorpel-Masse der 4 Gaumenknoten (*Nodi palatini*, gk). Es scheint, dass die Gaumenrinnen auch beim völligen Verschlusse des Hauptthores offen bleiben und dann durch Berührung der beiden Lippen ihres Spaltes in geschlossene kurze Canäle (von ca. 3 Mm. Durchmesser) verwandelt werden können.

Central-Magen (*Gaster centralis*, „Obelisken-Magen", gc: Taf. XX, Fig. 8: Taf. XXI, Fig. 12—18). Der „Central-Magen", die mittlere von den 3 Abtheilungen des axialen Principal-Darms, ist etwas kleiner als der Buccal-Magen und hat im Allgemeinen die Gestalt eines „Obelisken" oder einer abgestutzten regulären vierseitigen Pyramide (Fig. 12, 13 gc). Demnach sind an ihm geometrisch 2 Grundflächen und 4 Seitenflächen zu unterscheiden. Die untere (orale) Grundfläche bildet die eben beschriebene Gaumenpforte (*Palatum*, gp), durch welche der centrale in den buccalen Magen sich öffnet. Die obere (aborale) Grundfläche hingegen nimmt die quadratische Magenpforte (*Pylorus*, gy) ein, durch welche der centrale mit dem basalen Magen communicirt. Die 4 interradialen Seitenflächen des obeliskenförmigen Central-Magens bilden 4 trapezoide oder fast rechteckige, dünne Lamellen, welche ich wegen ihrer besonderen Wichtigkeit ein für allemal (um Verwechselungen vorzubeugen) als die 4 Obelisken-Platten bezeichnet habe (*Tabulae obelisci*, gz). Die dünne Wand dieser viereckigen, mehr oder weniger subvertical stehenden Platten gehört eigentlich der Subumbrella an und wird durch eine zarte, aber feste Gallert-Platte oder Stützlamelle gebildet, deren innere oder axiale Fläche vom gastralen Entoderm, deren äussere oder abaxiale Fläche vom subumbralen Exoderm der Trichterhöhlen und einer dünnen dazu gehörigen Muskelschicht überzogen ist. Von den 4 Rändern jeder Obelisken-Platte wird der obere oder aborale durch einen Quadranten der Pylorus-Strictur (gy), der untere oder aborale durch einen Quadranten der Palatum-Strictur (gp) gebildet, während die beiden lateralen (oder longitudinalen) Ränder mit einer Reihe von Gastral-Filamenten (fc) besetzt sind und den seitlichen Grenzrand von zwei Gastral-Ostien bilden (go). Die 4 Gastral-Ostien oder perradialen Spalten des Central-Magens (*Ostia gastralia*, go) sind 4 weite und lange Spaltöffnungen, durch welche der Central-Magen in seiner ganzen Länge mit dem Ring-Sinus communicirt, und deren ideale Mittellinie den 4 perradialen Kanten des Obelisken entspricht, oder was dasselbe ist, den idealen Grenzlinien, in denen je 2 Obelisken-Platten zusammenstossen würden. Die Gastral-Ostien sind von schmal lanzettförmiger Gestalt, in der Mitte am breitesten (6—8 Mm.) und 36—40 Mm. lang (Fig. 8 go, 12 go). Das obere oder aborale spitze Ende jedes Gastral-Ostium berührt den Perradial-Punkt der Pylorus-Strictur (gy); hingegen das untere oder orale Ende berührt den Perradial-Punkt der Gaumenpforte (gp) und ist hier in Gestalt einer besonderen Rinne ausgeschnitten, der vorher beschriebenen, in den festen Gaumenknoten eingebetteten „Gaumenrinne". Etwas oberhalb dieser letzteren endet der Besatz der Gastral-Filamente (fg).

Magenpforte (*Pylorus*, *Porta pylorica*, gy, Fig. 8, 12, 13 gy, Fig. 15). Als „Pylorus" oder Magenpforte bezeichne ich die quadratische Oeffnung, durch welche der centrale mit dem basalen Magen communicirt. Die 4 perradialen Ecken dieses Quadrats bilden das Aboral-Ende der 4 Gastral-Ostien (go). Die 4 interradialen Seitenlinien des Quadrats, von 3 Ctm. Länge, bilden die oberen (aboralen) Grenzlinien der Obelisken-Platten, in welchen dieselben sich mit den Axial-Wänden der basalen Trichterhöhlen berühren. Da an der Magenpforte je 2 benachbarte Basal-Trichter sich mit ihren unteren Enden berühren, so stehen in jeder Ecke des Pylorus-Quadrates 2 Gastral-Filamente (Fig. 15 *f*). In diesen 4 Pylorus-Ecken allein (Fig. 15 *gy₄*) berührt die Wand der Magenpforte die Gallertwand der Umbrella (*ug*), von welcher sie im Uebrigen durch die 4 interradialen subumbralen Trichterhöhlen (*ii*) vollständig getrennt wird.

Basal-Magen (*Gaster basalis*, Grundmagen, Stielmagen, *gb*; Taf. XX, Fig. 8; Taf. XXI, Fig. 14). Der Grundmagen bildet das oberste oder aborale Drittel des axialen Principal-Darms und hat die Gestalt eines regulären Hohlkegels, dessen Basis der Pylorus, dessen Spitze die Schirmkuppel ist. Da derselbe aber die 4 interrradialen conischen Trichterhöhlen einschliesst, so besitzt er eigentlich die geometrische Grundform einer vierseitigen regulären Pyramide. Diese hat 4 Ctm. Höhe, während ihre Kantenlänge 5 Ctm. und die Seitenlänge der quadratischen Basis 3 Ctm. beträgt. Die Spitze der Pyramide ist in ein enges Blindrohr verlängert, welches die aborale Kuppel des Gallertschirms durchsetzt und mit seiner Spitze beinahe deren Aussenfläche erreicht. Jedoch ist dieser „Kuppel-Canal" (Fig. 8 *cb*) hier blind geschlossen, nicht durch eine Mündung auf der Oberfläche geöffnet, wie es zunächst den Anschein hat. Die Höhle des engen spindelförmigen Kuppel-Canals ist mit dunkelbraunem Pigment ausgekleidet und tritt daher auffallend in der hellen Gallertmasse hervor (Fig. 1 oben in der Spitze). Indem die 4 interradialen, conischen, oben schon beschriebenen, subumbralen Trichterhöhlen (*ib*) den Basal-Magen in seiner ganzen Länge durchsetzen und oben in seiner Spitze zusammentreffen, zerfällt die Peripherie seines kegelförmigen Hohlraums in 4 perradiale Rinnen, die Basal-Taschen oder „Grundmagen-Nischen" (*Bursae basales*, *gn*). Dieselben sind in der Mitte am breitesten, nach oben und unten lanzetförmig verschmälert (Fig. 8, 12 *gn*). Sie communiciren durch 4 engere Längsspalten mit dem einfachen Centralraum des Basal-Magens und entsprechen den 4 „Stielkammern" von *Lucernaria* (Taf. XVI, XVII, *gn*). Der Querschnitt ist daher in beiden Fällen derselbe und zeigt die Gestalt eines Ordenskreuzes; nur mit dem Unterschiede, dass die 4 interradialen Taeniolen bei *Lucernaria* (Taf. XVII, Fig. 13) — gleichwie bei *Pericolpa* und *Peripalma* — solide Leisten, hingegen bei *Periphylla* (Taf. XXI, Fig. 14) — und ebenso bei *Periphema* und *Pericrypta* — hohle Kegel sind. 2 divergirende Phacellen (oder Längsreihen von Gastral-Filamenten) besetzen die hohlen Kegel in ihrer ganzen Länge und gehen unten am Pylorus dergestalt aus einander, dass die beiden zugewendeten Phacellen von je 2 benachbarten Kegeln unten in den 4 Perradial-Ecken des Pylorus zusammentreffen. Von da setzen sie sich divergirend weiter auf den Rand der Gastral-Ostien fort.

Taeniolen (*Taeniola gastralis*, Gastrale Längsleisten, Längswälle, *ft*). Der axiale Hauptdarm von *Periphylla*, dessen 3 Abtheilungen vorstehend beschrieben sind, hat anscheinend eine äusserst complicirte Beschaffenheit, die sich von derjenigen anderer Medusen auffallend entfernt. Indessen ergiebt sich eine klare und einfache Auffassung desselben, wenn man ihn mit dem einfacheren Hauptdarm der nächstverwandten Lucernariden und Tesseriden vergleicht. Wenn man dabei von secundären Differenzirungen abstrahirt und nur die primären Haupt-Verhältnisse hervorhebt, so gelingt es, alle diese Bildungen auf die einfache gemeinsame Ausgangsform, auf den Urdarm der Scyphopolypen, *Scyphostoma*, zurückzuführen (vergl. mein „System der Medusen", p. 364, 367, 384, 403 etc.). An diesem einfachen Urdarm sind bereits die 4 entodermalen interradialen Taeniolen entwickelt, welche dessen Peripherie in 4 perradiale Nischen oder Taschen trennen und welche in der ganzen Länge der Magenwand, von der aboralen Stiel-Basis bis zum Mundrande durchgehen. Sie sind es, welche die ganze Legion der Acraspeden in erster Linie characterisiren und welche die typischen „Gastral-Filamente" derselben entwickeln. Schon bei ihrer gemeinsamen Stammform, *Tessera*, wie bei *Scyphostoma*, lassen sich an jedem Taeniol 2 Abschnitte unterscheiden, der umbrale an der Schirmwand und der subumbrale an der Peristom-Wand; beide stossen am Schirmrande zusammen. Von Anfang bis zu Ende, von der aboralen Schirmspitze bis zum Mundrande zeigen die interradialen Taeniolen und ihre Producte eine festgehaltene Tendenz zu centripetalem Wachsthum, hingegen die perradialen Taschen zwischen ihnen umgekehrt eine beständige Tendenz zu centrifugalem Wachsthum. Bei unserer *Periphylla* gehören zum centripetalen System der 4 interradialen Taeniolen: I. die 4 Trichter des Basal-Magens nebst ihren Filament-Reihen, II. die Obeliskenplatten des Central-Magens nebst ihren Filament-Reihen, III. die Mundsäulen des Buccal-Magens nebst ihren Flügeln und Bartfäden (Oral-Filamenten). Hingegen gehören zum centrifugalen System der 4 perradialen Taschen: I. die 4 Nischen des Basal-Magens, II. die Gastral-Ostien des Central-Magens, welche in den peripheren Kranzdarm führen, III. die Backentaschen und Flügeltaschen des Buccal-Magens. Die Richtigkeit dieser Deutung ergiebt sich unmittelbar aus der Vertheilung der 8 Phacellen oder Filament-Reihen, von denen je 2 auf ein Taeniol kommen und gewissermaassen 2 divergirenden Schenkeln des Taeniols aufsitzen.

Phacellen und Gastral-Filamente (Taf. XX, Fig. 8; Taf. XXI, Fig. 14—18; Taf. XXII, Fig. 23—28). Die Phacellen oder die Längsreihen der Gastral-Filamente zeigen bei unserer *Periphylla mirabilis*, wie bei der nachfolgenden *Periphema regina* (Taf. XXIV, Fig. 1) eine ausserordentlich mächtige Entwickelung. Die Zahl der Filamente beträgt mehrere Tausend, ihre Länge bis zu 30 und selbst 40 Mm. Anscheinend sind dieselben durch die ganze Ausdehnung des basalen und centralen Magens dergestalt vertheilt, dass sie 8 continuirliche Längsreihen oder „Phacellen" bilden, welche oben von der Spitze des conischen Basal-Magens divergirend ausgehen. Die genauere Betrachtung ergiebt jedoch, dass die beiden Phacellen eines jeden Paares als divergirende Schenkel aus einem einfachen interradialen Phacellus tief im Grunde des Basal-Magens entspringen. Sie bilden hier eine einfache Reihe kurzer Fäden, welche frei auf dem interradialen Taeniole aufsitzen und in die basale Magenhöhle hineinragen. Bald aber theilt sich dieser einfache Phacellus in zwei divergirende Schenkel, welche anfangs wenig, dann aber weiter auseinander gehen. Am Pylorus divergiren sie so stark, dass sie sich mit den entgegenkommenden Schenkeln der benachbarten Taeniolen in den 4 perradialen Pylorus-Ecken berühren. Dann aber setzen sie sich längs der Ränder der Gastral-Ostien (*go*) bis nahe zum oberen Rande der Gaumenrinnen hin fort. Jedes perradiale Ostium ist also am Rande beiderseits von einer Reihe langer Magenfäden gesäumt, welche frei in die centrale Magenhöhle hineinragen. Dieselben sind meistens 1—2, viele aber auch 3—4 Ctm. lang; ihre Breite wechselt zwischen ¼ und 1 Mm., beträgt aber oft auch 1½—2 Mm. Ihre Gestalt ist bald mehr cylindrisch, bald mehr bandförmig abgeplattet, am Ende oft zungenförmig (Taf. XXII, Fig. 23; Querschnitt Fig. 24, 25). Die Structur der Gastral-Filamente ist die gewöhnliche (Fig. 26). Eine gallertige Stützplatte (*z*), welche zerstreute Zellen einschliesst, ist von einem Entoderm-Epithel überzogen, das dreierlei Zellen enthält: I. schmale und hohe, cylindrische Geisselzellen (*fe*); II. flaschenförmige Drüsenzellen mit trübem Inhalte, welcher theils aus feinkörnigem Protoplasma, theils aus grösseren stark lichtbrechenden Körpern besteht (*fd*); III. fadenförmige kernhaltige Epithel-Muskelzellen (*fm*). Diese Entoderm-Muskelzellen, welche bisher vergebens gesucht wurden, glaube ich hier an den grossen, contractilen und sehr beweglichen Gastral-Filamenten isolirt zu haben (Fig. 28).

Peripherer Kranzdarm (*Gaster coronaris*). Dieser umfasst den gesammten peripheren Theil des Gastrocanal-Systems (im Gegensatze zum axialen Hauptdarm) und nimmt die ganze Subumbrella vom Pylorus bis zum Schirmrande ein. Er zerfällt in zwei Hauptabschnitte, welche durch den oberen oder proximalen Rand des Kranzmuskels geschieden werden. Den oberen oder proximalen Abschnitt nimmt allein der grosse Ring-Sinus ein, während den unteren oder distalen Abschnitt der peripherische Taschenkranz bildet. Dieser besteht aus 16 viereckigen Kranztaschen, welche den Kranztafeln oder den Feldern des Kranzmuskels entsprechen. Vom Distalrande jeder Kranztasche gehen wieder drei Taschen ab, zwei seitliche Lappentaschen und eine mittlere Tasche, die in einen Tentakel oder einen Sinneskolben hineingeht. Mit dem axialen Principal-Darme steht der periphere Coronar-Darm nur an 4 Stellen in offener Verbindung, nämlich an den 4 perradialen Gastral-Ostien (go).

Ring-Sinus (*Sinus coronaris* vel *Canalis coronaris*, cs; Taf. XX, Fig. 8 cs; Taf. XXI, Fig. 12—18 cs). Der merkwürdige, ausserordentlich grosse Ring-Sinus oder Kranz-Sinus ist derjenige Theil des Gastrocanal-Systems, welcher die Peromedusen vor allen anderen Medusen am Meisten auszeichnet, und welcher bei keiner anderen Medusen-Gruppe in solcher Gestalt und Ausdehnung wiederkehrt. Er bildet eine colossale ringförmige Tasche, welche mehr oder weniger subvertical steht und bei unserer *Periphylla mirabilis* 80 Mm. hoch ist, mithin die Hälfte von der ganzen Höhe des Schirmes einnimmt. Wir unterscheiden am Ring-Sinus einen oberen oder proximalen und einen unteren oder distalen Rand, eine innere oder axiale und eine äussere oder abaxiale Wand. Der obere Rand und die äussere Wand des Ring-Sinus sind ohne jede Oeffnung; dagegen communicirt er am unteren Rande durch 16 horizontale Spalten mit den 16 Kranztaschen, und an der inneren Wand durch die 4 verticalen Gastral-Ostien mit dem Central-Magen. Der untere oder distale Rand fällt zusammen mit dem Proximal-Rande des Kranzmuskels (mc); und besitzt daher 16 subradiale vorspringende Ecken (Taf. XIX, Fig. 6). Der aborale oder proximale Rand (Fig. 15 cs₁) ist ein einfacher kreisförmiger Ring der Subumbrella, welcher mit der Pylorus-Ebene zusammenfällt; der Hohlraum des Ring-Sinus ist hier völlig geschlossen und communicirt nicht mit der von ihm ringförmig umgebenen Magenpforte; vielmehr bleibt der Proximal-Rand des Ringsinus (Fig. 15 cs₁) von der Pylorus-Pforte (yy) durch die 4 grossen interradialen (sich hier berührenden) Trichterhöhlen (ü) völlig getrennt und berührt dieselbe nur äusserlich in den 4 perradialen Pylorus-Ecken (yy₄). — Die äussere, umbrale oder abaxiale Wand wird durch die glatte concave Innenfläche des Gallertschirmes gebildet und ist von dunklem Pigment überzogen, welches in Gestalt schwarzbrauner Kugeln in den Entoderm-Zellen der Umbral-Wand abgelagert ist. Die innere, subumbrale oder axiale Wand des Ring-Sinus wird durch die Subumbrella gebildet, welche in Folge der mächtigen Entwickelung der 4 Trichterhöhlen hier sehr complicirte Verhältnisse annimmt. Genauer betrachtet, zerfällt diese Axial-Wand in einen oberen breiteren und einen unteren schmäleren Abschnitt, deren Grenze durch den subumbralen Gaumenring oder die Insertion der 4 perradialen Gaumenknoten (gk) an der Subumbrella bestimmt wird. Der obere oder proximale Abschnitt der Axial-Wand, oberhalb der Gaumenknoten, ist in seiner ganzen Länge von den 4 perradialen verticalen Gastral-Ostien durchbrochen, jenen wichtigen, oben beschriebenen Spaltöffnungen, durch welche der Hohlraum des Central-Magens sich in den Ring-Sinus öffnet (go). Hingegen ist der untere oder distale Abschnitt der Axial-Wand ganz einfach, ohne Oeffnungen; auf seiner subumbralen Fläche liegen die Delta-Muskeln (md). Ausserdem liegen in den 4 Quadranten der Axial-Wand des Ring-Sinus, welche durch die 4 Gastral-Ostien geschieden werden, die 4 Paar Gonaden (Fig. 20 mm). Der colossale Hohlraum des Ring-Sinus bildet eine gewaltige, ringförmig in sich geschlossene Tasche. Abgesehen von den 4 kleinen, gleich zu besprechenden Septal-Knoten ist derselbe ganz einfach, und dabei so weit, dass ich bequem mit 3 Fingern in denselben eingehen und ihn in seiner ganzen Ausdehnung umfassen konnte. Das gewaltige Volumen seines Inhalts wird wahrscheinlich sehr bedeutenden Schwankungen unterliegen, je nach dem Contractions-Zustande seiner musculösen und sehr dehnbaren Subumbral-Wand.

9 *

Cathammal- oder Verwachsungsknoten (*Nodi septales*, *Nodi cathammales*, *kn*; Taf. XX, Fig. 8 *kn*; Taf. XXI, Fig. 17 *kn*; Taf. XXIII, Fig. 33; Taf. XXV, Fig. 8). An 4 interradialen Punkten hängt die innere oder axiale Wand des Ring-Sinus mit seiner äusseren oder abaxialen Wand fest zusammen. Diese 4 Punkte liegen genau in den Radien der 4 Sinneskolben, im mittleren Drittel der Sinus-Höhe, wenig über deren Mitte (Fig. 8, 12, 13 *kn*). Das sind die bedeutungsvollen Septal-Knoten oder „Verwachsungs-Knoten"; sie entsprechen den interradialen Septen der Lucernariden und Cubomedusen, durch welche deren 4 Radial-Taschen ihrer Länge nach getrennt werden. Jeder der 4 Septal-Knoten bildet einen winzigen, aber knorpelharten Gallertwürfel von 2—3 Mm. Durchmesser. Bei starker Vergrösserung zeigt sich auf dem Querschnitt (Taf. XXV, Fig. 8), dass die Schirm-Gallerte der dicken Abaxial-Wand (*ug*) mit der gallertigen Stützplatte der subumbralen Axial-Wand (*ze*) hier fest verlöthet ist. Zwischen beiden Wänden bleibt aber in der tangentialen Mittelebene jedes Knotens eine doppelte Entoderm-Zellen-Schicht, die wichtige Cathammalplatte („Gefäss-Platte oder Entoderm-Lamelle", *dk*). Die höheren Cylinder-Zellen der axialen Zellenschicht (*du₂*) bilden die directe Fortsetzung vom subumbralen Entoderm-Epithel der inneren Sinus-Wand (*dw*); ebenso setzen sich gegenüber die flacheren Platten-Zellen der abaxialen Zellenschicht (*du₂*) unmittelbar in das umbrale Entoderm-Epithel der äusseren Sinus-Wand fort (*du*), und enthalten dieselben schwarzbraunen runden Pigmentkörner, welche letzteres auszeichnen. Somit ist nicht zu zweifeln, dass der Knoten wirklich durch Verklebung der beiden Gefässwände entstanden ist. Die Gallertmasse ist zu beiden Seiten der doppelten Gastral-Lamelle so bedeutend verdichtet, dass das Messer beim Durchschneiden derselben schartig wird. Bei starker Vergrösserung (Taf. XXV, Fig. 8) zeigt sich hier dieselbe auffallende Induration und histologische Veränderung des Gallert-Gewebes, welche ich oben von der Umgebung der Lappenspange beschrieben habe, der Uebergang in harten Faserknorpel (vergl. oben p. 57 und Taf. XXV, Fig. 10).

Wenn man sich die 4 Septal-Knoten centripetal bis zum Pylorus verlängert und zu 4 Leisten ausgebildet denkt, welche axiale und abaxiale Wand des Ring-Sinus in seiner ganzen Proximal-Hälfte verbinden, so zerfällt dieser dadurch in 4 weite perradiale Taschen, welche denjenigen der Lucernariden und Charybdeiden entsprechen; und wie bei diesen, so communiciren auch hier die 4 Radial-Taschen unten durch einen Ring-Canal, nämlich durch die einfache Distal-Hälfte des Ring-Sinus, unterhalb der Septal-Knoten. Man kann demnach auch sagen: die ideale horizontale Kreislinie, in welcher die 4 interradialen Septal-Knoten liegen, bildet die Grenzlinie zwischen einem oberen und einem unteren Ring-Sinus, welche beide zwischen den 4 Knoten in weiter offener Communication stehen. Der obere oder proximale Ring-Sinus (*cs₄*) entspricht 4 weiten perradialen Taschen, deren Septen auf die Knoten reducirt sind und welche durch die Gastral-Ostien mit dem Central-Magen communiciren. Der untere oder distale Ring-Sinus (*cs₂*) entspricht einem sehr erweiterten Ringcanal, welcher die 4 Radial-Taschen am Schirmrande in Verbindung setzt (wie bei den Lucernariden und Charybdeiden). Für die Richtigkeit dieser morphologischen Deutung spricht auch die Vergleichung mit der wichtigen gemeinsamen Stammgruppe der Tesseriden („System", p. 369, Taf. XXI).

Marginaler Taschenkranz (*Corona bursarum*; Taf. XXI, Fig. 12, 13, 19, 20; Taf. XXII, Fig. 22; Taf. XXIII, Fig. 29—32; Taf. XXIV, Fig. 1). Durch den oberen oder proximalen Rand des Kranzmuskels wird der grosse Ring-Sinus von dem marginalen Taschenkranze abgegrenzt, welcher den zweiten Hauptabschnitt des peripheren Kranzdarms bildet. Derselbe setzt sich zusammen aus 16 Kranztaschen und den Canälen, welche von diesen aus in die 4 Sinneskolben, die 12 Tentakeln und die 16 Randlappen gehen. Die 16 Kranztaschen (*Bursae coronares*, *bc*), in welche sich der untere oder distale Rand des Ring-Sinus (am Proximal-Rande des grossen Kranzmuskels) öffnet, entsprechen in ihrer Zahl,

Gestalt und Grösse den 16 Kranz-Tafeln oder den einzelnen trapezoiden Muskelfeldern des grossen Kranzmuskels (*mc*). Dieselben sind flache viereckige Taschen, deren innere oder axiale Wand vom faltigen Muskelfelde selbst, die äussere oder abaxiale Wand von der glatten Innenfläche des Gallertschirms gebildet wird; auf der Aussenfläche des letzteren entspricht jeder Kranztasche ein Pedalium. Den oberen oder proximalen Rand der Kranztasche bildet der horizontale schmale Spalt, durch welchen dieselbe mit dem Ring-Sinus communicirt; er entspricht der subumbralen Grenzlinie zwischen Kranzmuskel und Deltamuskel. Die beiden lateralen (oder radialen) Seitenränder bilden die Lappenspangen (*kl*), durch welche jede Kranztasche von ihren beiden Nachbarn der ganzen Länge nach getrennt wird. Da nun jede Lappenspange einen Randlappen der Länge nach in zwei Hälften spaltet, so gehört jede Kranztasche den benachbarten Hälften zweier Lappen an und sendet an ihrem unteren Rande in jede dieser Hälften eine Ausstülpung hinein, die Lappentasche (*Bursa lobaris*, oder den Lappencanal, *Canalis lobaris*; Fig. 22 *bl*; Fig. 29 *bl*). Indem jedoch die Lappenspange (*kl*) nur den oberen oder proximalen Theil des Lappens halbirt, den unteren oder distalen Theil frei lässt, so stehen hier unterhalb der Spange die beiden Taschen jedes Lappens in offener Communication. Dieselben bilden mithin einen hufeisenförmigen Canal, dessen beide parallele Schenkel centripetal gerichtet und nur durch das Septum der Lappenspange getrennt sind (Hufeisen-Canal, *Bursa hipposideri*, Fig. 22 *bu*, Fig. 29 *bu*). Ihre proximalen Mündungen gehen in zwei benachbarte Kranztaschen. Bläst man von einer Kranztasche aus Luft in eine ihrer beiden Lappentaschen, so geht die Luft durch den U förmigen Canal in die benachbarte Kranztasche über (Fig. 22 *bu*). Auf diese Weise entsteht eigentlich bei allen Peromedusen ein zusammenhängender Ringcanal am Schirmrande, der einigermaassen dem Feston-Canal der Narcomedusen gleicht, längs des Randes sämmtlicher Lappen entlang läuft, und sämmtliche Kranztaschen in peripherische Verbindung setzt. Bei den Pericolpiden setzt sich dieser weite Feston-Canal oder Rand-Canal (*Canalis marginalis*, *cm*) aus 8 Kranztaschen und 16 Lappentaschen zusammen, bei den Periphylliden hingegen aus 16 Kranztaschen und 32 Lappentaschen (vergl. mein System der Medusen, Taf. XXIII, XXIV).

Da die 4 interradialen, den Sinneskolben entsprechenden Tafeln des Kranzmuskels beträchtlich schmäler sind, als die 12 übrigen, den Tentakeln correspondirenden Tafeln, so gilt natürlich dasselbe auch von den Kranztaschen, deren subumbrale Wand die faltigen Muskel-Tafeln bilden. In der Mitte des unteren oder distalen Randes jeder Kranztasche, da wo ihre beiden Lappentaschen in sie einmünden, geht zwischen beiden von ersterer ausserdem ein Canal ab, der in den daselbst inserirten Tentakel oder Sinneskolben führt. Die 4 interradialen Sinnes-Canäle (*Bursae sensillares*, *bo*), welche die 4 Sinneskolben versorgen, sind kurz und einfach, und schwellen an der Basis jedes Sinneskolbens (— an dessen Axial-Seite —) in eine kugelige Blase an (*Ampulla rhopalaris*, *oa*; Taf. XIX, Fig. 2—5; Taf. XXII, Fig. 22; Taf. XXIII, Fig. 31, 32 *oa*). Verwickelter ist die Bildung der 12 Tentakel-Canäle (von denen 4 perradial, 8 adradial sind). Dieselben sind an der Tentakel-Basis, unterhalb der beiden Tentakel-Wurzeln, durch das eigenthümliche, oben schon beschriebene „doppelte Klappen-Ventil" absperrbar (vergl. p. 58 und Taf. XXII, Fig. 22 *yk'*, *cx*).

Diese verwickelten anatomischen Verhältnisse des peripherischen Taschen-Kranzes werden nun dadurch noch schwieriger zu verstehen, dass jede der 12 tentacularen Kranztaschen (— nicht aber die 4 ocularen Kranztaschen! —) durch ein unvollständiges tangentiales Septum in zwei Taschen zerfällt (Taf. XXII, Fig. 22; Taf. XXIII, Fig. 29). Diese beiden Taschen, die innere oder axiale Velar-Tasche (*bc'*) und die äussere oder abaxiale Avelar-Tasche (*bc''*), communiciren durch einen longitudinalen Spalt in der Mitte des breiten, sie trennenden Septum, *Fissura septalis*, *bc''*). Diese eigenthümliche Complication entsteht dadurch, dass jeder Tentakel an seiner Insertion (zwischen 2 Randlappen) nach oben 2 divergirende centripetale Muskeln ausschickt, die oben beschriebenen „Wurzel-Muskeln der Tenta-keln", *mk*. Diese stülpen den unteren oder Distalrand der Kranztasche dergestalt ein, dass jede Ten-takel-Wurzel von einem conischen exodermalen Hohlraum umgeben ist, der Trichterhöhle der Tentakel-Wurzel (*it*). Diese reicht mit ihrer blinden Spitze bis zum oberen oder Proximal-Rande des Kranzmuskels, wo sich die Spitze der Tentakel-Wurzel inserirt. Zwischen den beiden gabelförmig divergirenden Tentakel-Wurzeln (*mk*) bleibt die Septal-Fissur, durch welche die axiale Velar-Tasche mit der abaxialen Avelar-Tasche communicirt. Mithin hat das *Septum velare* (*vm*), welches selbst hohl ist und beide Taschen trennt, eine sehr complicirte Bildung. Dasselbe wird durch 2 parallele Lamellen der Velar-Falte gebildet, welche nur oben am Proximal-Rande der Kranztaschen und an den beiden Rän-dern der Septal-Fissur in einander übergehen. Die Höhle zwischen beiden Lamellen, die Trichter-höhle der Kranztasche (*Infundibulum coronare, ic*), wird vom Exoderm der Subumbrella ausgekleidet und zerfällt in eine distale einfache „Trichterhöhle der Tentakel-Basis", und in zwei divergirende, von dieser in proximaler Richtung ausgehende blinde Hörner, die beiden „Trichterhöhlen der Tentakel-Wurzeln" (*it*). Die musculöse Wand der zarten Membranen, welche diese Höhlen trennen, bildet einen Theil des eingestülpten Kranzmuskels und ist zierlich in feine Falten gelegt, wie am besten aus der Abbildung des theilweise geöffneten Kranzmuskels in Fig. 1, Taf. XXIV ersichtlich wird.

Gonaden (*Sexualia*, *s*; Taf. XIX, Fig. 6; Taf. XX, Fig. 8; Taf. XXI, Fig. 17, 18; Taf. XXIII, Fig. 38—40). Das untersuchte einzige Exemplar von *Periphylla mirabilis* war ein geschlechtsreifes Männchen, dessen Hoden das Sperma bereits grösstentheils entleert hatten. Die Hoden (*Spermaria*, *sm*) bilden 8 hufeisenförmige oder U förmige Drüsen, welche adradial in der Subumbral-Wand des Ring-Sinus liegen. Der convexe Bogen jedes Hufeisens ist distalwärts gekehrt und berührt beinahe den Proximal-Rand des Kranzmuskels (*mc₁*), während die beiden parallelen Schenkel des Hufeisens proxi-malwärts (oder centripetal) gerichtet sind und mit ihren Spitzen beinahe die Pylorus-Strictur berühren (*gy*). Demnach erstrecken sich die 8 U förmigen Geschlechts-Drüsen in adradialer Richtung fast durch die ganze Höhe des Ring-Sinus (*cs*) und lassen nur einen kleinen Theil von dem oberen (proximalen) und dem unteren (distalen) Rande seiner Subumbral-Wand frei. Die 8 Gonaden sind dergestalt paar-weise verbunden, dass zwischen je 2 perradialen Gastral-Ostien (*go*) ein Paar liegt. Die beiden Go-naden jedes Paares werden in der oberen (proximalen) Hälfte durch den intergenitalen Längsmuskel getrennt (*ms*), in der Mitte durch den Septal-Knoten (*kn*) und in der unteren (distalen) Hälfte durch den interradialen Delta-Muskel (*md'*). Hingegen werden die 4 Paare in der oberen Hälfte durch die 4 Gastral-Ostien (*go*) getrennt, in der unteren Hälfte durch die 4 perradialen Delta-Muskeln (*md'*). Nur diese untere Hälfte liegt frei in der Schirmkranzhöhle (*hc*), während die obere Hälfte tief in der Trich-terhöhle versteckt ist (*ic*). Die 4 Schenkel jedes Paares laufen in der oberen Hälfte (in der Trichter-höhle) fast parallel, während in der unteren Hälfte (in der Schirmkranzhöhle) die beiden Gonaden des Paares distalwärts divergiren, indem sie parallel den beiden Schenkeln des interradialen Delta-Muskels auseinandergehen. Die beiden Schenkel jeder Gonade aber convergiren an ihrem Distal-Ende und verbinden sich hier durch den Bogen des Hufeisens, dessen convexer Aussenrand den Innenrand des Kranzmuskels beinahe berührt (vergl. Taf. XX, Fig. 8 und Taf. XXV, Fig. 1). Hier unten sind die beiden Schenkel des hufeisenförmigen Genitalbandes am breitesten (1 Ctm.) und werden nach oben hin, gegen die proximalen Spitzen der beiden Schenkel, allmählig schmäler (½ Ctm.; Taf. XXIII, Fig. 38). Beide Schenkel sind bei *Periphylla mirabilis* von gleicher Länge, während bei *P. hyacinthina* der laterale (dem Gastral-Ostium genäherte) Schenkel bedeutend kürzer ist, als der mediale (dem Septal-Knoten genäherte; vergl. mein „System", Taf. XXIV, Fig. 13, 16).

Structur des Spermarium (Taf. XXIII, Fig. 38—40). Jede von den 8 hufeisenförmigen Gonaden zeigt in der Mitte zwischen ihren beiden Schenkeln eine vorspringende, annähernd adradiale Leiste, die Gonaden-Rippe (*Costa genitalis*, *Sterigma*, *st*). Dieselbe besteht aus einer festen leistenförmigen Verdickung der Fulcral-Platte der Subumbrella und dem schwachen darauf liegenden axogenitalen Längsmuskel (*mx*). Wie bei einem gefiederten Blatte, gehen von beiden Seiten dieser Mittelrippe gelatinöse Querleisten ab, welche den einzelnen taschenförmigen Quer-Falten der Gonade zur Stütze dienen (Fig. 38). Bei genauerer Untersuchung zeigt sich, dass der Hoden ein breites, U förmig gebogenes und in seiner ganzen Länge vielfach quergefaltetes Band darstellt. Der convexe und laterale Rand des U förmigen Bandes ist an der Subumbral-Wand des Ring-Sinus angeheftet, während der concave und mediale Rand ein wenig in dessen Canal-Raum vorspringt. Die einzelnen, taschenförmig ausgebuchteten Querfalten des Genitalbandes, deren Zahl an jeder Gonade ungefähr 50—60 beträgt, sind schmal eiförmig oder keulenförmig, und verhalten sich zur Mittelrippe, wie die Fiederblättchen eines gefiederten Blattes. In jeder Querfalte liegen wieder zahlreiche secundäre Falten. Die Zwischenräume zwischen diesen Falten entwickeln sich vielleicht zu besonderen Genital-Sinus mit Ausführgängen, welche in den Taschenraum und aus diesem in den Ring-Sinus münden, und welche sich ähnlich verhalten mögen, wie bei den complicirteren Formen der Lucernariden. Indessen ist die verwickelte Structur der vielfach gefalteten Genitalbänder, wie bei den letzteren, sehr schwer zu erkennen. Auch waren bei dem einzigen vorliegenden Exemplare von *Periphylla mirabilis* die reifen Hodentaschen grösstentheils bereits geplatzt und das Sperma in den Hohlraum des Ring-Sinus entleert. Die kleinen Hoden-Follikel (Fig. 39 *sb*), welche dicht gedrängt das faltige Genital-Band zusammensetzen, liegen in 3—4 Schichten über einander, sind von unregelmässiger rundlich polyedrischer Gestalt und von 0,1—0,5 Mm. Durchmesser. Durch eine dünne kernhaltige Fulcral-Lamelle (*zs*) werden die einzelnen Follikel (Fig. 40) umhüllt und von einander getrennt. Auf dem Querschnitt zeigt sich bei starker Vergrösserung, dass die grösseren Sperma-Mutterzellen (*sd*), welche vom Entoderm-Epithel der subumbralen Sinus-Wand abstammen, die Wand der Follikel auskleiden, während das reife Sperma deren Mitte ausfüllt (Taf. XXIII. Fig. 40 *sz*).

Genus: **PERIPHEMA,** HAECKEL (1877).

πεϱίφημος — sehr berühmt.

Genus-Diagnose: Periphyllide mit 4 perradialen Backentaschen des Mundrohrs und mit 4 perradialen Nischen des Basal-Magens, welche in dessen aboralem Grunde sich vereinigen. Zwischen letzteren bilden die 4 subumbralen Trichterhöhlen (oder die 4 hohlen interradialen Taeniolen des Basal-Magens) hohle Kegel, welche mit 2 Reihen von Gastral-Filamenten besetzt, oben aber davon frei sind und unterhalb der Kuppelspitze getrennt endigen.

Das Genus *Periphema* gründete ich 1877 (im „Prodromus Systematis Medusarum") für eine grosse Periphyllide, von der leider nur zerfetzte und unvollständige Fragmente eines einzigen, sehr grossen Exemplares in der Challenger-Sammlung vorhanden waren. Indessen gelang es mir doch, durch sorgfältige Untersuchung derselben, und mit Hülfe der übrigen, von mir untersuchten Periphylliden (namentlich durch Vergleichung mit dem vorstehend beschriebenen, grossen und vollständig conservirten Exemplare von *Periphylla mirabilis*) aus jenen zerrisssenen Bruchstücken einen vollständigen

Quadranten der Meduse zusammenzusetzen, nach welchem die Abbildung auf Taf. XXIV in natürlicher
Grösse entworfen ist. Die Zusammenstellung war um so schwieriger, als der colossal entwickelte Rüssel oder Buccal-Magen (Fig. 3) vollständig von der Gaumenpforte abgerissen und zerstückelt war, und
als an dem einzigen erhaltenen Quadranten der Subumbrella (Fig. 1) — offenbar in Folge einer früheren, aber vollständig geheilten Verwundung — störende abnorme Verwachsungen bestanden, welche
ich in der Abbildung natürlich weggelassen habe. Hiervon abgesehen, zeigte sich schliesslich unsere
Periphylla regina der vorhergehenden *P. mirabilis* sehr nahe verwandt, und ich habe sie daher im „System" (1879, p. 421) unmittelbar an diese Art angeschlossen. Indessen halte ich es jetzt doch für
zweckmässiger, sie von derselben als *Periphema regina* generisch zu trennen, wie ich schon im „Prodromus" (1877) gethan hatte. Während nämlich bei der echten *Periphylla* (— *P. mirabilis*, *P. hyacinthina* etc. —) die 4 conischen interradialen Trichterhöhlen der Subumbrella den centralen und basalen
Magen der ganzen Länge nach durchsetzen und im Centrum der Schirmkuppel mit ihren Spitzen zusammentreffen, hören sie bei *Periphema (regina)* schon eine Strecke unterhalb derselben auf, so dass die
4 Spitzen der kegelförmigen Trichterhöhlen hier durch einen basalen Hohlraum getrennt bleiben, welcher die geometrische Grundform einer Quadrat-Pyramide hat und die Kuppel-Spitze ausfüllt. In
Folge dessen stehen hier auch durch diese „Kuppelhöhle" die 4 perradialen Nischen des Basal-Magens
an ihren Aboral-Enden in offener Verbindung, während sie bei der echten *Periphylla* völlig getrennt sind.

Species: **Periphema regina**, HAECKEL.
Tafel XXIV, XXV.

Periphema regina, HAECKEL, 1877; Prodrom. System. Medus. Nr. 389.
Periphylla regina, HAECKEL, 1879; System der Medusen, p. 421, Nr. 423.

Species-Diagnose: Schirm glockenförmig, ungefähr eben so hoch als breit. Pedal-Zone der Exumbrella etwas niedriger als die Lappen-Zone, beide zusammen ungefähr so hoch als die Kegel-Zone. Randlappen eiförmig, stumpf abgerundet, ihre distalen Flügel fast halbkreisrund, etwa halb so hoch als ihre
proximalen Gallertwülste. Die 8 Tentakel-Lappen am Schirmrande weiter vorspringend als die 8 Rhopalien-Lappen. Tentakeln sehr dick, ungefähr so lang als die Schirmhöhe, an ihrer Basis $\frac{1}{4}$ so breit
als die Randlappen. Mundrohr kubisch, sehr gross und sehr dickwandig, fast halb so hoch und halb
so breit als der Schirm; der Mundrand in der Ebene des Schirmrandes, ohne Bartfäden.

Grösse: Horizontal-Diameter 180—200 Mm., Vertical-Diameter 180—200 Mm.

Fundort: Antarktischer Ocean, südöstlich von den Kerguelen-Inseln (62 ° 26′ S. Br.;
95 ° 44′ Ö. L. v. Greenw.); Station 156 des Challenger-Cataloges. Das grosse Exemplar, welchem
die untersuchten Fragmente angehören, war ein geschlechtsreifes Weibchen und wurde am 26. Februar
1874 aus einer Tiefe von fast 12,000 Fuss gehoben (1975 Faden = 11,850 Fuss). Die Färbung der
zersetzten, in Spiritus übrigens gut conservirten Fragmente war schwach röthlich, die der Ovarien bräun-
lich gelb, das Entoderm-Epithel der abaxialen Wand des Ringsinus (— oder der Innenfläche des Gallertschirms —) dunkel rothbraun bis schwarzbraun.

Umbrella (Taf. XXIV, Fig. 1, 2). Der Schirm von *Periphema regina* ist, soweit sich aus den
vorliegenden Bruchstücken erschliessen lässt, glockenförmig, beträchtlich flacher gewölbt als bei *Periphylla mirabilis*. Sein Scheitel ist oben flach abgestutzt, seine Höhe ungefähr gleich dem Durchmesser
der Glockenmündung, 18—20 Ctm. Die Exumbrella zerfällt durch eine breite und tiefe Kranzfurche
(Fig. 2 cc), ungefähr in der Mitte der Höhe, in einen oberen Schirmkegel und unteren Schirmkranz.

Der Schirmkegel ist glatt, oben abgeplattet, sonst fast halbkugelig. Die Kranzfurche ist sehr breit und die Gallerte in derselben sehr verdünnt. Sie zerfällt durch 16 subradiale Längsfurchen (die sich unten auf die Lappenspangen fortsetzen) in 16 breite halbmondförmige Felder (*Areolae semilunares*, Fig. 2 ec). Zwischen denselben liegt am oberen Ende jeder Längsfurche ein zackenförmiger Fortsatz des exumbralen Gürtel-muskels (*mz*). Der Schirmkranz kann wieder in einen oberen Pedal-Gürtel und unteren Lappen-Gürtel eingetheilt werden. Der Pedal-Gürtel (*Zona pedalis*) ist jedoch hier viel schwächer entwickelt als bei den meisten anderen Periphylliden und kaum 2 Ctm. hoch. Die Pedalien sind wenig gewölbt und im Verhältniss klein. Hingegen tritt der Lappengürtel des Schirmkranzes (Fig. 1, 2; *Zona lobaris*) bei *P. regina* stärker hervor und ist anders geformt als bei *P. mirabilis*. Die 16 subradialen Randlappen sind im Verhältniss zu den Pedalien viel grösser, abgerundet, nicht zugespitzt. Die Grössen-Differenz zwischen den 4 Paar Ocular-Lappen und den damit alternirenden 4 Paar Tentakel-Lappen ist beträchtlicher. Die beiden Gallertwülste, welche in jedem Randlappen liegen, sind nicht so dick, die Furche zwischen beiden nicht so tief, als bei *P. mirabilis*; die Lappenspange (*Loboporpa*, Fig. 2 kl), welche in der Tiefe dieser Furche liegt und die Scheidewand zwischen je zwei Taschen-hälften stützt, ist viel schwächer, zeigt jedoch auf dem Querschnitt (Fig. 10) dieselbe Structur (vergl. oben p. 57). Dagegen sind die dünnen zarten Flügel (*Patagia*, *lp*), welche den Lappenrand säumen, bei unserer Art viel breiter und länger als bei der vorigen. Wenn man von der Kreislinie der Exum-brella aus misst, welche durch die Insertion der Tentakeln zwischen den Randlappen bezeichnet wird, so sind die Tentakel-Lappen 50 Mm. (ohne Flügel 35 Mm.) lang, hingegen die Ocular-Lappen 45 Mm. (ohne Flügel 30 Mm). Die Breite der ersteren beträgt in der Mitte über 30, die der letzteren wenig über 20 Mm. (Fig. 1, 2).

Die 4 interradialen Sinneskolben scheinen bei dieser Art sehr klein und fast rudimentär zu sein (Fig. 1 o); indessen war an dem vorliegenden Fragmente nur einer derselben erhalten und gestattete keine nähere Untersuchung. Von den 12 Tentakeln war nur die Hälfte erhalten (Fig. 1 t). Dieselben sind im Ganzen von derselben Beschaffenheit, wie bei der vorigen Art (vergl. oben p. 57); nur sind sie beträchtlich kürzer und dicker. Ihre Länge kommt ungefähr der Schirmhöhe gleich (18—20 Ctm.), während sie bei *P. mirabilis* das Doppelte derselben beträgt. Die Längsmuskeln scheinen weniger stark entwickelt zu sein. An der kegelförmig angeschwollenen Basis erreicht die Dicke der hohlen Tentakeln 10 Mm. Von da an verdünnen sie sich kegelförmig und laufen unten in eine feine Spitze aus (Fig. 2 t). Die eigenthümliche Insertion der Tentakeln mit 2 Wurzel-Muskeln (*mk*) innerhalb eines Tentakel-Trichters (*it*), sowie die merkwürdige Bildung des doppelten Klappen-Ventils an der Basis, ist hier dieselbe, welche oben von *P. mirabilis* beschrieben wurde (vergl. Taf. XXII, Fig. 22 und Taf. XXV, Fig. 1).

Subumbrella (Taf. XXIV, Fig. 1). Die innere concave Schirmwand zeigt bei *P. regina* im Gan-zen dieselbe Beschaffenheit, welche oben (p. 60) von *P. mirabilis* ausführlich beschrieben wurde. Nur ist die Muskulatur der Subumbrella bei der ersteren noch bedeutend stärker entwickelt als bei der letzteren, und die einzelnen Muskeln treten schärfer hervor. Namentlich erscheinen die 8 longitudinalen Delta-Muskeln (*M. deltoidei*) als gelblich-weisse, sehr derbe und feste, atlasglänzende Bänder auffallend kräftig. Der stärkste ist der interradiale Delta-Muskel (Fig. 1 md'), ein gleichschenkeliges Dreieck von 36 Mm. Höhe, 32 Mm. Grundlinie, dessen abgestutzte Spitze bis zur Mitte der Gonaden hinaufreicht und sich hier am interradialen Septal-Knoten (*kn*) inserirt. Die Muskelfasern, welche von seiner Spitze radial divergirend gegen die Grundlinie gehen, sind überall nahezu gleich stark. Eine schwächere Fortsetzung desselben bildet oberhalb der schmale *M. intergenitalis* (*ms*) zwischen den beiden

Gonaden eines Paares. Schwächer als der interradiale ist der perradiale Delta-Muskel (*md'*), ein gleich-schenkeliges Dreieck von 20 Mm. Höhe, 25 Mm. Grundlinie, dessen abgestutzte Spitze bis zum oralen Ende der Gastral-Ostien (*go*) hinaufreicht und sich hier unterhalb der Gaumenrinne (*gu*) am perradialen Gaumenknoten inserirt (*gk*). Die lateralen Muskelfasern (*md'''*) sind an diesem Muskel viel stärker ent-wickelt als die medialen. Zu beiden Seiten der abgestutzten Spitze des perradialen Delta-Muskels ent-springt ein bandförmiger *Musculus congenitalis* (*mp*), welcher corradial liegt und zwischen dem äusseren Rande jeder Gonade (*s*) und dem Gastral-Ostium (*go*) bis zu dessen oberem Ende hinaufgeht. Unten ist dieser bandförmige Congenital-Muskel 10 Mm., oben 5 Mm. breit. Seine Länge beträgt 60 Mm. Seine parallel verlaufenden, nach oben nur wenig convergirenden Fasern entspringen von dem Seiten-rande des perradialen Delta-Muskels und inseriren sich oben am Pylorus (*gy*).

Der breite Kranzmuskel (Fig. 1 *mc*) zeigt ebenfalls im Wesentlichen dasselbe, oben beschrie-bene Verhalten (p. 60). Sein Proximal-Rand (*mc₁*) dient den Delta-Muskeln zur Ursprungs-Basis. Seine subumbrale Fläche erhebt sich in Form von 10—12 starken Ringfalten (*mc₂*), zwischen denen tiefe Furchen sich einsenken (*mc₃*). Durch die 16 subradialen Lappenspangen zerfällt der Kranz-Mus-kel auch hier wieder in 16 Felder oder „Kranztafeln". Dieselben sind in ihrer Mitte (zwischen je 2 Randlappen) 25 Mm., seitlich dagegen (in der Mitte jedes Randlappens) 30 Mm. hoch. Die 4 ocu-laren Muskelfelder (von 25 Mm. Breite) sind nur wenig schmäler als die 12 tentacularen Kranztafeln (von 30 Mm. Breite). Die Lappenspangen zwischen denselben sind viel schwächer als bei voriger Art, zeigen jedoch auf Querschnitten dieselbe Structur (Faserknorpel, Taf. XXV, Fig. 9, 10). Eigenthümlich abweichend ist die Bildung des unteren oder distalen Kranzmuskel-Randes (Taf. XXIV, Fig. 1 *mc₄*). Während dieser bei *P. mirabilis* ganz glatt ist, gleich einem Schirmdach rings über die Tentakel-Inser-tion nach innen vorspringt und einen einfachen Tentakel-Trichter bildet (*it*), ist er dagegen hier ge-franzt und in zahlreiche feine Falten-Läppchen oder Frenula zerfallen. Auf jedes der 16 Muskel-felder kommen ungefähr 20 solche Franzen oder Frenula von 2—3 Mm. Länge, welche den Distal-Rand des Muskels mit der darunter gelegenen Subumbral-Fläche der Randlappen verbinden. Zwischen die-sen Frenula dringen eben so viele subumbrale trichterförmige Vertiefungen 4—8 Mm. tief in den ver-dickten Distal-Rand ein (*Infudibula subcoronaria*).

Schirmhöhle. Die beiden Theile der Schirmhöhle, die untere einfache „Schirmkranzhöhle" und die obere viertheilige „Schirmtrichterhöhle", verhalten sich im Ganzen bei dieser, wie bei der vorigen Art. Die einfache Schirmkranzhöhle stellt einen ringförmigen Hohlraum dar, dessen subum-brale Aussenwand der Schirmkranz mit dem Kranzmuskel und den oberhalb desselben gelegenen Deltamuskeln bildet. Der weite Hohlraum der Schirmkranzhöhle wird zum grösseren Theile durch den gewaltigen Buccal-Magen ausgefüllt, der mit seinem Mundrande bis zu deren Mündung herabreicht. Die viertheilige Schirmtrichterhöhle (— welche auch hier durch die 4 Gaumenknoten (*gk*) scharf von der einfachen Schirmkranzhöhle abgegrenzt wird —) zeigt jedoch bei unserer Art einen wesent-lichen Unterschied. Während bei *P. mirabilis* die 4 kegelförmigen interradialen Schirmtrichter den cen-tralen und basalen Magen seiner ganzen Länge nach durchsetzen, und oben im Mittelpunkte der Schirmkuppel zusammentreffen, hören sie bei *P. regina* schon eine beträchtliche Strecke unterhalb des-selben auf; die 4 Trichterspitzen inseriren sich hier getrennt an 4 interradialen Punkten der Umbral-Wand des abgeplatteten Basal-Magens, welche 4 Ctm. von einander entfernt sind. Dieser Umstand bedingt auch eine ganz verschiedene Gestaltung des Basal-Magens, welche hauptsächlich die Aufstel-lung des besonderen Genus *Periphema* rechtfertigt.

Gastrocanal-System (Taf. XXIV, Fig. 1, 3). Abgesehen von der abweichenden Bildung des Basal-Magens, zeigt das Gastrocanal-System von *P. regina* im Wesentlichen dieselben Verhältnisse, welche oben von *P. mirabilis* ausführlich geschildert wurden. Nur die specielle Bildung der einzelnen Theile und ihre Grössen-Verhältnisse zeigen unbedeutende Abweichungen. Von den drei Hauptabschnitten des axialen Hauptdarms ist der Buccal-Magen, der grösste, 8 Ctm. hoch; hingegen beträgt die Höhe des Central-Magens nur 5 Ctm., und eben so viel diejenige des Basal-Magens.

Der Buccal-Magen oder das Mundrohr (Fig. 3) ist ausserordentlich fleischig und dickwandig. In dem Glase, welches die unvollständigen Reste unserer Art enthielt, fanden sich die 4 Quadranten des Mundrohres als 4 isolirte Fragmente vor, theilweise noch mit abgerissenen Fetzen des Central-Magens im Zusammenhang. Ein solcher Quadrant ist in Fig. 3 in natürlicher Grösse dargestellt. Jeder Quadrant enthält eine vollkommene Backentasche (*bb*) und die einschliessenden Hälften der angrenzenden Mundsäulen (*ac*). Beim Zerreissen des Thieres während des Fanges war demnach das Mundrohr in den interradialen Meridian-Ebenen geviertheilt worden. Die reconstruirte Gestalt des Buccal-Magens ist im Ganzen ein Würfel von 7 Ctm. Seitenlänge; genauer betrachtet ist dieselbe eher ein achtseitiges Prisma mit alternirend breiteren und schmäleren Seitenflächen; erstere durch die Backentaschen, letztere durch Mundsäulen gebildet. Die Mundsäulen (*Columnae buccales*, Fig. 3 *ac*) sind ausserordentlich stark und werden durch einen mächtigen fleischigen Gallert-Wulst gestützt. Besonders fleischig und innen in starke Längsfalten gelegt erscheinen die adradialen „Flügel der Mundsäulen" (*Alae buccales*, *ad*), während ihre interradiale Mittelplatte dünner, besonders gegen den Mundrand hin verbreitert und verdünnt ist. Die Flügel springen innen über die Seitentheile der Backentaschen bedeutend vor, so dass diese beiderseits zu geräumigen „Flügeltaschen" sich ausbuchten. Die Backentaschen (*Bursae buccales*, *bb*) dürften aufgeblasen fast halbkugelig sein; ihre Wand wird durch eine dünne und elastische, aber feste Gallertplatte gestützt, welche nach unten verbreitert und am Mundrande stumpfwinkelig ausgeschnitten ist. Demnach springen unten am Mundrande (*am*) die Distal-Enden der 8 adradialen Flügel am meisten vor, ohne jedoch sich in Bartfäden fortzusetzen, wie bei der vorigen Art. Die ungewöhnliche Stärke dieses grossen Rüssels lässt auf eine räuberische Lebensweise schliessen.

Der Central-Magen scheint vom Buccal-Magen vollständig abgeschlossen werden zu können, da die Gaumenpforte (*gp*) durch stark vorspringende Gaumenwülste verengt wird und auch die 4 perradialen Gaumenknoten (*gk*) und die anstossenden Seiten-Theile der Gaumenrinnen (*gs*) beträchtlich verdickt sind. Hingegen sind die 4 Obelisken-Platten des Central-Magens sehr zart und dünnwandig (grösstentheils zerrissen). Die 4 perradialen Ecken der quadratischen Magenpforte (*gy*) fallen mit den Proximal-Enden der 4 spaltförmigen Gastral-Ostien zusammen.

Der Basal-Magen (*gb*) zeigt eine wesentlich andere Bildung als bei der vorhergehenden Art. Bei dieser letzteren sind die 4 perradialen peripheren Nischen desselben (*gn*), welche seinen conischen Axial-Raum umgeben, völlig von einander getrennt, weil die 4 interradialen Trichterhöhlen der Subumbrella oben bis zur Spitze des conischen Grundmagens hinauflaufen und hier im Centrum der Schirmkuppel zusammenstossen. Bei *P. regina* hingegen endigen letztere 2 Ctm. unterhalb des basalen Mittelpunktes des Grundmagens. Dieser bildet mithin im Grunde der flacheren Kuppel-Wölbung eine quadratische ungetheilte Grube, von deren 4 Ecken erst die Trichterkegel mit den Phacellen entspringen. Die Distanz dieser 4 Punkte (die Seitenlänge des Quadrats) beträgt 4 Ctm. Leider liess sich wegen des zerfetzten Zustandes des vorliegenden Fragmentes die Gestalt des Basal-Magens nicht vollständig reconstruiren. Indessen war doch der Central-Theil der Schirm-Kuppel mit den 4 Trichterspitzen an

demselben erhalten und es liess sich deutlich erkennen, dass die 4 perradialen Nischen des Grundmagens hier oben in weiter offener Communication stehen. Diese Eigenthümlichkeit unterscheidet generisch *Periphema* von *Periphylla*.

Die Phaeellen oder die Längsreihen der Gastral-Filamente sind bei *Periphema regina*
ausserordentlich gross und stärker entwickelt als bei jeder anderen, mir bekannten Meduse. Sie bestehen aus mehreren tausend starken und sehr langen Fäden, welche in mehreren Reihen längs der
Gastral-Taeniolen stehen (nicht in einer Reihe, wie bei voriger Art). In der Mitte der Phaeellen sind
die Fäden am längsten, bis 80 Mm. lang und 1 Mm. dick. Nach beiden Enden hin werden sie kürzer
und dünner und haben hier meistens bloss 10—20 Mm. Länge, bei kaum 0,5—0,2 Mm. Dicke. Ihre
specielle Bildung und Vertheilung ist wie bei der vorigen Art. Von der Kegelspitze jedes der 4 interradialen Trichter gehen 2 divergirende Phacellen aus, welche sich am Pylorus auf die Seitenränder
der Gastral-Ostien fortsetzen und 1 Ctm. oberhalb der Gaumenrinne endigen (Fig. 1). Bald sind die
Filamente mehr cylindrisch, bald mehr bandförmig abgeplattet, häufig knotig verdickt, am Ende zungenförmig. Ihr Drüsen-Reichthum ist wie bei der vorigen Art (Taf. XXII, Fig. 23—28). Das Lumen des
centralen sowohl als des basalen Magens wird grösstentheils durch diesen Filament-Wald ausgefüllt.

Der periphere Kranzdarm zeigt bei *Periphema regina* ganz dieselbe Bildung, welche wir
oben (p. 66) von *Periphylla mirabilis* ausführlich geschildert haben. Der colossale Ring-Sinus (*cs*),
welcher nur durch die 4 perradialen Gastral-Ostien mit dem Central-Magen communicirt, wird etwas
oberhalb seiner Mitte durch die 4 interradialen Septal-Knoten (Fig. 1 *kn*) in 4 Quadranten getheilt.
Diese „Cathammal-Knoten" sind zwar nur wenige Mm. gross, bestehen aber aus sehr festem Faserknorpel (vergl. oben p. 57, 68; und Taf. XXV, Fig. 8). Der periphere Taschenkranz, in welchen
sich der Ringsinus an seinem unteren Rande durch 16 Querspalten (am oberen Rande des Kranzmuskels) öffnet, zerfällt auch hier wieder durch die 16 subradialen Lappenspangen in 16 Kranztaschen;
und jede von diesen zerfällt wieder durch die Einstülpung der Tentakel-Trichter in eine innere und
äussere Kranztasche (axiale Velar-Tasche und abaxiale Avelar-Tasche). Ausserdem giebt jede Kranztasche unten 2 Lappen-Taschen ab, welche zusammen den marginalen „Feston-Canal" herstellen; und
während jede der 4 interradialen Kranztaschen eine Ocular-Tasche zum Sinneskolben schickt, entsendet
jede der 12 übrigen Kranztaschen einen weiten Tentakel-Canal in jeden Tentakel (vergl. oben p. 69,
sowie die Tafel-Erklärung zu Taf. XXIV, Fig. 1).

Gonaden (Taf. XXIV, Fig. 1 *sf*). Von den 4 Paar Geschlechtsdrüsen war an dem vorliegenden
Fragmente, einem geschlechtsreifen Weibchen, nur ein Paar erhalten. Die beiden Ovarien dieses
Paares zeigten die Lage und Gestalt, welche in der Mitte von Fig. 1 dargestellt ist. Sie liegen zwischen den Gastral-Ostien in der Subumbral-Wand des Ring-Sinus, dessen oberen und unteren Rand
ihre beiden Enden fast berühren. Die beiden Eierstöcke des Paares liegen in der oberen Hälfte fast
parallel neben einander, nur durch den schmalen (5 Mm. breiten) Intergenital-Muskel (*ms*) von einander
getrennt. In der unteren Hälfte dagegen divergiren sie stark, indem hier der dreieckige interradiale
Delta-Muskel (*md'*) zwischen Beide sich einschiebt. Der Abstand der unteren Enden beträgt 50 Mm.
Jedes der 8 Ovarien bildet ein schmales, hufeisenförmig gebogenes Genital-Band, dessen convexer
Distal-Bogen unten nahezu den oberen Rand des Kranzmuskels (*mc'*) berührt, während die beiden
parallelen, sehr genäherten Schenkel oben fast bis zum Pylorus (*gy*) hinaufreichen. In der Mitte zwischen beiden Schenkeln bildet die verdickte Stützplatte der Subumbrella eine vorspringende Mittelrippe
(*Sterigma*, *Costa genitalis*, *st*). Zu beiden Seiten erhebt sich das Genital-Band in einer Reihe von Falten, welche nach innen in die Schirmhöhle, nach aussen in den Ringsinus vorspringen (Fig. 5, 6).

Die Zahl dieser breiten Falten, die selbst wieder in kleinere Falten fächerförmig getheilt sind (Fig. 5, 6), beträgt an jedem Ovarium 40—50 (an jedem Schenkel 20—25). Sie sind 4—6 Mm. lang, 2—4 Mm. breit, und prall mit kugeligen E i e r n gefüllt. Die kleinsten Eier liegen am basalen Insertionsrande der Falten, die grössten am frei vorspringenden Rande, welcher der *Costa genitalis (st)* zugekehrt ist. An der Basis der Falten lässt sich nachweisen, dass die kleinsten und jüngsten Eier unmittelbar aus den E n t o d e r m - Z e l l e n entstehen, welche die Subumbral-Wand des Ring-Sinus auskleiden. Sobald die Eier eine gewisse Grösse erreichen, wird jedes Ei von einer gallertigen F u l c r a l - H ü l l e (Fig. 7 *yz*) eingeschlossen, einer oberflächlichen (abaxialen) Wucherung der Stützplatte der Subumbrella (*wz*). Auf Querschnitten durch die Genital-Falten erblickt man die Eier, in diese Fulcral-Kapseln eingeschlossen, reihenweise neben einander (Fig. 7). Die Ausdehnung und Stärke der Fulcral-Kapsel nimmt mit derjenigen des eingeschlossenen Eies stufenweise zu. Die reifsten Eier von *Periphema regina* erreichen die ausserordentliche Grösse von einem Millimeter und darüber. Sie bestehen zum grössten Theile aus einem undurchsichtigen N a h r u n g s - D o t t e r, welcher aus dicht gedrängten kugeligen Dotterkörnern von gleichmässiger Grösse (0,01 Mm. Durchmesser) zusammengesetzt ist (Fig. 4 *yd*). Jedes reife Ei ist ausserdem (innerhalb der Fulcral-Hülle) von einem dicken structurlosen (?) C h o r i o n, Fig. 4 *yc*, eingeschlossen, welches an einer Stelle eine vorspringende M i c r o p y l e zeigt (Fig. 4 *ym*). Dieselbe hat die Form eines kurzen Flaschenhalses und gleicht der bekannten Micropyle an den Eiern unserer Süss-wasser - Muscheln (Najaden). Unterhalb der Micropyle ist mit blossem Auge schon am gelben Dotter ein weisses Fleckchen sichtbar *(Cicatricula)*, in welchem das grosse kugelige K e i m b l ä s c h e n eingeschlossen ist *(Nucleus, yn)*. Dasselbe enthält einen ansehnlichen dunklen Keimfleck *(Nucleolus, yf)* und dieser einen grossen, doppelt contourirten Keimpunkt *(Nucleolinus, Fig. 4 yp)*.

VII. Siebente Medusen - Ordnung:

(Dritte Ordnung der Acraspeden:)

CUBOMEDUSAE, Haeckel (1877).

C h a r a c t e r d e r C u b o m e d u s e n - O r d n u n g: **Acraspeden mit 4 perradialen Sinneskolben, welche ein Hörkölbchen mit entodermalem Otolithen-Sack und ein oder mehrere Augen enthalten. 4 interradiale Tentakeln oder Tentakel-Bündel. Magen mit 4 weiten perradialen viereckigen Taschen, welche durch 4 lange und schmale interradiale Septa oder Verwachsungs-Leisten getrennt werden. Gonaden 4 Paar blattförmige Wülste, welche mit einem Rande längs der 4 interradialen Septa befestigt sind, aus dem subumbralen Entoderm der Magentaschen sich entwickeln und frei in deren Hohlraum hineinragen.**

Familia: **CHARYBDEIDAE**, Gegenbaur (1856).

HAECKEL, System der Medusen, 1879; p. 433, Tafel XXV.

F a m i l i e n - C h a r a c t e r: **Cubomedusen mit 4 einfachen interradialen Tentakeln und mit 4 per-radialen Sinneskolben; ohne Randlappen im Velarium, aber mit 8 adradialen Randtaschen; ohne Taschen-Arme in den 4 breiten Perradial-Taschen.**

Subfamilia: **TAMOYIDAE,** Haeckel (1877).

Charybdeiden mit Velar-Canälen und mit 4 perradialen Frenula des Velarium.

Genus: **CHARYBDEA,** Péron et Lesueur (1809).

χάρυβδις = Strudel, Schlund, raubgierig.

Genus-Diagnose: Charybdeide mit 4 einfachen interradialen Tentakeln, mit Pedalien; mit suspendirtem Velarium (mit Velar-Canälen und 4 perradialen Frenula). Magen flach und niedrig, ohne breite Mesenterien; Central- und Basal-Magen verschmolzen, ohne deutliche Pylorus-Strictur. 4 horizontale Filament-Gruppen einfach oder doppelt, büschelförmig oder pinselförmig, auf die interradialen Ecken des Magengrundes beschränkt.

Das Genus *Charybdea*, die älteste bekannte Gattung dieser Familie und Ordnung, wurde 1809 von Péron mit folgender nichtssagender Diagnose gegründet: „La concavité de l'estomac se confondant avec celle de l'ombrella; rebord garni de faux bras, ou plutôt de faux tentacules" (Tableau des Méduses etc., Annal. Mus. H. N. Vol. XIV, p. 332). Péron vereinigte in dieser Gattung 2 gänzlich verschiedene Acraspeden, die ihm beide nur ganz oberflächlich und unvollständig bekannt waren, die mediterrane *C. marsupialis* und die aequatorial-atlantische *C. periphylla*. Letztere wurde später zuerst von Steenstrup abgetrennt und zum Repräsentanten des Genus *Periphylla* erhoben. Hingegen wurde die Gattung *Charybdea* von fast allen neueren Autoren für die bekannte *C. marsupialis* des Mittelmeeres beibehalten, welche schon 1739 Plancus als „Urtica soluta marsupium referens" beschrieben und abgebildet hatte, und von der 1833 Milne-Edwards eine sehr ausführliche (obgleich grösstentheils verfehlte) Darstellung geliefert hatte. In neuester Zeit (1879) hat Claus von diesem Typus der Gattung *Charybdea* eine sehr eingehende histologische Monographie gegeben. Ich selbst konnte mehrere neue Arten desselben Genus untersuchen und danach den Character desselben näher umschreiben. In diesem hier beibehaltenen Sinne gehören zu *Charybdea* diejenigen Charybdeiden, welche ein suspendirtes Velarium (mit Canälen und Frenula) besitzen. Von der nächstverwandten Gattung *Tamoya* unterscheidet sich *Charybdea* durch den flachen und niedrigen taschenförmigen Magen, die schmalen Mesenterial-Falten und namentlich durch die Bildung der Gastral-Filamente. Diese sitzen horizontal ausgebreitet in den 4 interradialen Ecken des Magengrundes, als 4 einfache oder doppelte, pinselförmige oder bürstenförmige Fadengruppen; während sie bei *Tamoya* als 4 verticale Bänder in den interradialen Seitenlinien des grossen herabhängenden Magensackes hinabziehen. Die nachstehend beschriebene Tiefsee-Species ist im Ganzen der mediterranen, nur halb so grossen *C. marsupialis* nahe verwandt, unterscheidet sich aber sogleich durch das breitere Velum, welches doppelt so viele Velar-Canäle enthält; auch sind diese viel reicher dendritisch verästelt. Ferner ist die Sculptur der Exumbrella verschieden. Ganz auffallend gebildet sind die Phacellen, zusammengesetzt aus vielen zierlichen gestielten Pinseln oder palmförmigen Bäumchen. Obgleich Claus in seiner Monographie der *C. marsupialis* den anatomischen Bau dieser Medusen-Gattung, wie gewöhnlich, höchst unklar und verworren beschrieben hat, und obgleich für die vergleichende Morphologie daraus, wie aus den meisten Arbeiten von Claus, nur sehr Wenig zu entnehmen ist, so hat er doch die histologischen Verhältnisse sehr ausführlich dargestellt; wir beschränken uns desshalb hier auf eine kurze Schilderung der organologischen Eigenschaften, unter besonderer Hervorhebung der specifischen Unterschiede, welche *C. Murrayana* von *C. marsupialis* zeigt. Vielleicht genügen diese, die Species als Repräsentanten eines besonderen Genus: *Charybdusa*, zu trennen. Ich benenne diese Species zu Ehren meines verehrten Freundes John Murray, des ersten Assistenten der Challenger-Expedition.

Species: **Charybdea Murrayana**, HAECKEL.

Tafel **XXVI.**

Charybdea Murrayana, HAECKEL, 1879; System der Medusen p. 442, Nr. 436.
Charybdusa Murrayana, HAECKEL, 1877; Prodrom. System. Medus. Nr. 408.

Species-Diagnose: Schirm glockenförmig, fast würfelförmig, etwas höher als breit, oben flach gewölbt, nach unten etwas erweitert; Seitenflächen fast quadratisch. Magen ganz flach, mit 4 kurzen Mundlappen. 4 Phacellen buschförmig, zusammengesetzt aus grossen pinselförmigen gestielten Filament-Büscheln. Der verticale Abstand der herzförmigen Sinnesnischen vom Schirmrande halb so gross als der horizontale Abstand der Pedal-Basen. Velarium breit, in jedem Quadranten mit 12 baumförmig verästelten Velar-Canälen. Pedalien länglich eiförmig, ⅓ so lang als die Schirmhöhe. Tentakeln cylindrisch, länger als die Schirmhöhe.

Grösse: Horizontal-Diameter der Umbrella 50 Mm.; Vertical-Diameter 60 Mm.

Fundort: Westküste von Afrika, unweit Sierra Leone, in 200 Faden (= 1200 Fuss) Tiefe. Lat. N. 3° 10', Long. W. v. Gr. 14° 51'. Challenger-Station 348. Es finden sich in der Challenger-Sammlung zwei wohl erhaltene weibliche Exemplare, gefangen am 9. April 1876.

Umbrella (Taf. XXVI, Fig. 1—6). Der Schirm ist im Ganzen von annähernd kubischer Gestalt, wie bei den meisten Cubomedusen. Doch ist der verticale Durchmesser (60 Mm.) ein wenig grösser, als der grösste horizontale (50 Mm.). An den 4 verticalen Seitenkanten des Würfels springen 4 abgerundete, interradiale „Eckpfeiler", (den Tentakeln entsprechend) mehr oder minder stark vor, während die 4 perradialen Seitenwände (den Taschen entsprechend) dazwischen zurücktreten und mehr abgeflacht erscheinen. Da dieselben nicht völlig vertical stehen, sondern nach unten ein wenig geneigt divergiren, so hat der Schirm eigentlich die Gestalt einer abgestutzten regulären vierseitigen Pyramide. Die obere Scheitelfläche derselben ist schwach gewölbt und durch eine horizontale Kranzfurche mützenförmig abgesetzt (Fig. 1—3).

Die **Exumbrella** ist, wie bei den meisten Cubomedusen, durch longitudinale Furchen in eine Anzahl Felder getheilt, welche zwischen denselben convex vorspringen. Im Allgemeinen können 16 solche **Exumbral-Furchen** unterschieden werden, nämlich: erstens 8 adradiale (Fig. 1 *ea*), welche die 4 breiteren perradialen Seitenwände von den 4 schmäleren Kanten oder Eckpfeilern trennen; zweitens 4 perradiale Furchen, welche die 4 flach gewölbten Seitenwände in 2 Hälften theilen und von der Ocular-Crypta abwärts zum Velarium ziehen (Fig. 1 *ep*); und endlich drittens 4 interradiale Furchen, welche die 4 vorspringenden Eckpfeiler oder Kanten halbiren (*ei*). Diese letzteren Furchen sind die tiefsten, so dass die beiden Hälften jedes Pfeilers in Gestalt halbcylindrischer Wülste vorspringen. Unten gehen von ihnen die 4 Pedalien ab, welche die Tentakeln tragen. Mit diesen alterniren regelmässig die 4 perradialen Sinneskolben, welche hoch oberhalb des Schirmrandes in einer besonderen Höhlung der Exumbrella liegen, der Sinnesnische *(Crypta rhopalaris, eo)*. Der äussere, herzförmige Eingang in diese tief ausgehöhlte Crypta wird theilweise verdeckt durch die Sinnesschuppe *(Squama rhopalaris)*, eine Deckschuppe der Exumbrella, die dachförmig von oben vorspringt. Da zahlreiche Nesselwarzen oder rundliche Gruppen von Nesselzellen reichlich über die Exumbrella zerstreut sind, so erscheint dieselbe fein granulirt. Die Gallerte der Umbrella zeigt einen ansehnlichen Grad von Festigkeit, trotzdem sie dünn und ohne alle zelligen Elemente ist. Entsprechend den verschiedenen Längsfurchen der Exumbrella und Subumbrella ist die Gallerte an verschiedenen Stellen von verschiedener Dicke, am dünnsten längs der Interradial-Furchen (in der Mitte der Eckpfeiler), am dicksten zu beiden Seiten derselben und oben in der mützenförmigen Scheiteldecke des Schirmes (Fig. 1—3 *ug*).

Die Subumbrella oder der „Schwimmsack" ist nahezu würfelförmig. Die 4 Kanten dieses Würfels sind interradial und werden durch die schmalen Septa der 4 breiten Magentaschen gebildet, oder durch die „Verwachsungs-Streifen", in denen die Subumbrella mit der Umbrella in Verbindung steht (Fig. 3 *ks*). Die Muskelschicht der Subumbrella zerfällt dadurch in 4 rechteckige Muskel-Platten, welche in den interradialen „Verwachsungs-Streifen" nahezu senkrecht auf einander stehen; sie entsprechen den 4 Seitenflächen des Würfels und bilden die Axial-Wand der 4 Radial-Taschen (Fig. 3 *mw*). In der perradialen Mittellinie jeder Muskel-Platte werden aber die Ringfasern derselben unterbrochen durch einen bandförmigen Längsmuskel, welcher von der Ocular-Crypta aufwärts zum Mesogon, abwärts zum Frenulum zieht (Fig. 3 *mp*). Eigentlich ist demnach der breite Kranzmuskel hier in 8 viereckige Kranztafeln zerfallen, wie bei *Pericolpa* (System Taf. 23). Während diese aber bei der letzteren in den Principal-Radien liegen (4 perradiale und 4 interradiale), haben sie bei *Charybdea* eine adradiale Lage.

Schirmrand (Fig. 1, 5, 8). Der Schirmrand (im weiteren Sinne!) trägt 4 perradiale Sinneskolben und 4 interradiale Tentakeln; ein auffallender Nervenring von eigenthümlicher Structur setzt diese Randorgane in Verbindung. Unterhalb dieses Nervenringes setzt sich aber der Schirmrand noch in ein breites Velarium fort, eine dünne Randmembran, welche dem Velum der Craspedoten zwar sehr ähnlich, aber doch wesentlich verschieden ist. Was die 8 marginalen Organe betrifft, so sind dieselben phylogenetisch unzweifelhaft aus den 8 Principal-Tentakeln der *Tessera* und *Tesserantha* (Taf. XV) entstanden, und zwar die 4 Sinneskolben aus den 4 perradialen, die 4 Tentakeln aus den 4 interradialen. Mithin besteht bei den Cubomedusen in dieser Beziehung gerade das umgekehrte Verhältniss, wie bei den Peromedusen (speciell den Pericolpiden). Bei den Discomedusen sind alle 8 Principal-Tentakeln zu Rhopalien umgebildet.

Das Velarium oder die Randmembran (Fig. 2, 5, 8 *va*) stellt eine membranöse, ringförmige, distale Fortsetzung des Schirmrandes dar; sie wurde von den bisherigen Autoren ohne Weiteres als *Velum* bezeichnet und dem gleichnamigen Velum der Craspedoten an die Seite gestellt. Indessen sind beide Bildungen nur analog, nicht homolog; sie sind unabhängig von einander entstanden, und ihre Structur ist zwar ähnlich, aber keineswegs identisch; namentlich das Verhalten zum Nervenring ist wesentlich verschieden. Wie bei allen Charybdeiden, welche zur Subfamilie der Tamoyiden gehören, ist das Velarium von besonderen Canälen durchzogen und wird in ganz eigenthümlicher Weise durch 4 perradiale Frenula (Suspensorien oder Stützfalten) an der Subumbrella befestigt (Fig. 2, 8 *rf*). Diese Frenula sind musculöse verticale Gallertleisten, entstehen durch eine ansehnliche perradiale Verdickung der gallertigen Stützplatte und ziehen von der Sinnesgrube bis zum freien Rande des Velars hinab; sie halten das Velarium horizontal suspendirt und können es vermöge Contraction ihrer Längsmuskeln noch höher heben. Durch die 4 perradialen Frenula einerseits, durch die 4 interradialen Pedalien anderseits zerfällt das Velarium in 8 adradiale Oetanten oder „Velar-Lappen". Diese sind nach Stellung und morphologischer Bedeutung homolog den 8 freien Randlappen der *Pericolpa* und den 8 „Armen" der Lucernariden (vergl. *Lucernaria*, Taf. XVI, XVII, sowie mein „System", Taf. XXII, XXIII). Daraus ergiebt sich, dass das Velarium der Cubomedusen einem Kranze von 8 verwachsenen adradialen Randlappen entspricht.

Die Schirmhöhle (Fig. 2—6) ist der Subumbrella entsprechend fast würfelförmig. Die 4 verticalen Seiten derselben werden von den Subumbral-Wänden der 4 Radial-Taschen gebildet, die obere

Fläche von der subumbralen Magenwand; die untere Fläche nimmt die Schirmöffnung ein, welche durch das vorspringende Velarium stark verengt wird. In den Axial-Raum der Schirmhöhle hängt oben der Magen herab; ihr peripherischer Raum zerfällt oben in 4 kleine interradiale Trichter-höhlen *(Infundibula)*. Dieselben werden im oberen (proximalen) Theile der Schirmhöhle dadurch ge-bildet, dass sich die 4 perradialen (unten zu besprechenden) Mesogonien in Gestalt verticaler Lamellen von den 4 Magenkanten zur Mitte der 4 Radial-Taschen hinüberspannen. Diesen proximalen Suspen-sorien entsprechen im unteren (distalen) Theile die Frenula des Velarium, zwischen denen 4 entspre-chende Nischen als „Velar-Trichter" sich vertiefen. Demgemäss ist der horizontale Durchmesser der Schirmscheibe in den 4 centripetal vorspringenden Perradial-Linien am kleinsten, in den centrifugal vorspringenden Interradial-Linien (längs der Cathammal-Septen) am grössten; jene entsprechen den Seitenlinien, diese den Diagonalen des Quadrates.

Die Pedalien oder „Gallertsockel" (Fig. 1—5 *ui*) sind 4 interradiale Gallert-Anhänge des Schirmrandes von eigenthümlicher Form. Sie tragen am Distal-Ende die Tentakeln und setzen sich scharf von diesen ab. Von GEGENBAUR werden die Sockel der *Charybdea* als „Randblätter", von FRITZ MÜLLER als „Fortsätze der Eckwülste", von CLAUS als „Schirmlappen" bezeichnet. Ganz irrthüm-lich vergleicht CLAUS sie mit den „Randlappen" der übrigen Acraspeden. Denn diese echten „Rand-lappen" liegen niemals in den Principal-Radien — erster und zweiter Ordnung — (Perradien und Interradien), sondern vielmehr stets zwischen ihnen. Hingegen liegen die eigenthümlichen Gallertsockel der Cubomedusen stets interradial und sind nur den Pedalien zu vergleichen, welche bei den Peromedusen sowohl Tentakeln als Sinneskolben tragen (vergl. oben p. 55). Bei unserer *Charybdea Murrayana* (Fig. 1—5 *ui*) sind die Pedalien im oberen Drittel keilförmig oder dreiseitig-prismatisch, in den beiden unteren Dritteln lateral comprimirt, von der Gestalt eines dünnen, länglich eiförmigen Blattes, ungefähr ein Drittel so lang als die Schirmhöhe; ihre axiale Kante ist concav, die abaxiale convex ge-krümmt, während die Seitenflächen unsymmetrisch verbogen erscheinen. Von ihrem abgestutzten Distal-Ende entspringt der Tentakel; das dickere Proximal-Ende ist an seiner Axial-Seite concav ausgeschnitten und am unteren Theile der Eckwülste oberhalb des Schirmrandes so inserirt, dass zwischen beiden eine kleine „Achselhöhle" oder ein „Pedal-Trichter" bleibt *(Infundibulum pedalii, Fig. 3 it)*.

Die 4 Tentakeln sind starke, cylindrische, hohle Fäden von 4 Mm. Dicke, an der Basis keulen-förmig verdickt (bis zu 6 Mm.), länger als die Schirmhöhe (am unverletzten Thiere wahrscheinlich mehr-mals so lang). Ihre Aussenfläche erscheint dicht geringelt, wurmförmig. Auf dem Längs- und Quer-schnitte zeigt ihre dicke Wand dieselbe eigenthümliche und verwickelte Structur, welche CLAUS von *Charybdea marsupialis* ausführlich beschrieben hat.

Die 4 perradialen Sinneskolben oder „Randkörper" *(Rhopalia)* liegen oberhalb des Schirm-randes in den vorher genannten exodermalen Sinnes-Nischen *(Cryptae rhopalares vel oculares)*. Der Bau dieser hochentwickelten Sinnesorgane ist derselbe wie bei der mediterranen *Charybdea marsupialis*, wo sie zuerst (1856) von GEGENBAUR, später (1878) von CLAUS genau untersucht worden sind. Sie haben eine sehr zusammengesetzte Structur und gleichen zwar im Wesentlichen denjenigen der Pero-medusen und Discomedusen, insofern sie optische und akustische Organe zugleich enthalten; allein ihr feinerer Bau ist mehrfach verschieden und zum Theil sehr eigenthümlich. Jeder Sinneskolben ist mit einem dünnen Stiel in der Sinnesnische der Exumbrella befestigt und wird nach aussen theilweise ver-deckt durch die Sinnesschuppe, welche dachartig von oben über die exodermale Apertur der Sinnes-nische vorspringt. Er enthält in seinem kolbenförmig angeschwollenen Endstücke einen grossen Oto-lithen-Sack, der zahlreiche krystallinische, entodermale Otolithen einschliesst. Oberhalb desselben liegen

6 Augen, 2 grössere unpaare in der perradialen Mittellinie und 4 kleinere paarige zu beiden Seiten
derselben. Jedes unpaare Auge besteht aus einem Pigmentbecher, einer dicken Linse und einem mächtigen, zwischen beiden befindlichen Glaskörper; den kleineren paarigen Augen fehlt die Linse. Ein
sehr grosses *Ganglion opticum* von höchst verwickelter Structur bildet das Nerven-Centrum des optischen
Apparates.

Das Nervensystem besitzt dieselbe hohe Centralisation wie bei den übrigen Cubomedusen
und zeigt sich, entsprechend ihren hochentwickelten Sinnesorganen, in vollkommnerer und mehr cen-
tralisirter Form, als bei den übrigen Acraspeden; es erreicht sogar in dieser Beziehung die höchste
Bildungsstufe unter allen Acraspeden. Das Central-Nervensystem, welches Fritz Müller 1859 bei
Tamoya entdeckte, besteht aus einem vollständigen Nervenring und aus 8 Ganglien, von denen die 4
grösseren perradialen an der Basis der Sinneskolben, die 4 kleineren interradialen an der Basis der
Tentakel-Pedalien sich finden; von jenen begeben sich sensible Nerven zu den Sinnes-Organen und
motorische Nerven zu den Längsmuskeln; von diesen motorische Nerven zu den Tentakeln. Da die
ersteren stets beträchtlich höher liegen als die letzteren, so steigt der Ringnerv in geschwungenem
Bogen von den Sinnesnischen zur Basis der Pedalien hinab. Der ganze Nervenring (Fig. 2, 8 *rc*) bildet
somit 4 grosse Bogen, die flach gewölbt sind. Ihr höchster Theil liegt perradial, ihr tiefster interradial.
Der Nervenring liegt eingebettet in eine Rinne der Subumbrella, unterbricht deren Muskelplatte und
besteht aus einem hellen Axenstrang und zwei trüberen angelagerten (oberen und unteren) Fibrillen-
strängen, sowie einem darüber gelagerten eigenthümlichen Nerven-Epithel. Davon gehen ausgedehnte
Fibrillen-Geflechte mit grossen multipolaren und spindelförmigen Ganglien-Zellen ab, welche sich vorzugsweise an der Subumbrella ausbreiten. Der feinere Bau des Nervensystems und der Sinnes-Organe
ist in neuester Zeit von Claus bei *Charybdea marsupialis* (1878, l. c.) ausführlich geschildert worden.
Ganz haltlos aber ist dessen Versuch, diese Structur-Verhältnisse der Cubomedusen mit denjenigen
der Craspedoten zu vergleichen; denn Beide sind ganz unabhängig von einander entstanden und daher
nicht homolog. Auch entspricht der Nervenring der Cubomedusen nur dem unteren (subumbralen)
Nervenring der Craspedoten, während der obere (exumbrale) ersteren ganz fehlt. Dagegen wird wahrscheinlich das Central-Nervensystem der Peromedusen denjenigen der Cubomedusen im Wesentlichen
sehr nahe stehen.

Gastrocanal-System (Fig. 1—10). Der Gastrovascular-Apparat schliesst sich in der Einfachheit
seiner Bildung an denjenigen der Stauromedusen an (*Tesserantha*, Taf. XV, *Lucernaria*, Taf. XVI, XVII).
Der Hauptmagen oder Axial-Darm steht durch 4 horizontale perradiale Gastral-Ostien mit 4 weiten
viereckigen Radial-Taschen in Verbindung, welche durch 4 schmale interradiale Septal-Leisten der
Länge nach getrennt werden und am Distal-Ende derselben durch einen engen Ringcanal communiciren. Der axiale Hauptdarm oder der Magen im weiteren Sinne *(Gaster principalis)* besteht eigentlich bei den meisten Cubomedusen aus denselben drei Abschnitten, wie bei den Stauromedusen und
Peromedusen, nämlich einem aboralen Basal-Magen, einem mittleren Central-Magen und einem oralen
Buccal-Magen; die Grenze zwischen Basal- und Central-Magen bildet auch hier die Magenpforte *(Pylorus, gy)*, die Grenze zwischen Central- und Buccal-Magen hingegen die Gaumenpforte *(Palatum, gp)*.
Indessen ist die Magenpforte bei unserer *Charybdea*, wie bei manchen anderen Charybdeiden, sehr weit,
die Pylorus-Strictur sehr wenig entwickelt, so dass basaler und centraler Magen zusammen eine einzige einfache, ziemlich flache quadratische Kammer zu bilden scheinen.

Der Buccal-Magen oder das Mundrohr *(Gaster buccalis, ga)* — „Mundtrichter" von Fritz
Müller, „Mundstiel" von Claus — ist bei unserer Art verhältnissmässig klein und bildet eine flache

Quadrat - Pyramide. Die abgestutzte Spitze derselben wird durch die enge Gaumenpforte gebildet (Fig. 9 *gp*), ihre Kanten durch die 4 perradialen starken M u n d r i p p e n, verdickte Leisten der dünnen Gallertplatte, welche dem ganzen Magen seine Consistenz giebt. An der quadratischen Mundöffnung springen die Oral - Enden dieser Buccal - Rippen beträchtlich vor und geben Veranlassung zur Bildung von 4 lanzettförmigen oder eiförmigen „M u n d l a p p e n". An der axialen Entoderm - Fläche dieser gekräuselten dreieckigen Mundlappen verläuft eine tiefe perradiale Rinne, welche an der Gaumenpforte sich unter spitzem Winkel nach aussen umbiegt und in der Mesogon - Falte eingeschlossen an der Innenfläche der Subumbral - Wand des Central - Magens bis zur Mittellinie der Radial - Tasche verläuft (Fig. 4, 6 *gu*). Die verdickte Mundrippe selbst, welche zugleich die Mittelrippe des blattförmig zusammengefalteten Mundlappens bildet, setzt sich am Gaumen unmittelbar in die niedrige Mesogon - Falte fort. Die faltigen Mundlappen, welche an unserem Alkohol - Exemplare sehr stark contrahirt und an den Rändern dicht gekräuselt erscheinen, sind am lebenden Thiere wahrscheinlich grosser Ausdehnung fähig.

Der C e n t r a l - M a g e n ist bei unserer *Charybdea*, wie bei den meisten Charybdeiden, mit dem B a s a l - M a g e n vereinigt, indem die Pylorus-Strictur zwischen beiden nicht entwickelt und nur durch die wenig vorspringenden Pylorus-Klappen schwach angedeutet ist. Daher bilden diese beiden Magen-Abtheilungen zusammen eine weite, aber sehr flache Tasche oder eine niedrige Kammer von quadratischem Umriss. Ihr Boden oder ihre untere Wand stellt jene dünne Quadrat - Platte der Subumbrella dar, welche zugleich den Grund der kubischen Schirmhöhle bildet. In der Mitte ist diese muskulöse Platte von der Gaumenpforte durchbrochen, von deren 4 perradialen Ecken die vorher angeführten Magen - Rinnen (Fig. 4, 6 *gu*) zur Mitte der 4 Gastral - Ostien verlaufen. Die horizontale Decke der niedrigen Magenkammer oder ihre obere Wand wird durch die glatte Entoderm - Fläche des kappenförmigen Schirmscheitels gebildet (Fig. 2, 3 *gu*). Ihre 4 interradialen Ecken werden durch die 4 P y l o r u s k l a p p e n eingenommen, die schmalen „bogenförmigen Verwachsungs - Streifen" (C l a u s), welche auf den Proximal-Enden der 4 langen Septal-Leisten senkrecht stehen. Hingegen werden die 4 perradialen Seitenwände der Kammer zwischen ihnen durch die 4 Gastral - Ostien vertreten (Fig. 6 *go*), 4 enge h o r i z o n t a l e S p a l t e n, welche aus dem Magen in die 4 Radial-Taschen hineinführen. Hier findet sich eine complicirte Klappen-Vorrichtung, durch welche der erstere von den letzteren zeitweilig ganz abgeschlossen werden kann. Diese 4 perradialen „T a s c h e n k l a p p e n" alterniren mit den interradialen Pylorusklappen *(gy)*. Oberhalb jeder Pylorusklappe bildet der Magen eine besondere Aussackung in Gestalt einer niederen dreieckigen Tasche, und in dieser P y l o r u s - T a s c h e sitzen die Phacellen oder die baumförmigen Büschel der Gastral-Filamente *(f)*.

Die Gastral-Filamente (Fig. 7 *f*) sind bei *Charybdea Murrayana* viel stärker entwickelt als bei der nahe verwandten *C. marsupialis*; sie bilden in jeder der 4 interradialen Magen-Ecken einen ansehnlichen Phacellus oder Busch, der aus 10—12 grösseren und mehreren kleineren Bäumchen zusammengesetzt ist. Die Stämme dieser Bäumchen hängen unten an der Wurzel, wo sie sich von der Aboral-Fläche der subumbralen Pylorus - Klappe erheben, zusammen und stellen sich so eigentlich als Hauptäste eines einzigen, sehr kurzen, mächtigen Stammes, eines primären interradialen Ur - Filamentes dar. Jedes Bäumchen besteht in seiner unteren (distalen) Hälfte aus einem starken, einfachen oder gabeltheiligen Stamme, in seiner oberen (proximalen) Hälfte aus einem pinselförmigen Büschel von zahlreichen Aesten, welche theils einfach, theils dichotom oder mehrfach gespalten sind (Fig. 9, 10). Die solide Axe der Filamente wird durch einen dicken cylindrischen oder bandförmig - abgeplatteten

11 *

Gallertfaden gebildet (einen Fortsatz der Subumbrella-Stützplatte); ihr Entoderm-Epithel grösstentheils durch Drüsen-Zellen, zu denen an der Basis viele Geissel-Zellen, an der Spitze Nessel-Zellen kommen.

Die 4 breiten viereckigen Radial-Taschen (Fig. 2—6 *bp*) nehmen den grössten Theil der Subumbrella ein und werden nur durch 4 schmale interradiale Septal-Leisten *(ks)* von einander geschieden. Letztere entsprechen den Septal-Knoten der Tesseriden und Peromedusen, den Septal-Leisten der Lucernariden und sind gleich diesen durch Verlöthung der umbralen und subumbralen Wand des ursprünglichen Scyphostoma-Magens entstanden *(Cathamma, k)*. Daher zeigt sich auch auf dem Querschnitte der Leisten der Rest des Gastral-Epithels in Gestalt der „Entoderm-Lamelle, Cathammal-Platte oder Gefäss-Platte" (Fig. 10 *kp*), welche die dickere Gallertscheibe der Umbrella *(ug)* von der dünneren Stützlamelle der Subumbrella *(zw)* trennt. Die Gastral-Platte lässt sogar deutlich noch 2 Zellenschichten unterscheiden, von denen die äussere dem umbralen, die innere dem subumbralen Entoderm angehört. In der ganzen Länge der Septal-Leisten ist an deren subumbralem Theile jederseits eine blattförmige Gonade angeheftet, welche in die anstossende Radial-Tasche frei hineinragt (Fig. 10 *s*).

An jeder Radial-Tasche sind 4 Ränder und 2 Wände zu unterscheiden. Während die beiden Seitenränder der viereckigen Tasche durch die interradialen Septal-Leisten gebildet werden, entspricht ihr unterer (oder distaler) dem proximalen Velar-Rande, ihr oberer (oder proximaler) dem Gastral-Ostium. Letzteres kann durch die perradiale Taschenklappe vollständig geschlossen werden; diese entsteht durch eine horizontale Falte der Subumbrella, welche am oberen Taschenrande sich erhebt und als verdickte Gallertplatte frei in den Raum des Basal-Magens vorspringt. Die äussere oder abaxiale Wand der Radial-Taschen wird durch die glatte Entoderm-Fläche des Gallertschirmes gebildet, ihre innere oder axiale Wand durch die zarte Subumbrella. Diese ist dünnwandig und sehr dehnbar und besteht von innen nach aussen aus den gewöhnlichen 4 Schichten: 1) Entoderm-Epithel mit hohen, drüsigen Cylinder-Zellen (Fig. 10 *dw*); 2) dünne aber feste Stützplatte oder Gallert-Lamelle *(zw)*; 3) Muskelplatte *(mw)* und 4) Exoderm-Epithel *(qw)*. Obgleich ziemlich fest, ist die Subumbral-Wand doch so dünn, dass sie gleich einem zarten Schleier über die Taschen hinwegzieht und alle darin gelegenen Organe klar durchscheinen lässt. In ihrer perradialen Mittellinie verläuft ein schmaler bandförmiger Längsmuskel (Fig. 3 *mp*). Derselbe geht oben in das *Mesogonium* oder das obere Suspensorium, unten in das *Frenulum Velarii* oder das untere Suspensorium über. Durch Letzteres zerfällt der Distal-Abschnitt der Radial-Taschen in je 2 breite adradiale Lappentaschen.

Die 8 Lappentaschen oder Randtaschen *(Bursae lobares* vel *marginales*, Fig. 2, 3, 8 *bm)* entstehen dadurch, dass von jeder Sinnesnische ein perradiales Septum zum Velar-Rande herabgeht, welches den Distal-Theil jeder Radial-Tasche in 2 Hälften theilt. Dieses Septum ist nichts Anderes, als der Abaxial-Rand des Frenulum selbst, in welchem die umbrale und subumbrale Wand der Tasche mit einander verwachsen sind. Jede der so gebildeten Randtaschen ist rechteckig, ungefähr doppelt so breit als hoch. Von ihrem unteren oder distalen Rande gehen dendritische blinde Velar-Canäle in das *Velarium* hinein (Fig. 8 *cv*). Diese liegen vollständig in der verdickten Stützlamelle des letzteren und sind bandförmig abgeplattet; ihr Entoderm-Epithel ist, ebenso wie in den Radial-Taschen selbst, flach und hell an der umbralen, drüsig und hoch an der subumbralen Seite. Ihre Verästelung ist zierlich baumförmig und wird nach dem Perradius hin schwächer, nach dem Interradius hin stärker. Im Ganzen sind 48 Velar-Canäle vorhanden, da auf jeden Quadranten deren 12 kommen. Der grösste Velar-Canal liegt dem interradialen Pedal am nächsten und zeigt 6—8 Paar Seitenäste, die theils einfach, theils gespalten sind. Hingegen nimmt die Zahl und Grösse der unregelmässigen Seitenäste nach dem Frenulum hin beständig ab (Fig. 8). Die Velar-Canäle liegen frei in der gallertigen Fulcral-Lamelle des Velarium und hängen unter einander nicht durch eine Cathammal-Platte zusammen; sie sind daher secundäre Bildungen, welche erst nachträglich vom Distal-Rande der Lappentaschen in die solide Stützplatte des Velarium hineingewachsen sind.

Die 4 perradialen Rhopalar-Canäle (oder Ocular-Gefässe) entspringen mit trichterförmiger Basis aus der Mittellinie der Radial-Taschen oberhalb der Velar-Frenula, gehen verengt unmittelbar in den Stiel der Sinneskolben hinein und enden mit ampullenförmiger Erweiterung in deren freiem Kopftheile. Die 4 Tentakel-Canäle (oder die Pedal-Canäle, welche in die Tentakeln führen) entspringen an den 4 interradialen Schirm-Ecken mit doppelter Wurzel, indem jeder Tentakel aus der distalen Ecke jeder viereckigen Radial-Tasche einen Wurzel-Canal erhält. Jede Tasche giebt somit 2 Wurzel-Canäle ab, für 2 benachbarte Tentakeln. Die Vereinigung der beiden Wurzel-Canäle findet unmittelbar unterhalb des distalen Septum-Endes statt. Der daraus hervorgehende Tentakel-Canal durchsetzt den Tentakel in seiner ganzen Länge und ist wegen der beträchtlichen Dicke der Tentakel-Wand verhältnissmässig sehr eng. Durch die Communication der Radialtaschen, welche die Wurzel-Canäle an ihrem Distalrande bewirken, entsteht eine Art marginaler Ringcanal.

Gonaden (Taf. XXVI, Fig. 2, 6, 10 s). Die Geschlechtsdrüsen bilden 8 breite und dünne, halbeiförmige Blätter, sind paarweise längs der 4 interradialen Septal-Leisten angeheftet und ragen von diesen aus frei in die 4 Radial-Taschen hinein; sie füllen deren Hohlraum grösstentheils aus, so dass die beiden Geschlechtsblätter jeder Tasche in deren Mitte mit ihren freien Rändern sich berühren oder selbst über einander greifen (Fig. 2 s). Claus findet in dieser Bildung „eine höchst abweichende Gestaltung" (1879, Zoologie, p. 289). In der That aber ist der Unterschied, den die Geschlechtsdrüsen der Cubomedusen von denjenigen der übrigen Acraspeden darbieten, nur geringfügig; und die ersteren lassen sich leicht auf die letzteren zurückführen. Die meisten Lucernariden zeigen in den gröberen anatomischen Beziehungen ganz dieselben Verhältnisse, indem auch hier auf jede der 4 breiten Radial-Taschen 2 Gonaden kommen. Diese gehören aber nicht der betreffenden Tasche an, sondern vielmehr dem interradialen Septum, das je 2 Taschen trennt. Die beiden Gonaden, welche 2 benachbarten Taschen angehören und durch ein Septum getrennt werden, gehören zu einem Paare und sind bei *Halicyathus*, wie bei *Tesserantha* (Taf. XV) noch am Proximal-Ende des Septum durch einen convexen Bogen zu einem Hufeisen verbunden. Bei den übrigen Lucernariden (Taf. XVI, XVII) ist dieser U-förmige Verbindungsbogen rückgebildet, so dass nunmehr 8 getrennte adradiale Geschlechtsblätter neben einander liegen, und dasselbe gilt für die Peromedusen und Cubomedusen. Auch bei diesen letzteren ist es, wie bei den ersteren, das Subumbral-Entoderm der Radial-Taschen, welches die Geschlechtsproducte bildet (Fig. 10 dw). Denn die Geschlechtsblätter sind zwar meistens am Septum so angeheftet, dass sie unmittelbar die Umbral-Wand berühren; allein sie bleiben von dieser durch die Cathammal-Platte (ka) des Septum völlig getrennt, so dass sie trotzdem der Subumbral-Wand genetisch angehören. Jedes Genitalblatt ist eigentlich eine dünne Falte dieser Subumbral-Wand, indem die gallertige Stützlamelle der letzteren einen blattförmigen Fortsatz (Sterigma, Fig. 10 zs) bildet, der beiderseits vom subumbralen Entoderm-Epithel bekleidet ist. Aus diesem letzteren entwickeln sich auf beiden Seiten die Geschlechts-Producte, welche bei ihrer Reife frei in die Tasche hineinfallen; sie entstehen aus subepithelialen Entoderm-Zellen, welche beide Flächen des fulcralen Fortsatzes bekleiden. Dieser letztere entspricht dem Sterigma oder dem Fulcral-Gerüste in den Gonaden der Peromedusen (p. 71) und bildete in den vorliegenden beiden weiblichen Exemplaren eine breite faserige Axenplatte (Fig. 10 zs), welche mit jüngeren und älteren Eizellen dicht bedeckt ist (so). Auf beiden freien Flächen sind die Geschlechtsblätter von dem zusammenhängenden Cylinder-Epithel des Entoderms überzogen (Fig. 10 *sd*). Aus den Radial-Taschen gelangen die reifen Geschlechts-Producte durch die Gastral-Ostien in den Magen und werden durch den Mund entleert.

<hr />

VIII. Achte Medusen-Ordnung:

(Vierte Ordnung der Acraspeden:)

DISCOMEDUSAE, Haeckel (1866).

Character der Discomedusen-Ordnung: **Acraspeden mit 8—16 oder mehr Sinnes-kolben (stets 4 perradialen und 4 interradialen, ausserdem bisweilen noch mehreren accessorischen); in jedem Sinneskolben ein Hörkölbchen mit entodermalem Otolithen-Sack, und oft zugleich ein Auge. Randlappen stets 8 Paar primäre (Ephyra-Lappen), ausserdem oft zahlreiche accessorische (Velar-Lappen). Tentakeln bald vorhanden, bald fehlend. Magen von einem Kranze radialer Fortsätze umgeben (8—16—32 oder mehr); bald breiten Radial-Taschen, bald schmalen Radial-Canälen. Gonaden 4 interradiale faltige Wülste in der subumbralen Magenwand, aus deren Ento-derm entwickelt (selten in 8 adradiale Wülste zerfallen); bald in Taschenform nach innen in die centrale Magenhöhle eingestülpt, bald in Hernienform nach aussen in die Schirmhöhle ausge-stülpt. Schirm abgeplattet, scheibenförmig. Gemeinsame Ausgangsform aller Discomedusen die octomerale Ephyra.**

VIII A. Erste Unterordnung der Discomedusen:

CANNOSTOMAE, Haeckel (1879). Rohrmündige Scheibenquallen.

Discomedusen mit einfachem, vierseitig-prismatischem Mundrohr, ohne Mundarme; mit einfacher centraler Mund-öffnung und mit kurzen soliden Tentakeln.

Familia: EPHYRIDAE, Haeckel (1877).

Haeckel, System der Medusen, 1879; Taf. XXVII, XXVIII, p. 450.

Familien-Character: **Cannostomen mit breiten Radial-Taschen, ohne terminale Ast-Canäle. [— Discomedusen mit einfachem vierkantigem Mundrohr, ohne Mundarme, mit einfacher centraler Mundöffnung. Meistens 16 breite Radial-Taschen (8 oculare und 8 tentaculare), seltener 32—64. Meistens 8 Sinneskolben (4 perradiale und 4 interradiale), seltener 16—32. Mit diesen alternirend eben so viele kurze solide Tentakeln. Meistens 16 (seltener 32—64) Randlappen, mit oder ohne einfache Lappentaschen, stets ohne verästelte Lappen-Canäle. 4 interradiale oder 8 adradiale Gonaden in der subumbralen Magenwand.]**

Subfamilia: NAUSITHOIDAE, Haeckel (1879).

Ephyriden mit 8 Sinneskolben und mit 8 adradialen Tentakeln, mit 16 Randlappen und mit 8 getrennten adradialen Gonaden.

Genus: **NAUPHANTA**, Haeckel (1879).

Ναυφάντη, = Schiffsname bei Aristophanes.

Genus-Diagnose: Ephyride mit 8 Sinneskolben und 8 Tentakeln, mit 16 Randlappen und 32 Lappentaschen (16 ocularen und 16 tentacularen). Central-Magen durch 4 perradiale Gastral-Ostien in einen Ring-Sinus geöffnet, von dessen Distal-Rande 16 Kranztaschen abgehen. 8 getrennte, adradiale Gonaden gleichmässig vertheilt, nicht paarweise gruppirt.

Das Genus *Nauphanta* ist bis jetzt bloss durch die merkwürdige, nachstehend beschriebene Tiefsee-Meduse vertreten. Unter den bisher bekannten Medusen steht sie der mediterranen *Nausithoë* am nächsten, unterscheidet sich jedoch von ihr mehrfach durch eigenthümliche Structur-Verhältnisse. Die Sculptur der Exumbrella mit ihrer tief einschneidenden Kranzfurche zwischen centraler Scheibe und peripherem Kranz, sowie mit den stark vortretenden Pedalien (polyedrischen Gallertwülsten zwischen den Radial-Furchen) erinnert auffallend an die *Periphyllidae* und *Collaspidae*; auch in anderer Beziehung erscheint sie als eine sehr alte, zwischen Peromedusen, Cubomedusen und Discomedusen vermittelnde Zwischenform; indem sie nahe morphologische Beziehungen zu allen diesen Gruppen besitzt, deutet sie auf die gemeinsame Abstammung der Ephyronien und Tesseronien hin. Unter den 3 Gattungen der Nausithoiden nimmt *Nauphanta* den höchsten Rang ein und stellt überhaupt unter den achtzähligen Ephyriden die am meisten entwickelte Form dar. In mancher Beziehung nähert sie sich bereits den nachfolgenden, vielzähligen Collaspiden. Mit der nächst verwandten *Zonephyra* und mit *Pelagia* stimmt sie überein durch den Besitz von 32 Lappentaschen, während sie von Beiden abweicht durch die Bildung der Geschlechtsorgane. Diese verhalten sich ähnlich wie bei *Nausithoë*, und bilden 8 rundliche adradiale Säckchen von gleicher Form und gleichem Abstande. Die beiden vorliegenden Exemplare, ein Männchen und ein Weibchen, sind vollkommen geschlechtsreif. Die Ovarien sind 8 höckerige schildförmige Platten, deren entodermale Oberfläche mit sehr grossen Eiern bedeckt ist. Die Spermarien bilden statt deren zahlreiche fingerförmige Sperma-Beutel. Die entwickelten Pedalien des Exumbrella-Kranzes erinnern einerseits an die Peromedusen (*Periphylla*), anderseits an die Collaspiden (*Atolla*). Gleich dieser letzteren ist *Nauphanta* eine echte Tiefsee-Form von hohem phylogenetischen Alter.

Species: **Nauphanta Challengeri**, Haeckel.

Tafel XXVI, XXVII.

Nauphanta Challengeri, Haeckel, 1879; System der Medusen p. 487, Nr. 452.

Species-Diagnose: Schirm mützenförmig, mit horizontaler Scheitelfläche und verticaler Seitenwand, 1½ mal so breit als hoch. Exumbrella mit tiefer Kranzfurche und 16 tiefen Radial-Furchen. Schirmkranz mit 16 Pedalien (8 schwächeren rhopalaren und 8 stärkeren tentacularen). 16 Randlappen eiförmig, fast doppelt so lang als breit, mit tiefer Spangenfurche, etwa ⅓ so lang als der Schirm-Radius. Tentakeln cylindrisch, zugespitzt, etwa so lang als der Schirm-Radius. Gonaden 8 länglichrunde, adradiale, nierenförmige Wülste, doppelt so lang als breit; ihre Proximal-Hälften etwas breiter als ihre Intervalle, ihre Distal-Hälften vom Kranzmuskel verdeckt.

Grösse: Horizontal-Diameter 12 Mm.; Vertical-Diameter 8 Mm.

Fundort: Süd-Atlantischer Ocean, unweit der Insel Tristan d'Acunha; Lat. S. 32° 24'; Long. W. v. Greenw. 13° 5'; in 8550 Fuss (= 1425 Faden) Tiefe. Station 335 der Challenger-Expedition. Die beiden untersuchten Exemplare (ein männliches und ein weibliches) sind gut conservirt und wurden am 16. März 1876 gefangen. Die abgebildeten Quer- und Längsschnitte wurden von den beiden Hälften des halbirten weiblichen Exemplares angefertigt.

Umbrella (Taf. XXVII, Fig. 1; Taf. XXVIII, Fig. 12—14). Der Schirm von *Nauphanta Challengeri* hat die Form einer Mütze oder eines Barettes und ist bedeutend höher gewölbt als bei den meisten anderen Discomedusen. Auch die specielle Conformation desselben, und insbesondere die eigenthümliche Sculptur der Exumbrella, erinnert vielfach an die Cubomedusen und Peromedusen, mit denen die ältesten Stammformen der Discomedusen offenbar noch sehr nahe verwandt sind. Die Höhe des Schirmes beträgt $\frac{3}{4}$ von dessen Breite. Während die obere abgeplattete Scheitelfläche fast horizontal erscheint, fallen die steilen Seitenwände fast vertical ab. Zwischen erstem und zweitem Drittel seiner Höhe wird der Schirm durch eine tiefe horizontale Kranzfurche *(Fossa coronaris, cc)* eingeschnürt und zerfällt dadurch in eine obere (centrale) Schirmscheibe und in einen unteren (peripheren) Schirmkranz. Die Schirmscheibe (*Discus umbrellae*), welche in der Mitte oben napfartig vertieft ist, bildet die horizontale Decke des flachen scheibenförmigen Basal-Magens (*gb*); der Schirmkranz hingegen (*Corona umbrellae*) umschliesst den Kranz der Radial-Taschen und trägt unten am Rande den Kranz der Tentakeln und Rhopalien, sowie der mit diesen alternirenden Randlappen.

Die Exumbrella (Fig. 1, 13) ist ausser der horizontalen Kranzfurche (*cc*) auch durch tiefe radiale oder longitudinale Furchen ausgezeichnet, welche in gleicher Weise wie bei *Periphylla* (Taf. XIX, XX) die äussere Schirmfläche in convex vorspringende Gallert-Wülste theilen. Im Ganzen können 16 tiefe subradiale und 16 seichtere, mit diesen alternirende Längsfurchen unterschieden werden. Diese letzteren durchschneiden fast die ganze Exumbrella und treffen sowohl die Schirmscheibe als den Schirmkranz, während die tieferen subradialen Furchen sich auf den Schirmkranz beschränken. Von den 16 seichten Längsfurchen sind 4 perradial, 4 interradial und 8 adradial. In der centralen Schirmscheibe stehen dieselben in gleichen Abständen und theilen deren periphere, verdickte Hälfte in 16 gleiche subradiale Scheibenwülste, während ihre dünnere centrale Hälfte ungefurcht bleibt und zugleich beträchtlich verdünnt ist (Fig. 1, 13, 14). In dem peripheren Schirmkranze hingegen sind sie bloss im Distal-Stück der 16 Kranz-Wülste ausgeprägt. Zwischen letzteren liegen die tieferen 16 subradialen Längsfurchen, welche den ganzen Schirmkranz durchschneiden und paarweise dergestalt genähert sind, dass derselbe in 8 schmälere und 8 breitere Gallertsockel oder Pedalien zerfällt; jene tragen die 8 Rhopalien, diese die 8 Tentakeln (Fig. 1, 13). Jeder der 16 Gallertsockel besteht aus einem dickeren ungetheilten Proximal-Stück und einem dünneren, durch eine seichte Radial-Furche halbirten Distal-Stück; ersteres enthält eine Kranztasche, letzteres ein Paar Lappentaschen. Die 8 schmäleren, principalen Ocular-Sockel (*Pedalia rhopalaria*), 4 perradiale (*up*) und 4 interradiale (*ui*), zeichnen sich dadurch aus, dass ihre Seitenlinien concav ausgeschweift sind und ihr schmäleres Proximal-Stück nur halb so lang als das gabeltheilige Distal-Stück. Die 8 breiteren, adradialen Fühler-Sockel (*Pedalia tentacularia, ua*) zeigen umgekehrt convex vorspringende Seiten-Linien, und ihr breiteres Proximal-Stück ist fast doppelt so lang als das tief ausgeschnittene Distal-Stück (Fig. 1, 13). Die Enden der Gabel-Hälften sind an allen 16 Pedalien stumpf abgerundet und setzen sich scharf von dem Randsaum der dünnen Randlappen ab (*Patagium, lp*).

Die Subumbrella (Fig. 12, 13) zerfällt durch den breiten Kranzmuskel (*mc*) in 3 Abschnitte, welche durch dessen beide Ränder von einander getrennt werden. Das innere oder obere, intracoronare Drittel derselben reicht von der Magen-Insertion (bezüglich von den 4 Pylorus-Klappen oder interradialen Septal-Knoten) bis zum inneren oder proximalen Rande des Kranzmuskels (*mc₁*) und enthält die Proximal-Hälften der 8 adradialen Gonaden (*s*), sowie die 8 schmalen longitudinalen

Delta-Muskeln, welche mit jenen alterniren; von diesen sind die 4 interradialen (Fig. 12 md') bedeutend stärker und breiter als die 4 perradialen (Fig. 12 md), ähnlich wie bei *Atolla* (Taf. XXIX). Das mittlere oder coronare Drittel der Subumbrella wird lediglich von dem breiten Kranzmuskel (*M. coronaris*, Fig. 12, 14 mc) eingenommen. Dieser verhält sich ganz ähnlich wie bei *Periphylla* und zerfällt durch die 16 subradialen Lappenspangen (Fig. 12 kl) in 16 viereckige Kranztafeln. Von diesen sind die 8 adradialen (tentacularen) bedeutend breiter als die 8 principalen (rhopalaren); die ersteren bedecken zugleich die Distal-Hälften der Gonaden an ihrer Axial-Seite. Das äussere oder untere, extracoronare Drittel der Subumbrella reicht vom äusseren oder distalen Rande des Kranzmuskels (mc_4) bis zum eigentlichen Schirmrande und wird vom Lappenkranze eingenommen. An diesem sind 16 Paar longitudinale Lappenmuskeln zu erkennen, ein Paar für jeden Randlappen.

Die Schirmhöhle (h) ist wegen der hohen Wölbung des Schirmes geräumiger und höher als bei den meisten anderen Discomedusen. Ihre Gestalt ist beinahe cylindrisch, indem ihre subumbrale Seitenwand fast senkrecht aufsteigt (Fig. 14). Jedoch wird sie dadurch, dass die 8 Gonaden stark gewölbt nach innen vorspringen, mehr achtseitig-prismatisch. Ihre obere Grundfläche wird von dem subumbralen Magenboden (gw) eingenommen, die untere Grundfläche von der weiten Schirm-Mündung, umgeben vom Kranze der Randlappen. Den axialen Mittelraum der proximalen Hälfte füllt das herabhängende Mundrohr aus. Indem die subumbrale Magenwand oben in perradialer Richtung 4 schmale Mesenterial-Falten oder Mesogonien bildet, und zwischen diesen in interradialer Richtung weiter nach oben vorspringt, entstehen 4 flache interradiale Trichterhöhlen (Fig. 3 ii); dieselben werden überwölbt von den 4 flachen Pylorus-Klappen (Fig. 2 gi), welche die Phacellen tragen (Fig. 2 f). Die specielle Bildung dieser Theile ist sehr ähnlich derjenigen vieler Cubomedusen (Charybdeiden).

Schirmrand (Taf. XXVII, Fig. 1; Taf. XXVIII, Fig. 12—14). Wie bei *Ephyra*, der gemeinsamen Stammform aller Discomedusen, und wie bei den meisten Gattungen der Ephyriden-Familie (allen Palephyriden und Nausithoiden) so setzt sich auch bei *Nauphanta* der Schirmrand ganz regelmässig aus folgenden Rand-Organen zusammen: 8 Rhopalien (4 perradialen und 4 interradialen), 8 adradialen, mit diesen alternirenden Tentakeln, und 16 subradialen Randlappen, welche zwischen erstere und letztere eingefügt sind. Die Zahl der 16 Rand-Organe, welche mit den 16 subradialen Randlappen alterniren, ist demnach hier dieselbe wie bei *Tesserantha* (Taf. XV) und *Periphylla* (Taf. XVIII etc.). Während aber bei der Stauromeduse *Tesserantha* alle 16 Randorgane einfache Tentakeln bleiben, bei der Peromeduse *Periphylla* die 4 interradialen in Rhopalien verwandelt, die 12 übrigen Tentakeln geblieben sind, erscheinen bei unseren Ephyriden nur die 8 adradialen Tentakeln permanent; hingegen sind die 8 principalen (4 perradiale und 4 interradiale) in characteristische Sinneskolben verwandelt, wie bei allen übrigen Discomedusen.

Die 8 Sinneskolben oder Rhopalien (Fig. 12, 13 cr, Fig. 20) gleichen unter den bekannten Formen dieser Organe am meisten denjenigen der nächstverwandten *Nausithoë*, stimmen aber auch mit denjenigen von *Periphylla* (Taf. XVIII) in den meisten und wichtigsten Beziehungen überein. Von denjenigen der meisten anderen Discomedusen unterscheiden sie sich durch ihre breite gedrungene Gestalt. Die 8 Sinneskolben liegen verborgen zwischen je 2 Randlappen in 4 perradialen und 4 interradialen tiefen Einschnitten des Schirmrandes, welche mit den tieferen Tentakel-Einschnitten alterniren (Fig. 1, 12—14). Im Ganzen hat jedes Rhopalium (Fig. 20) die Gestalt eines breiten, zungenförmigen Blattes und ist ungefähr $1\frac{1}{2}$mal so lang als breit. Bei der normalen Haltung des verticalen Schirmrandes ist dasselbe mit dem freien Distal-Ende dergestalt nach abwärts gerichtet, dass die convexe Abaxial-Fläche frei nach aussen, die concave Axial-Fläche nach innen gegen die Schirmhöhle sieht.

Von den 4 Sinnesorganen, welche in jedem Rhopalium vereinigt sind, liegt das Riechgrübchen an der convexen Aussenseite des Basaltheiles, das Auge gegenüber an dessen concaver Innenseite, die Tastplatte unterhalb des letzteren und das freie Hörkölbchen versteckt in der geräumigen Hörnische (Fig. 20 *on*). Das Riechgrübchen oder der Riechtrichter *(Infundibulum olfactorium, oz)* bildet eine flache kegelförmige Vertiefung in der convexen Exumbral-Seite des verdickten Basaltheiles; ihr Exoderm-Epithel ist in zierliche Falten gelegt und besteht aus stäbchenförmigen Sinneszellen (Riechzellen?). Ihm gegenüber findet sich an der concaven Subumbral-Seite ein breites schwarzbraunes Pigmentpolster (Fig. 20 *op*), in dessen Mitte das unpaare axiale Auge eingebettet ist; dasselbe scheint ähnlich wie bei *Nauithoë* eine concav-convexe Linse inmitten eines dunkleren Pigmenthügels zu enthalten (*oc*). Unterhalb desselben setzt sich ein schmäleres, dunkel-pigmentirtes Band ab, welches stärker convex vorspringt, ein verschieden gestaltetes Epithel mit langen Tasthaaren trägt und wahrscheinlich eine Tastplatte darstellt (*op*). Nach aussen von dieser (an ihrer Abaxial-Seite) erhebt sich mit dünnem Stiel das keulenförmige Hörkölbchen (*ok*); dasselbe hängt frei in die concave Rhopalar-Nische (*on*) hinab und wird nach aussen von der breiten, concav-convexen Deckschuppe oder Hörschuppe (*os*) schützend umgeben; der untere stumpfe Rand der letzteren ist nach innen und oben eingeschlagen (*os₁*). Das solide Hörkölbchen, dessen Exoderm-Epithel lange Hörhäärchen trägt, umschliesst in seinem freien angeschwollenen Distal-Ende einen kugeligen oder subsphärischen Otolithen (Fig. 20 *ol*, 21). Derselbe ist krystallinisch, durchsichtig und zeigt an seiner Oberfläche viele unregelmässig polygonale, schwach convexe Facetten und ausserdem eine scharf vortretende Granulation. Am Proximal-Ende scheinen mehrere kleinere Otolithen an den grossen angesetzt zu sein.

Die 8 Tentakeln (*t*), welche mit den 8 Rhopalien alterniren und demnach adradial liegen, entspringen weiter oberhalb in tieferen Einschnitten des Schirmrandes. Sie sind ungefähr so lang als die Schirmhöhe, cylindrisch, am Distal-Ende pfriemlich zugespitzt, an der proximalen Basis stark kegelförmig angeschwollen. Hier geht auch ein kurzer Canal (ein Ausläufer der 8 adradialen Kranztaschen) eine Strecke weit in den Basal-Theil der Tentakeln hinein, welche im Uebrigen solid sind. Die Hauptmasse derselben bildet eine weiche, elastische Chordal-Axe, aus grossen blasenförmigen Entoderm-Zellen zusammengesetzt. Der Exoderm-Ueberzug besteht theils aus Nesselzellen, theils aus Tastzellen, theils aus Epithel-Muskelzellen. Die langen Muskelfasern der letzteren verlaufen longitudinal und bilden an der Axial-Seite der Tentakeln einen stärkeren Längsmuskel.

Die 16 Randlappen (*lm*) liegen subradial, in der Mitte zwischen den 8 adradialen Tentakeln und den 8 principal gelegenen Rhopalien. Sie sind schief eiförmig, ungleichseitig, da ihr tentacularer Rand fast doppelt so lang ist als ihr rhopalarer Rand. In seiner Proximal-Hälfte ist jeder Randlappen beträchtlich verdickt durch die zugekehrten Gabel-Aeste von je 2 benachbarten Pedalien, während seine Distal-Hälfte durch ein sehr zartes und dünnhäutiges, fast dreieckiges Patagium gebildet wird (*lp*).

Gastrocanal-System (Taf. XXVII, Fig. 2—10; Taf. XXVIII, Fig. 12—15). Das Gastrovascular-System von *Nauphanta* erscheint auf den ersten Blick sehr einfach gebildet und nicht wesentlich verschieden von demjenigen der *Ephyrula*, der bekannten gemeinsamen Keimform der Discomedusen. Bei genauerer Untersuchung zeigt dasselbe jedoch mehrere, sehr merkwürdige und wichtige Bildungs-Verhältnisse, welche bei der grossen Mehrzahl der Discomedusen heute nicht mehr zu finden und welche als uralte, von der gemeinsamen Stammform der Acraspeden vererbte Eigenthümlichkeiten aufzufassen sind. Dadurch nähert sich *Nauphanta* theilweise mehr den Tesseronien als den übrigen Ephyronien und verbindet diese beiden Sublegionen der Acraspeden in der interessantesten Weise. Vor Allem ist in dieser Beziehung bemerkenswerth, dass hier noch die 4 bedeutungsvollen interradialen Septal-Knoten oder Cathammen existiren, welche die 4 breiten perradialen Magentaschen von einander trennen und welche bei den meisten Discomedusen gänzlich verschwunden sind. Unterhalb derselben (— also viel weiter nach aussen als bei den meisten übrigen Discomedusen —) liegen in der Subumbral-Wand des Kranzdarmes die Geschlechtsdrüsen. Aber auch in der besonderen Beschaffenheit des centralen Hauptdarmes, ebenso wie in derjenigen des peripheren Kranzdarmes, finden sich mehrfache Eigenthüm-lichkeiten, welche mehr an die Tesseronien als an die Ephyronien erinnern, und welche als uralte Erbstücke von der gemeinsamen Stammform beider Legionen zu beurtheilen sind.

Der axiale Hauptdarm (*Gaster principalis*, Fig. 2—7) scheint auf den ersten Blick, wie bei den übrigen Discomedusen, nur aus zwei Hauptabschnitten zu bestehen, aus dem oberen (aboralen) Central-Magen und dem unteren (oralen) Buccal-Magen; ersterer wird von der Schirmscheibe bedeckt und ist selbst flach scheibenförmig; letzterer ist mehr trichterförmig und hängt frei in die Schirmhöhle herab. Indessen ist der letztere in der Mitte durch eine Strictur eingeschnürt, welche wahrscheinlich dem Gaumenthor (*Porta palatina, gp*) der Tesseronien entspricht, und in diesem Falle würden hier noch alle drei Magenkammern dieser Legion zu unterscheiden sein. Die Grenze zwischen den beiden Haupt-abschnitten bildet die horizontale Cathammal-Ebene, in welcher die 4 Septal-Knoten oder Cathammen (*kn*) liegen; diese würde dann als Magenpforte (*Porta pylorica, gy*) aufzufassen sein. Im Uebrigen sind alle drei Magenkammern von höchst einfacher Bildung. Wenn wirklich die vorstehende Deutung richtig ist, so beschränkt sich der Buccal-Magen oder das Mundrohr (*Proboscis*) auf die unterhalb des Gau-mens (*gp*) liegende orale Hälfte, welche die Gestalt einer abgestutzten vierseitigen Pyramide hat. Die Basis der letzteren bildet die quadratische Mundöffnung, an deren 4 Ecken 4 perradiale kurze, drei-eckige Mundzipfel vorspringen (Fig. 12, 14 *al*). Sie reicht nur bis zum Proximal-Rande des Kranz-muskels herab; somit nimmt das Magenrohr nur die obere Hälfte der Schirmhöhle ein. Oberhalb des Palatum (*gp*) erweitert sich der Magen wiederum in Gestalt eines flachen Trichters, der wohl dem eigentlichen Central-Magen entspricht (*gc*). Derselbe mündet oben unmittelbar in den flachen Basal-Magen (*gb*) und erscheint von diesem nur durch die 4 interradialen Pylorus-Klappen getrennt (*Valvulae pyloricae, gi*). Das sind 4 flache, zungenartige Vorsprünge, welche von den 4 Septal-Knoten centripetal in den Magengrund hineinragen und an ihrer oberen freien Fläche die Gastral-Filamente tragen (Fig. 14 *f*); sie entsprechen vollständig den stärkeren Pylorus-Klappen vieler Cubomedusen (p. 83). Die ideale Horizontal-Ebene, in welcher dieselben liegen, entspricht dem Pylorus der Tesse-ronien und bildet daher eigentlich die untere Grenzfläche des Basal-Magens, dessen obere Decke durch die horizontale, fast ebene Entoderm-Fläche der centralen Gallertscheibe des Schirmes gebildet wird (Fig. 14 *ug*).

Die 4 Septal-Knoten (*Nodi cathammales*, Fig. 3 *kn*, Fig. 14 *kn*) sind 4 interradiale, kleine aber feste, knorpelharte Knoten, in denen die subumbrale Magenwand mit der umbralen fest verwachsen ist. Zwischen ihnen bleiben 4 breite horizontale Spalten übrig, die 4 perradialen Gastral-Ostien, durch welche der Central-Magen mit dem peripheren Kranzdarme communicirt. Offenbar entsprechen diese wichtigen Organisations-Verhältnisse vollständig denjenigen der Tesseronien. Insbesondere sind die 4 bedeutungsvollen interradialen Cathammal-Knoten denjenigen der Peromedusen ebenso homolog, wie der darunter gelegene Ring-Sinus; während anderseits mit vielen Cubomedusen eine besondere Ueber-einstimmung durch das Verhalten der 4 interradialen zungenförmigen Pylorus-Klappen hergestellt wird. Bei den meisten übrigen Discomedusen (wohl bei allen Semostomen und Rhizostomen) sind diese Tesse-ronien-Bildungen verschwunden, da die Septal-Knoten und Pylorus-Klappen rückgebildet wurden.

Die Gastral-Filamente (Taf. XXVIII, Fig. 18) sind nicht sehr zahlreich, aber verhältniss-mässig gross und stark. Sie bilden 4 bogenförmige interradiale Phacellen, deren convexer Rand dem freien Rande der zungenförmigen Pylorus-Klappe (gi) entspricht. Jeder halbmondförmige Pha-cellus besteht aus einer einzigen Reihe von 20—24 Gastral-Filamenten, welche dicht gedrängt neben einander stehen. Dieselben sind cylindrisch und nehmen von der Mitte des Phacellus nach beiden Enden hin an Länge ab; die längsten sind ungefähr ⅓ so lang als der Schirm-Radius.

Der periphere Kranzdarm (Gaster coronaris) reicht von der horizontalen Cathammal-Ebene der 4 Septal-Knoten (welche ein Stück oberhalb der exumbralen Kranzfurche liegt) bis zum Schirm-rande herab und besteht aus folgenden drei Kränzen oder horizontalen Abschnitten: A. ein proximaler oder oberer Kranz von 4 perradialen Magentaschen; B. ein mittlerer Kranz von 16 Kranztaschen und C. ein distaler oder unterer Kranz von 32 marginalen Lappentaschen. Bei genauerer Betrachtung lassen sich sogar 5 verschiedene Abschnitte des Kranzdarmes unterscheiden; denn zwischen die 4 per-radialen Haupttaschen und die 16 Kranztaschen ist noch ein besonderer Ringsinus (cs) und darunter ein Kranz von 8 Taschen eingeschaltet (Fig. 4). Vergl. die Querschnitte Fig. 2—10 und die Längs-schnitte Fig. 14, 15.

Die 4 breiten Radial-Taschen oder „perradialen Magentaschen" (Fig. 4), welche allen Tesse-ronien zukommen, sind auch hier unzweifelhaft vorhanden und werden zum Mindesten durch die 4 Gastral-Ostien oder die breiten Spalträume zwischen den 4 interradialen Septal-Knoten (kn) reprä-sentirt. Man kann jedoch auch den ringförmigen Hohlraum unterhalb der letzteren, zwischen ihnen und dem Proximal-Rande der Kranztaschen dazu rechnen, falls man diesen Hohlraum nicht lieber als besonderen Ringsinus (cs, Fig. 14) demjenigen der Peromedusen vergleichen will (Sinus coronaris, p. 67, Taf. XXI, cs). In der That sind hier die Verhältnisse ebenso wie bei allen denjenigen Tesse-ronien, deren interradiale Septen oder Cathammen nur kleine kurze Knoten, keine langen Leisten sind (vergl. oben p. 45 und 68).

Die 16 Kranztaschen (Bursae coronares), welche den mittleren Gürtel des Kranzdarmes bilden, gehen vom Distalrande des Ring-Sinus ab; sie sind abwechselnd breiter und schmäler und werden von einander durch 16 subradiale Septal-Leisten geschieden, welche die proximalen Fortsetzungen der 16 subradialen Lappenspangen bilden (Fig. 4—15 kl). Ihre innere oder axiale Wand bilden unten die 16 Kranztafeln des Kranzmuskels; ihre äussere oder abaxiale Wand hingegen die 16 Pedalien der Umbrella. Jede Kranztasche spaltet sich unten (am Distalrande des Kranzmuskels) in 3 blinde End-äste, von denen die beiden lateralen in die zugekehrten Hälften von 2 benachbarten Randlappen ein-treten, der mittlere hingegen entweder zu einem Rhopalium oder zu einem Tentakel hingeht. Die 8 schmäleren Ocular-Taschen (bo) (4 perradiale und 4 interradiale) gehen zu den 8 Rhopalien, in deren Ampulle ihr Mittelast blind endet. Die 8 breiteren Tentacular-Taschen (bt) sind viel weiter und enthalten die Distal-Hälften der Gonaden, welche an ihrer Subumbral-Wand befestigt sind; ihr mittlerer Endast geht in den Distal-Theil der Tentakeln hinein; sie springen beträchtlich weit in die Schirmhöhle vor (Fig. 5, 6). Von den 8 Ocular-Taschen sind die 4 perradialen etwas länger als die 4 interradialen; denn sie entspringen oben etwas höher aus dem Ring-Sinus als die letzteren. Daher erklärt es sich, dass auf dem Querschnitt des Schirmes gleich unterhalb des einfachen Ring-Sinus zu-nächst nur 8 Radial-Taschen erscheinen (Fig. 4). Die 4 schmalen perradialen Ocular-Taschen (bo₁) alterniren hier mit 4 sehr breiten und weiten Taschen (br₂), welche die oberen, proximalen Enden eines Gonaden-Paares enthalten; und welche sich etwas weiter unterhalb in 3 Taschen spalten, in eine mittlere, interradiale Ocular-Tasche und in 2 seitliche adradiale Tentakel-Taschen (Fig. 5). Aus der vergleichenden Betrachtung der Längsschnitte (Fig. 14, 15) und der Querschnitte (Fig. 3—8) wird dieses Verhalten der Kranztaschen am besten ersichtlich. Bemerkenswerth ist noch, dass sich das subumbrale Entoderm der Ocular-Taschen in hohe Papillen und Falten erhebt, welche dem Sterigma der Tentacular-Taschen entsprechen (Fig. 4—8).

Die 32 Lappentaschen (*Bursae lobares, bl*) erfüllen paarweise die Proximal-Hälfte der 16 Randlappen, während ihre zarte dünnhäutige Distal-Hälfte davon frei bleibt (Fig. 12, 14 *bl*). Die beiden Taschen jedes Lappens bleiben durch die subradiale Lappenspange (*kl*) getrennt und gehören zwei verschiedenen benachbarten Kranztaschen an, einer ocularen und einer tentacularen. Da die Rhopalien beträchtlich tiefer liegen als die Tentakel-Insertionen, so sind auch die 16 ocularen Lappentaschen bedeutend kürzer als die 16 tentacularen Lappentaschen. Die blinden Distal-Enden beider liegen aber in derselben Horizontal-Ebene. Der periphere Taschenkranz zeigt somit bei *Nauphanta* wesentlich dieselben Bildungs-Verhältnisse wie bei *Pelagia*.

Gonaden (Taf. XXVII, Fig. 4—8 *s*; Taf. XXVIII, Fig. 12—16 *s*). Die Geschlechtsdrüsen bilden in beiden Geschlechtern 8 getrennte bohnenförmige Drüsen, welche regelmässig adradial vertheilt innen an der Subumbral-Wand des Kranzdarmes liegen, oberhalb der 8 Tentakeln. Indessen lehrt die genauere Untersuchung, dass dieselben paarweise zusammen gehören, wie bei den Cubomedusen und Peromedusen. Somit sind eigentlich 4 interradiale Gonaden-Paare vorhanden, welche ursprünglich zu den 4 Septal-Knoten in unmittelbarer Beziehung standen. Insbesondere auf Querschnitten durch die Proximal-Hälfte der Ovarien, ein Stück oberhalb des Kranzmuskels, zeigt sich deutlich, dass die 8 Gonaden eigentlich 4 interradiale Paare bilden, die von den 4 interradialen Septal-Knoten aus sich entwickelt haben. Da wo die 4 interradialen Ocular-Taschen noch mit je 2 Tentakel-Taschen vereinigt sind (Fig. 4), liegt je ein Gonaden-Paar in einer breiten Interradial-Tasche (*br$_2$*); und etwas weiter unterhalb erscheint das Sterigma der beiden zusammengehörigen Gonaden dergestalt gekrümmt und eingerollt, dass ihre convexen und gelappten Oberflächen einander zugekehrt sind (Fig. 5). Mithin entsprechen die beiden Geschlechtsdrüsen jedes Paares den Bogenhälften der 4 interradialen Gonaden von *Tesserantha*. — Die Gestalt der Ovarien, ebenso wie der Spermarien von *Nauphanta* ist bohnen- oder nierenförmig, an der Axial-Seite concav, an der Abaxial-Seite convex. Mit dem obersten Theile ihrer abgerundeten dickeren Proximal-Hälfte reichen sie oben bis in den Ring-Sinus hinein, bis in die Nähe der Septal-Knoten, während sie mit dem untersten Theile ihrer dünneren Distal-Hälfte beinahe den Distal-Rand des Kranzmuskels und die Tentakel-Basis berühren. Beide Hälften werden äusserlich von einander durch den Proximal-Rand des Kranzmuskels getrennt (Fig. 12, 14 *mc$_1$*); dieser zieht schleierartig über die untere Hälfte hinweg. Bei oberflächlicher Betrachtung hat es den Anschein, dass die Gonaden in der Subumbrella — genauer in der Subumbral-Wand des Kranzdarmes — liegen und von da aus in die Schirmhöhle vorgestülpte Taschen bilden. Die Vergleichung der Längs- und Querschnitte lehrt jedoch, dass sie grösstentheils frei im Hohlraum der tentacularen Kranztaschen liegen und mit deren Subumbral-Wand nur an einer knotenartigen Stelle zusammenhängen, welche wir die Gonaden-Wurzel nennen wollen (Fig. 4—11, 15 *st$_1$*). An dieser Wurzel geht von der gelatinösen Stützlamelle der Subumbrella das Fulcral-Gerüste (*Sterigma*) aus, welches das entodermale Keim-Epithel trägt.

Das *Sterigma* (*st*) oder das Fulcral-Gerüste der Gonaden geht von der Wurzel als ein dicker kurzer Zapfen aus, welcher sich alsbald in Gestalt eines dünnen, stark gewölbten Schildes ausbreitet, vielfach faltet und an seiner convexen Oberfläche zahlreiche hohle Papillen von unregelmässiger Form treibt. Auf dem Querschnitt sowohl (Fig. 4—11) als auf dem Längsschnitt (Fig. 15) erscheint daher dieses Fulcral-Gerüste der Gonade dendritisch verästelt; es entspricht der gefiederten Gonaden-Rippe der Peromedusen (*Sterigma*, p. 71, Taf. XXIII, Fig. 38). Die knotenartige Wurzel des Sterigma ist halbmondförmig, am oberen oder proximalen Rande concav ausgeschnitten. Zugleich wird sie hier von einer blindsackförmigen Ausbuchtung der Kranztasche dergestalt ausgehöhlt, dass sie auf dem Querschnitt (Fig. 6) mit 2 getrennten Wurzelästen zu entspringen scheint; das sind die beiden Hörner des Halbmondes (*st''*). Die Gestalt des Sterigma ist somit eigentlich sehr complicirt (Fig. 2—15). Das knorpelartige Bindegewebe, welches das faserige Stroma des Sterigma bildet (Fig. 16 *st*), ist zellenreich, besonders gegen die entodermale Oberfläche. Da das Sterigma nur an seiner dünnen Wurzel mit der Subumbrella zusammenhängt, ragt es im Uebrigen ganz frei in den Hohlraum des Kranzdarmes hinein, und zwar mit der Proximal-Hälfte bis in den Ring-Sinus, mit der Distal-Hälfte in die 8 tentacularen Kranztaschen. An seiner convexen Aussenfläche ist das Sterigma von dem gewöhnlichen Entoderm der Subumbral-Wand des Kranzdarmes überzogen. An der concaven Innenfläche hingegen, welche einen vielfach ausgebuchteten Genital-Sinus umschliesst, verwandelt sich jenes Entoderm in Keim-Epithel, welches Geschlechts-Producte bildet.

Das Keim-Epithel des Entoderms (Fig. 16 *ds*), welches beim Weibchen grosse Eizellen, beim Männchen ungefähr doppelt so grosse Sperma-Follikel bildet, findet sich ausschliesslich an der concaven Innenfläche des muschelförmig eingebogenen Fulcral-Schildes, als Auskleidung des „Genital-Sinus", den dasselbe einschliesst. Dieser Sinus hat eine sehr complicirte Gestalt, da das schildförmige Sterigma nicht allein an seiner abaxialen (äusseren), sondern auch an seinen Seitenflächen stark convex eingeschlagen und dabei vielfach ausgebuchtet ist. Ausserdem ist die eingeschlagene concave Axial-Hälfte desselben mit der convexen Abaxial-Hälfte dergestalt grossentheils verwachsen, dass nur ein enger Eingang aus dem Hohlraum des Kranzdarmes in denjenigen des Genital-Sinus hineinführt. Dieser enge Eingang ist die *Apertura sinus genitalis (sa)*; sie ist schwer zu finden und scheint bei *Nauphanta*, wie bei *Atolla*, an den beiden, zu einem interradialen Paare gehörigen Gonaden einander zugekehrt zu liegen, an der interradialen Seite der Sterigma-Wurzel. Die Apertur war an den beiden conservirten Spiritus-Exemplaren um so schwieriger zu finden, als der Hohlraum des Sinus fast ganz mit geronnenem Schleim (?) erfüllt und das Epithel grösstentheils zerstört war. Die reifen Eizellen sowohl als die reifen Spermaballen gelangen aus dem Keim-Epithel in die darunter gelegene Gallertplatte des Sterigma und werden hier in dünnwandige Fulcral-Kapseln eingeschlossen. Später bersten diese; die reifen Geschlechts-Producte fallen dann wahrscheinlich nicht direct in den Hohlraum des Kranzdarmes hinein, sondern in den Genital-Sinus, aus dem sie durch dessen Apertur zunächst in den ersteren entleert werden; dann gelangen sie von da durch die Gastral-Ostien in den Magen und von hier durch den Mund nach aussen.

Subfamilia: **COLLASPIDAE**, Haeckel (1879).

Ephyriden mit 16—32 Sinneskolben und mit eben so vielen Tentakeln, mit 32—64 Randlappen und mit 8 getrennten adradialen Gonaden.

Genus: **ATOLLA**, Haeckel (1879).

Atolla = Insel mit ringförmigem Korallen-Gürtel.

Genus-Diagnose: Ephyride mit 16—32 rudimentären Sinneskolben und eben so vielen Tentakeln, mit 32—64 Randlappen und mit 64—128 Lappentaschen. Central-Magen durch 4 perradiale Gastral-Ostien in einen Ringsinus geöffnet, von dessen Distal-Rande 16—32 breite tentaculare Kranztaschen abgehen, und mit diesen alternirend ebenso viele rudimentäre Ocular-Canäle. 8 getrennte adradiale Gonaden paarweise gruppirt, nicht in gleichen Abständen vertheilt.

Das Genus *Atolla* gehört gleich der vorhergehenden *Nauphanta* zu den merkwürdigsten und morphologisch interessantesten Tiefsee-Medusen, welche die Challenger-Expedition an den Tag gefördert hat. Beide sind uralte Ueberbleibsel von einer ausgestorbenen Stammgruppe der Discomedusen, welche deutlich auf den innigen Zusammenhang dieser Ordnung mit den Cubomedusen und Peromedusen hinweisen. Eine nächste Verwandte besitzt *Atolla* in der ähnlichen, ebenfalls die antarktische Tiefsee bewohnenden *Collaspis*, welche ich im „System der Medusen" (1879, p. 489, Taf. XXVIII) beschrieben habe. Beide zusammen bilden eine besondere kleine Gruppe von Tiefsee-Cannostomen, welche ich zwar vorläufig noch als Subfamilie den Ephyriden anschliesse, welche aber künftig wohl besser als selbständige „Familie der Collaspiden" von diesen getrennt werden dürfte. Im Wesentlichen sind diese beiden Genera als Ephyriden zu betrachten, die sich durch verhältnissmässig colossale Grösse und eigenthümliche Complicationen in der Bildung des Schirmkranzes und des Kranzdarmes auszeichnen. Die centrale Schirmscheibe, welche durch eine tiefe Kranzfurche vom umgebenden Schirmkranze getrennt ist, besitzt im Ganzen denselben Bau, wie bei den Nausithoiden, insbesondere bei *Nauphanta*. Das weite, aber kurze, vierseitige und auf dem Querschnitt kreuzförmige Mundrohr ist von 8 Gonaden umgeben, welche bei *Atolla* (— wie bei *Nausicaa* —) paarweise gruppirt, hingegen bei *Collaspis* (— wie bei *Nausithoe* oder *Nauphanta* —) in gleichen Abständen adradial vertheilt sind. Ganz abweichend ist die Bildung des peripheren Schirmkranzes, welcher sich durch vermehrte Zahl der Randorgane, sowie durch besondere Modificationen der Structur auszeichnet. Während bei sämmtlichen übrigen Ephyriden, sowohl Nausithoiden als Palephyriden, die Zahl der Sinneskolben, Tentakeln und Lappen-Paare beständig acht beträgt, steigt sie bei den Collaspiden auf 16—32, und scheint in ähnlicher Weise unbeständig und wechselnd zu sein, wie bei den meisten polynemalen Narcomedusen. Letzteren sind diese sonderbaren Discomedusen überhaupt so ähnlich, dass ich sie beim ersten Anblick für Riesenformen derselben hielt. Eine andere Eigenthümlichkeit der Collaspiden besteht in der ausserordentlich starken Entwickelung ihres Kranzmuskels. Dieser zerfällt in zwei verschiedene, scharf abgesetzte Ringe: einen inneren oder axialen, der zart und dünn, velumähnlich, und einen äusseren oder abaxialen, der unverhältnissmässig dick und in 16—32 Tafeln getheilt ist. Unmittelbar darunter finden sich an der Basis jedes kurzen Tentakels 2 dicke spindelförmige Wurzelmuskeln, ähnlich wie bei den Peromedusen. Diesen letzteren gleichen die Collaspiden auch auffallend in der Sculptur der Exumbrella, indem deren Kranztheil durch tiefe Furchen in dicke polyedrische Gallertstücke oder Pedalien getheilt ist. Die Hälfte dieser Pedalien sind Träger der Sinneskolben, die Hälfte Stützen der Tentakeln. Die Sinneskolben und die dazu gehörigen Taschen sind bei *Collaspis* klein und dürftig entwickelt, bei *Atolla* ganz rudimentär. Wahrscheinlich ist diese Rückbildung der höheren Sinnes-Organe eine Folge der Anpassung an das Leben in grossen Meerestiefen. Sehr interessant und wichtig ist auch die Bildung des Kranzdarmes, indem dieser ähnlich wie bei den Peromedusen in seinem Proximal-Theil einen weiten Ring-Sinus bildet. Dieser communicirt, wie bei *Nauphanta*, an seinem Distal-Rande mit dem marginalen Taschenkranz, an seinem Proximal-Rande hingegen durch 4 perradiale Gastral-Ostien mit dem Central-Magen. Bei den meisten übrigen Discomedusen ist diese ursprüngliche Einrichtung verschwunden, indem die 4 interradialen Septal-Knoten zwischen den Gastral-Ostien rückgebildet und somit auch die 4 perradialen, durch sie getrennten Magentaschen nicht mehr vorhanden sind; diese sind nebst dem Ring-Sinus hier im Central-Magen in Folge dessen aufgegangen.

Species: **Atolla Wyvillei**, Haeckel.

Tafel XXIX.

Atolla Wyvillei, Haeckel, 1879; System der Medusen, p. 488, Nr. 453.

Species-Diagnose: Schirm ganz flach, scheibenförmig, etwa 6 mal so breit als hoch. Radius der centralen Schirmscheibe doppelt so gross als der des peripheren Schirm-Kranzes; beide durch eine sehr tiefe Kranzfurche getrennt. Mundrohr in der Mitte eingeschnürt, vierseitig-prismatisch, 2—3 mal so breit als hoch. Gonaden in dessen Umkreis 8 elliptische adradiale Taschen, paarweise gruppirt, ihre perradialen Abstände kleiner als die interradialen. 19—22 (16—32?) rudimentäre Sinneskolben und eben so viele kurze, damit alternirende Tentakeln (halb so lang als der Schirm-Radius). Tentakel-Pedalien breiter und kürzer als die Rhopalar-Pedalien. Die rhopalaren Lappen-Canäle rudimentär, viel schmäler und kürzer als die tentacularen. Randlappen elliptisch, stumpf.

Grösse: Horizontal-Diameter der Umbrella 58—66 Mm., Vertical-Diameter 10—12 Mm.

Fundort: Antarctischer Ocean der östlichen und westlichen Hemisphäre, in Tiefen von circa 12,000 Fuss. Von dieser merkwürdigen Species erbeutete die Challenger-Expedition 5 Exemplare, welche ich in Alkohol conservirt untersuchen konnte. Leider war der Erhaltungs-Zustand trotz der derben Körper-Beschaffenheit nur mangelhaft, die Epithelien fast sämmtlich verloren. Alle 5 Exemplare waren geschlechtsreife Weibchen. 3 derselben wurden am 3. März 1874 gefangen (Station 157 des Challenger-Cataloges: Lat. 53 ° 55′ S. Br., 108 ° 35′ Ö. L.). Diese Stelle des antarktischen Oceans liegt ungefähr in der Mitte zwischen Kerguelen-Inseln und Melbourne. Die Tiefe betrug 1950 Faden (11,700 Fuss). Die beiden anderen Exemplare wurden am 11. Februar 1876 aus 2040 Faden (= 12,240 Fuss) Tiefe gehoben (Station 318 des Challenger-Cataloges; 42 ° 32′ S. B., 56 ° 27′ W. L.). Diese Stelle des Südatlantischen Oceans liegt unweit der Küste von Patagonien, S. Matias Bay. Die Boden-Temperatur betrug 0,4 ° C. Die 3 indisch-antarktischen und die 2 atlantisch-antarktischen Exemplare stimmen im Bau völlig überein und zeigen keinerlei specifische Unterschiede. Der horizontale Schirm-Durchmesser der drei ersteren (von Station 157) betrug 66, 58 und 50 Mm.; der Durchmesser der beiden letzteren (von Station 318) betrug 40 und 38 Mm. Das kleinste Exemplar der letzteren (von 38 Mm.) hatte nur 19 Tentakeln und 19 Lappen-Paare; die 4 anderen Exemplare besassen sämmtlich 22 Tentakeln und 22 Lappen-Paare. Ich benenne diese höchst interessante Species zu Ehren von Sir Wyville Thomson, des verdienstvollen wissenschaftlichen Directors der Challenger-Expedition.

Umbrella (Fig. 1—4). Der Schirm von *Atolla Wyvillei* bildet eine kreisrunde, dicke, ganz flache Scheibe, welche ungefähr 6 mal so breit als hoch ist; sie hat 60—70 (genauer 58—66) Mm. Durchmesser, bei 10—12 Mm. Höhe. Die Consistenz desselben ist sehr fest, knorpelartig. Die Exumbrella (Fig. 1, Fig. 4 rechte Hälfte) wird durch eine breite und sehr tiefe Kranzfurche (*ec*) in eine centrale Schirmscheibe und einen peripheren Schirmkranz getheilt. Der letztere umgiebt die erstere in ähnlicher Weise wie ein Wall die Festung, oder wie ein Atoll, ein ringförmiger Korallen-Gürtel, die eingeschlossene Insel, die von ihm durch einen Lagunen-Ring getrennt ist. Die Central-Scheibe *(Discus umbralis, uc)* ist eine ebene, glatte, kreisrunde Gallertscheibe; ihr Radius ist doppelt so gross als die Breite des Schirmkranzes und beträgt mithin ⅔ des gesammten Schirm-Radius. Ihr Rand zerfällt durch 19—22 radiale Einkerbungen oder Ausschnitte (*es*) in eben so viele Zacken oder Zinnen (*er*). Diese Scheiben-Zinnen sind viereckig, 5 Mm. breit und ungefähr eben so lang; ihre Höhe am äusseren, senkrechten Absturz in den Wallgraben beträgt 8 Mm. Die Scheiben-Zinnen liegen in denselben

Radien wie die Rhopalar-Pedalien (*uo*); sie alterniren mit den Tentakel-Pedalien (*ut*), welche den Radial-Furchen (*es*) zwischen den Zinnen entsprechen.

Die exumbrale Kranzfurche *(Fossa circularis, ec)* ist bei *Atolla* so tief, dass in ihrem Grunde die centrale Schirmscheibe mit dem peripheren Schirmkranze nur durch einen ganz dünnen Gallertring zusammenhängt (Fig. 4 *ec*). Ihre Tiefe beträgt 6—7 Mm.; ihre grösste Breite (im unteren Drittel) 4 Mm. Sie gleicht einem Lagunen-Ring oder einem tiefen Graben, welcher die centrale Insel von dem umgebenden Atoll-Riffe trennt, wie die eingeschlossene Festung von ihrem Ring-Walle. Da aber die Zacken der ersteren, gleich überhängenden Felsen, nach aussen über den Wallgraben mit ihrer oberen Kante vorspringen, so erscheint der obere, spaltförmige Eingang in die Kranzfurche nur 1—2 Mm. breit.

Der periphere Schirmkranz *(Corona umbralis)* ist halb so breit als der Radius der centralen Schirmscheibe und setzt sich aus 3 verschiedenen Gürteln zusammen: einem inneren Gürtel von Tentakel-Pedalien (*ut*), einem mittleren Gürtel von Rhopalar-Pedalien (*uo*) und einem äusseren Gürtel von Randlappen (*l*). Der innere Gürtel besteht aus einem Kranze von 19—22 Gallertsockeln der Tentakeln (*Pedalia tentacularia, ut*). Das sind dicke, beinahe würfelförmige Gallert-Stücke, welche dicht an einander stossen und nur durch seichte Radial-Furchen getrennt werden. Die Seitenlänge dieser Gallertwürfel beträgt ungefähr 6 Mm. Jedes Pedal bildet die Basis oder den Sockel eines Tentakels, der von seiner Aussenfläche entspringt. Betrachtet man diese Gallertwürfel genauer, so ergeben sich folgende Form-Verhältnisse. Die obere (aborale) Fläche (Fig. 1 *ut*) ist glatt, etwas convex vorgewölbt und sechseckig; von den sechs Seitenlinien dieses Sechseckes stösst die innere an die Kranzfurche und steht gegenüber der Radial-Furche (*es*) zwischen je 2 benachbarten Zacken der Central-Scheibe (*rr*). Die beiden inneren Lateral-Linien des Sechseckes stossen mit den entsprechenden der beiden benachbarten Würfel zusammen: von den drei äusseren Seitenlinien hingegen stösst die mittlere an die Tentakel-Basis, die beiden äusseren lateralen an je 2 benachbarte Rhopalien-Pedalien (*uo*). Die untere (orale) Fläche der Tentakel-Pedalien hat die Form eines Parallel-Trapezes und bildet die obere Wand einer Tentakel-Tasche. Ihre einander zugekehrten Seitenflächen werden durch eine Radial-Furche getrennt, welche der Mittellinie der Scheiben-Zinnen und der Rhopalar-Pedalien entspricht. Ihre axiale Fläche bildet die äussere, fast senkrechte oder nur wenig überhängende Wand der Kranzfurche. Ihre abaxiale-Fläche hingegen dient zur Insertion des proximalen Tentakel-Bulbus.

Die Gallertsockeln der Sinneskolben *(Pedalia rhopularia)* alterniren regelmässig mit den Gallertsockeln der Tentakeln und bilden die zweite, mittlere Zone des Schirmkranzes (Fig. 1, 4 *uo*). Sie sind ungefähr eben so gross als die Tentakel-Pedalien, etwas länger, aber nicht so dick, und schieben sich mit ihrem Proximal-Theil zwischen die Distal-Seiten der letzteren hinein. Ihre obere, aborale Fläche ist fast fünfeckig, flach gewölbt (Fig. 1 *uo*). Ihre Seitenränder sind durch einen breiten Zwischenraum getrennt, welchen der Bulbus der Tentakeln ausfüllt. Ihr abgestutzter Distal-Rand trägt ein paar dünne Randlappen und in dem Einschnitt zwischen Beiden das Rudiment eines Sinneskolbens.

Die Randlappen *(Lobi marginales,* Fig. 4 *l)* bilden die dritte oder äussere Zone des Schirmkranzes. Ihre Zahl beträgt 38—44, indem je ein Randlappen zwischen einen Tentakel und ein Rhopalium eingefügt ist. Sie sind von länglich runder Gestalt, 2—3 Mm. breit, 5—6 Mm. lang. Das proximale Drittel jedes Randlappens besteht aus einem dicken halbeiförmigen Gallertstücke, welches nichts Anderes als der distale Gabelast eines Rhopalar-Pedalium ist. Das mittlere und distale Drittel des Randlappens wird dagegen durch eine sehr dünnhäutige und faltige Randborte *(Patagium, lp)* gebildet. Dieselbe war durchgehends zerrissen und schlecht conservirt.

Die Gallertscheibe (*ug*) von *Atolla* ist von sehr beträchtlicher Dicke und Festigkeit (Fig. 4, linke Hälfte, im verticalen Meridian-Schnitt). Sie hat die Consistenz eines ziemlich festen Faserknorpels. Ihre Dicke beträgt an der centralen Schirmscheibe (*uc*) 5 Mm., am dicksten Theile, an den Rand-Zinnen der letzteren (*er*) sogar 10 Mm.; hingegen unmittelbar nach aussen davon, an der dünnsten Stelle der Kranzfurche (*ec'*) nur ½ Mm. Die Gallerte der Pedalien ist 4—7 Mm. dick.

Schirmrand (Fig. 1—4). Der Schirmrand von *Atolla* umfasst alle Theile, welche ausserhalb des Kranzmuskels liegen und wird demnach zusammengesetzt aus 19—22 Tentakeln, eben so vielen mit diesen alternirenden Sinneskolben und doppelt so vielen Randlappen, welche zwischen erstere und letztere eingeschaltet sind. Die Rhopalien am Distal-Rande der Rhopalar-Pedalien sind aber so klein, und die beiden Randlappen am Distal-Rande der letzteren, welche die ersteren zwischen sich ein-schliessen, so eng verbunden, dass es bei oberflächlicher Betrachtung den Anschein hat, als ob der Schirmrand bloss aus alternirenden Tentakeln und Rhopalar-Pedalien sich zusammensetze. Genauere Untersuchung und Vergleichung mit dem vollständiger entwickelten Schirmrande der nahe verwandten *Collaspis* (System, Taf. XXVIII) lehrt, dass der Schirmrand im Wesentlichen ebenso wie bei letzterer zusammengesetzt ist; nur sind die Sinneskolben und ihre Taschen bei *Atolla* weit stärker rückgebildet.

Die Tentakeln (Fig. 1—4 *t*) sind sehr schwach, kaum halb so lang als der Schirm-Radius und im Ganzen von pfriemlicher Gestalt, fadenförmig, gegen das dünne Ende fein zugespitzt. Ihr Basal-Theil ist stark verdickt und bildet einen konischen Tentakel-Bulbus, welcher den Zwischenraum zwischen je 2 Rhopalar-Pedalien ausfüllt und sich an der Distal-Seite des Tentakel-Pedalium mit breiter Basis inserirt. Dieser Basal-Theil ist auch hohl und enthält das blinde Ende des dünnen Tentakel-Canales, während der Distal-Theil der Tentakeln solid ist (wie bei *Nauphanta*). Sowohl an der oberen als an der unteren Fläche des Tentakels verläuft ein starker Längsmuskel. Der obere oder äussere, abaxiale Tentakel-Muskel (Fig. 4 *mt'*) ist kürzer und schwächer, nimmt nur das proximale Drittel des Tentakels ein und setzt sich am Aussenrande der oberen Fläche des Tentakel-Pedals an. Der untere oder innere, axiale Tentakel-Muskel (Fig. 4 *mt''*) ist länger und stärker, verläuft in der ganzen Länge des Tentakels und setzt sich mit 2 sehr starken spindelförmigen Wurzel-Muskeln (*mk*, Fig. 3 oben rechts) an der umbralen Fläche der tentacularen Kranztasche an (ähnlich wie bei *Periphylla*, Taf. XXII).

Die Sinneskolben (*Rhopalia, or*) sind bei *Atolla* ganz rudimentär und schwächer entwickelt als bei allen anderen bisher untersuchten Discomedusen; sie können sogar leicht ganz übersehen wer-den, da ihre unscheinbaren Rudimente am Distal-Rande der Rhopalar-Pedalien, zwischen den Basen der beiden zugehörigen Randlappen ganz versteckt liegen. Nur mit vieler Mühe gelang es mir, über-haupt ihre Existenz zu constatiren; sie alterniren regelmässig mit den Tentakeln; ihre Zahl beträgt mithin ebenfalls 19—22. Ihre anatomische Beschaffenheit war leider wegen ihrer geringen Grösse und wegen des schlechten Conservations-Zustandes des Schirmrandes an allen 5 untersuchten Exemplaren nicht zu ermitteln. Da jedoch die Sinneskolben bei der nächstverwandten *Collaspis* (System, Taf. XXVIII, Fig. 3, 4) unzweifelhaft an denselben Stellen und besser entwickelt sich finden, so kann über die Deu-tung der kleinen Rudimente bei *Atolla* (Fig. 3 *or*) kein Zweifel sein. Wahrscheinlich handelt es sich hier um eine phylogenetische Rückbildung dieser Sinnes-Organe, wie bei vielen Tiefsee-Thieren.

Subumbrella (Fig. 2, 3, 4). Dieselbe zerfällt in gleicher Weise, wie die Exumbrella, durch die tief einschneidende Kranzfurche in zwei getrennte Haupt-Bezirke, welche nur durch den dünnen Gallert-ring (*ec'*) am Grunde der Kranzfurche mit einander zusammenhängen. Der Central-Bezirk der Sub-umbrella ist demnach eben so gross als der Central-Discus der Umbrella; er wird von der Gastrogenital-Membran gebildet, welche bis zum Distal-Rande des Ring-Sinus reicht, und enthält in seinem centralen Theile den Magen, in seinem peripheren Theile den Kranz der 8 Gonaden (s) und der mit diesen alternirenden Delta-Muskeln (md). Diese letzteren sind schmal und schwach entwickelt, insbesondere die 4 perradialen (md'), während die 4 interradialen bedeutend breiter erscheinen (md''). Alle 8 Delta-Muskeln sind bei *Atolla* nur in der Distal-Hälfte dreieckig, hingegen in der Proximal-Hälfte (zwischen den Gonaden) rechteckig; die interradialen inseriren sich hier an der Grundlinie der Cathammal-Tafeln (kt), die perradialen hingegen am Distal-Rande der Gastral-Ostien (go).

Der Kranz-Bezirk der Subumbrella beginnt am Distal-Rande der Gonaden und wird durch jenen dünnsten Ring der Gallertscheibe, welcher den Boden der tiefen Kranzfurche bildet, von dem Central-Bezirk abgegrenzt (cc'). Mithin entspricht bei *Atolla* der Kranz-Bezirk der Subumbrella genau dem Schirmkranze der Exumbrella, und gleich diesem zerfällt er ebenfalls in 3 Gürtel, den inneren Gürtel des inneren Kranzmuskels, den mittleren Gürtel des äusseren Kranzmuskels und den äusseren Gürtel der Randlappen. Der breite, mächtig entwickelte Kranzmuskel (*M. coronaris*) besteht nämlich bei *Atolla*, gleichwie bei *Collaspis* (System, Taf. XXVIII) aus 2 verschiedenen, scharf von einander abgesetzten Hälften. Der innere Kranzmuskel (*M. coronaris internus*, mc') ist 5 Mm. breit, zart und dünn und zieht schleierartig über den inneren Gürtel des Kranz-Bezirkes der Subumbrella hin. Er lässt jedoch das proximale Drittel dieses Gürtels frei, indem er nicht bis zur Kranzfurche heranreicht; zugleich bildet er den Boden der Kranztaschen, welche diesen Gürtel grösstentheils einnehmen. Der äussere Kranzmuskel (*M. coronaris externus*, mc'') ist nur 4 Mm. breit, aber ausserordentlich dick; gleich dem inneren besteht er lediglich aus circularen Muskelfasern; diese sind hier aber dergestalt in vielen Schichten über einander gehäuft, dass sie einen bandförmigen Ringmuskel von 2 Mm. Dicke herstellen. Es gehört diese ausserordentlich starke Fleischmasse zu den mächtigsten Muskel-Bildungen, die bisher bei Medusen beobachtet wurden (vergl. den Querschnitt Fig. 4 links, mc'' und Fig. 7, 8 mc''). Durch 19—22 tiefe Radial-Furchen der subumbralen Oberfläche, welche den Tentakeln entsprechen, zerfällt der äussere Kranz-Muskel in eben so viele Abschnitte (Fig. 2, 3). Während derselbe scharf abgesetzt den mittleren Gürtel vom Kranz-Bezirk der Subumbrella bildet, nimmt dessen äusseren Gürtel der Kranz der Randlappen ein; an der Subumbral-Seite jedes Lappens ist ein schwacher Längsmuskel zu erkennen, welcher in den dünnhäutigen und faltigen Randsaum, das Patagium, ausstrahlt.

Die Schirmhöhle ist bei *Atolla*, entsprechend ihrer flachen Scheibenform, nur sehr unbedeutend. Da das weite Mundrohr bis zu ihrer Mündung herabreicht und ihren Axial-Raum erfüllt, besteht eigentlich die Schirmhöhle hier nur aus dem schmalen ringförmigen Hohlraum zwischen der Aussenwand des Mundrohres einerseits und dem Gonaden-Kranze anderseits. Zwischen den 4 perradialen Mesenterial-Falten des Magens (ur) vertieft sie sich in Gestalt von 4 konischen einspringenden Nischen, welche als interradiale Trichterhöhlen zu betrachten, obgleich nur von sehr geringer Ausdehnung und Tiefe sind (Fig. 2, 3 ü).

Gastrocanal-System (Fig. 3—6). Das Gastrovascular-System von *Atolla* schliesst sich in den meisten und wichtigsten Verhältnissen an dasjenige der vorhergehenden *Nauphanta* an, zeigt jedoch auch mehrfache Eigenthümlichkeiten, welche theils mehr an die Tesseronien (Peromedusen), theils mehr an die Semostomen erinnern. Von den beiden Hauptabschnitten erscheint der axiale Hauptdarm sehr einfach gebildet, in Gestalt eines vierseitigen, vertical herabhängenden Magenrohres; der periphere Kranzdarm hingegen zeigt sehr verwickelte Bildungen und ist in Gestalt eines horizontalen Taschenkranzes ausgebreitet, welcher durch 4 perradiale Gastral-Ostien mit ersterem communicirt.

Der centrale Hauptdarm (*Gaster principalis*, Fig. 3—6 g) bildet ein kurzes und weites vierseitiges Magenrohr, welches vom Central-Theile der Schirmscheibe frei herabhängt und den grössten Theil der Schirmhöhle ausfüllt; sein Mundrand (*am*) reicht bis zur Mündung der letzteren herab. Seine Grundform ist ein reguläres vierseitiges Prisma, dessen untere Grundfläche die einfache quadratische Mundöffnung einnimmt, während die obere Grundfläche von der Entoderm-Fläche des centralen Gallert-schirmes gebildet wird. Ebenso wie diese beiden Grundflächen, so zeigt auch jeder horizontale Quer-schnitt des Magenrohres eine ausgesprochene reguläre Kreuzform, da in der ganzen Länge desselben 4 perradiale Kreuz-Schenkel centrifugal vorspringen, während dazwischen 4 interradiale Mundsäulen (*ac*) centripetal einspringen. Der grösste horizontale Durchmesser des gastralen Hohlraumes (in den Per-radien) beträgt an der Magen-Basis ebenso wie an der Mundöffnung 22—24 Mm., während der kleinste (in den Interradien) nur halb so viel beträgt, 11—12 Mm. Noch geringer ist die ganze Höhe oder Länge des Magenrohres; dieselbe beträgt von der Basis bis zum Mundrande nur 8—10 Mm.

Die gallertige Fuleral-Platte (*zw*) ist in der oberen Hälfte der subumbralen Magenwand stark verdickt und bildet hier an der Innenfläche mehrere flach gewölbte Erhebungen (Fig. 5 *gw*). In der unteren, oralen Hälfte ist sie hingegen sehr zart und dünn. Auch die Ring-Muskelschicht des Magen-rohres ist nur schwach entwickelt. In der Mitte seiner Länge findet sich, ähnlich wie bei *Nauphanta* (Taf. XXVIII, Fig. 14), eine ringförmige Einschnürung, durch welche das Magenrohr in 2 Kammern von abgestutzt-pyramidaler Form getrennt wird, die mit ihren engeren Grundflächen zusammenhängen. Vielleicht kann hier wie dort jene Ring-Strictur der Gaumenpforte der Tesseronien verglichen werden, und dann würde die untere (nach unten gegen den Mund erweiterte) Kammer als Buccal-Magen oder Mundrohr zu betrachten sein; die obere (nach oben gegen den Magengrund erweiterte) Kammer als Central-Magen, verschmolzen mit dem Basal-Magen. Auf dem Querschnitt durch die Ring-Strictur oder Gaumenpforte (Fig. 6) misst der grösste (perradiale) Durchmesser ihres kreuzförmigen Lumen nur 15 Mm., der kleinste (interradiale) nur 6 Mm. Unterhalb derselben treten die dünnen per-radialen Wände des Buccal-Magens aufgeblasen nach aussen vor und bilden Backentaschen (Fig. 3 *bb*), welche durch einspringende interradiale Mundsäulen (*ac*) getrennt werden; ähnlich wie bei *Periphylla* (Taf. XVIII—XX), nur nicht so mächtig entwickelt. Aber auch oberhalb der Gaumenpforte ist der Central-Magen in gleicher Weise perradial ausgebuchtet, entsprechend der characteristischen Kreuzform der Magendecke (Fig. 3, 6).

Die Magendecke oder derjenige Theil der entodermalen Fläche des centralen Gallertschirmes, welcher die obere (aborale) Wand des vierseitig-prismatischen Magenrohres bildet, zeigt nach Entfernung des letzteren die ausgesprochene Kreuzform, welche Fig. 6 und das Centrum von Fig. 3 darstellt. Die 4 perradialen Schenkel des regulären Kreuzes sind fast kreisförmig abgerundet und werden durch 4 interradiale, dreieckige, einspringende Septa getrennt, welche wir wegen ihrer ganz besonderen Be-deutung als „Cathammal-Tafeln" (*kt*) gleich näher beschreiben wollen. In der Mitte zwischen den letzteren bleiben am Distal-Ende der 4 Kreuzschenkel 4 breite (tangentiale) Querspalten übrig, durch welche der Central-Magen sich in den peripheren Kranzdarm öffnet: die 4 perradialen Gastral-Ostien (Fig. 3, 6 *go*).

Die Septal-Tafeln (*Tabulae cathammales*, Fig. 3, 6 *kt*) sind 4 interradiale, gleichschenkelig-dreieckige Platten, in welchen umbrale und subumbrale Wand des Schirmes mit einander fest ver-wachsen sind, und welche somit als interradiale Scheidewände die 4 perradialen Kreuztaschen des Magenbodens und deren periphere Oeffnungen, die Gastral-Ostien (*go*), von einander trennen; sie ent-sprechen somit vollständig den 4 kleinen Septal-Knoten von *Nauphanta* und von den Peromedusen (*kn*), sowie den 4 langen und schmalen Cathammal-Leisten von *Lucernaria* und den Cubomedusen (vergl. oben).

Gleichzeitig sind sie homolog den gastralen Taeniolen von *Scyphostoma*; denn aus der Verlöthung des umbralen und subumbralen Theiles dieser Taeniolen sind ja alle jene Septal- oder Cathammal-Bildungen entstanden. Bei den meisten Discomedusen (Semostomen und Rhizostomen) sind die 4 primären Cathammen ganz verschwunden, wesshalb hier die Gastral-Filamente an der subumbralen Magenwand ansitzen. Bei *Atolla* zeichnen sich die Septen durch ihre breite Plattenform aus; jede Cathammal-Platte trägt hier einen zweischenkeligen Phacellus (wie bei *Periphema*) und bildet ein gleichschenkeliges Dreieck, dessen Spitze centripetal gegen das Magen-Centrum gerichtet ist, während die beiden concav eingebogenen Schenkel mit einer Reihe kurzer, dicht neben einander stehender Magenfäden besetzt sind (Fig. 3, 5 *f*). Die abaxiale (tangential gelegene) Basis des Dreiecks misst 12 Mm., seine (interradiale) Höhenlinie 6 Mm. Die Schenkel je zweier benachbarter Dreiecke gehen aussen in einem halbkreisförmigen Bogen in einander über, welcher nur in der Mitte durch das perradiale Gastral-Ostium (*go*) durchbrochen wird. Parallel den concaven Schenkeln des Dreiecks (oder der Ansatzlinie der Gastral-Filamente (*f*)) verläuft, einen Mm. davon entfernt, nach aussen eine rostbraune Bogenlinie, in welche zahlreiche radiale, die Fläche des gleichschenkeligen Dreiecks bedeckende, rostrothe Linien einmünden. Diese feinen rostrothen Linien sind geschlängelte, einfache, schlauchförmige Drüsen, welche an der rostrothen concaven Schenkellinie in die Magenhöhle münden und wohl als centrale Leberdrüsen gedeutet werden können. Sie haben denselben Bau wie die rostrothen peripheren Adocular-Canäle, welche wir unten als Rudimente von rückgebildeten rhopalaren Kranztaschen kennen lernen werden. Der enge Hohlraum der einfachen Schläuche ist von einer Schicht rostbrauner Drüsenzellen ausgekleidet, welche unregelmässig polyedrisch sind. Um den hellen kugeligen Kern herum liegen Massen von gelblichen und rothbraunen Pigmentkörnern und Fettkörnern, das ganze Protoplasma erfüllend.

Die Gastral-Filamente (*f*) sitzen dicht gedrängt in einer Reihe an den beiden Schenkeln der dreieckigen Septal-Tafeln, die wir demgemäss als abgeplattete Taeniolen auffassen können. Denken wir uns diese letzteren von der Schirmhöhle her durch 4 interradiale konische Subumbral-Trichter ausgehöhlt, so bekommen wir das Verhältniss von *Periphema* (Taf. XXIV, Fig. 1). Die 4 centripetalen Spitzen der Taeniolen, von denen die 4 Paar Phacellen so abgehen, dass die beiden Filament-Reihen jedes Paares von der Spitze an nach aussen und zugleich nach unten divergiren, verhalten sich in Beiden wesentlich gleich. Bei *Atolla* sind sie nur viel weniger entwickelt; an jedem Schenkel der Phacellen sitzen nur 15—20 Filamente in einer Reihe, so dass ihre Gesammtzahl sich nur auf 120 bis 160 beläuft. Die Filamente sind übrigens stark, drüsenreich, am freien Ende oft zungenförmig oder kolbenförmig angeschwollen, 2—3 Mm. lang, 0,1—0,4 Mm. dick.

Die Gastral-Ostien (Fig. 3, 6 *go*) sind 4 horizontale Quer-Spalten von 4 Mm. Breite, welche am Distal-Ende der 4 Kreuzschenkel des Magenbodens liegen und aus diesem in den Ring-Sinus (*cs*) hinüberführen. Die Oberlippe oder der obere (umbrale) Rand des Querspaltes ist leicht concav und wird durch eine schwach vorspringende Leiste der Entoderm-Wand des Gallertschirmes gebildet. Die Unterlippe oder der untere (subumbrale) Rand des Gastral-Ostium ist dagegen schwach convex und wird durch eine verdickte halbmondförmige Leiste der Subumbrella (am Proximal-Rande des Ring-Sinus) gebildet (Fig. 3, 6 *go'*); diese kann sich klappenartig über die erstere herüberlegen und so den Ring-Sinus vom Magenrohr abschliessen; sie entspricht der perradialen „Taschenklappe" der Cubomedusen. An die beiden seitlichen Mundwinkel der Gastral-Ostien grenzen die dunkel-pigmentirten Insertions-Leisten oder Wurzeln der Genital-Fulcra (*Sterigmata, st*, Fig. 3).

Der periphere Kranzdarm von *Atolla*, welcher nur durch die 4 schmalen perradialen Gastral-Ostien mit dem centralen Hauptdarm communicirt, gleicht einerseits demjenigen von *Nausithoe* und *Nau-*

phanta, anderseits demjenigen von *Periphylla* und *Periphema*. Er zerfällt durch eine subumbrale Ring-furche, welche genau der exumbralen Kranzfurche (*ec*) entspricht und von dieser nur durch die dünnste Stelle des Gallertschirmes (*ec'*) getrennt ist, in zwei Hauptabschnitte, in den proximalen Ring-Sinus und den distalen Taschenkranz. Der grosse Ring-Sinus (*Sinus coronaris*, Fig. 3, *cs*) entspricht dem schmä-leren von *Nauphanta* (Taf. XXVIII, Fig. 14 *cs*) und dem breiteren von *Periphylla* (Taf. XX — XXII *cs*). Während er bei diesen beiden aber vertical steht (mit oberem und unterem Rande, innerer und äus-serer Fläche), hat er bei *Atolla*, entsprechend der starken Depression des scheibenförmigen Schirmes, eine horizontale Lage angenommen (mit innerem und äusserem Rande, oberer und unterer Fläche). Er bildet hier einen kreisrunden ringförmigen Hohlraum von 6—7 Mm. Breite, 1—2 Mm. Höhe. Die obere oder umbrale Wand des Ring-Sinus bildet die glatte Entoderm-Fläche des Zinnen-Kranzes der centralen Gallertscheibe; sie zeigt nach aussen eine feine Ringfurche, von welcher sehr zahlreiche und feine Radial-Kerben centripetal nach innen vorspringen (Fig. 3 *gu*). Die untere oder subumbrale Wand bildet der Genital-Gürtel der Subumbrella, welcher sich zusammensetzt aus den 8 breiten adradialen Gonaden und den 8 schmalen mit diesen alternirenden Delta-Muskeln; 4 schmäleren perradialen (*md'*) und 4 breiteren interradialen (*md''*). Der innere oder axiale Rand des Ring-Sinus wird gebildet durch die 4 perradialen Gastral-Ostien (durch welche derselbe mit dem Central-Magen communicirt) und durch die 4 abaxialen, mit ersteren alternirenden Grundlinien der 4 interradialen Septal-Tafeln (*kl'*). Der äus-sere oder abaxiale Rand setzt sich aus den tangentialen Querspalten zusammen, durch welche sich die Taschen des Taschenkranzes in den Ring-Sinus öffnen.

Der marginale Taschenkranz, der zweite Hauptabschnitt des peripheren Kranzdarmes, scheint bei *Atolla* auf den ersten Blick sehr eigenthümliche Bildungs-Verhältnisse darzubieten, welche von denjenigen aller anderen Cannostomen beträchtlich abweichen. Es gehen nämlich von dem distalen Rande des Ring-Sinus (*cs*) 19—22 breite eiförmige Kranztaschen aus, welche sich zu den Tentakeln begeben (Fig. 3, links unten, *bt*). Ihre Distal-Hälfte spaltet sich in 3 schmale Aeste, von denen der mittlere (*ct*) als Tentakel-Canal in einen Tentakel eintritt, während die beiden seitlichen in die zuge-kehrten Ränder von den beiden benachbarten Rhopalar-Pedalien eintreten (*ck*). Zwischen je 2 Kranz-taschen aber geht vom Ring-Sinus eine Gruppe von 3 engen blinden Radial-Canälen ab, welche an der Subumbral-Seite der Rhopalar-Pedalien liegen; von diesen läuft der mittlere längere als Rhopalar-Canal (*co*) direct zu dem Rudimente des Sinneskolbens (*or*), während die beiden seitlichen kürzeren („Adocular-Canäle", *cx*) schon vor dem Distal-Rande des Kranzmuskels enden, rostroth gefärbt sind und dieselbe Beschaffenheit zeigen, wie die vorher beschriebenen Drüsen-Canäle der Septal-Tafeln. Vergleicht man dieses eigenthümliche Verhalten mit demjenigen der nächstverwandten Genera *Nau-phanta* (Taf. XXVII, XXVIII) und *Collaspis* (System, Taf. XXIX), so ergiebt sich, dass die letztgenannte Gruppe von 3 engen parallelen Blind-Canälen eine rhopalare Kranztasche darstellt, welche rück-gebildet und bis zu ihrer Ursprungs-Basis hinauf in 3 Canäle gespalten ist; von dieser entspricht der mittlere (*co*) einer distalen Rhopalar-Tasche, während die beiden seitlichen (*cx*) rudimentäre „rhopa-lare Lappentaschen", aber in Drüsen-Canäle umgewandelt sind; diese treten hier nicht einmal in die eigentlichen Randlappen ein, sondern bleiben auf deren gemeinsames Basal-Stück, auf das Rhopalar-Pedal beschränkt. Die tentacularen Kranztaschen (*bt*), welche von dem gewöhnlichen Verhalten viel weniger abweichen und ihre beiden Seitenäste bis in die Randlappen hineinschicken, bleiben von den rhopalaren durch eine breite Lappenspange (*kl*) getrennt, welche centripetal bis zum Distal-Rande des Ring-Sinus vorspringt. Wahrscheinlich steht diese eigenthümliche Modification des marginalen Taschenkranzes in Correlation zur Rückbildung der Sinneskolben.

Gonaden (Fig. 2—4, 9). Alle 5 untersuchten Exemplare von *Atolla Wyvillei* sind geschlechtsreife Weibchen; 3 derselben hatten ihre Eier bereits fast vollständig entleert. Die 8 Ovarien *(s)* bilden 8 adradiale, breite und flache, elliptische Taschen, liegen innen der Subumbral-Wand des Ring-Sinus an und alterniren mit deren 8 Delta-Muskeln; indessen sind sie nicht gleichmässig vertheilt, wie bei der verwandten *Collaspis* (System, Taf. XXVIII, Fig. 1, 6). Denn da die 4 stärkeren interradialen Delta-Muskeln *(md'')* bedeutend breiter sind als die 4 schwächeren perradialen *(md')*, so liegen die beiden Gonaden, welche ursprünglich zu einem interradialen Paare gehören, weiter aus einander; hingegen gehören die beiden sich fast berührenden Geschlechtsdrüsen, welche zu beiden Seiten eines perradialen Delta-Muskels liegen, zwei verschiedenen Paaren an. Auf den ersten Blick scheinen die 8 Ovarien plattgedrückte elliptische Taschen zu sein, welche frei an der äusseren, exodermalen Subumbral-Wand des Ring-Sinus liegen und als taschenförmige Ausstülpungen desselben in die Schirmhöhle frei vortreten (Fig. 2). Die genauere Untersuchung lehrt indessen bald, dass sie vielmehr in den Hohlraum des Ring-Sinus eingeschlossen sind und dass sie dessen innerer, entodermaler Subumbral-Wand (Fig. 9 *w*) anliegen; nur an einer einzigen beschränkten Stelle hängt jede Gonade continuirlich mit derselben zusammen; wir wollen diese wichtige Stelle, wie bei *Nauphanta*, die Gonaden-Wurzel nennen (Fig. 3 *st*, Fig. 9 *st* im Radial-Schnitt).

Die feinere Anatomie ergiebt ausserdem statt der anscheinend einfachen Verhältnisse einen sehr verwickelten Bau der Ovarial-Taschen. Die sehr dünne Subumbral-Wand des Ring-Sinus *(cs)* zieht nur oberflächlich gleich einem zarten faltigen Schleier frei über die untere Fläche der Gonaden hinweg (Fig. 3 rechte Hälfte). Die Structur der Ovarien ist am nächsten derjenigen von *Nausithoe* und *Nauphanta* verwandt, zeigt aber auch nahe Beziehungen zu derjenigen der Peromedusen *(Periphylla* und *Periphema)*; und anderseits eigenthümliche Complicationen, die schwer zu verstehen sind und bei anderen Discomedusen nicht wiederkehren. An jedem Ovarium sind als zwei Hauptbestandtheile zu unterscheiden das gallertige Fulcral-Gerüste oder Sterigma und das entodermale Keim-Epithel, welches dasselbe bekleidet und die Eier producirt; ersteres ist ein Fortsatz der gallertigen Stützplatte der Subumbrella des Ring-Sinus, letzteres eine locale Production von deren Entoderm-Epithel.

Das Sterigma *(st)* oder das knorpelartige Fulcral-Gerüste des Ovarium giebt demselben seine charakteristische Form und entspricht der *Costa genitalis* der Peromedusen, der „sexualen Axenplatte" der Cubomedusen und der „Genital-Falte" vieler Discomedusen. Dasselbe besteht aus einer starken, schildförmigen Gallertplatte von Knorpel-Härte und nierenförmiger Gestalt. Dieselbe ist 10— 12 Mm. lang (in tangentialer Richtung), 6—7 Mm. breit (in radialer Richtung) und 1—2 Mm. dick (in verticaler Richtung). Aehnlich wie das schildförmige Sterigma von *Nauphanta* (Taf. XXVII, XXVIII, Fig. 4—15) ragt auch dasjenige von *Atolla* grösstentheils frei in den Hohlraum des Kranzdarmes (und zwar hier des Ring-Sinus) hinein und hängt nur an einer einzigen Stelle mit dessen Subumbral-Wand continuirlich zusammen. Diese Stelle, die Wurzel des Sterigma *(st)*, ist eine schmale, braun pigmentirte Leiste von 5—6 Mm. Länge, $\frac{1}{4}$—$\frac{3}{4}$ Mm. Breite (Fig. 3 oben links, *st*). Sie füllt nahezu den Zwischenraum aus zwischen dem Proximal-Ende eines perradialen und eines interradialen Delta-Muskels und bildet einen Theil der distalen Grundlinie einer interradialen Cathammal-Tafel *(kt)*; während das mittlere Drittel dieser Grundlinie als die Insertions-Basis eines interradialen Delta-Muskels *(md'')* dient und somit eine complete Homologie zum Septal-Knoten der Peromedusen darbietet, werden dagegen die beiden seitlichen Drittel derselben von den Sterigma-Wurzeln zweier zusammengehöriger Ovarien eingenommen (Fig. 3 *st*). Gleich der ganzen, gleichschenkelig-dreieckigen Cathammal-Tafel *(kt)* besteht auch deren Grundlinie aus einer Concrescenz der umbralen und subumbralen Schirmwand, und un-

mittelbar darunter erhebt sich die knorpelartige Gallertleiste, welche die Wurzel des Sterigma bildet
und sich alsbald schildförmig ausbreitet. Aehnlich wie bei *Nauphanta* springt auch bei *Atolla* dieses
Fulcral-Schild stark gewölbt in den Hohlraum des Ring-Sinus vor und biegt sich an seinem convexen
Distalrande (wo es fast den Taschenkranz berührt) dergestalt nach unten um, dass ein beinahe geschlossener „Genital-Sinus" entsteht (Fig. 9 *ss*). Dieser nimmt desshalb die Form einer flachen,
beinahe geschlossenen Tasche an, weil die umgeschlagene ventrale Falte des Fulcral-Schildes sich
axialwärts bis zur Wurzel des Sterigma ausdehnt und mit dieser grösstentheils verwächst. Nur an
einer einzigen kleinen Stelle bleibt eine enge Oeffnung übrig, welche aus dem Hohlraum des Ring-
Sinus (*cs*) in den Genital-Sinus (*ss*) hineinführt. Diese enge Oeffnung, die *Apertura sinus genitalis* (Fig. 3
links, *sa*) liegt an dem Punkte, wo die Sterigma-Wurzel (*st'*) an den proximalen Insertions-Rand des
interradialen Delta-Muskels (*md''*) anstösst. Die beiden Sinus-Aperturen von 2 zusammengehörigen
Gonaden (eines Paares) liegen also hier nahe bei einander und werden nur durch die Insertion des
interradialen Delta-Muskels von einander getrennt. In der Höhlung des Sinus, an der concaven Seite
des Schildes, entwickeln sich aus dem Keim-Epithel die Eier; und zwar wesentlich in derselben Weise,
wie bei *Nauphanta* und den übrigen Cannostomen. Auch die mediterrane *Nausithoe* (— welche in dieser,
wie in mehreren anderen Beziehungen, noch lange nicht genau genug untersucht ist —) zeigt darin
keine wesentlichen Unterschiede.

Das Keim-Epithel des Entoderms, aus welchem sich die Eier der *Atolla* entwickeln, liegt
ausschliesslich innerhalb des Genital-Sinus, an der concaven Innenseite des taschenförmig gefalteten
Sterigma, während dessen convexe Aussenseite nur von dem gewöhnlichen sterilen Entoderm der
Subumbral-Wand des Ring-Sinus überzogen ist. Innerhalb des Genital-Sinus liegen die jüngsten Eier
an dessen proximalem, die ältesten an dessen distalem Rande und zwar sowohl an der dorsalen als
an der ventralen Wand desselben. Mithin findet sich hier eine doppelte fertile „Keim-Zone", welche
tangential nahe an der Wurzel des Sterigma liegt und eine auf dem Adradius senkrecht stehende
Querleiste bildet. Zu beiden Seiten dieser neutralen Keimzone liegen die jüngsten tangentialen Eier-
Ketten, welchen nach aussen hin, distalwärts, — (ebensowohl an der dorsalen als an der ventralen Wand
des Fulcral-Schildes) — Reihen von älteren Eiern folgen. Die ältesten und reifsten Eier liegen am
Distal-Rande (Radial-Schnitt, Fig. 9 *so*). Schon die jüngeren Eier (am Proximal-Rande) werden voll-
ständig in die Gallert-Platte des Sterigma eingebettet und kommen so in geschlossene Fulcral-
Kapseln zu liegen, ähnlich wie bei *Periphema* (Taf. XXV, Fig. 7). Auch bei der nächst verwandten
Nausithoe und *Nauphanta* (Taf. XXVIII, Fig. 15) ist dasselbe der Fall. Die reifen Eier von *Atolla* sind
sehr gross, kugelig, erreichen über einen Millimeter Durchmesser und enthalten einen sehr ansehnlichen
Nahrungsdotter. Nach erlangter Reife fallen sie in den Genital-Sinus (*ss*) hinein, werden aus diesem
durch die enge Apertur (*sa*) in den Ring-Sinus (*cs*) entleert und gelangen von da durch den Magen
und Mund nach aussen. Leider waren die Ovarien von *Atolla*, ebenso wie von *Nauphanta*, schlecht
conservirt, die Epithelien fast ganz zerstört, so dass der feinere Bau nicht genügend erforscht werden
konnte. Es scheint aber, dass in der eigenthümlichen feineren Structur und Entwickelung diese ur-
alten Cannostomen sehr wesentliche Uebereinstimmung mit den Peromedusen darbieten. Sowohl bei den letzteren (Pericolpiden und Periphylliden) als bei den ersteren (Ephyriden und Linergiden)
verdienen die merkwürdigen und verwickelten Structur-Verhältnisse der Gonaden an gut conservirtem
Materiale noch eine viel genauere Untersuchung.

VIII B. Zweite Unterordnung der Discomedusen:

SEMOSTOMAE, L. AGASSIZ (1862). Fahnenmündige Scheibenquallen.

Discomedusen mit 4 grossen, perradialen, faltigen Mundarmen, mit einfacher centraler Mundöffnung, und mit langen hohlen Tentakeln.

Familia: CYANEIDAE, L. Agassiz (1862).

HAECKEL, System der Medusen, 1879; p. 518, Taf. XXX.

Familien-Character: Semostomen mit breiten Radial-Taschen und verästelten, blinden Lappen-Canälen, ohne Ringcanal. [— Discomedusen mit einfacher, kreuzförmiger, centraler Mundöffnung, umgeben von 4 perradialen faltigen Mundarmen. Magen mit 16 oder 32 breiten Radial-Taschen, deren Distalrand in 32 oder 64 verästelte Lappentaschen gespalten ist; Aeste derselben blind, nicht anastomosirend; kein Ringcanal. Gonaden 4 gewundene Bänder oder Krausen in der oralen Magenwand, meist in Gestalt weiter Säcke frei herabhängend, ohne Subgenitalhöhlen. 16—32 oder mehr Randlappen. 8 oder 16 Sinneskolben (4 perradiale und 4 interradiale, dazu bisweilen noch 8 adradiale). Tentakeln lang, hohl, 8 oder mehr. —]

Subfamilia: DRYMONEMIDAE, HAECKEL (1879).

Cyaneiden mit 8 Sinneskolben (4 perradialen und 4 interradialen), welche weit vom Schirmrande entfernt in tiefen Nischen der Subumbrella liegen; sowie mit zahlreichen Tentakeln, welche fast auf der ganzen Subumbrella zerstreut sind, in der marginalen Lappenzone aber fehlen.

Genus: DRYMONEMA, HAECKEL (1879).

δρυμός = Wald; νῆμα = Faden.

Genus-Diagnose: Cyaneide mit 8 Sinneskolben, welche weit vom Schirmrande entfernt in tiefen Nischen der Subumbrella liegen. Tentakeln sehr zahlreich, unregelmässig, fast über die ganze Fläche der Subumbrella zerstreut und zwischen zahlreichen, starken, dendritisch verästelten Radial-Rippen derselben in tiefen Radial-Furchen inserirt. 16 breite Radial-Taschen sehr kurz; ihre 32 Lappentaschen und deren dichotome Canaläste um so stärker entwickelt.

Das Genus *Drymonema* ist bis jetzt bloss durch die nachstehend beschriebene mediterrane Tiefsee-Species bekannt und zeichnet sich durch mancherlei Eigenthümlichkeiten so auffallend vor den übrigen Cyaneiden aus, dass es eine besondere Subfamilie derselben repräsentirt, die *Drymonemidae.* Während nämlich bei allen übrigen Cyaneiden die periphere Tentakel-Zone durch einen breiten, gewöhnlich in viele Ringfalten gelegten Kranzmuskel vom peripheren Rande des Central-Magens getrennt bleibt, erscheinen sowohl dieser Kranzmuskel, als auch die 16 breiten Radial-Taschen, in deren Subumbral-Wand er liegt, bei *Drymonema* so stark rückgebildet, dass nur schwache Rudimente derselben zu entdecken sind. Dagegen erreicht der periphere Theil des Schirmkranzes, mit der Tentakel-Zone und den verästelten Lappentaschen, in dieser Gattung eine ganz ausserordentliche Entwickelung. Die Randlappen selbst verwachsen mit einander vollständig und bilden einen breiten Randsaum (gewissermaassen ein Velarium), welcher durch eine tiefe marginale Ringfurche von der breiten Tentakel-Zone geschieden wird. Diese letztere nimmt ungefähr die Hälfte der ganzen Subumbrella ein und ist in ihrer ganzen Ausdehnung mit sehr zahlreichen zerstreuten Tentakeln besetzt. Die Tentakeln sind mit ihrem Basal-Theile in tiefen Radial-Furchen der Subumbrella inserirt, welche durch stark vorspringende, dichotom verzweigte Rippen derselben getreunt werden. Die 8 Sinneskolben liegen versteckt in tiefen Nisehen der Subumbrella, an der marginalen Ringfurche, weit vom freien Schirmrande entfernt. So eigenthümlieb diese Bildungs-Verhältnisse der Subumbrella und die entsprechenden Modificationen des peripheren Canal-Systems von *Drymonema* auch erscheinen, so lassen sie sich doch leicht von den wohlbekannten Verhältnissen der *Cyanea* ableiten; man braucht sich nur die 8 adradialen, hufeisen- förmigen Tentakel-Felder, in welchen die Tentakeln der *Cyanea* in mehreren Reihen hinter einander inserirt sind, so weit ausgedehnt zu denken, dass der breite Kranzmuskel an deren Proximal-Rande auf einen schmalen Saum reducirt wird. Dann werden mit dem letzteren auch die darunter gelegenen 16 breiten Radial-Taschen rudimentär und die zahlreichen Teutakeln zerstreuen sich einzeln auf der weiten Subumbral-Fläche. Frei von ihnen bleibt dagegen die breite marginale Lappen-Zone, deren Randlappen zu einem zusammenhängenden Velarium verwachsen. In Folge dessen treten auch die 8 Rhopalien, welche ursprünglich frei am Schirmrande zwischen den 16 Ephyra-Lappen lagen, nun- mehr ganz an die Unterfläche des Schirmes.

Species: **Drymonema Victoria**, HAECKEL.

Tafel XXX, XXXI.

Drymonema dalmatina, HAECKEL, 1879; System der Medusen, p. 642, Nr. 606.

Species-Diagnose: Schirm flach scheibenförmig, 4—5 mal so breit als hoch. Marginaler Schirm- saum (Velarium) sehr breit, schwach gekerbt, fast ganzrandig, in jedem Octauten (zwischen je 2 Sinnes- kolben) mit 8—10 tiefen exumbralen Radial-Furchen, zwischen welchen 8—10 Doppellappen des Gallertschirmes vortreten. 8 Sinneskolben an der subumbralen Velarfurche, in tiefen Nischen der Sub- umbrella, fast um ⅓ des Schirm-Radius vom Schirmrande entfernt. 4 perradiale Muudarme und 4 inter- radiale Geschlechts-Taschen gardinenförmig, zarthäutig, herabhängend, erstere ungefähr eben so lang, letztere halb so lang als der Schirm-Radius. Teutakeln sehr lang und sehr zahlreich (500—600), überall auf der Subumbrella (innerhalb der Velarfurche!) zerstreut und in tiefen Radialfurchen zwischen starken, geraden, dichotom verzweigten Radial-Rippen der Subumbrella inserirt. Nur die marginale Velar-Zone und das centrale Peristom-Feld bleiben von Tentakeln frei.

Grösse: Horizontal-Diameter der Umbrella 120—160 Mm., Vertical-Diameter 30—40 Mm.

Fundort: Mittelmeer. Die nachstehende Beschreibung und Abbildung ist nach 4 grossen und wohl erhaltenen Spiritus-Exemplaren angefertigt, welche ich der Güte meines Freundes Gregor Buccich in Lesina verdanke und welche dieser an der Küste von Dalmatien, in der Nähe der Insel Lesina fing. Identisch damit scheint ein kleines Medusen-Fragment zu sein, welches ich in einem Glase der Challenger-Sammlung entdeckte. Dieses Glas (welches auch das Fragment einer *Pectanthis asteroides*, p. 17, enthielt) war mit St. IV bezeichnet und schien demnach Tiefsee-Thiere von Station IV des Challenger-Cataloges zu enthalten (vom Eingang der Gibraltar-Strasse, in 600 Faden Tiefe, am 16. Januar 1873 gesammelt; 36° 25′ N. Br., 8° 12′ W. L. v. Gr.). Weitere Untersuchungen müssen lehren, ob diese merkwürdige Cyaneide (— bisher die erste und einzige Cyaneide des Mittel- meeres —) wirklich eine Tiefsee-Meduse ist oder nicht.

Umbrella (Taf. XXX, Fig. 1; Taf. XXXI, Fig. 8). Der Schirm bildet eine flache Scheibe von 12—16 Ctm. Durchmesser, 3—4 Ctm. Höhe. Die Exumbrella ist glatt, im Ganzen flach gewölbt und zerfällt durch eine seichte marginale Kranzfurche in eine dicke centrale Schirmscheibe und einen dünnen peripheren Lappenkranz (Velarium). Der Radius der ersteren misst 55, der der letzteren 25 Mm. In der glatten Oberfläche der centralen Schirmscheibe, deren Wölbung im Ganzen nur sehr gering ist, sind 16 dunkle Radial-Streifen zu unterscheiden, welche im inneren Drittel einfach, im mittleren Drittel in je 2 divergirende Schenkel gespalten sind, so dass eine ähnliche characteristische Sternfigur entsteht, wie bei *Chrysaora* (System, Taf. XXXI). Der periphere Lappenkranz (oder das Velarium), welcher nach aussen stärker gewölbt abfällt, zeigt 64 tiefere Radial-Furchen, von denen die Hälfte als Fortsetzung der 32 Scheibenstreifen erscheint, die andere Hälfte in der Mitte zwischen diesen auftritt. Zwischen je 2 von diesen 64 tieferen Radial-Furchen sind ausserdem noch mehrere (gewöhnlich 3) feinere Furchen in der Exumbrella des Schirmkranzes sichtbar, so dass der letztere an seiner ganzen Aussenfläche dicht gerippt erscheint (Fig. 8). Die Gallerte des Schirmes erscheint dicht und fest, beinahe knorpelartig. Sie ist in der centralen Schirmscheibe bis zu einem Centimeter dick und nimmt an der Kranzfurche plötzlich sehr stark ab, so dass ihre Dicke an dem schlaffen und sehr beweglichen Schirmrande nur 1—2 Mm. beträgt.

Der Schirmrand erscheint auf den ersten Blick fast ganzrandig, nur schwach gekerbt; bei genauerer Betrachtung zeigt sich, dass der ganze Schirmkranz (von 25 Mm. Breite) eigentlich aus 80 schmalen und langen, mit den Rändern verschmolzenen Randlappen zusammengesetzt ist, deren Distal-Ränder am Rande als schwache Bogen, durch seichte Kerben getrennt, ein wenig vortreten (wie bei vielen Rhizostomen). 16 von diesen 80 verwachsenen Kranzlappen gehen paarweise von den 8 Rhopalien aus und sind als 8 Paar verschmolzene Ocular-Lappen zu deuten; die 64 anderen sind ursprünglich tentaculare Lappen gewesen und können auch als velare bezeichnet werden, da sie die Beziehung zu den Tentakeln aufgegeben haben. Mithin kommen auf jeden Octanten des Schirmes 8 Velar-Lappen zwischen 2 Ocular-Lappen, oder eigentlich 8 velare Doppel-Lappen, da jeder derselben durch eine feine Median-Furche in 2 Hälften getheilt erscheint. Diese 80 Kranzlappen constituiren zusammen das biegsame und sehr bewegliche Velarium, welches bis zur velaren Kranzfurche reicht und bei den meisten untersuchten Spiritus-Exemplaren auf die Unterseite des Schirmes zurückgeschlagen war. Da an seiner Subumbral-Fläche eine marginale Ringmuskel-Schicht entwickelt ist, so dient es als vorzügliches Schwimm-Organ, ähnlich wie bei vielen Rhizostomen.

Subumbrella (Taf. XXX, Fig. 1). Die untere Schirmfläche dieser Meduse ist durch eine höchst auffallende Beschaffenheit so ausgezeichnet, dass sie auf den ersten Blick sich von allen anderen Cyaneiden nicht allein, sondern von allen anderen bisher bekannten Medusen überhaupt unterscheiden lässt. Durch 2 tiefe Ringfurchen, eine innere Peristomfurche und eine äussere marginale Kranzfurche oder Velarfurche, zerfällt die Subumbrella in 3 getrennte Zonen, ein inneres Peristom-Feld, eine mittlere Tentakel-Zone und eine äussere Lappen-Zone; der Radius der mittleren Zone ist fast doppelt so gross als der der beiden anderen, die nahezu gleich sind. Das centrale Peristom-Feld der Subumbrella (Fig. 9) enthält das Mundkreuz mit seinen 4 perradialen Schenkeln und die davon herabhängenden 4 mächtigen perradialen Mundgardinen, sowie die 4 interradialen, mit diesen alternirenden Gonaden. Die peristomiale Ringfurche, welche das Peristom-Feld von der Tentakel-Zone trennt, schneidet tiefer ein in den Perradien, weniger tief in den Interradien.

Die intermediäre Tentakel-Zone der Subumbrella wird an ihrem concaven Proximal-Rande durch die peristomiale Ringfurche von dem Peristom-Felde abgegrenzt, hingegen an ihrem convexen Distal-Rande durch die subumbrale Velar-Furche von der peripheren Lappen-Zone (Fig. 1). Sie ist in ihrer ganzen Ausdehnung von tiefen radialen Furchen dergestalt durchschnitten, dass zahlreiche dicke, dichotom gegen die Peripherie verästelte Radial-Wülste dicht neben einander stehen (Quadrant links unten in Fig. 1). Allenthalben sind zwischen diesen Radial-Rippen oder Wülsten zahlreiche lange Tentakeln zerstreut, während die periphere Lappen-Zone der Subumbrella oder das Velarium von Tentakeln ebenso völlig frei ist, wie das centrale Peristom-Feld. Bei genauerer Betrachtung lassen sich im Ganzen 40 solcher dicker Radial-Wülste der subumbralen Tentakel-Zone unterscheiden; es geht nämlich eine stärkere, ganz gerade, unverästelte Principal-Rippe in den 8 Haupt-Radien geraden Weges zu den 8 Sinneskolben hin, während zwischen je 2 solchen Principal-Rippen 4 Büschel-Rippen oder breitere, dichotom verästelte Radial-Wülste vom Centrum zur peripheren Kranzfurche verlaufen. Von den 8 Principal-Rippen (von welchen Fig. 1 links unten 2 zeigt) sind die 4 interradialen um ¼ länger als die 4 perradialen, weil die ersteren zwischen den Schenkeln des Mundkreuzes weiter nach innen vorspringen. Die 8 Principal-Rippen sind fast linear, in der Mitte ein wenig breiter, ganz gerade und unverästelt, aber durch eine feine durchgehende Principal-Furche in 2 parallele, dicht an einander liegende Schenkel getheilt, so dass sie eigentlich Doppel-Rippen darstellen. Die 4 Büschel-Rippen, welche den ganzen Raum eines Schirm-Octanten zwischen je 2 Principal-Rippen einnehmen, bilden schmale gleichschenkelige Dreiecke, deren Grundlinie (oder der breitere Distalrand an der Velarfurche) 3 mal so breit ist als die abgestutzte Spitze (oder der schmälere Proximal-Rand an der Peristom-Furche). Die beiden medialen Büschel-Rippen, zu beiden Seiten der adradialen Subumbral-Furche, sind eben so breit, aber etwas kürzer als die beiden lateralen Büschelrippen, welche den einschliessenden Principal-Rippen anliegen. Jede der 32 Büschel-Rippen der Subumbrella ist ungefähr 3—4 mal dichotom verästelt, so dass die Zahl ihrer distalen Endäste (an der subumbralen Kranzfurche) 8—12 beträgt; alle Gabeläste sind gerade gestreckt und divergiren nach aussen nur sehr wenig, unter sehr spitzen Winkeln, so dass die Endäste fast parallel neben einander liegen, nur durch schmale Radial-Furchen getrennt. Die secundären und tertiären Furchen zwischen den Gabelästen sind weit schmäler und seichter als die tiefen und breiten Furchen zwischen den einzelnen Büschel-Rippen (vergl. den Quadranten links unten in Fig. 1).

Die Tentakeln sind sehr zahlreich (ungefähr 500—600); sie liegen zerstreut in der ganzen Ausdehnung der subumbralen Tentakel-Zone und entspringen aus deren Radial-Furchen, zwischen ihren Rippen. Auf den ersten Blick scheint es, dass die Tentakeln ganz unregelmässig in der ganzen Ausdehnung der breiten Tentakel-Zone der Subumbrella zerstreut sind; bei genauerer Betrachtung lässt sich jedoch eine gesetzmässige Vertheilung derselben erkennen. In jedem Octanten findet sich in der Mitte zwischen je 2 Principal-Rippen zunächst ein adradialer Tentakel, welcher am meisten proximalwärts inserirt ist, am Proximal-Ende der adradialen Subumbral-Furche; dieser ist wahrscheinlich der ursprüngliche Tentakel der *Ephyrula*, am meisten einwärts gerückt. Auf diesen folgen dann zunächst 2 subradiale Tentakeln, nur wenig weiter auswärts gelegen, im Distal-Ende der beiden subradialen Subumbral-Furchen, welche genau in der Mitte zwischen den 8 adradialen und den 8 principalen Furchen der Subumbrella liegen. Nach aussen von diesen 3 stärksten und innersten Tentakeln jedes Schirm-Octanten, welche dessen 4 Büschel-Rippen am Distal-Ende trennen, folgen sodann zunächst 4 weitere Tentakeln in den Gabelwinkeln dieser letzteren. Weiter nach aussen nimmt die Zahl der Tentakeln entsprechend der wiederholten Gabeltheilung der Büschel-Rippen zu; sie entspringen stets im Gabelwinkel in der Tiefe der Radial-Furche zwischen je 2 Gabel-Aesten. Im Ganzen mögen auf jede Büschel-Rippe 15—20 Tentakeln kommen, doch ist ihre Zahl nicht genau zu bestimmen, da sie gegen die periphere Kranzfurche hin kleiner und undeutlicher werden und zuletzt nur noch als unbedeutende bläschenförmige Ausstülpungen der Radial-Taschen zwischen den Rippen erscheinen. Legt man durch die Tentakel-Insertionen an der Subumbrella concentrische Kreislinien, so wird ein innerster proximaler Kreis durch die 8 adradialen Tentakeln gebildet; ein zweiter, nächst folgender Kreis durch die 16 subradialen Tentakeln; dann folgt ein dritter Kreis von 32 Tentakeln, welche in der ersten Gabeltheilung der 32 Büschel-Rippen stehen u. s. w. Nach aussen hin wird die Vertheilung unregelmässiger. Die Tentakeln sind sämmtlich cylindrisch, am Ende oft kolbenförmig angeschwollen und scheinen dieselbe Beschaffenheit wie bei *Cyanea* zu besitzen. Ihre Länge und Dicke erscheint sehr ungleich. An den vorliegenden Exemplaren sind die meisten Tentakeln kurz (offenbar abgerissen), die längsten sind länger als der Schirm-Durchmesser; die Dicke beträgt an den dickeren Tentakeln 1—2 Mm., bisweilen auch 3—4 Mm.; dazwischen sitzen aber auch viele kleinere fadendünne Tentakeln.

Die periphere Lappen-Zone der Subumbrella (oder das Velarium, auch als „Rhopalien-Zone" zu bezeichnen) ist 25 Mm. breit, nimmt also fast ⅓ des Schirm-Radius ein. Sie wird durch die Velarfurche (oder die „marginale Kranzfurche") der Subumbrella, an welcher die 8 Sinneskolben anliegen, von der breiten Tentakel-Zone geschieden. Da die feste Schirm-Gallerte sich an der Velarfurche plötzlich sehr bedeutend verdünnt, so ist die Lappen-Zone sehr biegsam; sie ist mehr oder weniger herabgekrümmt und an den meisten der vorliegenden Exemplare gegen die Tentakel-Zone der Subumbrella zurückgeschlagen. Ihre Subumbral-Fläche ist fast glatt, mit einer Schicht Ringmuskel-Fasern belegt, trägt gar keine Tentakeln und wird nur von sehr seichten, fast unmerklichen Radial-Furchen durchzogen, welche den viel tieferen Radial-Furchen zwischen den Randlappen der Exumbrella entsprechen. Am Proximal-Rande der Velar-Zone, unmittelbar nach aussen von der velaren Kranz-furche, liegen in der Subumbrella die 8 Rhopalien oder Sinneskolben (Fig. 1 unten).

Die 8 Sinneskolben (4 perradiale und 4 interradiale) sind durch diese völlig subumbrale Lage sehr ausgezeichnet; ihre Entfernung vom Schirmrande beträgt fast die Hälfte ihrer Entfernung vom Schirm-Centrum, mithin fast ⅓ des ganzen Schirm-Radius. Die Sinneskolben liegen ganz versteckt in 8 tiefen subumbralen Sinnesnischen, am Distal-Ende der 8 principalen Radial-Furchen. Jede Sinnesnische *(Antrum rhopalare,* Fig. 2 *on)* ist von breit lanzetförmiger Gestalt und wird von einem Paar dicken und schmalen, bohnenförmigen Gallert-Wülsten, wie von ein paar fleischigen Lippen eingeschlossen; diese entsprechen offenbar den beiden „Sinnesfalten" der übrigen Discomedusen oder den eingerollten medialen Innenrändern der Sinneslappen, der ursprünglichen „Ephyra-Lappen" des Schirmrandes; sie sind hier dergestalt verdickt und mit ihren concaven Medial-Rändern gegen einander gekrümmt, dass sich sowohl ihre distalen als ihre proximalen Enden berühren und die Sinnesnische zwischen ihnen nur unten offen bleibt (Fig. 2). Die obere Decke derselben (der „Deckschuppe oder Deckplatte" der übrigen Discomedusen entsprechend) bildet die Gallerte der Subumbrella. Der Sinneskolben liegt nun ungefähr in der Mitte dieser tiefen lanzetförmigen Sinnesnische (jedoch etwas näher dem Proximal-Rande) und ist an der Unterseite ihrer Decke dergestalt befestigt, dass seine radiale Längsaxe von innen und oben nach aussen und unten, also gegen den distalen Eingang der Nische, gerichtet erscheint. Die Rhopalien selbst sind im Verhältniss klein, ungefähr eichelförmig, und waren an den vorliegenden Spiritus-Exemplaren genügend conservirt, um mit Hülfe von feinen Quer- und Längsschnitten eine genauere Untersuchung zu gestatten (Fig. 2—7). Im Ganzen ist ihre Form und Structur nicht wesentlich von denjenigen der *Cyanea* verschieden. Jedes Rhopalium besteht aus einem dickeren proximalen und einem dünneren distalen Theile; beide sind durch eine schwache ring-förmige Einschnürung von einander getrennt; ebenso ist auch die Insertions-Basis des ersteren stark eingeschnürt (Fig. 5 Längsschnitt). Der Sinnes-Canal *(co),* welcher an dieser Basal-Strictur sehr stark verengt ist, erweitert sich alsbald wieder und beschränkt sich hier nicht auf die Proximal-Hälfte (— wie gewöhnlich von den Discomedusen angegeben wird —), sondern geht auch noch in die

otolithen-haltige Distal-Hälfte hinein (Fig. 6). Das akustische Exoderm-Epithel der Sinneskolben ist einschichtig und besteht aus hohen flimmernden Cylinder-Zellen in der Basal-Hälfte, hingegen aus dünnen
und flachen Platten-Zellen in der Distal-Hälfte. Die darunter gelegene, dünne aber feste Stützplatte
ist in der letzteren sehr verdünnt. Das Entoderm-Epithel ist einschichtig in der weiten, ampullenartig
angeschwollenen Basal-Hälfte, hingegen aus 4—5 über einander liegenden Zellen-Schichten zusammengesetzt in der Distal-Hälfte (Fig. 6, 7 *ol*¹). Jede dieser Zellen enthält hier einen kleinen krystallinischen
Otolithen (*ol*). Wegen der grossen Zahl dieser über einander liegenden Otolithen erscheint das
eichelförmige Distal-Stück des Rhopalium bei auffallendem Lichte weiss, bei durchfallendem schwarz
(Fig. 5). Sobald man durch einen Tropfen Säure die kalkigen Otolithen auflöst, erscheinen deutlich
die geschichteten Otolithen-Zellen, sowie das blinde Distal-Ende des Sinnes-Canals, welcher doppelt
ausgebuchtet bis in die Mitte der otolithenhaltigen Distal-Hälfte des Rhopalium hineinführt (Fig. 6
Radialer Längsschnitt, Fig. 7 Schräger Flächenschnitt).

Gastrocanal-System (Taf. XXX, Fig. 1). Das Gastrovascular-System von *Drymonema* ist zwar
im Wesentlichen nach demselben erblichen Familien-Typus gebaut, wie bei allen anderen Cyaneiden,
unterscheidet sich aber im Einzelnen von demselben in sehr auffallender Weise, entsprechend der
eigenthümlichen Umbildung des Schirmkranzes. Insbesondere ist die Bildung der verästelten Taschen
des peripheren Kranzdarmes in letzterem höchst eigenthümlich, während die Conformation des centralen
Principal-Darmes und seiner Mund-Organe nicht wesentlich von derjenigen der *Cyanea* abweicht.

Der centrale Principal-Darm besteht aus einem flachen scheibenförmigen Central-Magen,
in dessen Centrum unten das Mundkreuz mit seinen Anhängen sich befindet, während sein peripherer
Rand in den Taschenkranz des Kranzdarmes mündet. Entsprechend den 16 Radial-Taschen, welche
hier einmünden, und den 16 subradialen Septen oder Cathammal-Leisten, durch welche dieselben von
einander geschieden werden, zeigt der scharfe periphere Rand des Central-Magens 16 vorspringende
Ecken. Sein grösster Durchmesser beträgt $\frac{1}{3}$—$\frac{1}{4}$ von demjenigen des ganzen Schirmes. Seine obere,
aborale Wand oder die Magendecke wird von der glatten Entoderm-Fläche der dicken und festen,
knorpelharten, centralen Gallertscheibe gebildet; sie ist von feinen Radial-Furchen durchzogen, welche
von einer centralen vierlappigen Ringfurche ausgehen und sich nach der Peripherie dichotom verzweigen. Die untere oder orale Wand des scheibenförmigen Central-Magens oder der Magenboden
bildet die dünnere, aber ebenfalls sehr feste und knorpelharte „Peristom-Scheibe". In der Mitte
derselben öffnet sich das centrale „Mundkreuz" (Fig. 1, 9), dessen 4 perradiale Schenkel in die tiefen
Mundrinnen an der Axial-Fläche der Mundgardinen übergehen. Die Wand der kreuzförmigen Mundöffnung bildet, wie bei *Cyanea*, ein sehr fester und dicker Knorpelring des Mundes. Dieser setzt
sich an den 4 perradialen Schenkeln des Mundkreuzes einerseits nach unten in die knorpelige Abaxial-
Wand der Armrinnen fort, anderseits nach aussen in die 4 starken knorpeligen Mundpfeiler. Durch
diese letzteren zerfällt das centrale Peristomfeld in 4 interradiale Felder, welche von der zarten dünnhäutigen „Gastrogenital-Membran" (*gg*) eingenommen werden, und von denen als 4 weite faltige Blindsäcke die 4 Genital-Taschen herabhängen (Fig. 9 *s*).

Die Mundgardinen oder „Armgardinen" („*flowing courtains*") verhalten sich im Ganzen wie
bei *Cyanea* und *Desmonema* (System, p. 522, Taf. XXX, Fig. 1—3). Sie bilden 4 mächtige, sehr breite
und dünnhäutige Membranen von rundlich dreieckigem Umrisse, deren proximale Wurzel aus den
4 perradialen Mundpfeilern hervorgeht. Hier an der Wurzel bildet die verdickte und erhärtete Gallert-
Lamelle jeder Gardine noch eine sehr feste und starre, knorpelharte Platte von gleichseitig-dreieckigem
Umriss, welche gewissermaassen die periphere Ausbreitung des perradialen Mundpfeilers darstellt und

an ihrer Axial-Fläche eine tiefe Rinne enthält, die „Armrinne" oder die directe Fortsetzung eines Mund-kreuz-Schenkels. Am Distalrande dieser dreieckigen Knorpelplatte der Armwurzel (— an der Grund-linie des gleichseitigen Dreiecks —) geht aber die dicke Knorpelmasse der subumbralen Gallertplatte plötzlich in eine sehr dünne und zarte Fulcral-Lamelle über. Diese breitet sich in Gestalt der mäch-tigen „Armgardine" *(aq)* weit aus, legt sich in zahllose Längsfalten, gleich einem faltenreichen Vorhange und stellt eine äusserst zarte und durchsichtige Membran dar, deren Axial-Fläche vom Entoderm, die Abaxial-Fläche vom Exoderm überzogen ist. Beide Epithel-Platten stossen am krausen Distal-Rande der Arm-Gardinen an einander. Dieser Rand fällt an den flach ausgebreiteten Gardinen ungefähr mit dem Schirmrande zusammen, so dass dieselben also die ganze Subumbrella von unten schleierartig ver-hüllen können. Mithin kommt die Total-Länge der Mundarme ungefähr dem Schirm-Radius gleich.

Der periphere Kranzdarm, welcher mit 16 breiten Spaltöffnungen in den peripheren Rand des Central-Magens einmündet, zeichnet sich bei *Drymonema* vor demjenigen der anderen Cyaneiden auf-fallend dadurch aus, dass die 16 breiten Radial-Taschen seiner Innenzone äusserst verkürzt und fast rudimentär erscheinen; hingegen sind die peripheren Verästelungen derselben, welche den „Lappen-taschen" der übrigen Cyaneiden und deren „Astcanälen" entsprechen, ganz ausserordentlich ausgedehnt; diese nehmen hier $\frac{3}{4}$—$\frac{3}{4}$ der ganzen Subumbrella ein, indem die Radial-Septen oder Cathammal-Leisten zwischen ihnen centripetal fast bis zur Peripherie des Central-Magens vordringen (vergl Fig. 1 Quadrant rechts oben).

Die 16 breiten Radial-Taschen, welche von der Peripherie des Central-Magens ausgehen, sind äusserst kurz und kaum als selbständige Bildungen zu erkennen, weil sie sich alsbald dichoto-misch verästeln. Von den 8 schmäleren Ocular-Taschen (4 perradialen und 4 interradialen) geht ein gerade gestreckter Ocular-Canal (Fig. 3, 4 *co*) zu den 8 Sinneskolben, während ein paar schmale oculare Lappentaschen parallel zu beiden Seiten desselben verlaufen und sich gegen die Peripherie dichotom verästeln (Fig. 4 *cl*). Die 8 adradialen Tentacular-Taschen, welche mit den 8 Ocular-Taschen alterniren, sind viel breiter und zerfallen alsbald durch wiederholte Gabeltheilung in zahlreiche periphere Astcanäle. Während diese „Astcanäle" oder die verästelten Randgefässe, welche ursprüng-lich vom Distalrande der Lappentaschen abgehen, bei den übrigen Cyaneiden sich gewöhnlich durch bogenförmigen Verlauf und durch zierliche dendritische Seitenäste auszeichnen, bleiben dieselben bei *Drymonema* ganz gerade gestreckt und verlaufen fast parallel dicht neben einander, gegen den Schirm-rand nur sehr wenig radial divergirend. Es entspricht dieser gestreckte Verlauf der schmalen und geradlinigen Astcanäle der einfachen Leisten-Form der geradlinigen Radial-Septen oder der „Verwach-sungs-Leisten", durch welche sie getrennt werden. Ebenso sind auch die 80 schmalen und langen Marginal-Taschen, welche den Lappen des breiten rhopalaren Randsaumes entsprechen, ohne dendri-tische Seitenäste. Anastomosen-Bildung zwischen den benachbarten Astcanälen findet nirgends statt und ebenso fehlt auch jede Spur eines Ringcanals (Fig. 1 Quadrant rechts oben).

Gonaden (Taf. XXXI, Fig. 9—11). Die Geschlechtsdrüsen verhalten sich ähnlich wie bei *Cyanea* und *Desmonema* (System, p. 522, Taf. XXX). Sie bilden 4 lange bandförmige Krausen, welche an der entodermalen Innenwand von 4 mächtigen, faltenreichen „Gastrogenital-Taschen" befestigt sind. Diese letzteren sind 4 interradiale Blindsäcke des Central-Magens, welche als Ausstülpungen des Magenbodens zwischen den 4 perradialen Mundpfeilern hervortreten und als weite dünnwandige Säcke frei herabhängen, ungefähr halb so lang als der Schirm-Radius (Fig. 1, 8, 9 *gg*). Sie alterniren mit den 4 perradialen, doppelt so langen Arm-Gardinen und bestehen gleich diesen aus einer äusserst zarten und dünnwandigen, durchsichtigen Membran; diese „Gastrogenital-Membran" legt sich gleich den Arm-Gardinen in sehr zahlreiche Längsfalten, da der periphere Blindsack der Gastrogenital-Taschen eine viel grössere Ausdehnung besitzt als ihre schmale Insertions-Basis. Im Grunde des Blindsackes, seiner entodermalen Innenfläche angeheftet, liegt das lange und schmale Genitalband (Fig. 10 s). Dasselbe ist in zahlreiche Windungen zusammengelegt und dicht krausenartig gefaltet. Unweit seines Proximal-Randes breiten sich an der Innenfläche der Gastrogenital-Tasche die sehr zahlreichen und kurzen Gastral-Filamente aus (Fig. 11 f). Bei stärkerer Vergrösserung zeigt sich, dass jede Falte der Krause aus sehr zahlreichen kleinen Follikeln zusammengesetzt ist (Fig. 11 sb). Die Hohlräume dieser Follikel oder die „Genital-Sinus" münden in die Gastrogenital-Tasche aus. In diese fallen zunächst die reifen Geschlechts-Producte hinein; sie werden von da aus in den Central-Magen und schliesslich durch den Mund nach aussen entleert. Wahrscheinlich gelangen sie hierbei, ähnlich wie bei *Cyanea*, durch die Armrinnen in die Falten der Armgardinen, welche die befruchteten Eier eine Zeit lang als schützende Brutbehälter beherbergen.

VIII C. Dritte Unterordnung der Discomedusen:

RHIZOSTOMAE, Cuvier (1799). Wurzelmündige Scheibenquallen.

Discomedusen mit 8 grossen adradialen, wurzelförmigen, einfachen oder verästelten Mundarmen, mit zahlreichen Krausen-Mündchen, ohne centrale Mundöffnung und ohne Tentakeln.

Familia: CRAMBESSIDAE, Haeckel (1869).

Haeckel, System der Medusen, 1879; p. 614, Tafel XXXVIII, XXXIX.

Familien-Character: Rhizostomen mit einem einzigen centralen Subgenital-Porticus und mit dorsalen sowohl als ventralen Trichterkrausen der 8 Mundarme. — [Discomedusen ohne Tentakeln und ohne centrale Mundöffnung, an deren Stelle zahlreiche Trichter-Mündchen auf den 8 Mundarmen Trichterkrausen bilden, und zwar sowohl auf ihrer ventralen (axialen), als auch auf ihrer dorsalen (abaxialen) Seite. 8 Sinneskolben (4 perradiale und 4 interradiale). 8—16 oder mehr enge Radial-Canäle, verzweigt und durch Anastomosen ein Gefäss-Netz in der Subumbrella bildend, gewöhnlich mit deutlichem Ringcanal. 4 interradiale Gonaden in der aboralen Wand eines centralen Subgenital-Porticus, welcher durch centripetale Verschmelzung von 4 getrennten gastralen Subgenital-Höhlen entstanden ist.]

Subfamilia: LEPTOBRACHIDAE, L. Agassiz (1862).

Crambessiden ohne freie Oberarme, sowie mit bandförmigen, sehr verlängerten und dünnen Unterarmen, welche grösstentheils nackt sind und nur am distalen Ende ein quastenförmiges Büschel von zottigen Trichterkrausen tragen.

Genus: LEONURA, Haeckel (1879).

λέων = Löwe; οὐρά = Schwanz.

Genus-Diagnose: Crambesside ohne freie Oberarme, mit bandförmigen, sehr langen und dünnen Unterarmen, welche grösstentheils nackt sind und nur gegen das distale Ende, oberhalb eines nackten Terminal-Knopfes, ein Büschel von Trichterkrausen tragen. Mundkreuz-Nath achtstrahlig, mit 8 adradialen Trichterkrausen, die eine besondere Zotten-Rosette um das Centrum der Armscheibe bilden.

Das Genus *Leonura* (oder *Leontura*) bildet zusammen mit der nahe verwandten Gattung *Lepto-brachia* die eigenthümliche kleine Gruppe der *Leptobrachidae*. L. Agassiz führte dieselbe (1862) als eine besondere Familie der Rhizostomen auf, während es mir zweckmässiger erscheint, sie als Subfamilie der nächstverwandten Familie der Crambessiden anzureihen (System, 1879, p. 630). Bisher war die kleine Gruppe nur durch eine einzige Species bekannt, das *Rhizostoma leptopus* (von den Radack-Inseln), von welchem Chamisso und Eysenhardt 1821 eine ziemlich gute Abbildung gegeben hatten (Nova Acta Acad. Leop. Carol. Tom. X, p. 356, Taf. XXVII). Ich selbst beschrieb dann 1879 als nahe verwandte Rhizostome die Crambesside *Leonura leptura* von Neuseeland (System, 1879, p. 631). Von der letzteren wenig verschieden ist die nachfolgend beschriebene *L. terminalis*, die einzige Rhizostome der Challenger-Sammlung. Während der Bau des Schirmes nur wenig von *Crambessa* abweicht, zeichnen sich da-gegen die 8 langen und dünnen Arme durch die Rückbildung der verwachsenen Oberarme aus, sowie durch die Beschränkung der Trichterkrausen auf die Mundscheibe einerseits und die Distal-Hälfte der Arme anderseits; die dazwischen liegende Proximal-Hälfte der Arme ist nackt und krausenlos.

Species: **Leonura terminalis**, Haeckel.

Tafel XXXII.

Leonura terminalis, Haeckel, 1879; System der Medusen p. 646, Nr. 616.

Species-Diagnose: Schirm flach gewölbt, mit 80 Randlappen (in jedem Octanten 8 spitze, drei-eckige Velar-Lappen zwischen 2 kleinen divergirenden Ocular-Lappen). Subgenital-Ostien 2—3 mal so breit als die Pfeiler zwischen ihnen. Mundkreuz-Naht der Armscheibe mit regulär achtstrahliger Zotten-Rosette. Arme mässig lang und dünn, bandförmig, dreikantig, ungefähr so lang als der Schirm-Durchmesser, mit einem quastenförmigen, dreiflügeligen Zottenbüschel, aus welchem ein dreikantiger krausenloser Terminal-Knopf hervortritt.

Grösse: Horizontal-Diameter der Umbrella 80—90 Mm.; Vertical-Diameter 30—40 Mm.

Fundort: Südöstlicher Theil des pacifischen Oceans, unweit der Insel Juan Fernandez, 33° 31′ S. Br., 74° 43′ W. L. v. Gr.; am 14. December 1875 aus 4320 Meter (= 2160 Faden) Tiefe gehoben (zugleich mit *Tesserantha connectens*, p. 42), Station 299 der Challenger-Expedition. Das Exem-plar war ziemlich gut gehalten, nur die Arme grösstentheils abgerissen.

Umbrella (Fig. 1—4). Der Schirm bildet eine flach gewölbte Scheibe, deren Central-Theil (Discus) fast eben ist, während der Kranz-Theil (Corona) sanft geneigt abfällt. Auf dem Radial-Schnitt (Fig. 2) zeigt sich, dass der Körper, wie bei allen Monodemnien *(Versuridae* und *Crambessidae)* aus zwei getrennten Haupttheilen besteht, welche nur durch die 4 perradialen Mundpfeiler zusammenhängen, der eigentlichen Schirmscheibe (nebst Magenhöhle und Schirmkranz), und der darunter gelegenen Arm-scheibe (nebst den daran hängenden Mundarmen). Beide Haupttheile werden durch den geräumigen Subgenital-Porticus *(ir)* getrennt, welcher sich durch die 4 breiten interradialen Subgenital-Ostien (Fig. 1, 7 *ig*) frei nach aussen öffnet. — Die Gallerte des Schirmes gleicht an Consistenz einem weichen Knorpel und ist in der centralen Schirmscheibe von ziemlich gleichmässiger Dicke (ungefähr 10 Mm.), während sie nach dem Rande hin sich plötzlich verdünnt und an den Lappen nur sehr schwach ent-wickelt ist. Die Gallerte der Armscheibe ist ungefähr eben so dick als die der Schirmscheibe.

Die Exumbrella (Fig. 1, 3) zeichnet sich durch eine zierliche und ziemlich regelmässige Tä-felung aus, dadurch hervorgebracht, dass netzförmig verbundene Furchen die ganze äussere Oberfläche des Schirmes in polygonale, etwas convex vorspringende Felder oder Tafeln theilen; sie entsprechen den „Pedalien" von *Nauphanta, Atolla* und anderen Discomedusen. Die Grösse dieser Exumbral-Tafeln nimmt vom Centrum gegen die Peripherie hin zu; der Durchmesser der inneren Tafeln beträgt 4—5, derjenige der äusseren 6—8 Mm.; die Form der ersteren ist mehr rundlich, die der letzteren mehr gestreckt polygonal, viereckig, sechseckig oder achteckig. Ein achteckiges Central-Feld (in der Mitte des Schirm-Scheitels) umgiebt zunächst ein Kranz von 8 adradialen Tafeln; an diese schliesst sich ein zweiter Kranz von 16 subradialen an; die grössten und am deutlichsten vortretenden Tafeln sind 32 hexagonale, einen Ring bildend, dessen distale Peripherie dem Ringcanal an der Subumbrella entspricht (Fig. 3). Gegen den Lappenkranz hin werden die Exumbral-Tafeln undeutlicher: die Radial-Furchen zwischen denselben gehen hier in die Einschnitte zwischen den Randlappen über.

Am Schirmrande (Fig. 3, 4) sitzen 8 Sinneskolben (4 perradiale und 4 interradiale), wie bei allen Crambessiden und überhaupt bei den meisten Rhizostomen. Jedes Rhopalium ist von den 2 kleinen, spitzen, lanzetförmigen Ocular-Lappen (oder Rhopalar-Lappen) eingeschlossen, welche nach aussen gespreizt divergiren. Zwischen den 8 zurücktretenden Rhopalar-Einschnitten des Schirmrandes aber springen in Gestalt flacher Bogen die Octanten des Schirmrandes vor, welche das gelappte Velarium zusammensetzen. Zwischen je 2 Rhopalien finden sich 8 dreieckige, spitze Velar-Lappen oder genauer 4 Paare; denn die 8 adradialen und die 16 subradialen Einschnitte des Schirmrandes, ebenso auch die 8 principalen Einschnitte, in denen die Sinneskolben liegen, sind tiefer und stärker als die 32 seichteren Velar-Einschnitte, welche zwischen die ersteren und letzteren eingeschaltet sind. Da ausserdem die adradiale Mitte der 8 Velar-Bogen des Schirmrandes stärker vorspringt als ihre zurücktretenden Seitentheile, so erscheinen die 16 Paare Velar-Lappen, welche zu beiden Seiten der 8 Adradial-Canäle liegen, grösser als die 16 Paare schwächerer Velar-Lappen, welche zu beiden Seiten der 8 Principal-Canäle (oder der 8 Rhopalien) liegen. Rechnet man zu diesen 64 Velar-Lappen noch die 16 kleineren Ocular-Lappen, so beläuft sich die Gesammtzahl der Randlappen auf 80, gleichwie bei vielen anderen Rhizostomen.

Die 8 Sinneskolben zeigen nach Lage, Gestalt, Grösse und Structur im Wesentlichen dieselben Verhältnisse, welche Grenacher und Noll (1876) von *Crambessa Tagi* sehr genau beschrieben haben (vergl. auch mein „System", p. 458, 615, und Hertwig, die Sinnesorgane der Medusen, 1878). Dieselben sind eichelförmig und zerfallen durch eine ringförmige Einschnürung in einen kolbenförmigen Basaltheil und einen eiförmigen Distaltheil; ersterer enthält das blinde Distal-Ende des Ocular-Canales, letzterer den mit zahlreichen Krystallen erfüllten Otolithen-Sack. Sie liegen versteckt in einer subumbralen „Sinnesnische" des Schirmrandes, welche oben von einer breiten Deckschuppe überdacht und seitlich von den vorspringenden „Sinnesfalten" eingeschlossen wird; letztere sind die gewölbt vorspringenden Medial-Ränder der divergirenden Ocular-Lappen oder Sinneslappen, welche an ihrer Basis klappenartig über einander greifen. Oben auf ihrer Exumbral-Fläche ist die dachartig vorspringende Deckschuppe oder Deckplatte von einer blinden trichterförmigen Grube ausgehöhlt; diese Riechgrube ist von dendritisch verästelten Falten durchzogen („Riechfalten").

Tentakeln fehlen bei *Leonura* ebenso vollständig, wie bei allen anderen Rhizostomen.

Subumbrella (Fig. 2, 4—7). Die Unterseite des Schirmes und die davon umschlossene Schirmhöhle zeigen bei *Leonura* dieselben eigenthümlichen und merkwürdigen Bildungs-Verhältnisse, welche bei allen Rhizostomae Monodemniae *(— Versuridae* und *Crambessidae —)* wiederkehren und welche zuerst (1849) von Huxley bei *Crambessa mosaica*, später (1876) von Grenacher und Noll bei *Crambessa Tagi* ausführlich beschrieben worden sind (vergl. mein „System", p. 472, 615, Taf. XXXVIII—XL). Die subumbrale Schirmhöhle zerfällt in eine periphere Schirmkranzhöhle und einen centralen „Subgenital-

Porticus"; beide communiciren nur durch die 4 breiten interradialen „Subgenital-Ostien" (Fig. 1, 7 *ig*). Die letzteren werden geschieden durch die 4 starken Mundpfeiler (Fig. 2, 7 *ap*), die einzigen Verbindungsstücke zwischen Schirmscheibe und Armscheibe. Die Schirmkranzhöhle bildet eine ziemlich flache und breite Ringfurche von geringer Ausdehnung. Ihre axiale Innenwand wird durch die Aussenfläche der Armpfeiler *(ap)* gebildet; ihre abaxiale Aussenwand durch die subumbrale Innenfläche des Velarium oder des gelappten Schirmkranzes.

Der centrale Subgenital-Saal (*Porticus subgenitalis*, Fig. 2 *ir*) bildet eine geräumige, wenn auch niedrige Kammer, deren Grundform ein Quadrat-Prisma ist. Die obere Wand oder die Decke des Porticus wird durch die kreuzförmige Gastrogenital-Membran gebildet und durch die 4 interradialen Intergenital-Tafeln (Fig. 4 *wi*), welche die Zwischenräume zwischen deren perradialen Schenkeln ausfüllen. Das Gastrogenital-Kreuz schimmert bei der Betrachtung von oben (Fig. 3) durch die Schirmscheibe hindurch, wie bei vielen anderen Rhizostomen. Die zarte Gastrogenital-Membran (Fig. 2, 4 *gg*), welche dasselbe bildet, scheidet den Porticus von dem darüber gelegenen Central-Magen, dessen Boden oder Unterwand sie zugleich darstellt. Sie besteht aus einer sehr dünnen, biegsamen und dehnbaren Fulcral-Platte, die oben vom gastralen Entoderm, unten vom subumbralen Exoderm überzogen ist; nur in der Mitte wird dieselbe durch das „gallertige Leistenkreuz" (Fig. 4 *gh*) verstärkt, dessen 4 perradiale Schenkel die 4 hufeisenförmigen Gonaden von einander trennen und am Distal-Ende in die Axial-Wand der 4 Armpfeiler übergehen. Die interradialen Zwischenräume zwischen den 4 perradialen Schenkeln des „Gastrogenital-Kreuzes" werden durch die 4 dicken, knorpelartigen Intergenital-Tafeln ausgefüllt (Fig. 4 *wi*); das sind starke, gleichseitig-dreieckige Verdickungen des Gallertschirmes, in deren Mittellinie die Interradial-Canäle *(ci)* verlaufen und an deren Seitenrändern sich die zarte Gastrogenital-Membran inserirt.

Die 4 Mundpfeiler (auch „Armpfeiler oder Saalpfeiler" genannt, *Pilastri*, Fig. 2, 4, 7 *ap*) stellen die einzige Verbindung zwischen der oberen und unteren Wand des Subgenital-Porticus her und werden von einander durch die 4 weiten Saal-Portale oder Subgenital-Ostien getrennt. Die Saalpfeiler sind 4 starke perradiale Gallert-Platten von der Form eines Parallel-Trapezes (Fig. 7 *ap*). Sie entspringen mit schmälerer, 10 Mm. breiter Basis vom Distal-Ende der Schenkel des Gastrogenital-Kreuzes und laufen schräg von oben und aussen nach unten und innen, sich bis 15 Mm. verbreiternd, gegen die Armscheibe herab, die durch ihren Zusammenfluss entsteht. Die Dicke der Armpfeiler beträgt 5—7 Mm., ihre Länge 15 Mm. Ihre innere Axial-Fläche ist concav, ihre äussere Abaxial-Fläche convex gekrümmt; erstere ist dem Porticus, letztere der Schirmkranz-Höhle zugewendet. Nahe ihrer Axial-Fläche verläuft in ihrer soliden Gallertmasse der breite perradiale Pfeiler-Canal (Fig. 2, 4, 6 *cd*), die distale Fortsetzung der Schenkel des Magenkreuzes.

Die 4 Subgenital-Ostien oder „Saal-Portale" (Fig. 1, 7 *ig*) stellen gewissermaassen die 4 breiten und niedrigen Thüren dar, durch welche man von aussen (von der Schirmkranz-Höhle aus) in den centralen Porticus hinein gelangt. Sie sind von rechteckiger Form (mit abgerundeten Ecken) und werden seitlich durch die 4 perradialen Armpfeiler von einander geschieden, liegen mithin interradial. Oben werden sie vom distalen Basaltheil der dreieckigen Intergenital-Tafeln begrenzt, unten vom Seitenrande der Armscheibe. Die Breite oder der grösste horizontale Durchmesser der Saal-Portale in ihrer Mitte beträgt 25 Mm. und ist fast 3 mal so gross als die geringste Breite der sie trennenden Pfeiler.

Die Armscheibe oder Mundscheibe (*Stomodiscus*, *Discus brachiferus*, Fig. 2, 6, 7 *ah*) stellt den „Saalboden" oder die untere Wand des Subgenital-Porticus dar. Sie hängt nur durch die 4 Armpfeiler mit der darüber gelegenen Schirmscheibe zusammen und bildet eine dicke Gallertscheibe von der

Grundform eines Quadrat-Prisma, fast halb so dick als breit (40 Mm. Seitenlänge bei 16—18 Mm. Dicke).
Wenn man 2 benachbarte Armpfeiler an ihrer Basis durchschneidet und dann die halb abgelöste Armscheibe zurückschlägt, so wird deren obere oder aborale Fläche sichtbar, welche dem Porticus zugekehrt ist (Fig. 6). Dieselbe ist quadratisch und fast eben, gegen die Mitte hin nur wenig convex vorgewölbt; gegen die Seitenränder hin fällt sie nach aussen nur schwach geneigt ab. Die 4 perradialen
abgestutzten Ecken des Quadrates gehen in die Distal-Enden der Mundpfeiler über; und die Distal-
Enden der 8 Gonaden-Schenkel (Fig. 6 sx) (welche paarweise an der Axial-Wand der Pfeiler-Canäle, cd,
herabsteigen) setzen sich hier noch eine kurze Strecke weit divergirend auf die Oralfläche der Armscheibe fort. Die Seitenränder der letzteren sind in der Mitte schwach eingekerbt und bilden zugleich
sowohl die unteren Ränder der Saal-Portale (ig), als auch die Distal-Ränder der 4 gleichseitig-drei-
eckigen, schwach convexen „Subgenital-Klappen" (Fig. 6 wv); letztere sind gewissermaassen an ihren
Seitenrändern mit den oralen Fortsetzungen der Pfeiler verwachsen und stellen so die Armscheibe her.

Die untere oder orale Fläche der Mundscheibe wird durch das krause Mundfeld *(Area oralis)*
eingenommen; in seiner Mitte liegt die Mundkreuz-Naht und die dieselbe bedeckende achtstrahlige
Zotten-Rosette (Fig. 5), während ringsum die 8 Arme abgehen (Fig. 7). Die centrale Zotten-Rosette (Fig. 5) wird eigentlich durch 4 Paar Zotten-Krausen gebildet, welche den 4 Gabelästen der
4 Schenkel der Mundnaht entsprechen; allein die 8 Mundarme, welche paarweise aus der Gabeltheilung
des Distal-Endes der 4 Armpfeiler hervorgehen, trennen sich an deren gabelspaltiger Basis so frühzeitig, dass sie fast von Anfang an in den 8 Adradien liegen und dass auch die Zotten-Rose an ihrer
oralen Axial-Fläche eine fast regulär achtstrahlige Form annimmt (Fig. 5). Die verästelten Zotten-
Büschel, welche die Rosette dicht gedrängt zusammensetzen, haben denselben Bau wie die Trichterkrausen am Distal-Theil der Arme. Schneidet man die Zotten ab, so erblickt man in der Mitte des
Mundfeldes die reguläre Mundkreuz-Naht *(Sutura staurostomalis*, Fig. 7 as); wie bei allen Rhizostomen,
so ist sie auch hier dadurch entstanden, dass die krausen, in der Jugend offenen Ränder der kreuzförmigen Mundöffnung später mit einander verwachsen sind.

Die 8 Mundarme zeigen bei unserer *Leonura* im Ganzen dieselbe eigenthümliche Bildung,
welche bisher nur von *Leptobrachia leptopus* (= *Rhizostoma leptopus*, Chamisso, l. c. Taf. XXVII) bekannt
war. Sie erscheinen als 8 adradiale, schlanke, bandförmige Anhänge der Armscheibe, deren Länge
ungefähr dem Durchmesser des Schirmes gleich kommt oder ihn nur wenig übertrifft (circa 10 Centimeter). Wie bei allen Rhizostomae multicrispae *(Pilemidae* und *Crambessidae)*, so sind auch hier
eigentlich an jedem Arme als zwei Haupttheile der einkrausige Oberarm und der dreikrausige Unterarm
zu unterscheiden (System. p. 582). Allein der kurze Oberarm *(Epibrachium)* ist bei den Leptobrachiden
ganz rudimentär und in der Bildung der dicken Mundscheibe durch Concrescenz aufgegangen. Der
ganze freie Theil der Arme wird daher hier durch den Unterarm *(Hypobrachium)* gebildet. An jedem
Unterarme ist die proximale (obere) Hälfte nackt, krausenlos und besteht aus einem dünnen, dreikantig-
prismatischen Gallert-Bande, dessen 3 Kanten in 3 schmale Flügel auslaufen; jeder Flügel zeigt auf
dem Querschnitt einen Canal (Fig. 8). Die untere, distale Hälfte des Unterarmes besteht aus einem
krausen, quastenförmigen Zottenbüschel, aus dessen Ende ein spitzer, dreikantig-pyramidaler Endanhang
oder Gallertknopf hervortritt. Der Zottenbüschel setzt sich aus 3 stark gekräuselten und vielfach gefalteten Blättern zusammen, welche die distale Fortsetzung und Ausbreitung der 3 Armkanten bilden.
Eine von diesen 3 Armkrausen liegt an der Innenseite des Armes, axial, und erscheint als das Distal-
stück der ursprünglich einfachen Ventral-Krause, deren Proximal-Stück ein Arm der achtstrahligen
Zotten-Rosette des Mundfeldes ist; beide werden durch den weiten Zwischenraum der nackten oberen

Armhälfte von einander getrennt. Die beiden anderen Armkrausen liegen paarig an der Aussenseite des Armes und entsprechen somit den Dorsal-Krausen der „multicrispen Rhizostomen" (Pilemiden und Crambessiden; vergl. mein „System", p. 464, 581). Von den 3 schmalen Flügeln der dreikantig-pyramidalen Terminal-Knöpfe liegt ebenfalls der eine axial, die beiden anderen abaxial; sie sind die terminalen Ausläufer der 3 Krausen; aber die Trichterkrausen selbst sind auf ihnen verloren gegangen; sie erscheinen wie abgeschliffen. Die zahlreichen und unregelmässigen Mundöffnungen auf und zwischen den Falten der Krausen sind bald mehr spaltförmig, bald mehr trichterförmig; die Ränder dieser „Trichterkrausen", der früher sogenannten „Saugmündchen", sind dicht mit zahlreichen mikroskopischen Mundtentakelchen oder Digitellen besetzt. Gleichwie bei den anderen Rhizostomen sind dieselben auch hier bei *Leonura* „verlängerte Nesselpapillen des Exoderms"; solide, cylindrische Fortsätze der Arm-Gallerte, deren exodermales Epithel theils Nesselzellen, theils Epithel-Muskelzellen bildet (vergl. OTTO HAMANN, die Mundarme der Rhizostomen und ihre Anhangs-Organe; Jena. Zeitschr. für Naturw. Bd. XV, 1881, Taf. IX—XI).

Gastrocanal-System (Fig. 2, 4—8). Das Gastrovascular-System von *Leonura* stimmt fast vollständig mit demjenigen der nächstverwandten *Leptobrachia* überein, sowie in den meisten Beziehungen auch mit demjenigen von *Crambessa*, von welcher GRENACHER und NOLL (1876) eine sehr genaue und naturgetreue Beschreibung geliefert haben (vergl. mein „System", 1879, p. 616, Taf. XXXVIII—XL). Wie bei allen Acraspeden lässt sich zunächst der centrale Hauptdarm von dem peripheren Kranzdarm unterscheiden. Der centrale Hauptdarm besteht aus dem grossen kreuzförmigen Central-Magen und aus dem kleineren, durch die 4 Pfeiler-Canäle mit ihm zusammenhängenden Buccal-Magen, sowie aus dem Canal-System der Arme, welches von letzterem abgeht. Der Central-Magen (Fig. 2, 4 *gc*) hat die kreuzförmige Gestalt und Ausdehnung der vorher schon beschriebenen Gastrogenital-Membran *(gg)*, welche seine untere Wand bildet; die obere Wand wird durch die glatte Entoderm-Fläche der centralen gallertigen Schirmscheibe hergestellt. Am peripheren Rande des Central-Magens *(gm)*, wo seine obere und untere Wand zusammenstossen, gehen nach aussen die 16 Radial-Canäle ab, welche den peripheren Kranzdarm zusammensetzen, während gleichzeitig nach unten die 4 perradialen Pfeiler-Canäle *(Canales pilastrales, cd)* herabsteigen. Diese letzteren entspringen aus den Distal-Enden der 4 Kreuzschenkel des Central-Magens, unmittelbar unterhalb des Abganges der 4 perradialen Subumbral-Canäle, laufen an der axialen Innenseite der 4 Armpfeiler von oben und aussen nach unten und innen und münden hier in den Buccal-Magen *(ga)* ein. Als solchen bezeichnen wir den kleinen kreuzförmigen Hohlraum, welcher in der Mitte der Armscheibe sich findet und von welchem nach unten die 8 Arm-Canäle abgehen *(ch)*. Diese letzteren liegen adradial über den 8 Schenkeln der zottigen Mundrosette, sind aber paarweise als distale Gabeläste der 4 perradialen Pfeiler-Canäle aufzufassen. Jeder Armcanal spaltet sich alsbald in 3 enge Canäle, welche parallel in den 3 Kanten der Arme bis zu ihrem Ende herablaufen; einer davon liegt ventral oder axial, die beiden anderen dorsal oder abaxial. Daraus geht hervor, dass der ganze freie, dreikantige Theil der Arme als Unterarm zu betrachten ist; dem Oberarm der multicrispen Rhizostomen entspricht nur das kurze, mit der Armscheibe verwachsene Basalstück des Armes, welches einen einfachen Canal enthält. Von dem axialen oder Ventral-Canale der Arme gehen zahlreiche Aeste oben an die Zotten der Mund-Rosette ab *(ab¹)*, unten an die ventrale Trichterkrause des distalen Zottenbüschels *(ab³)*. Die beiden abaxialen oder Dorsal-Canäle sind nur unten verästelt, und diese Aeste gehen an die beiden dorsalen Trichterkrausen des Zottenbüschels. Die Distal-Enden der 3 Arm-Canäle verlaufen in den 3 Flügeln der dreikantigen Terminal-Knöpfe bis zu deren Spitze, wo sie durch eine gemeinsame Endöffnung zu münden scheinen.

Der periphere Kranzdarm zeigt im Wesentlichen dieselben Verhältnisse, welche ich zuerst bei *Crambessa Tagi* 1869 beschrieben habe. Von der Peripherie des kreuzförmigen Central-Magens gehen 16 starke Radial-Canäle aus, welche in der Subumbrella zum Schirmrande verlaufen, sich dicht verästeln und ein zierliches Canal-Netz bilden. Von den 16 Canälen sind die kürzesten die 4 perradialen, welche aus den Distal-Enden der 4 Schenkel des Magenkreuzes (unmittelbar oberhalb der 4 Pfeiler-Canäle) entspringen; sie sind an ihrer proximalen Basis ampullenartig erweitert (Fig. 4 *cp*). Die längsten sind hingegen die 4 interradialen Canäle; sie entspringen aus dem Winkel zwischen je 2 Schenkeln des Magenkreuzes und sind mit blinden Divertikeln besetzt (Fig. 4 *ci*). Kürzer als diese 4 letzteren, länger als jene 4 ersteren sind die 8 adradialen Canäle, welche paarweise von den beiden Ecken des distalen Schenkel-Endes entspringen und sich bogenförmig divergirend gegen den Schirmrand wenden (Fig. 4 *ca*). Alle 16 Canäle verbinden sich durch einen starken Ringcanal (Fig. 4 *cc*). Dieser liegt in der subumbralen Kranzfurche, welche die centrale Schirmscheibe vom Velarium trennt. Das periphere Canal-Netz zerfällt durch den Ringcanal in zwei verschiedene Abschnitte, von denen der schmälere innerhalb, der breitere ausserhalb desselben liegt. Das intracirculare Canal-Netz ist nur 4—6 Mm. breit, erfüllt in Gestalt eines schmalen Gürtels den Raum zwischen dem Ringcanal und den Distal-Enden der Kreuzschenkel, und besteht aus 3—4 Reihen lockerer Maschen von unregelmässig polygonaler Gestalt. Das extracirculare Canal-Netz hingegen ist 3 mal so breit (12—16 Mm.), besteht aus einem äusserst feinen und dichten Maschenwerk (dessen feinste Maschen mit blossem Auge kaum sichtbar sind) und erfüllt die ganze Subumbral-Seite des Velarium, vom Ringcanal bis zum dünnen Rande der Randlappen (Fig. 4).

Gonaden (Taf. XXXII, Fig. 1—6 *s*). Die Geschlechtsdrüsen von *Leonura* zeigen im Ganzen dieselben Form- und Structur-Verhältnisse, welche GRENACHER und NOLL 1876 von *Crambessa* (l. c.) ausführlich geschildert haben. Sie bilden 4 schmale, dicht krausenartig gefaltete Bänder von der Gestalt eines Hufeisens, dessen convexer Proximal-Bogen im Interradius centripetal vorspringt (Fig. 4 *s*). Die 4 Geschlechtsbänder liegen in der zarten Gastrogenital-Membran, an der Innenfläche des centralen Magenbodens, und bleiben hier durch einen schmalen Zwischenraum von dessen Aussenrand (*gm*) einerseits, von den 4 Schenkeln des gallertigen Leistenkreuzes (*gh*) anderseits getrennt. Bei der Betrachtung von oben (Fig. 3) oder von unten (Fig. 4) hat es fast den Anschein, als ob die Distal-Enden der zugekehrten Schenkel von je 2 benachbarten Hufeisen-Bogen am Distal-Ende der Magenkreuz-Schenkel in einander übergingen und einen zusammenhängenden kreuzförmigen Genital-Ring bildeten. Genauere Untersuchung lehrt indessen, dass die 4 interradialen Gonaden völlig getrennt bleiben, obwohl sich ihre Schenkel-Enden an der Axial-Fläche der perradialen Mundpfeiler fast bis zur Berührung nähern. Die letzten Enden der Genital-Schenkel sind hier unten wieder divergirend seitwärts gekrümmt; sie liegen bereits in den 4 Ecken der Armscheibe (Fig. 6 *sx*). Das untersuchte Exemplar von *Leonura* ist ein Männchen. Die Hoden sind krausenartig dergestalt in quere Falten gelegt, dass das ganze Genital-Band aus einer grossen Anzahl von kleinen spindelförmigen Säckchen zu bestehen scheint. Diese Säckchen (— die Querfalten des hufeisenförmigen Hoden-Bandes —) stehen dicht gedrängt neben einander, mit ihrer Längsaxe senkrecht auf derjenigen des letzteren; die Säckchen sind prall gefüllt mit reifem Sperma. Die Verhältnisse des feineren Baues, sowohl in den Gonaden als in den meisten übrigen Organen, gleichen denjenigen von *Crambessa*.

Uebersicht über die Familien des Systems, welche unter den Tiefsee-Medusen der Challenger-Collection vertreten sind.

Ordnungen der Medusen	Nichtvertretene Familien des Systems	Vertretene Familien des Systems der Medusen	Beschriebene Species
I. Ordnung: **Anthomedusae** (1 Species)	Codonidae Tiaridae Cladonemidae	Margelidae, Taf. 1	*Thamnostylus dinema*, p. 2
II. Ordnung: **Leptomedusae** (1 Species)	Thaumantidae Eucopidae Aequoridae	Cannotidae, Taf. 2	*Ptychogena pinnulata*, p. 6
III. Ordnung: **Trachomedusae** (3 Species)	Petasidae Aglauridae Geryonidae	Trachynemidae, Taf. 3—8	*Pectyllis arctica*, p. 10 *Pectis antarctica*, p. 13 *Pectanthis asteroides*, p. 17
IV. Ordnung: **Narcomedusae** (4 Species)	Solmaridae	Cunanthidae, Taf. 9 Peganthidae, Taf. 10—12 Aeginidae, Taf. 13, 14	*Cunarcha aeginoides*, p. 21 *Polycolpa Forskalii*, p. 27 *Pegantha pantheon*, p. 31 *Aeginura myosura*, p. 35
V. Ordnung: **Stauromedusae** (2 Species)		Tesseridae, Taf. 15 Lucernaridae, Taf. 16, 17	*Tesserantha connectens*, p. 42 *Lucernaria bathybia*, p. 46
VI. Ordnung: **Peromedusae** (2 Species)	Pericolpidae	Periphyllidae, Taf. 18—25	*Periphylla mirabilis*, p. 54 *Periphema regina*, p. 72
VII. Ordnung: **Cubomedusae** (1 Species)	Chirodropidae	Charybdeidae, Taf. 26	*Charybdea Murrayana*, p. 79
VIII. Ordnung: **Discomedusae** (4 Species)	Linergidae Pelagidae Flosculidae Ulmaridae Toreumidae Pilemidae Versuridae	Ephyridae, Taf. 27—29 Cyaneidae, Taf. 30, 31 Crambessidae, Taf. 32	*Nauphanta Challengeri*, p. 87 *Atolla Wyvillei*, p. 96 *Drymonema Victoria*, p. 106 *Leonura terminalis*, p. 113

Uebersicht über die vorstehend beschriebenen 18 Tiefsee-Medusen, mit Angabe des Fundortes und der Stellung im System der Medusen.

Genus und Species. Ocean	Challenger-Station	Faden-Tiefe	Fundort	
			Breiten-Grade	Länge von Greenw.
1. Thamnostylus dinema, Taf. 1. Antarct. Ind.	153	120	65° 42′ S.	79° 49′ O.
Ordo: *Anthomedusae.* Familia: *Margelidae.* Subfamilia: *Thamnostomidae.*				
2. Ptychogena pinnulata, Taf. 2. Atlant. Nord	50	1250	42° 8′ N.	63° 39′ W.
Ordo: *Leptomedusae.* Familia: *Cannotidae.* Subfamilia: *Polyorchidae.*				
3. Pectyllis arctica, Taf. 3, 4. Atlant. Nord	50	1250	42° 8′ N.	63° 39′ W.
Ordo: *Trachomedusae.* Familia: *Trachynemidae.* Subfamilia: *Pectyllidae.*				
4. Pectis antarctica, Taf. 5, 6. Antarct. Ind.	152	1260	60° 52′ S.	80° 20′ O.
Ordo: *Trachomedusae.* Familia: *Trachynemidae.* Subfamilia: *Pectyllidae.*				
5. Pectanthis asteroides, Taf. 7, 8. Atlant. Medit.	? IV	600	36° 25′ N.	8° 12′ W.
Ordo: *Trachomedusae.* Familia: *Trachynemidae.* Subfamilia: *Pectyllidae.*				
6. Cunarcha aeginoides, Taf. 9. Atlant. Nord	354	1675	32° 41′ N.	36° 6′ W.
Ordo: *Narcomedusae.* Familia: *Cunanthidae.* Subfamilia: *Cunoctonidae.*				
7. Polycolpa Forskalii, Taf. 10. Pacif. Philippin.	201	82	7° 3′ N.	121° 48′ O.
Ordo: *Narcomedusae.* Familia: *Peganthidae.* Subfamilia: *Polyxenidae.*				
8. Pegantha pantheon, Taf. 11, 12. Pacif. Philippin. ·.	201	82	7° 3′ N.	121° 48′ O.
Ordo: *Narcomedusae.* Familia: *Peganthidae.* Subfamilia: *Pegasidae.*				
9. Aeginura myosura, Taf. 13, 14. Ind. Austral.	159	2150	47° 25′ S.	130° 32′ O.
Ordo: *Narcomedusae.* Familia: *Aeginidae.* Subfamilia: *Aeginuridae.*				
10. Tesserantha connectens, Taf. 15. Pacif. Chile	299	2160	33° 31′ S.	74° 43′ W.
Ordo: *Stauromedusae.* Familia: *Tesseridae.* Subfamilia: *Tesseranthidae.*				
11. Lucernaria bathyphila, Taf. 16, 17. Atlant. Nord	—	540	60° 3′ N.	5° 51′ W.
Ordo: *Stauromedusae.* Familia: *Lucernaridae.* Subfamilia: *Haliclystidae.*				
12. Periphylla mirabilis, Taf. 18—23. Pacif. Neuseel.	168	1100	40° 28′ S.	177° 43′ O.
Ordo: *Peromedusae.* Familia: *Periphyllidae.* Subfamilia: *Periphemidae.*				
13. Periphema regina, Taf. 24, 25. Antarct. Ind.	156	1975	62° 26′ S.	95° 44′ O.
Ordo: *Peromedusae.* Familia: *Periphyllidae.* Subfamilia: *Periphemidae.*				
14 Charybdea Murrayana, Taf. 26. Atlant. Guinea	348	200	3° 10′ N.	14° 51′ W.
Ordo: *Cubomedusae.* Familia: *Charybdeidae.* Subfamilia: *Tamoyidae.*				
15. Nauphanta Challengeri, Taf. 27, 28. Atlant. Süd	335	1425	32° 24′ S.	13° 5′ W.
Ordo: *Discomedusae.* Familia: *Ephyridae.* Subfamilia: *Nausithoidae.*				
16. Atolla Wyvillei, Taf. 29, Antarct Ind.	157	1950	53° 55′ S.	108° 35′ O.
Antarct. Atlant.	318	2040	42° 32′ S.	56° 27′ W.
Ordo: *Discomedusae.* Familia: *Ephyridae.* Subfamilia: *Collaspidae.*				
17. Drymonema Victoria, Taf. 30, 31. Atlant. Medit.	? IV	600	36° 25′ N.	8° 12′ W.
Ordo: *Discomedusae.* Familia: *Cyaneidae.* Subfamilia: *Drymonemidae.*				
18. Leonura terminalis, Taf. 32. Pac. Chile	299	2160	33° 31′ S.	74° 43′ W.
Ordo: *Discomedusae.* Familia: *Crambessidae.* Subfamilia: *Leptobrachidae.*				

DER

ORGANISMUS DER MEDUSEN.

GRUNDRISS EINER VERGLEICHENDEN MORPHOLOGIE DER MEDUSEN.

ZWEITE HÄLFTE

DES

ZWEITEN THEILES EINER

MONOGRAPHIE DER MEDUSEN.

VON

ERNST HAECKEL.

Erster Abschnitt.

Generelle Morphologie der Medusen.

§ 1. Begriff der Meduse. Medusen sind Nesselthiere *(Acalephae* oder *Cnidariae)* mit gelatinöser, radial gebauter, concav-convexer Umbrella, deren verticale Axe die Hauptaxe der solitären Person ist; mit Schwimm-Muskeln auf der concaven Oralseite der Umbrella, Nerven-Centren und Sinnesorganen am peripheren Schirmrande, mit radialen Fortsätzen (Canälen oder Taschen) der centralen Magenhöhle und einer einfachen (selten vieltheiligen) Mundöffnung am Oral-Pole der Hauptaxe, sowie mit Gonaden in der Subumbral-Wand des Gastroeanal-Systems (vergl. „System der Medusen", 1879, p. XXI etc.). Von den übrigen Classen der Nesselthiere (Polypen, Corallen, Siphonophoren, Ctenophoren) unterscheiden sich die Medusen oder „Schirmquallen" durch folgende Classen-Charactere: Die reife und völlig entwickelte Meduse erscheint als solitäre (nicht in Mehrzahl zu Stöcken vereinigte) Person, welche gewöhnlich frei schwimmend, selten kriechend im Wasser sich fortbewegt, noch seltener sich am Boden anheftet; (fast alle Medusen bewohnen das Meer, nur sehr wenige das Süsswasser). Die Hauptmasse des Medusen-Körpers (dem Volum und Gewicht nach) bildet ein concav-convexer, wasserreicher Gallertkörper, der Schirm *(Umbrella)*; derselbe dient als eigenthümliches Schwimm-Organ; für seine pyramidale Grundform sind stets maassgebend eine verticale Hauptaxe und zwei oder mehrere horizontale Kreuz-axen (mit doppelt so vielen Radien). Die convexe Aussenfläche des Schirmes *(Exumbrella)* trägt meist keine besonderen Organe; die concave Innenfläche hingegen *(Subumbrella)* ist stets mit einer Muskelplatte belegt, welche als wichtigstes Bewegungs-Organ bei ihrer Contraction die Schirmhöhle vertieft und verengt und dadurch Wasser aus derselben ausstösst. Am Schirmrande *(Margo umbrellae)*, wo *Exumbrella* und *Subumbrella* zusammenstossen, liegen die wichtigsten Empfindungs-Organe, Nerven-Centren und differenzirte Sinnes-Organe, meistens auch Tentakeln. Die Ernährungs-Organe werden durch ein radiales Gastroeanal-System gebildet, welches sich an der Subumbrella ausbreitet und aus einem centralen Hauptdarm und einem peripheren Kranzdarm zusammengesetzt ist. Der Hauptdarm (im Centrum der Subumbrella) bildet eine einfache Magenhöhle, die oft nach unten rohrförmig vortritt und sich am Oral-Pole der Hauptaxe durch einen einfachen (selten vieltheiligen) Mund öffnet. Der Kranzdarm (in der Peripherie der Subumbrella) setzt sich aus vier oder mehr radialen Fortsätzen des Central-Magens zusammen, welche bald breite Taschen, bald schmale Canäle darstellen. Die Fortpflanzungs-Organe sind stets einfache Geschlechts-Drüsen *(Gonades)* und entwickeln sich stets in der unteren (subumbralen) Wand des Gastrocanal-Systems, bald aus deren

16 *

Exoderm, bald aus deren Entoderm. Fast alle Medusen sind Gonochoristen, nur sehr wenige Hermaphroditen. Für die Phylogenie der Medusen ergiebt sich aus ihrer vergleichenden Anatomie und Ontogenie als ursprüngliche Stammgruppe die Classe der Polypen.

§ 2. **Begriff des Polypen.** Die Classe der Polypen, aus welcher die Classe der Medusen phylogenetisch abzuleiten ist, und welche demnach den Schlüssel für die morphologische Erkenntniss der letzteren liefert, ist zugleich die gemeinsame Stammgruppe aller Nesselthiere. Als deren einfachste und primitivste Vertreter sind in der Gegenwart der Süsswasser-Polyp *(Hydra)* und die nächstverwandten Genera *Clava, Coryne* etc. zu betrachten. Ihr ausgebildeter Organismus schliesst sich im Wesentlichen noch unmittelbar an denjenigen der *Gastrula* (— phylogenetisch *Gastraea* —) an und besitzt denselben einfachen Urdarm mit Urmund, dessen Wand aus den beiden primären Keimblättern gebildet ist. Der Polyp unterscheidet sich von der Gastrula hauptsächlich durch beginnende histologische Differenzirung der beiden primären Keimblätter, sowie dadurch, dass der aborale Pol der Hauptaxe als Stiel zur Anheftung dient, während am oralen Pole derselben, um den Mund herum, ein Kranz von Fühlern oder Tentakeln sich entwickelt. Dieser Tentakelkranz bildet die Grenze zwischen dem stärker gewölbten Aboral-Theil des Körpers (Becher, *Calyx*) und dem flacheren oder selbst vertieften Oral-Theil (Mundscheibe, *Peristomium*).

§ 3. **Meduse und Polyp.** Der wesentlichste Unterschied zwischen dem Organismus der Meduse und des Polypen besteht in der Bildung des characteristischen Schwimm-Organes der ersteren, des Schirmes oder der Umbrella, sowie der Cathammen oder theilweisen Verwachsungen zwischen der aboralen Becherwand *(Calyx)* und der oralen Mundscheibe *(Peristomium)*; dadurch zerfällt der periphere Theil der einfachen Magenhöhle in radiale Taschen oder Canäle, welche regelmässig den einfachen Central-Raum derselben umgeben. Mithin entspricht die centrale Magenhöhle der Meduse nicht dem ganzen einfachen Gastral-Raum des Polypen (oder dem „Urdarm" der Gastraea), sondern nur dessen centralem Theile; dagegen ist sein peripherer Theil homolog dem radialen (meistens vierstrahligen) „Kranzdarm" der Meduse („Taschenkranz oder Canalkranz"). Die centrale Mundöffnung ist in beiden Thierklassen identisch, aus dem „Urmunde" der Gastrula entstanden; und wenn dieselbe bei den Polypen in einen Mundkegel oder Rüssel *(Proboscis)* verlängert ist, so entspricht dieser dem frei vorragenden Mundrohr oder Mundmagen vieler Medusen. Das *Peristomium* des Polypen (oder die schwach concave „Mundscheibe") ist homolog der *Subumbrella* der Meduse (oder der stärker vertieften unteren Schirmfläche). Ebenso entspricht anderseits die convexe Aussenfläche oder die dorsale Becherwand *(Calyx)* des Polypen der flacher gewölbten Rückenwand oder *Exumbrella* der Meduse. Mithin ist der Becherrand des Polypen (mit der Insertion des Tentakel-Kranzes) homolog dem Schirmrande der Meduse; während aber bei der letzteren sich hier neben oder aus den Tentakeln differenzirte Sinnesorgane entwickeln, ist das bei ersterem nicht der Fall. In Hinsicht auf histologische Differenzirung bleibt die ältere und niedere Polypen-Form weit zurück hinter der jüngeren und höheren Medusen-Form. Letztere ist aus der ersteren durch Anpassung an schwimmende Lebensweise entstanden und hat sich dadurch wesentlich vervollkommnet.

§ 4. **Craspedoten und Acraspeden** (System, p. XXIV, 1, 361). Die Classe der Medusen zerfällt in zwei verschiedene Legionen oder Unterclassen: *Craspedotae* und *Acraspedae*. Beide Subclassen bilden natürliche Hauptgruppen, welche sich in wichtigen Organisations-Verhältnissen wesentlich und durchgreifend unterscheiden. Obgleich einzelne Gruppen in beiden Legionen zum Verwechseln ähnlich und auch thatsächlich vielfach verwechselt worden sind, so sind dennoch beide Hauptgruppen fundamental verschieden und wahrscheinlich ganz unabhängig von einander aus verschiedenen Polypen-Gruppen entstanden; ihre wichtigsten Unterschiede sind am besten aus folgender Tabelle ersichtlich:

I. Craspedotae oder Hydromedusae.	II. Acraspedae oder Scyphomedusae.
A. Magenraum ohne Gastral-Filamente oder Phacellen (*Aphacellae*).	A. Magenraum mit Gastral-Filamenten oder Phacellen (*Phacellotae*).
B. Gonaden exodermal (Geschlechts-Producte vom äusseren Keimblatte). — (*Cryptocarpae*.)	B. Gonaden entodermal (Geschlechts-Producte vom inneren Keimblatte). — (*Phanerocarpae*.)
C. Schirmrand mit echtem Velum, ohne wahre Randlappen (*Craspedotae*).	C. Schirmrand ohne echtes Velum, mit wahren Randlappen (*Acraspedae*).
D. Sinnesorgane meist einfach, ohne besondere Deckplatte (*Gymnophthalmae*).	D. Sinnesorgane meist zusammengesetzt, mit besonderer Deckplatte (*Steganophthalmae*).
E. Marginaler Nervenring doppelt, centralisirt (*Cycloneurae*).	E. Marginaler Nervenring einfach, meist nicht centralisirt (*Toponeurae*).
F. Abstammung von Hydropolypen oder Polypen ohne gastrale Taeniolen (*Hydromedusae*).	F. Abstammung von Scyphopolypen oder Polypen mit gastralen Taeniolen (*Scyphomedusae*).

§ 5. Hydropolypen und Scyphopolypen. Den beiden Legionen der Medusen-Classe entsprechen zwei verschiedene Legionen der Polypen-Classe: *Hydropolypi* und *Scyphopolypi*. Die niederen einfacher gebauten Hydropolypen haben einen ganz einfachen Gastral-Raum mit glatter Innenfläche beibehalten (Urdarm oder *Archigaster* der *Gastraea*). Die höheren und vollkommeneren Scyphopolypen unterscheiden sich von ihnen dadurch, dass an der Innenfläche der Magenhöhle sich 4 interradiale Längswülste oder Magen-Leisten (*Taeniola*) entwickeln und in Folge dessen ihr peripherer Theil in 4 breite perradiale Nischen oder Rinnen zerfällt (*Antra gastralia*). Von den *Hydropolypi* (*Hydra*, *Clava* etc.) stammen die *Hydromedusae* oder *Craspedotae* ab, sowie die von Letzteren abzuleitenden Classen der Siphonophoren und Ctenophoren; allen diesen Nesselthieren fehlen die Gastral-Filamente. Von den *Scyphopolypi* hingegen (*Scyphostoma*, *Spongicola* etc.) stammen die *Scyphomedusae* oder *Acraspedae* ab, sowie die Classe der Korallen oder Anthozoen; sowohl die letzteren als die ersteren besitzen Gastral-Filamente oder Mesenterial-Filamente, und diese sind aus den Taeniolen der Scyphopolypen entstanden.

§ 6. Polyphyletischer Ursprung der Medusen. Mit einer Wahrscheinlichkeit, welche nahe an Sicherheit grenzt, lässt sich schon jetzt die phylogenetische Hypothese aufstellen, dass die Classe der Medusen zu den polyphyletischen Thierclassen gehört. Obgleich die Medusen einerseits nach ihrem ganzen characteristischen Körperbau so einheitlich organisirt erscheinen, dass sie im System des Thierreiches füglich am besten als eine einzige Classe aufgeführt werden, so folgt daraus doch anderseits keineswegs, dass sie alle von einer einzigen gemeinsamen Stammform herzuleiten sind, welche bereits die Medusen-Form besass. Vielmehr ist es höchst wahrscheinlich, dass die beiden Subclassen oder Legionen dieser Classe, die Craspedoten und Acraspeden, getrennten Ursprunges sind und von Polypen-Gruppen abstammen, welche unabhängig von einander sich zu Medusen entwickelten. Dafür spricht vor Allem, dass die Scyphopolypen, die Stammformen der Acraspeden (*Scyphostoma*, *Stephanoscyphus* etc.), bereits die 4 wichtigen interradialen Taeniolen oder gastralen Längsleisten besitzen, aus welchen sich bei allen Acraspeden (oder „Scyphomedusen") die 4 characteristischen Filament-Gruppen entwickeln. Hingegen fehlen diese letzteren ebenso allgemein den Craspedoten (oder „Hydro-

medusen"), wie den Stammformen der letzteren, den Hydropolypen, die typischen 4 interradialen
Taeniolen fehlen. Ferner entstehen die Geschlechts-Organe bei den Craspedoten (wie bei den meisten
Hydropolypen) aus dem Exoderm, bei den Acraspeden (wie bei den Scyphopolypen und Korallen)
aus dem Entoderm. Was die beiden Legionen oder Subclassen betrifft, so hat für die Craspedoten
ein polyphyletischer, für die Acraspeden ein monophyletischer Ursprung mehr Wahrscheinlichkeit.

§ 7. **Ordnungen der Craspedoten** (System, p. 2, 233. 360). Die Legion der *Craspedotae* oder
Hydromedusae zerfällt in 2 Sublegionen und 4 Ordnungen. Die beiden Sublegionen, Leptolinen und
Trachylinen, unterscheiden sich durchgreifend und in erster Linie durch Mangel oder Besitz der Cordylien oder tentacularen „Hörkölbchen". Dies sind modificirte „acustische Tentakeln", bestehend
aus einer soliden Axe von chordalen Entoderm-Zellen, deren letzte (distale) einen oder mehrere Otolithen enthalten; das Exoderm-Epithel derselben trägt starre Hörborsten. Die erste Sublegion, die
Leptolinae (oder *Acordyliae*) hat keine Hörkölbchen; sie besitzt entweder überhaupt keine Hörorgane
oder nur „velare Hörbläschen" (Randbläschen am Velum mit exodermalen Otolithen), welche von den
Cordylien ganz verschieden sind und bei keiner anderen Gruppe sich wiederfinden. Ausserdem sind
bei den Leptolinen die Tentakeln meist hohle, sehr bewegliche und verkürzbare Fäden, und ihr Velum
ist zart und dünn. Die zweite Sublegion hingegen, die Trachylinae (oder *Cordyliotae*) trägt beständig
am Schirmrande echte Cordylien oder Hörkölbchen mit entodermalen Otolithen; ausserdem sind ihre
Tentakeln meist solide, ziemlich starre und wenig verkürzbare Fäden. und ihr Velum ist derb und
dick. Die Leptolinen entwickeln sich meistens indirect (durch Metagenesis), die Trachylinen meistens
direct (durch Hypogenesis). In beiden Sublegionen giebt es eine Ordnung mit gastralen Gonaden
(*Anthomedusae*, *Narcomedusae*) und eine Ordnung mit canalären Gonaden (*Leptomedusae*, *Trachomedusae*).
Diese Differenzen werden durch folgende Tabelle übersichtlich:

§ 8. Uebersicht über die beiden Legionen der Craspedoten:

Leptolinae (*Acordyliae*).	**Trachylinae** (*Cordyliotae*).
Craspedoten ohne Hörkölbchen oder Cordylien, mit sehr beweglichen und extensilen Tentakeln, welche meist hohl sind.	Craspedoten mit Hörkölbchen oder Cordylien, mit starren und wenig extensilen Tentakeln, welche meist solid sind.
I. Ordnung: **Anthomedusae**, Taf. 1. (System, p. 3, Taf. I—VII).	III. Ordnung: **Trachomedusae**, Taf. 3—8. (System, p. 234, Taf. XVI—XVIII).
Gonaden gastral (Geschlechtsorgane ursprünglich in der subumbralen Magenwand), Abstammung von Tubularia-Polypen.	Gonaden canalär (Geschlechtsorgane ursprünglich in der Subumbral-Wand der Radial-Canäle), meist keine Peronien am Schirmrande, niemals Peronial-Canäle.
II. Ordnung: **Leptomedusae**, Taf. 2. (System, p. 111, Taf. VIII—XV).	IV. Ordnung: **Narcomedusae**, Taf. 9—14. (System, p. 299, Taf. XIX—XX).
Gonaden canalär (Geschlechtsorgane ursprünglich in der Subumbral-Wand der Radial-Canäle), Abstammung von Campanaria-Polypen.	Gonaden gastral (Geschlechtsorgane ursprünglich in der subumbralen Magenwand), Peronien am Schirmrande, meist mit entwickelten Peronial-Canälen.

§ 9. **Ordnungen der Acraspeden** (System, p. 362. 449, 632). Die Legion der *Acraspedae* oder
Scyphomedusae zerfällt in 2 Sublegionen und 4 Ordnungen. Die erste, ältere und niedere Sublegion,
die Tesseroniae (oder *Tetrapериae*) hat einen hochgewölbten, meist kegelförmigen Schirm und an
dessen Subumbral-Seite 4 grosse perradiale Magentaschen, welche durch 4 interradiale Septen oder

Cathammen getrennt werden und in deren Subumbralwand sich die Gonaden entwickeln. Die zweite, jüngere und höhere Sublegion, die Ephyroniae (oder *Octoperiae*) hat dagegen einen flach gewölbten, meist scheibenförmigen Schirm, und an dessen Subumbral-Seite eine sehr weite und flache Magenhöhle, in welcher die 4 ursprünglichen Perradial-Taschen aufgegangen sind und in deren Subumbral-Wand sich daher die Gonaden entwickeln; die 4 interradialen Septen oder Cathammen sind hier rückgebildet und meist ganz verloren gegangen. Ein weiterer Unterschied beider Sublegionen liegt in der Zahl ihrer characteristischen Sinneskolben oder Rhopalien; alle Ephyronien oder Discomedusen haben deren 8 oder mehr (4 perradiale und 4 interradiale, oft noch mehrere accessorische). Hingegen besitzen die Tesseronien entweder nur 4 oder gar keine Sinneskolben. Von den drei Ordnungen der Tesseronien haben die Peromedusen 4 interradiale, die Cubomedusen 4 perradiale, die Stauromedusen gar keine Rhopalien (an deren Stelle Tentakeln). Diese Differenzen erläutert folgende Tabelle:

§ 10. Uebersicht über die beiden Legionen der Acraspeden.

Tesseroniae (*Tetraperiae*).	Ephyroniae (*Octoperiae*).
Acraspeden ohne Sinneskolben oder mit 4 Sinneskolben (Rhopalien). Schirm meistens hoch gewölbt, kegelförmig. 4 Perradial-Taschen des Magens gross, durch entwickelte Cathammal-Septen getrennt.	Acraspeden mit 8 oder mehr Sinneskolben (bis 32 Rhopalien). Schirm meistens flach gewölbt, scheibenförmig. 4 Perradial-Taschen klein, meist im Central-Magen aufgegangen, durch Auflösung der Cathammal-Septen.
I. Ordnung: **Stauromedusae**, Taf. 15—17. (System, p. 363, Taf. XXI, XXII.) Keine Rhopalien, an deren Stelle einfache Tentakeln.	IV. Ordnung: **Discomedusae**, Taf. 27—32. (System, p. 450, Taf. XXVII—XL.) 8 Rhopalien oder mehr (4 perradiale und 4 interradiale, bisweilen noch mehrere accessorische).
II. Ordnung: **Peromedusae**, Taf. 18—25. (System, p. 396, Taf. XXIII, XXIV.) 4 interradiale Rhopalien und dazwischen 4 perradiale Tentakeln (oft dazu noch 8 adradiale Tentakeln).	I. Unterordnung: Cannostomae. Mundrohr einfach, ohne freie Mundarme. Tentakeln meist kurz und solid. II. Unterordnung: Semostomae. Mundrohr in 4 grosse, perradiale, faltige Mundarme gespalten. Tentakeln meist lang und hohl.
III. Ordnung: **Cubomedusae**, Taf. 26. (System, p. 423, Taf. XXV, XXVI.) 4 perradiale Rhopalien und dazwischen 4 interradiale Tentakeln oder Tentakel-Büschel.	III. Unterordnung: Rhizostomae. Mundrohr durch 8 adradiale wurzelförmige Mundarme mit zahlreichen Trichter-Oeffnungen vertreten; Central-Mund zugewachsen. Keine Tentakeln.

§ 11. Polyphyletischer Ursprung der Craspedoten. Die Legion der Craspedoten oder Hydromedusen ist wahrscheinlich eine polyphyletische Thier-Gruppe; mehrere verschiedene Craspedoten-Gruppen sind unabhängig von einander aus mehreren verschiedenen Hydropolypen-Gruppen entstanden. Dafür spricht zunächst die Thatsache, dass alle Anthomedusen von *Tubularia*-Polypen abstammen, alle Leptomedusen von *Campanaria*-Polypen. Die phyletische Divergenz dieser beiden Polypen-Gruppen ist wahrscheinlich viel höheren Alters als die Entstehung der beiden entsprechenden Medusen-Ordnungen. Eine dritte selbständige Gruppe dieser Legion scheinen die Trachylinen oder Cordylioten zu bilden, die Trachomedusen und Narcomedusen. Doch sind vielleicht auch diese beiden Ordnungen unabhängig von einander entstanden. Innerhalb jeder der 4 Craspedoten-Ordnungen ist der monophyletische Ursprung aller ihrer Formen aus einer einzigen gemeinsamen Stammform zwar nicht sicher, aber doch sehr wahrscheinlich (System, p. 359).

§ 12. Hypothetischer Stammbaum der Craspedoten (Polyphyletisch).

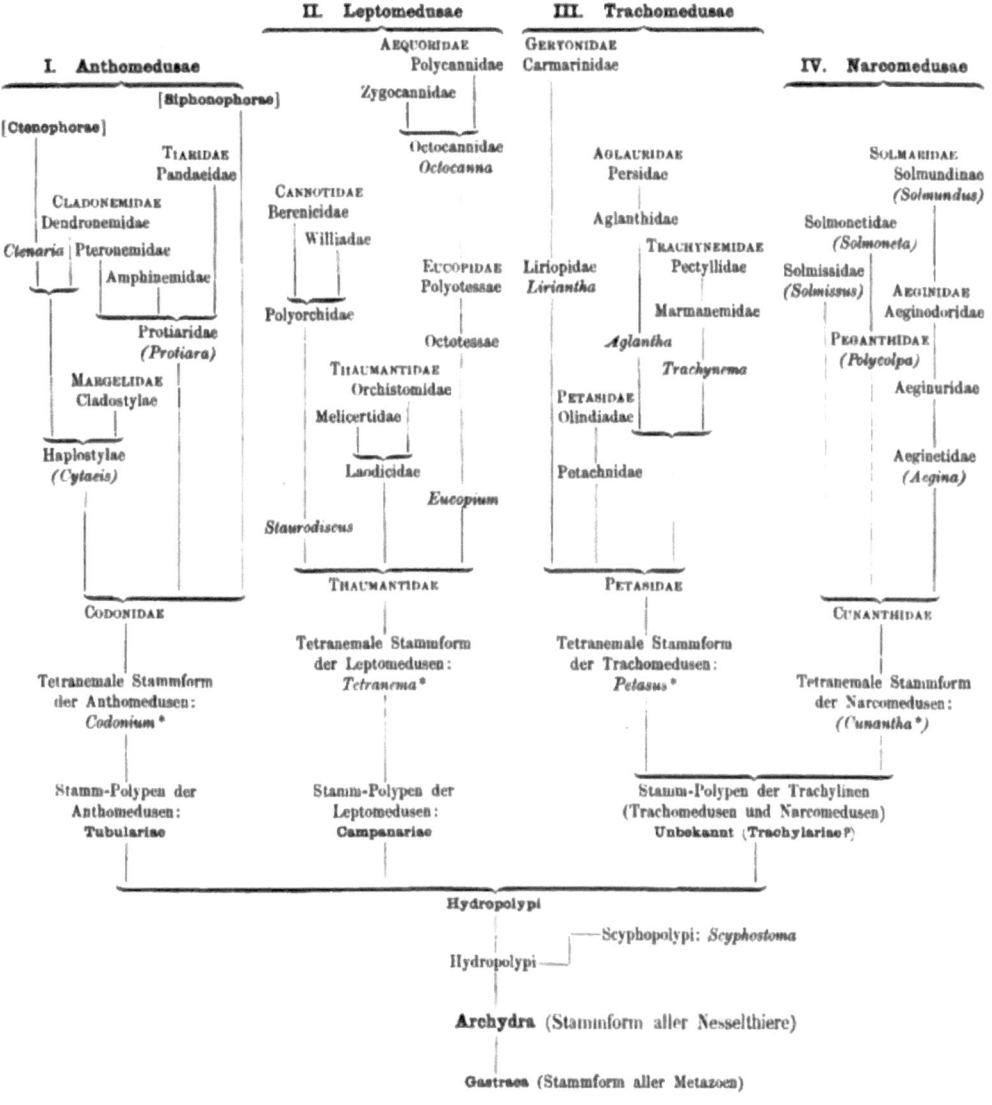

§ 13. Hypothetischer Stammbaum der Acraspeden (Monophyletisch).

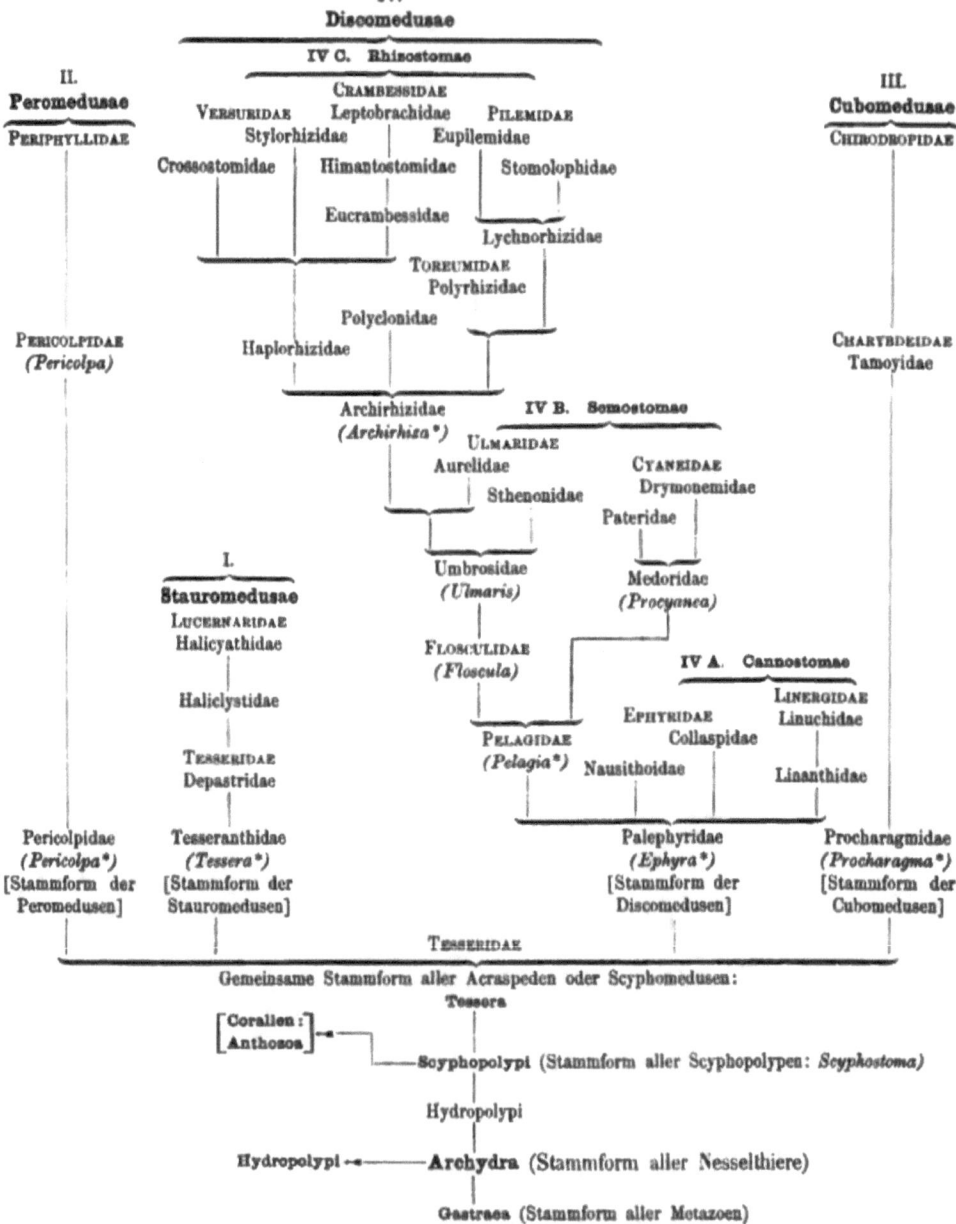

§ 14. Monophyletischer Ursprung der Acraspeden. Während die Legion der Craspedoten wahrscheinlich polyphyletischen Ursprungs und ihre Hauptgruppen unabhängig von einander entstanden sind, so sind dagegen die Verwandtschafts-Beziehungen der Acraspeden oder Scyphomedusen so innige, dass für diese Legion die Annahme einer monophyletischen Entstehung die grössere Wahrscheinlichkeit für sich hat. In der heute noch lebenden *Tessera* ist sogar eine uralte primordiale Stammform erhalten geblieben, welche für die Legion der Acraspeden eine ähnliche Bedeutung besitzt, wie *Hydra* für den ganzen Stamm der Nesselthiere. Aus der *Tessera* hat sich zunächst die Ordnung der Stauromedusen entwickelt, bei denen die Sinneskolben oder Rhopalien noch völlig fehlen. Als zwei divergirende Hauptzweige sind aus der Stammgruppe der Stauromedusen die beiden Ordnungen der Peromedusen und Cubomedusen hervorgegangen; bei jenen haben sich die 4 interradialen, bei diesen umgekehrt die 4 perradialen Tentakeln in Sinneskolben oder Rhopalien verwandelt. Die vierte Acraspeden-Ordnung, die umfangreiche Gruppe der Discomedusen, ist dadurch ausgezeichnet, dass alle 8 Principal-Tentakeln (4 perradiale und 4 interradiale) in Rhopalien verwandelt sind; sie ist wahrscheinlich aus den Stauromedusen oder Cubomedusen entstanden, vielleicht jedoch aus den Peromedusen. Unter den Discomedusen bilden die Stamm-Gruppe die *Cannostomae*; aus diesen sind später die *Semostomae* entstanden und aus letzteren noch viel später die *Rhizostomae* (System, p. 450).

§ 15. Ontogenesis der Medusen. Die individuelle Entwickelung oder die Ontogenesis, welche uns nach dem biogenetischen Grundgesetze die sichersten Aufschlüsse über die Phylogenesis oder die ursprüngliche Entwickelung des Stammes gewährt, tritt bei den Medusen in zwei verschiedenen Haupt-formen auf: als *Metagenesis* und *Hypogenesis*. Die Metagenesis (oder die „indirecte Entwickelung") umfasst den „Generationswechsel" der Medusen; hier entsteht die Meduse auf ungeschlechtlichem Wege, durch Knospung, aus einem festsitzenden Polypen; und aus den Eiern der freischwimmenden Meduse entwickelt sich nicht wieder die Meduse, sondern der Polyp, welcher als knospentreibende „Amme" fungirt. Die Hypogenesis hingegen oder die „directe Entwickelung" der Medusen (ohne Generationswechsel) besteht in einer unmittelbaren Entwickelung der Medusen aus den Eiern der Medusen; die Zwischenstufe der Polypen-Amme fehlt. Da nun die vergleichende Anatomie unzwei-deutig darauf hinweist, dass wir die vagante, höher entwickelte Medusen-Form phylogenetisch aus der sessilen, tiefer stehenden Polypen-Form abzuleiten haben, so ist im Allgemeinen die *Metagenesis* der Medusen als ihre ursprüngliche oder palingenetische Entwickelungsweise, hingegen ihre *Hypogenesis* als die modificirte, abgekürzte und vereinfachte, cenogenetische Keimungs-Form zu betrachten. Nur jene Metagenese, nicht diese Hypogenese, wiederholt als kurzer Auszug die ursprünglichen Pro-cesse der Stammes-Entwickelung oder Phylogenese.

§ 16. Metagenesis oder indirecte Keimung. Der Generationswechsel oder die *Meta-genesis* der Medusen ist als ihre ursprüngliche Keimungsform oder primäre Entwickelungsweise, als Palingenesis, zu betrachten; sie tritt in den beiden Legionen der Classe in verschiedener Form auf. Die Craspedoten entstehen durch laterale Knospung aus Hydropolypen, die Acraspeden durch terminale Knospung aus Scyphopolypen. Beide Formen des Generationswechsels sind nicht auf einander zu beziehen und unabhängig von einander entstanden. Unter den Craspedoten ist der Generationswechsel die gewöhnliche Entwickelungs-Form der Leptolinen (oder *Acordyliae*); und zwar sind die Polypen-Ammen der Anthomedusen *Tubularia*-Polypen, hingegen die Polypen-Ammen der Leptomedusen *Campanaria*-Polypen. Dagegen kommt unter den Trachylinen (oder *Cordyliotae*)

Metagenesis nur sehr selten vor (vielleicht ist *Lovenella clausa* die Campanarien-Amme einer Tracho-meduse? System, p. 653). — Unter den Acraspeden ist die Ontogenie der *Tesseroniae* noch unbe-kannt. Bei den *Ephyroniae* scheint der Generationswechsel die gewöhnliche Form der Keimung zu sein. Die besondere Form der terminalen Gemmation, durch welche die Discomeduse aus der Scyphopolypen-Amme entsteht, ist aber wesentlich verschieden von der lateralen Gemmation, durch welche die Cras-pedote aus der Hydropolypen-Amme entsteht.

§ 17. **Hypogenesis oder directe Keimung.** Die directe Entwickelung, ohne Generations-wechsel, die wir mit einem Worte *Hypogenesis* nennen, ist bei den Medusen nicht als die ursprüng-liche Keimungs-Form anzusehen, sondern als secundäre, abgekürzte und vereinfachte Entwickelungs-weise, als Cenogenesis; sie ist durch Ausfall des Generationswechsels entstanden. Unter den Craspedoten entwickeln sich auf diese Weise fast alle *Trachylinae* (*Trachomedusae* und *Narcomedusae*); dagegen nur sehr wenige *Leptolinae* (z. B. die Cannotide *Dipleurosoma* = *Ametrangia*, System, p. 637). Unter den Acraspeden entwickeln sich in ähnlicher directer Weise aus dem Ei wahrscheinlich (!) viele *Tesseroniae* (Stauromedusen, Peromedusen und Cubomedusen); jedoch ist deren Ontogenie bis jetzt unbekannt. Unter den *Ephyroniae* (Discomedusen) ist die Hypogenesis bis jetzt nur von *Pelagia* als constant bekannt (während die nächstverwandte *Chrysaora* Metagenesis besitzt). *Aurelia* entwickelt sich gewöhnlich mit Generationswechsel, in einzelnen Fällen aber ohne denselben, direct aus dem Ei.

§ 18. **Medusen und Acalephen.** Für die Classification der Acalephen haben die Medusen besondere Schwierigkeiten bereitet, seit ihr Generationswechsel mit Polypen bekannt wurde; daher ist sogar die natürliche „Classe" der Medusen, die so leicht und bestimmt begrifflich von den anderen Nesselthier-Classen zu trennen ist, von den meisten neueren Autoren aufgegeben worden. Vom Stand-punkte der Entwickelungslehre sind indessen jene Schwierigkeiten leicht zu lösen und zugleich die Medusen-„Classe" als solche wiederherzustellen. Nach dem gegenwärtigen Zustande unserer Kennt-nisse erscheint es am meisten logisch und zugleich naturgemäss, folgende 5 Classen unter den Aca-lephen begrifflich zu unterscheiden: 1) die Classe der Polypen (*Polypi*) umfasst die gemeinsame Stamm-Gruppe aller Nesselthiere; sie zerfällt zunächst in 2 Legionen, die Hydropolypen und Scypho-polypen. Zu den *Hydropolypi* (ohne Taeniolen) gehören: a) die hypothetische Stammform selbst, *Archydra* (sowohl *Gastraea* als *Hydra* nahe verwandt); b) Hydropolypen ohne Medusen-Bildung, mit einfachen Gonaden (*Hydra, Clava*); c) Hydropolypen mit Sporensäcken oder medusoiden Gonaden (*Tubu-lariae, Campanariae*); die Sporensäcke oder „medusiformen Geschlechts-Gemmen" dieser letzteren (*Sporosacci*) sind rückgebildete Medusen, ohne Mundöffnung und ohne Tentakeln und Sinnes-organe. — Zu den *Scyphopolypi* (mit Taeniolen) gehören a) die realen Stammformen der Acraspeden (*Scyphostoma*); b) die hypothetischen Stammformen der Corallen (*Procorallium*); c) Scyphopolypen, die wahrscheinlich als solche sich fortpflanzen, ohne Medusen-Bildung (*Spongicola, Stephanoscyphus*). — 2) Die Classe der Corallen (*Corallia* vel *Anthozoa*) ist phylogenetisch von den Scyphopolypen (*Procorallium*) abzuleiten, wahrscheinlich eine polyphyletische Gruppe (aus mehreren verschiedenen Gruppen der letzteren mehrmals entstanden). — 3) Die Classe der Medusen ist höchstwahrschein-lich polyphyletisch; die Legion der *Craspedotae* ist vermuthlich aus mehreren Gruppen der Hydropolypen entstanden (polyphyletisch, § 11), hingegen die Legion der *Acraspedae* aus einer einzigen Gruppe der Scyphopolypen (monophyletisch, § 14). — 4) Die Classe der Ctenophoren ist wahrscheinlich monophyletisch, aus einer Gruppe der *Anthomedusae* (*Cladonemidae*) hervorgegangen (*Ctenaria*, System,

17 *

p. 107). — 5) Die Classe der Siphonophoren ist wahrscheinlich polyphyletisch, aus mehreren Formen von *Anthomedusae* hervorgegangen (*Codonidae, Sarsiadae*, System, p. 14, 20 etc.). Die Siphonophoren sind polymorphe Medusen-Cormen oder Stöcke, deren gesellig verbundene Personen durch Arbeitstheilung sich stark differenzirt und sehr verschiedene Formen angenommen haben.

§ 19. **Ectocarpe und endocarpe Medusen.** Da die Craspedoten durch die angeführten Unterschiede (vor Allen durch den Mangel der Gastral-Filamente und durch die exodermalen Gonaden) sich von den Acraspeden weiter entfernen als von den Hydropolypen, Ctenophoren und Siphonophoren, so ist vorgeschlagen worden, die Classe der Medusen ganz aufzulösen und den ganzen Stamm der Nesselthiere (*Acalephae* vel *Cnidariae*) in zwei Hauptgruppen zu theilen, von denen die eine (*Ectocarpae*) die angeführten Gruppen umfasst, die andere hingegen (*Endocarpae*) die Acraspeden, die Scyphopolypen und Corallen (mit Gastral-Filamenten und mit entodermalen Gonaden). Von phylogenetischem Standpunkte aus erscheint dieser Vorschlag wohl vollkommen berechtigt, und wir würden ihn unbedingt annehmen, wenn wir im Stande wären, ein phylogenetisches System der Nesselthiere einigermaassen vollständig und sicher durchzuführen. Leider ist dies aber gegenwärtig noch nicht der Fall. Am wahrscheinlichsten ist zur Zeit freilich die Annahme, dass die Stammgruppe der Acalephen (die Urpolypen, *Archydrae*, § 18) sich frühzeitig in die beiden divergirenden Stämme der ectocarpen Hydropolypen (ohne Taeniolen) und der endocarpen Scyphopolypen (mit Taeniolen) gespalten hat. Aus ersteren sind die Craspedoten (mit den späteren Seitenzweigen der Ctenophoren und Siphonophoren) hervorgegangen, aus letzteren die Acraspeden und Anthozoen (Corallen). Allein da auch ausserdem für die Mehrzahl der genannten Nesselthier-Classen ein polyphyletischer Ursprung jetzt wahrscheinlicher geworden ist, so erscheint es für die scharfe Begriffsbestimmung dieser Classen und ihre logische Anordnung zur Zeit noch richtiger, auf die Ausführung eines phylogenetischen Systems zu verzichten und die genannten 5 Classen der Acalephen in dem bekannten Umfange zu definiren: 1) *Polypi*, 2) *Medusae*, 3) *Siphonophorae*, 4) *Ctenophorae*, 5) *Coralla*. Wenn man hingegen das phylogenetische Verhältniss derselben als Grundlage ihrer systematischen Classification vorzieht, so würde dieselbe nach folgendem Schema durchzuführen sein:

§ 20. **Uebersicht über die beiden Stammäste der Acalephen:**

I. Erster Stammast der Nesselthiere: (ohne Gastral-Taeniolen, mit exodermalen Gonaden) **Acalephae ectocarpae** (Intaeniolae)	II. Zweiter Stammast der Nesselthiere: (mit Gastral-Taeniolen, mit entodermalen Gonaden) **Acalephae endocarpae** (Taeniolatae)
1. Hydropolypi (gemeinsame Stammgruppe aller Nesselthiere und zunächst der Intaeniolen).	5. Scyphopolypi (Stammgruppe der Taeniolaten, abgeleitet von einem Zweige der Hydropolypen).
2. Craspedotae (Hydromedusen, durch Anpassung an schwimmende Lebensweise aus festsitzenden Hydropolypen entstanden).	6. Acraspedae (Scyphomedusen, durch Anpassung an schwimmende Lebensweise aus festsitzenden Scyphopolypen entstanden).
3. Ctenophorae (ein frühzeitig abgezweigter Seitenast der Craspedoten — Anthomedusen).	7. Coralla (Anthozoen, Hauptgruppe der festsitzenden Taeniolaten, wahrscheinlich aus mehreren Zweigen der Scyphopolypen entsprungen).
4. Siphonophorae (schwimmende Stöcke von Craspedoten [Anthomedusen], mit Polymorphismus der Personen).	

§ 21. Individualität der Meduse. Der tectologische Werth oder die „individuelle Form-Stufe" der vollkommen entwickelten und geschlechtsreifen Meduse ist in allen Fällen derjenige einer „ungegliederten kreuzaxigen (oder radiaten) Person (*Persona inarticulata stauraxonia*). Demnach besitzt jede Meduse eine verticale Hauptaxe (mit oralem und aboralem Pole) und zwei oder mehrere horizontale, darauf senkrechte Kreuzaxen, mit doppelt so vielen Radien. Der Zahl dieser Radien (gewöhnlich Vier) entspricht die Zahl der Strahlstücke oder Parameren, welche den Körper der ungegliederten Person zusammensetzen und welche mit ihrer Axial-Kante sämmtlich in der verticalen Hauptaxe des Körpers zusammenstossen. Diejenigen Medusen, welche Stöcke oder Cormen bilden, erleiden zugleich in Folge von weit gehendem Polymorphismus ihrer Personen beträchtliche organologische Differenzirungen und sondern sich von den eigentlichen Schirmquallen (*Medusae*) als besondere Classe ab: Staatsquallen (*Siphonophorae*).

§ 22. Grundform der Meduse. Bei allen Acraspeden und bei der grossen Mehrzahl der Craspedoten ist die geometrische Grundform des ausgebildeten Körpers die reguläre Pyramide, und zwar ist die Hauptaxe des Medusen-Körpers (welche in normaler Körperhaltung vertical steht) die Axe der Pyramide; ihr oberer (aboraler) Pol — oder die Schirm-Kuppel — entspricht deren Spitze; ihr unterer (oraler) Pol, mit der Mundöffnung, fällt in die Mitte der Grundfläche der Pyramide. Die Kanten der regulären Pyramide (— mindestens vier —) werden durch die primären Kreuzaxen (mit doppelt so vielen Radien erster Ordnung) geschnitten, während die Mittellinien der Seitenflächen der Pyramide den indifferenten Radien zweiter Ordnung entsprechen.

§ 23. Primäre Grundzahl der Meduse. Bei allen Acraspeden und bei der grossen Mehrzahl der Craspedoten bleibt die ursprüngliche Grundzahl aller Nesselthiere — Vier — beständig erhalten (abgesehen von zahlreichen individuellen Ausnahmen). Demnach ist die geometrische Grundform der gewöhnlichen vierzähligen Medusen die Quadrat-Pyramide oder die „vierseitige reguläre Pyramide"; ihre Basis bildet ein Quadrat; es sind nur zwei primäre Kreuzaxen vorhanden (die beiden Diagonalen des Quadrates), und diese kreuzen sich unter rechten Winkeln.

§ 24. Individuelle Abweichungen von der primären oder typischen Grundzahl. Nicht selten (in manchen Gruppen oder bei manchen Arten häufiger, bei anderen seltener) finden sich individuelle Abnormitäten der Grundzahl, so dass statt 4 Radien deren 6 oder 8 auftreten, seltener andere Zahlen (5, 7, 9 u. s. w.); bei einzelnen Arten (z. B. *Aurelia aurita*) ist diese Neigung zur individuellen Variation der Grundzahl sehr gross; in einigen Gruppen (z. B. Cannotiden, System, Taf. IX) wird dieselbe bei manchen Arten oder Gattungen constant, so dass hier von nahe verwandten Species oder Genera die einen vierzählig, die anderen sechszählig sind. In einigen anderen Gruppen (Aequoriden, Cunanthiden, Peganthiden, Solmariden) wird die Grundzahl sehr gross und zugleich sehr unbestimmt; sie kann hier auf mehr als hundert steigen (z. B. *Aequorea Forskalea*, *A. ciliata*, *Mesonema caerulescens*, *M. dubium* etc.). Je höher die Grundzahl steigt, desto unbeständiger wird sie, desto ungleicher bei den verschiedenen Individuen einer Species.

§ 25. Secundäre Grundzahlen der Medusen. Neben der primären Grundzahl 4 sind bei den Medusen von hervorragender Bedeutung als secundäre Grundzahlen nur 6, 8 und 12. Sie vererben sich bei manchen Arten und Artengruppen constant und erlangen dadurch systematische Bedeutung.

Hingegen kommen die ungeraden Zahlen 5 und 7 bei keiner einzigen Medusen-Art constant, sondern nur als individuelle Variation vor, ebenso 9, 10 und 11. Sobald die Zahl 12 überschritten wird, verliert die Grundzahl überhaupt alle morphologische und systematische Bedeutung, weil sie dann ganz inconstant und variabel wird, und zwar um so mehr, je höher sie steigt (*Aequoridae, Cunanthidae, Peganthidae, Solmaridae*). Da ferner die häufig vorkommende und in vielen Gruppen constante Grundzahl 8 aus Duplication von 4, und ebenso die seltenere 12 aus Verdoppelung von 6 entstanden ist, so bleibt als wichtigste secundäre Grundzahl neben der primären 4 eigentlich nur 6 bestehen; statt der normalen 2 Kreuz-Axen der regulären Pyramide haben sich hier abnormer Weise 3 gebildet, und damit ist an die Stelle der vierseitigen die sechsseitige reguläre Pyramide getreten.

§ 26. Centrale und periphere Zahlen. Für die Bestimmung der wahren Grundzahl oder der „homotypischen Zahl" sind bei allen Medusen nur die centralen Theile des Körpers entscheidend, vor allen der Magen und Mund; niemals die peripheren Theile. Diese letzteren, und namentlich der Schirmrand mit seinen Anhängen, zeigen bei der grossen Mehrzahl der Medusen höhere Zahlen als die Central-Theile. In den meisten Fällen sind diese höheren Zahlen der peripheren Theile entweder durch Multiplication aus der niederen Grundzahl der Central-Theile entstanden oder durch gesetzmässige Vermehrung nach einem bestimmten Verhältnisse der Progression. Sehr selten tritt hingegen der Fall ein, dass der Central-Theil vierzählig, der periphere Schirm-Theil sechszählig ist (z. B. *Polyclonia frondosa*). Dass der centrale Schirm gewöhnlich die Grundzahl durch Vererbung beständig erhält, während der peripherische Theil sie vielfach abändert, erklärt sich daraus, dass der letztere der Anpassung in viel höherem Grade unterliegt. (Die Grundzahl aller Rhizostomen z. B. bleibt 4, mit 4 Mundpfeilern, 4 Gonaden etc., trotzdem sie alle 8 Arme und 8—12 Sinneskolben, sowie eine sehr wechselnde Zahl von Randlappen besitzen.)

§ 27. Radien erster bis vierter Ordnung. Der strahlige oder radiale Bau der Medusen (wie der meisten „Strahlthiere oder Radiaten") entsteht dadurch, dass das Wachsthum des centralen (ursprünglich, bei der Gastrula, einaxigen) Körpers in verschiedenen Meridian-Ebenen verschieden ist. Indem in bestimmten Meridian-Ebenen oder Radial-Ebenen (— welche in der gemeinschaftlichen centralen Hauptaxe zusammenstossen —) das Wachsthum energischer ist und zur Entstehung neuer Organe führt, verhalten sich die dazwischen gelegenen Radial-Ebenen indifferent oder entgegengesetzt, und zwar am meisten in der Mitte zwischen jenen energischen Wachsthums-Strahlen. So entsteht zunächst ein Gegensatz zwischen Radien erster und zweiter Ordnung, von denen wir jene kurz als Perradien bezeichnen, diese als Interradien. In der Mitte zwischen ersteren und letzteren entstehen sehr häufig besondere Organe, welche dann in den Radien dritter Ordnung liegen, in den Adradien. Endlich können in vielen Fällen noch Radien vierter Ordnung oder Subradien unterschieden werden, welche in der Mitte zwischen den 8 Adradien und den 8 Principal-Radien liegen. Als „Principal-Radien oder Haupt-Strahlen" fassen wir die 4 Perradien und die 4 Interradien zusammen, während wir alle übrigen, noch möglichen Radien diesen gegenüber als „Succursal-Radien oder Nebenstrahlen" bezeichnen. Unsere Unterscheidung jener 4 Strahlen-Ordnungen ist nicht nur für die Architectonik der Medusen, sondern ebenso für die Promorphologie der meisten anderen „Strahlthiere" von grösster Bedeutung; sie gestattet, mit einem Worte die wichtigsten Lagerungs-Verhältnisse und Beziehungen der Organe mit mathematischer Schärfe und Genauigkeit zu bezeichnen. So hat z. B. *Ephyra*, die bedeutungsvolle Stammform aller Discomedusen (Fig. A), 4 perradiale Mundlappen und

Mundkreuz-Schenkel *(as)*, 4 interradiale Gonaden *(s)* und Filamente oder Phacellen *(f)*, 8 adradiale Tentakeln *(ta)* und 16 subradiale Randlappen *(l)*.

§ 28. Parameren und Antimeren.

Da bei sämmtlichen Acraspeden und bei der grossen Mehrzahl der Craspedoten Vier die normale typische Grundzahl des Körpers ist, so besteht derselbe aus 4 Parameren oder „Strahlstücken", welche in der gemeinschaftlichen verticalen Hauptaxe des Körpers zusammenstossen. Diese 4 Parameren sind ursprünglich congruent, so dass auf jedes Paramer ein Hauptorgan kommt, ein Mundlappen, ein Magen-Quadrant, ein Radial-Canal oder eine Radial-Tasche, ein Septum oder Cathamma zwischen letzteren, ein primärer Tentakel u. s. w. Jedes Paramer hat eine dipleure Grundform (oder eine streng „bilateral-symmetrische" Gestalt) und besteht daher selbst wieder aus zwei symmetrisch gleichen Hälften, den beiden „Gegenstücken" oder Antimeren.

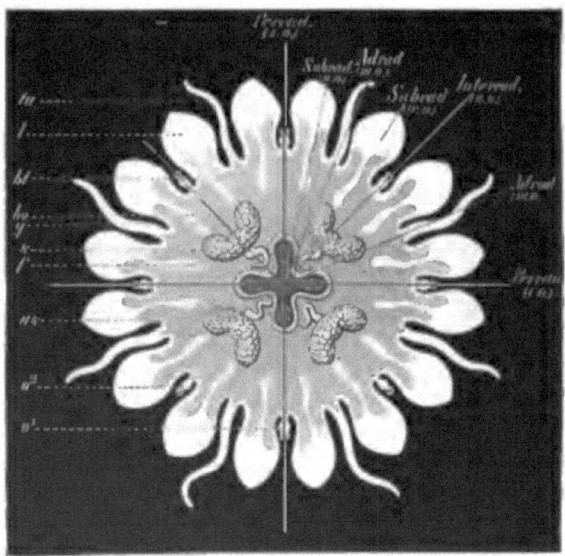

Fig. A. **Zonephyra pelagica** *(Discomeduse, Ephyride)*, Subumbral-Ansicht. Die 4 Ordnungen von Kreuzaxen (mit doppelt so vielen Radien) sind angegeben. In den 4 Perradien (I. Ordnung) liegen das Mundkreuz *(as)* und die 4 perradialen Sinneskolben *(o¹)*. In den 4 Interradien (II. Ordnung) liegen die Gastral-Filamente *(f)*, die Gonaden *(s)* und die 4 interradialen Sinneskolben *(o²)*. In den 8 Adradien (III. Ordnung) liegen die 8 Tentakeln *(ta)* und die tentacularen Kranztaschen *(bt)*. In den 16 Subradien (IV. Ordnung) liegen die 16 Randlappen *(l)*. Vom Centralmagen *(g)* strahlen 16 gabelspaltige Kranztaschen aus, 8 tentaculare *(bt)* und 8 rhopalare *(bo)*.

Diese beiden Antimeren oder Gegenstücke verhalten sich promorphologisch ganz ebenso wie die symmetrischen Körperhälften bei allen höheren (dipleuren) Thieren. Man kann also an jedem Paramere drei Richtaxen oder „Euthynen" unterscheiden: die Längsaxe des Parameres fällt zusammen mit der centralen Hauptaxe des ganzen Körpers; die Sagittal-Axe (oder „Dorsoventral-Axe") des Parameres ist der Perradius; seine Lateral-Axe (oder Transversal-Axe) liegt tangential und berührt mit ihren beiden Polen („rechtem und linkem Pole") die beiden benachbarten Parameren.

§ 29. Radial-Ebenen oder Meridian-Ebenen.

Wie bei allen regulären oder ebenmässig radial gebauten Thieren, so sind auch bei den Medusen eine Anzahl von Radial- oder Meridian-Ebenen zu unterscheiden, welche hohe tectologische und promorphologische Bedeutung haben, und welche durch die Lage der verticalen Hauptaxe und je einer horizontalen Kreuz-Axe bestimmt werden. Da bei allen Acraspeden und bei der grossen Mehrzahl der Craspedoten der Körper die Grundform der Quadrat-Pyramide besitzt, so sind an demselben 4 principale Meridian-Ebenen zu unterscheiden, welche durch die Lage der 4 Perradien und der 4 Interradien bestimmt werden, und welche zu den 4 Parameren oder Antimeren-Paaren in bestimmten Beziehungen stehen (vergl. Holzschnitt Fig. A). In den beiden primären Meridian-Ebenen (— oder den „Radial-Ebenen erster Ordnung" —) liegen die 4 Perradien, in den beiden seeundären Meridian-Ebenen (— oder den Radial-Ebenen zweiter Ordnung —) hingegen die 4 Interradien. Demnach ist jede der beiden primären Meridian-Ebenen die Mittel-Ebene (oder Sagittal-Ebene) von je zwei gegenständigen Parameren und zugleich die Grenz-Ebene zwischen den beiden symmetrischen Antimeren jedes Parameres. Hingegen ist jede der beiden secundären Meridian-Ebenen die Grenz-Ebene (oder Septal-Ebene) von je zwei benachbarten Parameren und zugleich die Grenz-Ebene zwischen den beiden anstossenden Antimeren derselben. Wenn die 4 Kanten der Quadrat-Pyramide den 4 Perradien entsprechen, so sind deren Diagonal-Ebenen (in denen je 2 gegenständige Kanten liegen) die primären Meridian-Ebenen; hingegen werden die secundären Meridian-Ebenen durch die Mittellinien von je 2 gegenständigen Seitenflächen der Pyramide gelegt.

§ 30. Reguläre und amphithecte Pyramiden.

Während bei allen Acraspeden und bei der Mehrzahl der Craspedoten die ursprüngliche, primäre Grundform der regulären Pyramide erhalten bleibt, geht dieselbe bei einem grossen Theile der Craspedoten (— aber bei keiner Acraspede —) in die secundäre Grundform der zweischneidigen oder amphithecten Pyramide über. Bei der ersteren sind alle 4 Parameren des Körpers vollständig congruent, bei der letzteren hingegen nur paarweise, indem je 2 benachbarte symmetrisch-gleich sind. Während die Grundfläche der regulären vierseitigen Pyramide ein Quadrat ist, stellt diejenige der amphithecten vierseitigen Pyramide einen Rhombus dar. Da bei der letzteren die beiden primären Kreuzaxen von ungleicher Grösse sind, so sind von den 4 Parameren je zwei benachbarte symmetrisch-gleich, je zwei gegenständige congruent. Gewöhnlich ist es bei diesen amphithecten Craspedoten die ungleiche Ausbildung der Tentakeln, welche die Aenderung der regulären Grundform zunächst bedingt. Von den 4 primären perradialen Tentakeln sind 2 gegenständige viel grösser oder allein entwickelt, während die beiden anderen, mit ihnen alternirenden kleiner oder ganz rudimentär sind (z. B. *Thamnostylus*, Taf. 1; *Dicodonium*, System, Taf. I, Fig. 6; *Ctenaria*, System, Taf. VII, Fig. 3, 5; *Dissonema*, System, Taf. VIII, Fig. 3; *Dipetanus*, System, Taf. XVIII, Fig. 2; *Aeginella*, System, Taf. XX, Fig. 16). Die promorphologischen Verhältnisse der Rhomben-Pyramide sind bei diesen amphithecten vierzähligen Craspedoten ganz dieselben wie bei den Ctenophoren. In einigen seltenen Fällen findet sich neben der vierseitigen auch die sechsseitige amphithecte Pyramide als Grundform vor, dieselbe Promorphe, welche die meisten Korallen auszeichnet (z. B. *Dipleurosoma*, System, Taf. IX, Fig. 9).

§ 31. Dipleure oder zeugite Pyramiden.

Viel seltener als die amphithecte kommt neben der herrschenden regulären die „Paar-Pyramide" oder zeugite Pyramide als geometrische Grundform der Medusen vor. In diesem Falle hat die ganze Medusen-Person dieselben promorphologischen Verhältnisse wie bei der gewöhnlichen regulären Medusen-Person jedes einzelne ihrer 4 Parameren. Sehr ausgeprägt findet sich dieses Verhalten nur in der Anthomedusen-Familie der *Codonidae* und characterisirt hier die besondere Subfamilie der *Euphysidae*. Von den 4 perradialen Tentakeln sind hier 3 rudimentär und in einen marginalen Ocellus verwandelt; der vierte Tentakel ist allein, dafür aber um so stärker entwickelt. Bei *Euphysa* und *Steenstrupia* (System, Taf. II, Fig. 8—14) ist derselbe einfach, bei *Amphicodon* hingegen in 2—3 Fäden gespalten (System, Taf. I, Fig. 7—9); während bei den ersteren dadurch die Grundform des Schirmes nur wenig alterirt wird, ist dieselbe hingegen bei den letzteren (wie auch bei *Hybocodon*) beträchtlich symmetrisch umgebildet und ausgesprochen dipleurisch oder zeugitisch. Der ganze Schirm ist hier bilateral comprimirt und zerfällt durch eine Sagittal-Ebene (in welcher die gekrümmte Magen-Axe liegt) in zwei symmetrisch gleiche Hälften, rechte und linke.

Die laterale Kreuzaxe ist gleichpolig und kürzer als die ungleichpolige sagittale Kreuzaxe, an deren einem Pole der Tentakel liegt, oft an seiner Basis mit Medusen-Knospen besetzt. Je stärker dieser Tentakel und seine Knospen-Gruppe an dieser Stelle den Schirm herabzieht, desto ausgesprochener wird die Zeugiten-Form. Diese Grundform ist bei den Medusoid-Personen der Siphonophoren-Stöcke die herrschende geworden. Sie findet sich auch bei der parasitischen *Mnestra* wieder und bisweilen schwach angedeutet bei einigen Cubomedusen *(Charybdea)*.

§ 32. Perradien oder Kreuzaxen erster Ordnung.

Die 4 Perradien oder „Oberstrahlen" liegen bei den gewöhnlichen regulär-vierzähligen Medusen in den beiden auf einander senkrechten Kreuzaxen der Quadrat-Pyramide; in der sagittalen Mittellinie der 4 Parameren, zwischen deren beiden Antimeren. Bei den meisten Craspedoten liegen in den 4 Perradien die 4 Mundecken oder Mundlappen; die 4 Radial-Canäle, die 4 primären Tentakeln und die 4 Gonaden (oder bei dichotomen Gonaden die Mittellinien zwischen deren Hälften). Bei allen Acraspeden entsprechen den 4 Perradien die 4 Schenkel des Mundkreuzes und des Magenkreuzes (Fig. *B, wx*), sowie die 4 Mundlappen und die 4 Mundpfeiler oder primären Mundarme *(ab)*; ferner die Mittellinien der 4 breiten primären Radial-Taschen; ausserdem liegen in den 4 Perradien bei den Stauromedusen und Peromedusen 4 Tentakeln, bei den Cubomedusen und Discomedusen die 4 primären Sinneskolben (Fig. *B, op*). Bei allen Medusen sind

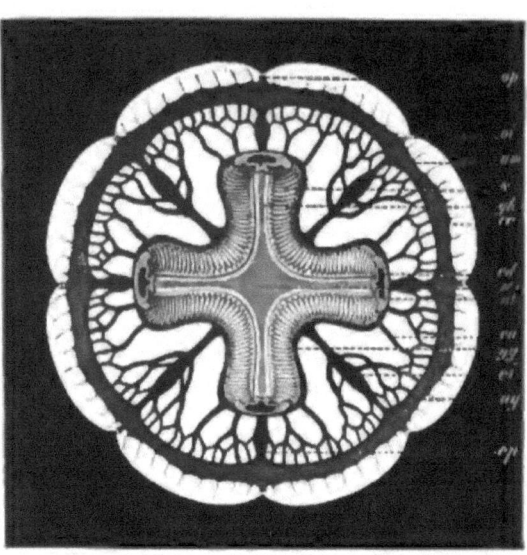

Fig. *B*. **Cannorhiza connexa** *(Discomedusae, Versuridae)*. Subumbral-Ansicht des Schirmes. Die Armscheibe nebst den 8 Mundarmen ist entfernt, indem die 4 perradialen Armpfeiler *(ab)* (welche Schirmscheibe und Armscheibe verbinden) durchschnitten sind. *oi* Interradiale Sinneskolben. *um* Schirmrand (nach unten eingeschlagen). *s* Gonaden. *wx* Gallertkreuz der Gastrogenital-Membrana *(gg)*. *gh* Perradiale Schenkel desselben. *uz* Peripherer Schirmkranz. *cc* Ring-Canal. *cd* Pfeiler-Canäle. *cw* Adradial-Canäle. *ci* Interradial-Canäle. *cp* Perradial-Canäle.

ursprünglich die Perradien die Zonen des activsten Lebens, des stärksten Wachsthums und der mannichfaltigsten Differenzirung, mit vorwiegender Tendenz zu centrifugaler Entfaltung der Organe.

§ 33. Interradien oder Kreuzaxen zweiter Ordnung.

Die 4 Interradien oder „Zwischenstrahlen" liegen bei den vierstrahligen Medusen genau in der Mitte zwischen den 4 Perradien und schneiden diese somit unter Winkeln von 45 Grad; sie liegen demnach zugleich zwischen den 4 Parameren, in den Grenz-Ebenen derselben. Bei den vierzähligen Craspedoten bilden die 4 Interradien die geometrischen Mittellinien der 4 einspringenden Mundbuchten (zwischen je 2 perradialen Mundlappen), sowie der 4 breiten Cathammal-Tafeln (zwischen je 2 Radial-Canälen); bei den octonemalen Craspedoten (mit 8 Tentakeln) liegen die 4 primären Tentakeln in den Oberstrahlen, die 4 secundären in den Zwischenstrahlen. Bei allen Acraspeden liegen in den 4 Interradien die 4 einspringenden Mundwinkel und Mundsäulen, ferner die 4 fundamentalen Taeniolen oder Gastral-Leisten und die 4 primären Gastral-Filamente (oder Filament-Gruppen), sowie endlich die 4 wichtigen Cathammen (die primären Septal-Knoten oder Septal-Leisten). Ausserdem bilden die Zwischenstrahlen die Mittellinien der 4 Gonaden bei den meisten Acraspeden (Fig. B, s), sowie der 4 Gonaden-Paare bei denjenigen Acraspeden, bei welchen jene in 2 Hälften zerfallen sind. Nächst den Perradien sind die Interradien bei allen Medusen die Zonen des intensivsten Wachsthums und der bedeutendsten Differenzirung; aber die Entfaltungs-Tendenz ist hier vorwiegend centripetal, während sie dort centrifugal ist.

§ 34. **Adradien oder Kreuzaxen dritter Ordnung.** In der Mitte zwischen den 4 Perradien und den 4 Interradien der vierzähligen Medusen liegen die 8 Adradien oder „Mittelstrahlen"; sie halbiren die Winkel zwischen ersteren und letzteren und schneiden beide unter einem Winkel von 22½ Grad. Demnach liegen sie zugleich in den Mittel- oder Halbirungs-Ebenen der 8 Antimeren. Wenn wir die 4 Radien erster und zweiter Ordnung wegen ihrer hervorragenden morphologischen Bedeutung als Hauptstrahlen oder Principal-Radien bezeichneten, so gehören dagegen die Radien dritter und vierter Ordnung bereits zu den Succursal-Radien oder Nebenstrahlen, welche jenen gegenüber nur einen untergeordneten Werth beanspruchen können. Bei den meisten Craspedoten sind die 8 Adradien ohne besonderen Werth, oft ohne alle Organe, oder sie tragen nur die 8 Tentakeln dritter Ordnung. Nur bei den vesiculaten Leptomedusen (Eucopiden und Aequoriden) sind sie dadurch ausgezeichnet, dass in ihnen die 8 typischen „velaren Randbläschen" dieser Gruppe liegen (Fig. C, or, System, Taf. XI, XIII). Grösser ist die Bedeutung der 8 Adradien bei den Acraspeden. Hier liegen in denselben die 8 hohlen marginalen „Arme" der Lucernariden und die homologen 8 Randlappen der Pericolpiden; ferner die 8 Randtaschen der Charybdeiden und die 8 Tentakeln der Ephyra, jener bedeutungsvollen Stammform aller Discomedusen (Holzschnitt Fig. A, ta).

§ 35. **Subradien oder Kreuzaxen vierter Ordnung.** In der Mitte zwischen den 8 Adradien einerseits und den 8 Principal-Radien (— 4 Perradien und 4 Interradien —) andererseits liegen bei allen vierzähligen Medusen die 16 Subradien oder „Unterstrahlen"; zwischen ersteren und letzteren bleiben 32 Winkel von 11½ Grad. Gegenüber der positiven Bedeutung der Principal-Radien, welche bei allen Medusen die aetiven Meridian-Ebenen der Entwickelung bezeichnen und die gesetzmässige Lagerung der wichtigsten Organe bestimmen, besitzen die Subradien allermeistens nur einen völlig negativen Werth; sie bezeichnen jene Meridian-Ebenen des Körpers, welche sich unter allen am meisten passiv und indifferent verhalten. Bei den allermeisten Craspedoten liegen in denselben gar keine besonderen Organe; eine Ausnahme davon machen einige Narcomedusen, wie denn z. B. bei Aeginura (Taf. 13, 14) die 16 internemalen Magentaschen (mit den Gonaden) und zugleich die 16 Hörkölbchen des Schirmrandes subradial gelagert sind. Auch bei der überwiegenden Mehrzahl der Acraspeden zeichnen sich die 16 Subradial-Ebenen durch die Abwesenheit aller Organe aus. Nur in einigen Gruppen dieser Legion bezeichnen sie die Lage einzelner Marginal-Organe. So liegen z. B. subradial die 16 Randlappen der Periphylliden unter den Peromedusen (Taf. 18, 19) und der Ephyriden unter den Discomedusen (Holzschnitt Fig. A, l). Letztere sind insofern von Bedeutung, als aus ihnen die Randlappen aller Discomedusen entstanden sind; es ist sogar für die genauere Morphologie dieser Abtheilung vortheilhaft, unter den 16 subradialen „Ephyra-Lappen" derselben zwei Gruppen zu unterscheiden: diejenigen 8 Lappen, welche die 4 Perradien paarweise einschliessen, sind corradial; diejenigen 8 Ephyra-Lappen hingegen, welche die 4 Interradien paarweise einschliessen, sind exradial.

§ 36. Schirmscheibe und Schirmkranz *(Discus umbrellae* et *Corona umbrellae)*. Bei allen Medusen sind im Allgemeinen die wichtigsten Organ-Gruppen des Körpers dergestalt vertheilt, dass eine gewisse Gesetzmässigkeit Allen gemeinsam erscheint. Insbesondere lässt sich überall ein deutlicher Gegensatz zwischen zwei Haupttheilen des Körpers erkennen, zwischen der centralen Schirm-scheibe *(Discus umbralis)* und dem peripheren Schirmkranze *(Corona umbralis)*; ersterer enthält den grössten und wichtigsten Theil der vegetativen Organe, letzterer umgekehrt den überwiegenden und bedeutendsten Theil der animalen Organe. Zum centralen Schirm-Discus gehören Magen und Mund, sowie die mannichfaltigen und wichtigen Organe, welche sich am Munde entwickeln (Mundlappen, Mundarme etc.). Die periphere Schirm-Corona hingegen wird durch den breiten Ringmuskel der Subumbrella und vor Allem durch den Schirmrand characterisirt, an welchem sowohl das centrale Nervensystem als die Sinnesorgane und Tentakeln liegen; bei den Craspedoten ausserdem das Velum, bei den Acraspeden der Lappenkranz.

§ 37. Topographische Gegensätze. Für die klare und einheitliche anatomische Beschreibung der Medusen ist es unentbehrlich, die gebräuchlichen, aber unbestimmten und vieldeutigen Bezeichnungen: „innere und äussere, obere und untere" Theile u. s. w. zu vermeiden und statt deren bestimmte topographische Bezeichnungen anzuwenden. Wir stellen uns zu diesem Zwecke die Medusen in ihrer natürlichen gewöhnlichen Haltung vor, mit verticaler Hauptaxe, die convexe Schirmfläche nach oben, die concave nach unten gekehrt; die Grenze zwischen beiden bildet der Schirmrand, und zwar im engeren Sinne bei den Craspedoten der freie Velum-Rand, bei den Acraspeden der Lappen-Rand. Alle Theile, welche oberhalb dieses freien Randes (an der oberen, convexen Fläche) liegen, nennen wir dorsale oder exumbrale; hingegen alle, welche unterhalb desselben (an der unteren concaven Fläche) gelagert sind, ventrale oder subumbrale; zwischen beiden am Schirmrande liegen die marginalen Organe. — Mit Bezug auf die beiden Pole der verticalen Hauptaxe bezeichnen wir alle centralen Theile, welche dem oberen Pole oder „Kuppelpole" derselben zugekehrt sind, als aborale, hingegen diejenigen, welche dem unteren Pole oder „Mundpole" zugewendet sind, als orale. Mit Bezug auf die beiden Pole der Radien oder Kreuzaxen endlich nennen wir alle Theile derselben, welche der centralen Hauptaxe genähert sind, proximale, hingegen diejenigen, welche dem peripheren Schirmrande zugekehrt sind, distale Theile.

§ 38. Organ-Systeme. Alle verschiedenen Organe, welche bei den Medusen überhaupt zur Entwickelung kommen, lassen sich auf zwei grosse Organ-Systeme vertheilen, das neurodermale und das gastrocanale System. Das Neurodermal-System umfasst vorzugsweise die animalen Organe und Apparate: die Umbrella mit ihrer exumbralen Schirmdecke und subumbralen Muskelplatte, den Schirmrand mit den wichtigsten Organen des animalen Lebens, das Central-Nervensystem, die Tentakeln und Sinnesorgane. Das Gastrocanal-System hingegen besteht hauptsächlich aus den vegetativen Organen der Ernährung und Fortpflanzung, aus dem centralen Hauptdarm (mit Magen und Mund) und dem peripheren Kranzdarm (mit Taschen und Canälen); sowie aus den Gonaden oder Geschlechtsdrüsen, welche sich beständig in der subumbralen Wand des Gastrocanal-Systems entwickeln (bald aus dem Exoderm, bald aus dem Entoderm). Im Grossen und Ganzen findet das Neurodermal-System seine wichtigste Bildungsstätte im peripheren Schirmkranze, das Gastrocanal-System hingegen in der centralen Schirmscheibe; ersteres ist vorzugsweise exoblastisch, letzteres endoblastisch.

Zweiter Abschnitt.

Generelle Histologie der Medusen.

§ 39. Urkeimblatt *(Blastoderma)*. Wie bei allen übrigen Metazoen, so sind auch bei allen Medusen sämmtliche Zellen des ausgebildeten Körpers Abkömmlinge von jenen gleichartigen indifferenten „Furchungs-Zellen" *(Segmentellae)*, welche aus der wiederholten Theilung der befruchteten Eizelle hervorgehen und welche zunächst den soliden vielzelligen „Maulbeer-Keim" *(Morula)* zusammensetzen. Indem im Inneren dieses soliden kugeligen Zellenhaufens sich Flüssigkeit ansammelt und die gleichartigen Zellen desselben an seine Oberfläche treten, entsteht jene bedeutungsvolle Hohlkugel, deren Wand aus einer einzigen einfachen Zellenschicht sich zusammensetzt: „Keimblase" oder „Blasenkeim" *(Blastosphaera* oder *Blastula)*. Diese einfache Zellenschicht selbst ist die Keimhaut *(Blastoderma)* oder das „Urkeimblatt". Indem nun an einer Stelle ihrer Oberfläche die Hohlkugel eine Grube bildet und diese sich immer mehr vertieft, wird die Keimhaut in sich selbst eingestülpt und differenzirt sich so in die beiden primären Keimblätter, welche die *„Gastrula"* zusammensetzen. Da die Entstehung der Gastrula durch Invagination der Blastula bei Medusen aus sehr verschiedenen Gruppen nachgewiesen ist, so ist anzunehmen, dass sie auch in dieser Classe allgemein vorkommt, und dass angebliche Ausnahmen (z. B. *Geryonia*) auf irrthümlichen Beobachtungen beruhen.

§ 40. Primäre Keimblätter *(Exoderma* und *Entoderma)*. Die beiden primären Keimblätter, welche aus dem Urkeimblatte zunächst entstehen, haben für die Medusen dieselbe fundamentale morphologische Bedeutung wie für alle übrigen Metazoen (Gastraea-Theorie). Wie sie noch heute in der *Gastrula* aller Metazoen gleichmässig wiederkehren, so dürfen wir annehmen, dass sie von deren gemeinsamer Stammform, der *Gastraea*, durch Vererbung auf alle Gruppen derselben übertragen sind. Sie erscheinen daher nach dem biogenetischen Grundgesetze auch heute noch beständig bei der Gastrula aller Medusen, welche zunächst aus deren Blastula durch Invagination sich entwickelt. Das innere oder vegetative Keimblatt, das Darmblatt *(Entoderma* vel *Endoblastus)*, begrenzt als einfache nutritive Zellen-Schicht die Höhlung des Urdarmes, während das äussere oder animale Keimblatt, das Hautblatt *(Exoderma* vel *Exoblastus)*, als einfache sensitive Zellenschicht die erstere von aussen bedeckt und schützt. Ursprünglich sind bei den Medusen allgemein die Zellen der beiden primären Keimblätter (ebensowohl des äusseren als des inneren) Geisselzellen, hohe Cylinder-Zellen, von denen jede ein einziges langes schwingendes Geisselhaar trägt. Während sich die flimmernden Geisselhaare an der Epithelfläche bei der Mehrzahl der Entoderm-Zellen beständig erhalten, gehen sie bei der Mehrzahl der Exoderm-Zellen verloren. — Wie die beiden grossen Organ-Systeme der Medusen auf die beiden Hauptabschnitte ihres Körpers, auf die centrale Schirmscheibe und den peripheren Schirmkranz vertheilt sind, so stehen sie auch in bestimmter Beziehung zu den beiden primären Keimblättern. Die meisten und wichtigsten Theile des Neurodermal-Systems entstehen aus dem Exoderm, diejenigen des Gastrocanal-Systems umgekehrt vorzugsweise aus dem Entoderm. Während der Entwickelung der Medusen aus der Gastrula tritt überall eine histologische Differenzirung der beiden primären Keimblätter ein, welche in ähnlicher Weise wie bei den höheren Thieren zur Bildung verschiedener Gewebe führt, und diese Gewebe sind gesetzmässig in vier Schichten geordnet, welche in gewissem Sinne als „secundäre Keimblätter" aufgefasst werden können.

§ 41. Secundäre Keimblätter. Wenn man die histologische Differenzirung und die damit zusammenhängende Schichten-Structur des Medusen-Organismus im Grossen und Ganzen betrachtet, und wenn man von dem innigen Zusammenhang der verschiedenen „Hauptschichten" oder „secundären Keimblätter" absieht, so können deren füglich allgemein Vier unterschieden werden, welche von aussen nach innen so auf einander folgen: 1) die Hautplatte oder die Hautdecke (*Lamina chrotalis, Chrotoderma*), die Zellenschicht, welche in continuirlichem Zusammenhang die gesammte äussere Oberfläche des Körpers bedeckt und am Mundrande in das Entoderm übergeht; 2) die Muskelplatte (*Lamina muscularis, Myoderma*), die dünnere oder dickere Muskelschicht, welche aus dem Exoderm hervorgeht und hauptsächlich an der concaven Unterseite der Umbrella sich ausbreitet; 3) die Bindeplatte (*Lamina connectiva, Colloderma*), die gallertige oder knorpelige, vom Entoderm ausgeschiedene Masse, welche als dicker „Gallertschirm" dem Volumen und Gewicht nach die Hauptmasse des Körpers bei allen Medusen bildet, aber auch als dünnere „Stützlamelle" in der Subumbrella und den Tentakeln sich findet; 4) die Darmplatte oder das Darm-Epithel (*Lamina gastralis, Gastroderma*), die einfache Zellenschicht, welche in ununterbrochenem Zusammenhang die gesammte innere Oberfläche des Gastrocanal-Systems auskleidet und am Mundrande in das Exoderm übergeht. Obgleich zum weitaus grössten Theile die Muskelplatte vom Exoderm, die Bindeplatte hingegen vom Entoderm erzeugt wird, so ist doch ausdrücklich hervorzuheben, dass in einzelnen Theilen umgekehrt Muskeln vom inneren und Stützplatten vom äusseren Keimblatt erzeugt werden.

§ 42. Mittelkeimblatt (*Mesoderma*). Bei der histologischen Beurtheilung des Medusen-Organismus können zwei entgegengesetzte Auffassungen geltend gemacht werden. Einerseits kann man die Medusen als zweiblätterige Thiere bezeichnen, weil bei der Mehrzahl derselben alle Gewebe, welche zwischen den beiden primären Keimblättern auftreten, mit diesen in innigem Zusammenhange bleiben, sich mit Sicherheit auf eines von beiden zurückführen lassen und nur geringe Selbständigkeit erreichen. Anderseits kann man aber auch einen Theil der Medusen (— und in gewissem Sinne alle! —) bereits als mesodermale (dreiblätterige oder vierblätterige Thiere) betrachten, weil an gewissen Körperstellen (— und bei manchen Medusen in grosser Ausdehnung —) wirklich selbständige Gewebe zwischen dem äusseren und inneren Keimblatte sich absondern und ein Mittelkeimblatt (*Mesoderma*) constituiren. Als solche selbständige Mesoderm-Gewebe sind in erster Linie namentlich zu betrachten: 1) das Gallert-Gewebe des Schirmes, sobald es selbständige Zellen enthält; 2) das Chordal-Gewebe in der Axe der soliden Tentakeln; 3) das Muskel-Gewebe einzelner, besonders stark entwickelter Muskeln; 4) das Nerven-Gewebe in einem Theile der Nerven-Centren und Sinnes-Organe. In zweiter Linie, jedoch mit weniger Recht, könnten als mesodermale Gewebe auch angesprochen werden: 1) die Sexual-Gewebe; 2) ein Theil der Nessel-Gewebe (die subepithelialen Nesselorgane); 3) alle subepithelialen Muskeln und 4) alle subepithelialen Nervenplexus. Indessen fehlt diesen letzteren die volle histologische Selbständigkeit und die völlige Sonderung von ihren Mutter-Epithelien, welche die ersteren bereits erreicht haben. Im Allgemeinen finden sich autonome Mesoderm-Bildungen vorzugsweise bei den höheren und grösseren Acraspeden, bei welchen sowohl das Körper-Volum als auch die organologische Sonderung einen weit höheren Grad erreicht, während sie bei den kleineren und in jeder Beziehung niedrigeren Craspedoten auf einer tieferen Stufe stehen bleibt. Wenn nun dort an bestimmten Körperstellen einzelne Organe zu finden sind, in denen zweifellos die verschiedenen Gewebs-Formen des Thier-Körpers zu derselben hohen und selbständigen Ausbildung gelangt sind, wie bei allen höheren Thieren, so steht Nichts im Wege, diese gesonderten Gewebsschichten als wirkliche (wenn auch nur local entwickelte) „secundäre Keimblätter" zu bezeichnen. Dann können aber auch die beiden mittleren, die exodermale Muskelplatte und die entodermale Connectiv-Platte als Mesoderm zusammengefasst werden, nach folgendem Schema:

Zweiblätter-Theorie		Vierblätter-Theorie	Dreiblätter-Theorie
Urkeimblatt *Blastoderma*	I. Primäres Hautblatt *Exoderma* s. a. (*Exoblastus*)	1. Secundäre Hautplatte (*Chrotoderma*)	Aussenkeimblatt *Exoderma* s. st.
	II. Primäres Darmblatt *Entoderma* s. a. (*Endoblastus*)	2. Muskelplatte (*Myoderma*)	Mittelkeimblatt *Mesoderma*
		3. Bindeplatte (*Colloderma*)	
		4. Secundäre Darmplatte (*Gastroderma*)	Innenkeimblatt *Entoderma* s. st.

§ 43. Differenzirung und Teleose der Gewebe. Das grosse und allgemeine Interesse, welches der histologische Körperbau der Medusen darbietet, liegt nicht allein darin, dass sich hier die Entstehung der 4 secundären Keimblätter aus den 2 primären, und insbesondere die Ableitung des Mesoderms aus beiden primären Keimblättern klarer und sicherer nachweisen lässt als bei den höheren Metazoen; sondern auch darin, dass die mechanischen Ursachen dieser fundamentalen Processe hier deutlicher zu erkennen sind als dort. Diese Ursachen sind einerseits die physiologische Arbeitstheilung der Zellen und die daraus hervorgehende Differenzirung der Gewebe; anderseits die physiologische Vervollkommnung der Zellen und die daraus resultirende fortschreitende Entwickelung oder Teleose der Gewebe. Wenn diese Entwickelungs-Processe gegenwärtig in der Ontogenesis der Medusen auch nur durch Vererbung übertragen erscheinen, so sind sie doch ursprünglich in ihrer Phylogenesis durch Anpassung bewirkt worden, nach den Gesetzen der Selections-Theorie.

§ 44. Primäre und secundäre Gewebe. Die Bedeutung der Medusen für die generelle Histologie liegt demnach vorzugsweise darin, dass innerhalb dieser Classe vor unseren Augen von den einfachsten Anfängen an eine lange Reihe von wichtigen histologischen Differenzirungen und Teleosen Schritt für Schritt sich entwickelt. Während an bestimmten Körperstellen (namentlich bei vielen der höheren und grösseren Medusen) bereits alle 4 Hauptformen der thierischen Gewebe als selbständige Schichten gesondert sind, erscheinen dieselben an anderen Körperstellen (namentlich bei vielen der niederen und kleineren Medusen) noch in unselbständiger Form, als blosse Anhänge eines einzigen Grundgewebes, des Epithelium. Auch lassen sich innerhalb dieser langen Vervollkommnungs- und Differenzirungs-Reihe die verschiedensten Stufen der Gewebsbildung neben einander in genetischem Zusammenhang darstellen, so dass namentlich die wichtigsten Formen der höheren Gewebe hier „*in statu nascenti*" zu finden sind. Ganz besonders liefern die Medusen in dieser Beziehung treffliche Beweise für den jüngst in der Gastraea-Theorie aufgestellten Satz, dass es nur ein primäres Gewebe giebt, das Epithel-Gewebe, und dass alle anderen Gewebsformen aus diesem erst secundär entstanden sind. Die einfachste und phylogenetisch älteste Form jenes primären Gewebes ist das Blastoderm der *Blastula*, jenes einfache einschichtige Epithelium, welches die Wand dieser Hohlkugel ebenso beim Keime aller Medusen, wie ursprünglich beim Keime aller anderen Metazoen-Gruppen für sich allein bildet. Indem durch Invagination der Blastula die zweischichtige *Gastrula* entsteht, zerfällt das Blastoderm der ersteren (oder das einfache „Urkeimblatt") in die beiden „primären Keimblätter" der letzteren, die ebenfalls einfache Epithelien sind. Alle anderen Gewebs-Formationen (Connectiv-, Muskel- und Nerven-Gewebe) sind direct oder indirect aus diesen Epithelien entstanden, ebenso ontogenetisch wie phylogenetisch.

§ 45. Epithel-Gewebe *(Tela epithelialis).* Das Deckgewebe oder *Epithelium*, welches bei der *Gastrula* der Medusen, wie aller Metazoen, zunächst das einzige Gewebe des vielzelligen Keimes bildet, überzieht bei der reifen und ausgebildeten Meduse erstens als Aussendecke *(Exoderma)* die ganze Oberfläche des Körpers und zweitens als Innendecke *(Entoderma)* die ganze Innenfläche des Gastrocanal-Systems. Beide Decken sind überall durch secundäre, zwischen ihnen ausgeschiedene Gewebs-Formationen von einander getrennt und gehen bloss am Mundrande ununterbrochen in einander über. Dieser Mundrand *(am)* ist bei den Medusen identisch mit dem „Urmund-Rande" der *Gastrula* oder der „Invaginations-Oeffnung" der eingestülpten *Blastula*. Von beiden Decken zeigt die Innendecke *(Epithelium entodermale)* bei weitem einfachere und einförmigere Bildungs-Verhältnisse. Doch finden sich auch in ihr die meisten Differenzirungen wieder, welche weit ausgeprägter und mannichfaltiger an der Aussendecke *(Epithelium exodermale)* zur Erscheinung kommen, entsprechend deren vielfältigen Anpassungen und Beziehungen zur Aussenwelt.

§ 46. Aussendecke *(Epithelium exodermale* vel *chrotale).* Die Aussendecke oder das Chrotal-Epithel (auch als „*Exoderma*" im engeren Sinne zu bezeichnen) überzieht bei allen Medusen als zusammenhängende Hautdecke die ganze äussere Oberfläche des Schirmes und geht nur am Mundrande (— sowie bei einzelnen Medusen an den Excretions-Papillen des Schirmrandes —) in das Entoderm-Epithel über. Entsprechend der Gestalt der concav-convexen Umbrella unterscheiden wir auch an deren Exoderm-Epithel zwei verschiedene Haupttheile, welche am Schirmrande in einander übergehen, das dorsale und das ventrale Chrotal-Epithel, oder „*Exumbrella* und *Subumbrella*". Beide unterscheiden sich constant in ähnlicher Weise wie dorsales und ventrales Entoderm. Die Exumbrella oder das Dorsal-Exoderm (— auch als „Chrotal-Epithel der Notumbrella" oder schlechtweg als „oberes Exoderm" bezeichnet —) überzieht die ganze convexe Fläche des Gallertschirmes in Gestalt eines zarten und flachen Platten-Epithels von sehr einförmigem und indifferentem Character. Gewöhnlich sind die Zellen desselben äusserst dünne, aber sehr ausgedehnte, polygonale Platten, welche unmittelbar dem Gallertkörper aufsitzen und an ihrer Oberfläche von einer sehr zarten Cuticula überzogen sind; diese sieht oft wie getüpfelt oder granulirt aus, indem sie in bestimmten Abständen Verdickungen in Form von Knötchen oder kleinen Papillen besitzt. Flimmernde Geissel-Zellen scheinen der dorsalen Exumbrella grösstentheils zu fehlen; indessen finden sie sich doch oft an bestimmten beschränkten Bezirken vor, insbesondere am Schirmrande und in dessen Nähe; die Geisseln sind hier gewöhnlich äusserst zart und fein. Häufiger sind Pigment-Zellen und Nessel-Zellen in der Exumbrella zu finden, besonders in der Nähe des Schirmrandes, und auf den vorspringenden radialen Rippen, Leisten, Knoten und Papillen, mit denen die convexe Aussenfläche des Schirmes bei vielen Medusen bedeckt ist. — Die Subumbrella oder das Ventral-Exoderm (— auch als „Chrotal-Epithel der Coelumbrella" oder schlechtweg als „unteres Exoderm" bezeichnet —) überzieht die ganze concave Fläche des Gallertschirmes vom Mundrande bis zum Schirmrande (bei den Craspedoten bis zum freien Rande des Velum, bei den Acraspeden bis zum freien Rande des Lappenkranzes oder des Velarium). Dasselbe zeigt eine viel entwickeltere und mannichfaltigere Beschaffenheit als das Dorsal-Exoderm. Die Zellen desselben sind meistens höher, mehr kubisch, theils von einer Cuticula bedeckt, theils nicht. An bestimmten Stellen trägt ein Theil derselben schwingende Geisselhaare, an anderen Tastborsten. Ebenso sind Nesselzellen und Drüsenzellen, oft auch Pigmentzellen, in manchen Bezirken reichlich entwickelt. Bei weitem am bedeutendsten und mannichfaltigsten ist die Differenzirung des Exoderm-Epithels am eigentlichen Schirmrande und dessen Anhängen, an den Tentakeln, Randlappen und Sinnesorganen, welche sich hier entwickeln (s. unten). Hier lässt sich häufig am Exoderm eine besondere „subepitheliale Zellenschicht" von dem eigentlichen (nur die freie Fläche überziehenden) Epithelium trennen. Indem sich in dieser verdickten Subepithel-Schicht massenhaft Nesselzellen entwickeln, entsteht oft ein besonderes Nessel-Gewebe *(Tela urticaria)*. Dasselbe bildet insbesondere bei den Trachomedusen und Narcomedusen oft am Schirmrande einen dicken „Nesselring" und davon ausgehende „Schirmspangen" *(Peronia)*. Die festen und dicht gehäuften Nesselkapseln verlieren hier ihre ursprüngliche Function als Schutzwaffen und gewinnen die Bedeutung eines stützenden Dermal-Skelets (Nessel-Skelet, § 71). — Ein anderer Theil des ventralen Exoderms, und zwar derjenige, welcher die Subumbral-Wand des Gastrocanal-Systems bei den Craspedoten bedeckt, liefert eine subepitheliale Schicht, aus welcher die Sexual-Zellen dieser Medusen-Legion hervorgehen, eben sowohl die Eizellen als auch die Spermazellen.

§ 47. **Innendecke** (*Epithelium entodermale* vel *gastrale*). Die Innendecke oder das Gastral-Epithel (auch als „*Entoderma*" im engeren Sinne zu bezeichnen) kleidet bei allen Medusen den Hohlraum des Gastrocanal-Systems in seiner ganzen Ausdehnung aus, besteht überall aus einer einfachen Schicht von Geisselzellen und geht nur am Mundrande in das Exoderm-Epithel über. Entsprechend der Gestalt der Umbrella, welche den Gastral-Raum umschliesst, unterscheiden wir auch an dessen Entoderm zwei verschiedene Haupttheile, welche am Schirmrande zusammenstossen, das dorsale und das ventrale Epithel des Gastrocanal-Systems; beide zeigen auffallende und constante Unterschiede. Das Dorsal-Entoderm (oder das „Gastral-Epithel der Notumbrella", oft auch schlechtweg als „umbrales oder oberes Entoderm" bezeichnet) kleidet die concave Innenfläche des dicken Rückenschirmes aus und überzieht dessen Gallertkörper in Gestalt eines flachen und einförmigen Platten-Epithels von sehr indifferentem Character (Taf. 4, Fig. 6—8 *du*; Taf. 9, Fig. 5—7 *du*; Taf. 25, Fig. 8—10 *du*). Das Ventral-Entoderm hingegen (oder das „Gastral-Epithel der Coelumbrella", oft auch schlechtweg als „subumbrales oder unteres Entoderm" bezeichnet) bedeckt die convexe Innenfläche des dünnen Bauchschirmes und überzieht dessen subumbrale Stützplatte in Gestalt eines hohen und differenzirten Cylinder-Epithels (Taf. 4, Fig. 6—8 *dw*; Taf. 9, Fig. 5—7 *dw*; Taf. 25, Fig. 8—10 *dw*). Die Zellen desselben sind viel grösser als diejenigen des Dorsal-Entoderms, oft ausserordentlich hoch und schliessen mannichfache Plasma-Producte ein: Fett, Pigment-Körner, Krystalle, amyloide Körner und andere Producte eines lebhaften Stoffwechsels, namentlich aber zahlreiche Vacuolen, die nicht selten zusammenfliessen. An vielen Stellen, namentlich am Mundrohr, verwandelt sich ein Theil dieser ventralen Entoderm-Zellen in Drüsen-Zellen, ein anderer in Nessel-Zellen; auch Epithel-Muskelzellen und vielleicht selbst Sinneszellen scheinen hier an einigen Stellen daraus zu entstehen. Endlich sind es auch dieselben ventralen Entoderm-Zellen, welche die Sexual-Zellen bei allen Acraspeden bilden; sowohl Eizellen als Spermazellen gehen aus einer subepithelialen Schicht des Ventral-Entoderms hervor. Offenbar ist dieses ventrale Gastral-Epithelium von höchster Bedeutung für den gesammten Stoffwechsel der Medusen, während das entgegengesetzte indifferente Dorsal-Entoderm nur sehr geringe Wichtigkeit besitzt; übrigens tragen die Zellen sowohl hier als dort beständig ein schwingendes Geisselhaar (*Flagellum*), sind also „Geisselzellen". Dieses Flagellum geht nur an jenen wichtigen Stellen, den Cathammen, verloren, an welchen dorsales und ventrales Entoderm mit einander verwachsen. Während nämlich der gesammte gastrale Hohlraum ursprünglich bei den Polypen eine ganz einfache becherförmige Höhlung ohne radiale Abschnitte zeigt, zerfällt er bei den Medusen im Laufe der Entwickelung dadurch in periphere radiale Abschnitte, dass in bestimmten Radien die beiden Wände des Hohlraumes (dorsale Aussenwand und ventrale Innenwand) mit einander verwachsen. So entstehen die bedeutungsvollen „Verwachsungsstellen oder *Cathammata*", welche die Scheidewände oder Septen der radialen Kammern darstellen. Jedes *Cathamma* oder *Septum* besteht also eigentlich aus zwei Schichten des gastralen Entoderm-Epithels, welche an diesen Stellen sich fest an einander gelegt haben und mit einander verschmolzen sind. Bald sind diese beiden innig zusammenhängenden Schichten noch deutlich zu unterscheiden (so bei vielen Acraspeden, Taf. 25, Fig. 8—10); bald sind sie zu einer einzigen einfachen Schicht verschmolzen (so bei den meisten Craspedoten). In beiden Fällen bezeichnen wir diese einfache oder doppelte Zellenschicht als Lothplatte oder Cathammal-Platte (*Lamina cathammalis*, sonst auch „Entoderm-Lamelle, Gefässplatte oder Verwachsungsplatte" genannt; vergl. unten *Cathamma*, § 100, 101).

§ 48. **Connectiv-Gewebe** (*Tela connectiva*). Das Bindegewebe (Füllgewebe oder Stützgewebe), dessen verschiedene Modificationen wir sämmtlich unter dem Begriffe des *Connectivum* zusammenfassen, erscheint unter den Medusen in zwei verschiedenen Hauptformen, als zellenlose Stützplatte (*Fulcrum*) und als zellenhaltiges Füllgewebe (*Maltha*). Beide Formen entsprechen zwei verschiedenen phylogenetischen Entwickelungsstufen, indem die zellenlose Stützplatte oder Fulcral-Platte nur eine einfache Ausscheidung des Epithels darstellt, welche keine selbständige morphologische Geltung als Mesoderm besitzt; als solche kann nur das zellenhaltige Füllgewebe oder die Malthar-Platte angesehen werden, bei welcher Zellen aus dem Epithel ausgetreten und durch Zwischensubstanz gesondert sind („Secret-Gewebe"). Beide Formen sind ganz überwiegend Producte des Entoderms; indessen werden beide Formen an einzelnen wenigen Stellen auch vom Exoderm gebildet.

§ 49. **Stützgewebe oder zellenfreies Connectiv** (*Fulcrum, Tela fulcralis, Lamina fulcralis*). Unter diesem Namen fassen wir alle Formen des Connectiv-Gewebes zusammen, welche keine Zellen enthalten und demnach nur structurlose oder faserhaltige Ausscheidungen von Epithelien sind. Dieselben erscheinen in zwei Hauptformen, welche jedoch durch Uebergänge untrennbar verbunden erscheinen, als dünne elastische Membranen und als dicke gallertige Massen. Die dünnen elastischen Stütz-Membranen finden sich überall im Medusen-Körper als Grundlagen des Epithels vor und zwar vorzugsweise des Entoderms; doch kommen auch unter dem Exoderm an bestimmten Stellen sehr entwickelte Stützplatten vor, so z. B. im Velum der Craspedoten (Taf. 6, Fig. 13, 14 *zv*; Taf. 9, Fig. 7 *zv*); ebenso an den Tentakeln vieler Acraspeden. — Gewöhnlich sind die structurlosen Fulcral-Lamellen sehr dünn, dabei aber sehr fest; auf dem Querschnitt bei starker Vergrösserung bald einfach, bald doppelt contourirt, meist stark lichtbrechend. Wegen ihrer bedeutenden Elasticität sind sie oft als Antagonisten der Muskeln (z. B. als Extensoren der Tentakeln und Mundgriffel) von physiologischer Wichtigkeit. Dasselbe gilt von dem dickeren zellenfreien Gallert-Gewebe, welches nur durch seine bedeutendere, oft sehr ansehnliche Volum-Entwickelung sich von den dünnen elastischen Stütz-Membranen unterscheidet. Dasselbe bildet die Hauptmasse des Gallertschirmes (und somit des ganzen Körpers) bei der Mehrzahl der Craspedoten, da in dieser Legion das Collosom meistens zellenfrei ist und als structurlose Ausscheidung des Entoderms erscheint; ebenso aber auch bei einem Theile der Acraspeden (z. B. Cubomedusen, Pelagiden, Cyaneiden). Uebrigens ist das zellenlose „fulcrale Gallert-Gewebe" meistens (oder immer?) von zahlreichen elastischen Fasern durchzogen, ebenso wie das zellen-haltige „malthare Gallert-Gewebe".

§ 50. **Füllgewebe oder zellenhaltiges Connectiv** (*Maltha*, *Tela maltharis*, *Lamina maltharis*). Unter diesem Namen fassen wir (— in Ermangelung eines besseren —) alle die verschiedenen Formen des zellenhaltigen Connectiv zusammen, im Gegensatze zu der zellenlosen Stützplatte, dem Fulcral-Gewebe. Zu diesem Füllgewebe oder Malthar-Gewebe würden bei den höheren Thieren alle die verschiedenen Formen des „zellenhaltigen Bindegewebes" gehören (Knochen, Knorpel, Blasengewebe, Schleimgewebe u. s. w.); bei den Medusen tritt dasselbe eigentlich nur in zwei wesentlich verschie-denen Formen auf, als Gallert-Gewebe und als Chordal-Gewebe. Von diesen ist dem Umfange und der Verbreitung nach das wichtigste das zellenhaltige Gallert-Gewebe (*Tela gelatinosa*). Das-selbe bildet die Hauptmasse des Gallertschirmes (und somit des ganzen Körpers) bei der Mehrzahl der Acraspeden (namentlich der meisten grösseren Formen), während es bei der Mehrzahl der Craspedoten durch das zellenfreie „fulcrale Gallert-Gewebe" ersetzt wird. Die Zellen des „maltharen Gallert-Gewebes" sind in der structurlosen Intercellular-Substanz meistens spärlich, in grossen Abständen zerstreut; bis-weilen aber (namentlich in der Nähe der Cathammen) auch in grösserer Quantität (Taf. 25, Fig. 10). Sie stammen meistens aus dem Entoderm, aus dessen Epithel-Schicht sie in die darunter liegende Fulcral-Schicht ausgetreten sind („Entodermales Secret-Gewebe"; hauptsächlich in der Umbrella und Subumbrella). Viel seltener findet sich ähnliches „Exodermales Secret-Gewebe", dessen Zellen aus dem Exoderm stammen (so z. B. im Velum der Pectylliden; Taf. 5, Fig. 7 *x*; Taf. 6, Fig. 13 *x*). Sehr ver-schieden ist die Consistenz des Gallert-Gewebes, welches einerseits in äusserst weiches und wasser-reiches Schleimgewebe übergeht (z. B. Umbrella der Aurelia), anderseits in sehr festen und harten Faser-Knorpel (z. B. Cathammen der Peromedusen, Taf. 25, Fig. 8, 10). Besonders in der Nähe der Cathammal-Platten, dieser festen Verwachsungs-Streifen, nimmt das Gallert-Gewebe vieler Acras-peden eine Beschaffenheit an, welche sowohl in Bezug auf histologische Structur, wie auf physikalische Qualität dem echten „Faser-Knorpel" der Wirbelthiere zum Verwechseln ähnlich ist. In diesem Falle wird die ausserordentliche Festigkeit des zellenreichen Gewebes vorzugsweise durch Verdich-tung und durch faserige Differenzirung der Intercellular-Substanz gebildet, während gewöhnlich die weichere oder festere Beschaffenheit des Gallert-Gewebes von der qualitativen und quantitativen Ent-wickelung der elastischen Fasern in demselben abzuhängen scheint. Diese letzteren verhalten sich im zellenhaltigen Gallert-Gewebe ebenso wie im zellenfreien und gehen gewöhnlich von der exo-dermalen zur entodermalen Fläche des Gallertschirmes hinüber (Taf. 9, Fig. 5—7 *uf*). Sie sind ent-weder einfach oder verästelt, meistens drehrund, seltener bandförmig abgeplattet (Taf. 6, Fig. 19). Bis-weilen treten sie zur Bildung von elastischen Netzen zusammen oder sind büschelartig gruppirt (Taf. 5, Fig. 8 *uf*). — Die zweite Hauptform des Füllgewebes bildet das characteristische Chordal-Gewebe (*Tela chordalis*), welches mit dem Gewebe der *Chorda dorsalis* der Wirbelthiere die grösste Aehnlichkeit besitzt. Dasselbe findet sich überall in den soliden Tentakeln der Medusen vor und bildet deren cha-racteristische feste Axe. Diese ist gewöhnlich cylindrisch und besteht aus einer einzigen Reihe von grossen, scheibenförmigen, platten, kreisrunden Entoderm-Zellen, welche gleich den Münzen einer Geld-rolle über einander liegen (Taf. 1, Fig. 5, 7; Taf. 6, Fig. 17; Taf. 12, Fig. 11; Taf. 13, Fig. 5, 6). Jede Zelle ist von einer sehr dicken und festen elastischen Membran umgeben und umschliesst einen wasserklaren Inhalt. Das Protoplasma der Zelle beschränkt sich gewöhnlich auf eine dünne, die kapsel-förmige Membran innen auskleidende Wandschicht und einen centralen Axenstrang, welcher die Mitte der proximalen und distalen Wandschicht verbindet; bisweilen hängen beide noch durch ein Netzwerk von feinen Protoplasma-Fäden zusammen, welche die Zellhöhle durchsetzen (Taf. 1, Fig. 7). Der Kern liegt bald in der Mitte des Axenstranges, bald an einem Ende desselben. Diese Chordal-Zellen gehören zu den grössten Zellen des Medusen-Körpers; sie sind oft mit blossem Auge sichtbar, gegen 1 Mm. breit (p. 32). Sie bilden bisweilen auch einen besonderen Chordalring am Schirmrande (Taf. 8, Fig. 8 y). In kurzen und dicken Tentakeln erscheinen die Chordal-Zellen der Tentakel-Axe bisweilen geschichtet (Taf. 4, Fig. 5—8 yt; Taf. 6, Fig. 12—15 dt). Gewöhnlich hängt die Basis der Axe noch mit dem Entoderm des Ringcanals continuirlich zusammen; seltener trennt sie sich später vollständig von demselben und wird somit mesodermal (Taf. 4, 6, 12 etc.). Während beim Gallert-Gewebe die kleinen Zellen ganz gegen die mächtige Intercellular-Substanz zurücktreten, ist bei dem Chordal-Gewebe das Umgekehrte der Fall.

§ 51. **Muskel-Gewebe** (*Tela muscularis*). Die Muskeln aller Medusen bestehen aus feinen, parallel gelagerten Muskelfibrillen, welche irgendwo mit einem kernhaltigen Protoplasma-Klümpchen zusammenhängen und also als fadenförmige Ausläufer von Muskelzellen zu betrachten sind. Die Fibrillen sind meist sehr lang und dünn, bald drehrund, bald bandförmig abgeplattet; bei den meisten longitudinalen oder radialen Muskeln sind die Fibrillen glatt, nicht quergestreift; bei den meisten transversalen oder circularen Muskeln hingegen mehr oder weniger deutlich quergestreift. Sowohl die glatten als die quergestreiften Muskel-Zellen stammen zum überwiegend grössten Theile aus dem Exoderm. Indessen werden an einzelnen Stellen beide Formen auch vom Entoderm gebildet (so z. B. am Mundrohr und an den Mundarmen). Bezüglich des Verhaltens der Muskelzellen zu ihrer Ursprungsstätte, dem Epithel, sind zwei Hauptformen des Muskel-Gewebes zu unterscheiden: Epithel-Muskelzellen und Mesoderm-Muskelzellen; die ersteren liegen noch in der eigentlichen Epithel-Schicht der Oberfläche oder unmittelbar darunter; während die letzteren sich von ihr gesondert haben und eine selbständige, wenn auch dünne, mesodermale Schicht bilden.

§ 52. **Epithel-Muskelzellen** (*Myoblasti epitheliales; Tela muscularis epithelialis*). Die überwiegende Mehrzahl der Medusen-Muskeln, namentlich in der Legion der Craspedoten, setzt sich aus glatten oder quergestreiften Fibrillen zusammen, deren Muskelzellen keine selbständige Mesoderm-Schicht bilden, sondern entweder dem Exoderm-Epithel selbst oder einer unmittelbar darunter liegenden, subepithelialen Schicht angehören. Die Fibrillen dieser „Epithel-Muskelzellen“ oder „Neuro-Muskelzellen“ liegen mithin unmittelbar unter dem Epithel, von dem sie ausgehen, und auf der Stützplatte, welche sie trägt. Sie sind gewöhnlich parallel dergestalt in einer Schicht neben einander oder auch in mehreren Schichten über einander geordnet, dass sie flache Blätter oder Lamellen bilden. Bei weiterer Entwickelung des Muskels falten sich diese „Muskel-Blätter“, während die tragende Stützlamelle durch locale Verdickung entsprechend zusammengesetzte Falten bildet, so z. B. in den grösseren hohlen Tentakeln der Geryoniden, der Cyaneiden etc.; im Velum einiger Craspedoten (Taf. 6, Fig. 13, 14). An der Subumbrella bildet bei den kleineren und niederen Medusen der breite Ringmuskel eine einfache, glatte, bandförmige Platte; dagegen erhebt sich bei vielen grösseren und höheren Medusen die Stützplatte der Subumbrella in concentrischen Ringfalten, welche von entsprechenden Falten der Muskel-Platte überzogen werden (z. B. *Lucernaria*, Taf. 17, Fig. 20; *Periphylla*, Taf. 22, Fig. 22).

§ 53. Mesoderm-Muskelzellen *(Myoblasti mesodermales; Tela muscularis mesodermalis).* Wenn die faltigen epithelialen Muskel-Blätter durch energische Thätigkeit an Umfang zunehmen und sich weiter entwickeln, so beschränkt sich ihr Wachsthum nicht mehr auf Faltenbildung, sondern es treten die epithelialen oder subepithelialen Muskel-Zellen aus ihrer Ursprungsstätte, dem Epithel, vollständig heraus und gestalten sich zu selbständigen „mesodermalen Muskel-Zellen". Indem sich diese in grösserer Zahl vom Epithel sondern und zu besonderen Platten oder Bündeln vereinigen, treten sie nach innen in das Connectiv hinein und bilden ganz selbständige mesodermale Muskeln. Solche finden sich häufiger im System der longitudinalen, als in dem der circularen Muskeln; unter den Craspedoten im Ganzen seltener und hauptsächlich nur bei grösseren Arten; dagegen häufig bei den Acraspeden. Dahin gehören z. B. bei den grossen Peromedusen die mächtigen Delta-Muskeln der Subumbrella, die Längs-Muskeln und Wurzel-Muskeln der Tentakeln u. s. w. (Taf. 20—24 *md, mk* etc.). Hier schnüren sich die Muskeln nicht selten so vollständig von dem Epithel ab, dass sie später durch eine besondere Stützlamelle oder selbst eine dicke Gallertplatte von ihm getrennt werden. Eine der stärksten mesodermalen Fleischmassen bildet der äussere Kranzmuskel von *Atolla*, welcher bei 4 Mm. Breite 2 Mm. Dicke erreicht und aus vielen über einander gehäuften Schichten von Ringmuskel-Fasern besteht (p. 99, Taf. 29, Fig. 4, 7, 8 *mc"*). Unter den Craspedoten giebt *Pectis* ein Beispiel von starken mesodermalen Muskeln im Velum und der Subumbrella (Taf. 5, Fig. 7; Taf. 6, Fig. 12—14 *m*).

§ 54. Nerven-Gewebe *(Tela nervea).* Die beiden wesentlichen Bestandtheile des Nerven-Gewebes, welche bei allen höheren Thieren als Nerven-Zellen und Nerven-Fibrillen unterschieden werden, sind auch bei den Medusen bereits differenzirt; beide setzen ebenso wohl die centralen als die peripheren Theile des Nervensystemes zusammen, wenn auch ihre Lagerung und Verbindung in dem centralen Nervenring des Schirmrandes anders ist, als in dem peripheren Nerven-Plexus der Subumbrella u. s. w. Sowohl die Nerven-Zellen als die von ihnen ausgehenden und sie verbindenden Nerven-Fibrillen sind zum überwiegend grössten Theile Producte des Exoderms, und sind bisher sogar ausschliesslich als solche betrachtet worden. Dennoch finden sich bei einigen (— und vielleicht bei allen —) Medusen an einzelnen Körperstellen auch Nerven-Zellen und Nerven-Fasern, welche vom Entoderm abstammen, so namentlich an den sehr beweglichen und sehr empfindlichen Mundtheilen (Mundfäden, Mundlappen, Mundarmen, Mundtaschen etc.). Es ist wahrscheinlich, dass an der gastralen Innenfläche dieser Mundorgane (vielleicht überall) das Entoderm ebenso wohl Muskelzellen als Nervenzellen bildet, unter welchen letzteren auch specifische Sinneszellen (Schmeckzellen?, Riechzellen?) zu suchen sein dürften. Doch bedürfen diese schwierigen Verhältnisse einer viel eingehenderen Untersuchung. Jedenfalls steht sowohl dieses localisirte und wenig ausgedehnte entodermale, als auch das wichtigere und überall verbreitete exodermale Nerven-Gewebe noch im innigsten Zusammenhang mit dem Epithel, aus dem es hervorgegangen ist. Das gesammte Nervensystem behält bei den Medusen noch mehr oder weniger seinen ursprünglichen epithelialen Character. Indessen können doch auch hier, ebenso wie beim Muskelgewebe, rein epitheliale und subepitheliale Zellen unterschieden werden; erstere können wir allgemein als Sinneszellen, letztere als Ganglienzellen bezeichnen. Beide stehen in Zusammenhang durch sehr feine Fibrillen, fadenförmige Ausläufer, welche sich vielfach verzweigen und zu Netzen oder Nerven-Plexus verbinden.

§ 55. Sinneszellen oder Epithel-Nervenzellen *(Cellulae sensillares, Sensublasti).* Unter diesem Begriffe fassen wir alle diejenigen Nervenzellen (im weitesten Sinne) zusammen, welche im Epithel selbst liegen und welche an ihrer Basis feine fadenförmige Ausläufer oder Fibrillen besitzen, durch welche sie sich mit anderen Zellen des Nervensystems in Verbindung setzen. Bald sind diese Sinneszellen einzeln im Epithel zwischen dessen indifferenten Deckzellen zerstreut (z. B. an vielen Stellen der Tentakeln und des Mundrohres); bald bilden sie als zusammenhängender Ueberzug ein wirkliches Sinnes-Epithel (z. B. am dorsalen Nervenring der Craspedoten, am Velarium-Rande der Acraspeden). Als zwei Hauptformen der Sinneszellen können wir indifferente oder neutrale und differenzirte oder specifische unterscheiden. Indifferente Sinneszellen nennen wir diejenigen Epithel-Nervenzellen, an welchen eine specifische Sinnes-Function nicht nachweisbar ist und welche demnach die älteste und einfachste Form der Nerven-Elemente repräsentiren. Als solche sind vorläufig bei den Medusen zu betrachten alle diejenigen Geisselzellen und Borstenzellen des Exoderms, welche an ihrer Basis durch Ausläufer und Nerven-Fibrillen mit anderen Nervenzellen in directer oder indirecter Verbindung stehen, und bei welchen eine specifische Sinnesthätigkeit nicht bekannt ist (Taf. 14, Fig. 9). Alle diese neutralen Sinneszellen besitzen an ihrer freien Oberfläche einen feinen haarförmigen Fortsatz, welcher bei den empfindlichen Geisselzellen (z. B. am Sinnes-Epithel des Nervenringes) beweglich, bei den Borstenzellen hingegen starr ist. Zu den letzteren rechnen wir sowohl die eigentlichen Tastzellen (ohne Nesselkapsel, mit einer Tastborste, *Palpocilium*), als auch die Nesselzellen (mit Nesselkapsel und mit einer Nesselborste, *Cnidocilium*). Wie weit überhaupt die Geisselzellen und Nesselzellen des Exoderms in die Kategorie der indifferenten Sinneszellen gehören, hängt davon ab, ob sie an ihrer Basis in communicirende Ausläufer oder Nerven-Fibrillen übergehen (vergl. unten § 79, Tastorgane). — Als differenzirte oder specifische Sinneszellen sind diejenigen Epithel-Nervenzellen zu betrachten, bei denen aus ihrer Lagerung, Structur oder Verbindung irgend eine specifische Sinnes-Function sich nachweisen lässt. Dazu gehören: 1) die Riechzellen (oder Schmeckzellen?) an den Clavellen der Craspedoten (Taf. 2, Fig. 8 q), an den Deckschuppen der Rhopalien bei den Acraspeden; 2) die Sehzellen der Augen, welche bisweilen in Pigmentzellen und Stäbchenzellen differenzirt sind; 3) die Hörzellen der Hörorgane (Taf. 6, Fig. 16); letztere tragen ein freies, meist sehr langes und dünnes Hörhaar und sind daher an sich in der Form von gewöhnlichen Tastzellen (mit einer Tastborste) nicht verschieden, auch phylogenetisch von diesen abzuleiten; sie werden zu „Hörzellen", indem sie mit „Otolithen-Zellen" in functionelle Verbindung treten; diese letzteren enthalten ein Hörsteinchen und gehören nur in einer Ordnung (bei den Leptomedusen) zum Exoderm, bei allen übrigen zum Entoderm. In einigen Fällen (z. B. bei den meisten Leptomedusen und bei den Geryoniden) scheiden die Hörzellen aus dem freien Epithel, zu dem sie ursprünglich gehören, aus; sie verwandeln sich hier in mesodermale Binnen-Epithelien, indem die offenen Hörgrübchen sich von der Hautdecke abschnüren und zu geschlossenen Hörbläschen werden.

§ 56. **Ganglien-Zellen oder Mesoderm-Nervenzellen** *(Cellulae gangliosae, Neuroblasti).* Aehnlich wie die mesodermalen Muskelzellen zu den epithelialen, verhalten sich die Ganglienzellen zu den Sinneszellen. Die Ganglienzellen sind in der That subepitheliale Nervenzellen, ausgeschieden aus dem Epithel, aus welchem sie ebenso ontogenetisch wie phylogenetisch entstanden sind; sie hängen mit dieser Ursprungsstätte nur noch direct oder indirect durch ihre fadenförmigen Ausläufer, die Nerven-Fibrillen, zusammen (Taf. 14, Fig. 10). Alle Ganglienzellen der Medusen scheinen entweder zwei oder mehrere Ausläufer zu besitzen, und sind demnach entweder bipolare (spindelförmige) oder multipolare (sternförmige) Zellen. Beide Formen kommen sowohl im centralen als im peripheren Nerven-System vor; jedoch überwiegen im centralen Nervenringe die bipolaren, im peripheren Nerven-Plexus

die multipolaren Ganglienzellen; erstere liegen daher vorwiegend am Schirmrande, letztere in der Subumbrella. — Die centralen Ganglienzellen zeigen ausserdem sowohl in den Nervenringen als
in den Sinnesorganen bestimmte Verhältnisse der Lagerung und Beziehung zu den Nachbar-Organen,
insbesondere zu den Sinneszellen des Epithels. Bei den Craspedoten ist der dorsale (oder exumbrale)
vom Sinnes-Epithel überzogene Nervenring grösstentheils aus parallel gelagerten circularen Fibrillen
gebildet und bedeutend ärmer an Ganglienzellen als der ventrale (oder subumbrale) Nervenring, welcher kein Sinnes-Epithel besitzt und mehr motorisch ist. Bei den Acraspeden scheinen die Ganglien-
zellen mehr an der Basis der Sinneskolben angehäuft zu sein und 4 oder 8 Ganglien zu bilden, welche
bald durch einen centralisirten Ring von Fibrillen-Bündeln (Cubomedusen), bald durch mehr decentra-
lisirte Fibrillen-Plexus zusammenhängen (Discomedusen). — Die peripheren Ganglienzellen sind
bald nur sehr spärlich, bald ziemlich zahlreich in den Nerven-Plexus zerstreut, welche sich in Gestalt
zarter, netzförmiger Fibrillen-Geflechte hauptsächlich in der Subumbrella ausbreiten; dieser subumbrale
Plexus liegt zwischen der Muskelplatte der Subumbrella und dem Exoderm-Epithel, aus dem letztere
entstanden ist. Sowohl diese peripheren Nerven-Plexus als jene centralen Nervenringe können bereits
als mesodermale Nerven angesehen werden, da sie ihre selbständigen, aus dem Epithel ausgeschiedenen Zellen besitzen.

Dritter Abschnitt.

Neurodermal-System der Medusen.

§ 57. **Zusammensetzung des Neurodermal-Systems.** Von den beiden grossen Organ-Systemen,
welche den Körper der Medusen zusammensetzen, umfasst das Neurodermal-System die Gesammtheit der animalen Organe, die Apparate der Empfindung und Bewegung. Dasselbe
steht somit in physiologischer Beziehung dem Gastrocanal-System gegenüber, welches den Complex
der vegetativen Organe bildet. Dieser Gegensatz zeigt sich auch histologisch mit Bezug auf die beiden
primären Keimblätter, indem die meisten und wichtigsten Theile des Neurodermal-Systems von dem
Exoderm (oder dem „animalen Keimblatte") abstammen, diejenigen des Gastrocanal-Systems hingegen
vorzugsweise aus dem Entoderm (oder dem „vegetativen Keimblatte"). Von den beiden Apparaten,
welche das Neurodermal-System zusammensetzen, ist weitaus der ansehnlichste (jedoch der weniger
differenzirte) der Bewegungs-Apparat, gebildet durch die Umbrella und die ausgedehnte, an der
concaven Fläche der Schirmhöhle gelagerte Muskelplatte. Weniger umfangreich, aber stärker differenzirt ist der Empfindungs-Apparat; derselbe hat vorzugsweise am Schirmrande seinen Sitz und
umfasst das Nervensystem nebst Tentakeln und differenzirten Sinnes-Organen.

§ 58. **Umbrella oder Schirm** *(u).* Das typische und am meisten characteristische Haupt-Organ
der Medusen, welches sie von den stammverwandten Polypen sogleich unterscheidet, ist ihr eigenthümliches Schwimm-Organ, der Schirm oder die *Umbrella.* Dasselbe bildet dem Volumen und Gewicht nach stets die Hauptmasse des Körpers und besteht aus einem voluminösen Gallert-Körper
(*Collosoma*), der sehr wasserreich und bald fast schleimartig weich, bald fast knorpelartig hart ist. Seine
Gestalt ist mehr oder weniger „schirmförmig", oben convex, unten concav gewölbt. Die Gesammt-

form der Umbrella ist indessen sehr wechselnd. Bald ist ihr verticaler Durchmesser (oder die centrale „Hauptaxe") grösser als der grösste horizontale Durchmesser (oder die Kreuzaxe) und dann ist
die Umbrella kegelförmig, glockenförmig, pyramidal oder obeliskenförmig (so bei den meisten Anthomedusen, Stauromedusen, Peromedusen und Cubomedusen (Taf. 15—26). Bald ist umgekehrt der
Horizontal-Diameter grösser als der verticale, und dann ist die Umbrella mehr scheibenförmig, uhrglas-
förmig, halbeiförmig oder halbkugelig (so bei den meisten Leptomedusen, Trachomedusen, Narcomedusen
und Discomedusen; Taf. 1—14, 27—32). Der Gallertkörper ist gewöhnlich in der Mitte der Umbrella
am dicksten und nimmt nach dem Schirmrande hin bald mehr gleichmässig, bald mehr plötzlich ab.
Wenn man den Schirm mit den darin eingeschlossenen Theilen des Gastrocanal-Systems als ein Ganzes
betrachtet, so kann man die äussere convexe Fläche als „Aussenschirm" oder *Exumbrella* (*e*) bezeichnen, die innere concave Fläche als „Innenschirm" oder *Subumbrella* (*w*). Genauer genommen
besteht jedoch der Schirm aus zwei verschiedenen Gallert-Platten, die als Rückenschirm (*Umbrella dorsalis* vel *Notumbrella*) und Bauchschirm (*Umbrella ventralis* vel *Coelumbrella*) unterschieden werden könnten;
erstere entspricht dem *Calyx* oder der Rückenwand, letztere dem *Peristomium* oder der Bauchwand
der Polypen. Beide Wände gehen nur am Schirmrande unmittelbar in einander über und werden
sonst getrennt durch den Hohlraum des Gastrocanal-Systems, dessen beide Grenzflächen nur an bestimmten Stellen mit einander verwachsen sind. Die Exumbrella ist die freie convexe Fläche der
dicken Dorsal-Wand, die Subumbrella hingegen die freie concave Fläche der dünnen Ventral-Wand.

§ 59. **Umbrella dorsalis** (*Notumbrella*, Oberschirm oder Rückenschirm). Dieser Theil des
Schirmes wird gewöhnlich schlechtweg als „*Umbrella*" im engeren Sinne bezeichnet, weil er die Haupt-
masse derselben bildet und weil seine voluminöse Gallert-Scheibe viel dicker ist als die dünne Gallert-
platte des Ventral-Schirmes. Seine obere, convexe Fläche, vom dorsalen Exoderm überzogen, ist die
Exumbrella (*e*). Seine untere concave Fläche bildet die äussere oder abaxiale Wand (— Umbral-
Wand —) des Gastrocanal-Systems und ist von dessen flachem „Dorsal-Entoderm" überzogen. Beide
Epithel-Schichten des Dorsal-Schirmes, die äussere exodermale und die innere entodermale, werden
getrennt durch die gewaltige Masse des Gallertkörpers (*Collosoma*). Sie gehen nirgends in einander
über, da sie sich am Schirmrande unmittelbar in die entsprechenden beiden Epithel-Platten des Ventral-
Schirmes fortsetzen. Das Entoderm-Epithel des Dorsal-Schirmes besteht aus flachen Geissel-Zellen von
indifferenter Beschaffenheit, während sein Exoderm-Epithel vielfach Nesselzellen bildet, seltener auch
Epithel-Muskelzellen („Exumbral-Muskeln").

§ 60. **Exumbrella.** Die convexe Aussenfläche des Dorsal-Schirmes, welche wir mit einem
Worte kurz als *Exumbrella* bezeichnen, ist bei vielen Medusen ganz glatt, gleichmässig gewölbt, ohne
jede besondere Auszeichnung, und von dem einfachen Exoderm-Epithel gleichförmig überzogen. Bei
vielen anderen Medusen hingegen ist dieselbe durch die Bildung mannichfaltiger Vorsprünge in Form
von Knoten, Rippen, Leisten, Stacheln etc. ausgezeichnet. Meistens sind diese Vorsprünge durch Anhäufungen von Nesselzellen, oft auch von Pigmentzellen ausgezeichnet und dienen somit als Schutzwaffen der Umbrella. Vorspringende radiale Nesselrippen finden sich unter den Craspedoten namentt-
lich bei vielen Anthomedusen, z. B. 4 perradiale bei mehreren Codoniden und Tiariden, 8 adradiale
bei Ectopleura und *Ctenaria* (System, Taf. VII, Fig. 7), 16 bei *Pectyllis* (Taf. 3, 4), *Pectanthis* (Taf. 7, 8)
und *Tesserantha* (Taf. 15). Bei *Corynetes* ist die ganze Exumbrella mit einem Netzwerk von Leisten
übersponnen, in dessen Knotenpunkten Nesselwarzen vorspringen; häufiger ist dieselbe gleichmässig

mit Nesselwarzen bestreut (z. B. *Thamnostylus*, Taf. 1). — Unter den Acraspeden sind weniger solche
vorspringende Nesselrippen von morphologischer Bedeutung, als vielmehr tiefe Furchen der Exumbrella,
durch welche dieselbe in eine Anzahl von Gallertplatten getheilt wird. Sehr häufig ist eine tiefe Ringfurche oder Kranzfurche ausgeprägt, welche die centrale Schirmscheibe vom peripheren Schirmkranze
trennt. Während die erstere meistens glatt ist, zerfällt dagegen der letztere häufig durch Radial-
Furchen in vorspringende „Gallertsockel oder Pedalien", welche als Träger der Tentakeln und Rhopalien dienen, so z. B. bei *Periphylla* (Taf. 18, 19), *Nauphanta* (Taf. 27, 28), *Atolla* (Taf. 29). Grosse
konische Nesselpapillen trägt die Exumbrella von *Cephea* (System, Taf. XXXVI).

§ 61. **Umbrella ventralis** (*Coelumbrella*, Unterschirm oder Bauchschirm). Dieser Theil des
Schirmes wird gewöhnlich schlechtweg als „*Subumbrella*" (*u*) im weiteren Sinne bezeichnet, obgleich
dieser Name eigentlich nur seiner unteren concaven Fläche gebührt, welche vom Exoderm überzogen
ist. Seine obere convexe Fläche bildet die innere oder axiale Wand (— Subumbral-Wand —) des
Gastrocanal-Systems und ist von dessen hohem „Ventral-Entoderm" überzogen. Beide Epithel-Schichten
des Ventral-Schirmes, das Exoderm der concaven Fläche (Subumbrella) und das Entoderm der convexen Fläche, gehen nur am Mundrande in einander über und werden sonst getrennt durch eine
dünne aber feste Stützplatte (*zu*). Diese Fulcral-Lamelle der Subumbrella ist dem dicken Gallertkörper
des Dorsal-Schirmes gleichwerthig, obgleich viel dünner, und setzt sich am Schirmrande unmittelbar in
denselben fort. Das Entoderm-Epithel des Ventral-Schirmes besteht aus hohen Geisselzellen, die vielfach auch Drüsenzellen bilden; während sein Exoderm-Epithel (— die *Subumbrella* im engeren Sinne —)
den wichtigsten Theil der Medusen-Muskulatur erzeugt („Subumbral-Muskeln").

§ 62. **Subumbrella.** Die concave Innenfläche des Ventral-Schirmes, welche wir mit einem
Worte kurz als *Subumbrella* (im engeren und eigentlichen Sinne!) bezeichnen, ist von hervorragender
Bedeutung als die Trägerin der Muskulatur, welche die Schwimm-Bewegungen der Medusen bewirkt.
Aber auch ausserdem ist sie durch mancherlei Differenzirungen des Exoderm-Epithels ausgezeichnet,
welches die von ihr umschlossene Schirmhöhle auskleidet. So finden sich z. B. Drüsenzellen, Pigment-
zellen, Nesselzellen oft in bestimmter Anordnung in ihrem Exoderm vor; und bei allen Craspedoten
bildet dasselbe ausserdem den Mutterboden der Geschlechts-Drüsen. Während bei den meisten kleineren Medusen (namentlich Craspedoten) die Subumbrella platt und gleichmässig gewölbt erscheint, ist
sie hingegen bei den meisten grösseren Medusen (hauptsächlich Acraspeden) vielfach gefaltet oder
durch besondere Vorsprünge ausgezeichnet. Unter diesen sind namentlich Gallertleisten von Bedeutung, welche für eine grössere Flächen-Ausbreitung der subumbralen Muskulatur dienen. Meistens
verlaufen dieselben in concentrischen Ringen (z. B. am Kranzmuskel der Peromedusen, Taf. 19, 22),
seltener in radialen Büscheln (z. B. *Drymonema*, Taf. 30, 31). Als besondere Fortsätze der Subumbrella,
welche in Gestalt von verticalen Radial-Septen in die Schirmhöhle vorspringen, sind die Mesenterien
vieler Anthomedusen und Trachomedusen, Stauromedusen und Cubomedusen zu erwähnen; dieselben
sollen unten bei der „Schirmhöhle" besprochen werden, ebenso wie die mancherlei Nebenhöhlen und
Nischen, welche von der letzteren aus in die Subumbrella eindringen (§. 91, 94).

§ 63. **Centraler und peripherer Schirm** (*Discus centralis* et *Corona peripherica*). Bei allen Medusen lässt sich mehr oder weniger deutlich ein gewisser morphologischer und physiologischer Gegensatz zwischen dem centralen und peripheren Theile des Schirmes erkennen; in jenem liegt der

wichtigste Theil des vegetativen Gastrocanal-Systems, in diesem der bedeutendste Theil des animalen Neurodermal-Systems. Wir bezeichnen den centralen Hauptabschnitt der Umbrella, welcher Magen und Mund nebst den Mundorganen einschliesst, ein für allemal als Schirmscheibe *(Discus umbralis)*, hingegen den peripheren Hauptabschnitt, welcher den Schirmrand nebst den wichtigsten Theilen des Muskel- und Nerven-Systems (Sinnesorgane und Tentakeln) enthält, als Schirmkranz *(Corona umbralis)*. Beide Hauptabschnitte der Umbrella entsprechen zugleich den beiden Hauptabschnitten des Gastrocanal-Systems, insofern in der Schirmscheibe der centrale Hauptdarm, im Schirmkranze hingegen der periphere Kranzdarm seinen Sitz hat. Häufig ist die Grenze zwischen Discus und Corona auch äusserlich scharf bestimmt, indem eine exumbrale Kranzfurche *(Fossa coronaris)* mehr oder weniger tief zwischen Beide einschneidet, so namentlich bei vielen Narcomedusen (Taf. 9—12), Peromedusen (Taf. 18), Cubomedusen (Taf. 26) und bei einzelnen Discomedusen, sehr ausgeprägt bei vielen Cannostomen (Taf. 27—29). Die centrale Schirmscheibe ist bei den flachgewölbten Medusen mehr scheibenförmig oder linsenförmig („Schirmlinse", *Lens umbralis*), bei den hochgewölbten hingegen mehr kegelförmig oder glockenförmig („Schirmkegel", *Conus umbralis*). Der periphere Schirmkranz endigt bei den Craspedoten in dem typischen Velum dieser Legion, bei den Acraspeden hingegen in dem characteristischen Lappenkranze oder Velarium.

§ 64. **Schirmstiel und Schirmkuppel** *(Pedunculus umbralis* et *Cupola umbralis)*. Bei vielen Medusen — jedoch nur bei der grossen Minderzahl — ist der „Schirmscheitel" (der oberste, aborale und proximale Theil der *Notumbrella*) nicht, wie gewöhnlich, gleichmässig gewölbt und abgerundet, sondern in einen vorspringenden Scheitel-Aufsatz oder einen konischen, stielartigen Fortsatz ausgezogen. Nur bei einer Ordnung, bei den Stauromedusen, ist derselbe zu einem wirklichen Schirmstiele *(Pedunculus umbrellae)* entwickelt, dessen aborales Ende, die „Fussplatte", zur Anheftung am Meeresboden oder an fremden Körpern dient (Taf. 16, 17; System, Taf. XXI. XXII). Aber bei vielen anderen Medusen aus verschiedenen Ordnungen (namentlich Anthomedusen und Peromedusen) findet sich oben auf dem Schirm an dessen Stelle eine besondere Schirmkuppel oder ein kegelförmiger „Scheitel-Aufsatz" *(Cupola umbrellae)*. Derselbe ist jenem Anheftungsstiele gleichwerthig und enthält gleich ihm einen blind endigenden axialen „Scheitel-Canal oder Stiel-Canal" *(Tesserantha, Taf. 15, Fig. 1—3 p)*. An diese Theile knüpft sich ein besonderes morphologisches Interesse, insofern sie Erbstücke von den Polypen-Ahnen der Medusen sind, homolog dem Stiel und Stiel-Canal der Polypen, mittelst deren diese am Meeresboden befestigt sitzen.

§ 65. **Magenstiel und Magenkegel** *(Pedunculus gastralis* et *Conus gastralis)*. In ähnlicher Weise, wie der Schirmstiel oder die Schirmkuppel als aboraler Fortsatz der centralen Schirmscheibe auf deren convexer Aussenfläche sich entwickelt, entsteht auch häufig — jedoch nur bei den Craspedoten — ein ähnlicher oraler Fortsatz auf ihrer concaven Innenfläche. Derselbe erscheint zuerst als flache, anfänglich unbedeutende, kegelförmige Erhebung im Centrum der entodermalen Hohlfläche der *Notumbrella* und springt mehr oder weniger weit in die centrale Magenhöhle vor (System, Taf. XI, XIV, XV). Bei weiterem Wachsthum entwickelt sich aus diesem Magenkegel ein langer cylindrischer Gallertstiel, welcher weit in die Schirmhöhle vorspringt oder selbst aus deren Mündung heraustritt, und welcher die umgebenden Theile der *Coelumbrella* mit sich herabnimmt. Der Magensack sitzt dann nicht mehr, wie gewöhnlich, im Grunde der Schirmhöhle, sondern am Distal-Ende eines freien soliden Magenstieles. In der exodermalen Aussenfläche des cylindrischen (oft auch vierkantig-prismatischen, pyra-

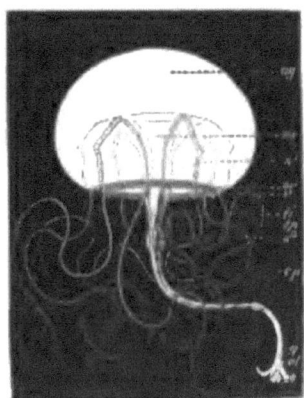

Fig. C. **Octorchis germanica**
(*Leptomedusae, Eucopidae*), Profil-Ansicht.
ug Gallertschirm.   *us* Solider gallertiger
Magenstiel. *v* Velum. *ov* Velaro Randbläschen. *tp* Perradiale Tentakeln. *ti* Interradiale Tentakeln. *t¹* Distale Hoden
(an der Subumbrella). *t²* Proximale Hoden (am Magenstiel). *cp* Perradiale Canäle. *g* Magen. *ol* Mundlappen.

midalen oder conischen) Magenstiels lauten die Radial-Canäle, welche
aus dem Magengrunde entspringen, zum Grunde der Schirmhöhle
empor, biegen hier auf die Subumbrella um und verlaufen in dieser
zum Schirmrande hin. Mit den aufsteigenden Radial-Canälen des
Magenstiels alterniren Längsmuskeln, welche denselben bewegen.
Häufig ist der solide Magenstiel dem hohlen, ebenfalls rüsselförmigen
Mundrohr der Craspedoten sehr ähnlich und oft mit ihm verwechselt worden (als „Rüssel" oder „Mundstiel"). Unter den Acraspeden
kommt der Magenstiel niemals vor, dagegen häufig bei den Craspedoten und zwar in allen vier Ordnungen derselben. Am stärksten entwickelt ist er bei einem Theile der Leptomedusen (Saphe-
niden) und Trachomedusen (Geryoniden). (Vergl. System, Taf. IV,
XII, XIII, XVIII, XX). Bei einem Theile der Geryoniden setzt sich
nach unten hin der Centraltheil des Magenstiels noch weiter fort
und bildet einen spitzen Kegel, welcher gleich einer Zunge frei in
den Hohlraum des unten am Magenstiel befestigten Magens hineinragt (System, Taf. XVIII, Fig. 5). Dieser Zungenkegel *(Conus
lingualis, Glossoconus)* ist vielleicht ein Geschmacks-Organ.

§ 66. Schirmrand *(Margo umbrellae, um).* Der Schirmrand bildet die untere oder distale Grenzlinie der Umbrella, an welcher deren beide Wände, dorsale und ventrale Wand, in einander übergehen;
zugleich setzt sich an dieser Grenzlinie das exumbrale Epithel des convexen Rückenschirmes (*qe*) direct
in das subumbrale Epithel des concaven Bauchschirmes fort (*qw*). Bei allen Medusen ist der Schirmrand sowohl in morphologischer als in physiologischer Beziehung der wichtigste Theil des Neurodermal-
Systems, weil an demselben die werthvollsten animalen Organe: Sinnesorgane, Nerven und Muskeln,
zur höchsten Ausbildung gelangen. Insbesondere sind die Central-Theile des Nervensystems und die
Tentakeln ursprünglich stets am Schirmrande gelegen. Auch für die Systematik besitzt der Schirmrand die grösste Bedeutung, weil an ihm vorzugsweise die Mannichfaltigkeit der Bildung zur Erscheinung kommt, welche zur Unterscheidung der Genera und Species führt. Ja sogar die Unterscheidung
und Benennung der beiden Hauptabtheilungen der Medusen-Classe, der beiden Legionen der Craspedoten und Acraspeden, ist dem Schirmrande entnommen, da derselbe in beiden Legionen wichtige
und durchgreifende Verschiedenheiten darbietet. Für die ersteren ist charakteristisch das „Velum", für
die letzteren der „Lappenkranz".

§ 67. Schirmrand der Craspedoten: Velum *(Diaphragma).* Bei allen Craspedoten oder Hydro-
medusen springt vom freien Schirmrande eine directe Fortsetzung desselben nach innen vor, welche
allen Acraspeden oder Scyphomedusen fehlt: der Randschleier oder das *Velum* (auch als „Schwimmhaut" oder *Diaphragma* bezeichnet, *v*). Das Velum bildet einen dünnen, membranösen, schmäleren
oder breiteren Ring, welcher im Ruhezustande bald schlaff vertical vom Schirmrande herabhängt,
bald straff horizontal ausgespannt ist und nach innen vorspringend den Eingang in die Schirmhöhle
mehr oder weniger verengt. Bei den *Petyllidae* (Taf. 3—8) ist das Velum so breit, dass es wahrscheinlich im Zustande grösster Ausdehnung den Eingang in die Schirmhöhle völlig verschliessen kann.

Auch bei den meisten Narcomedusen ist dasselbe sehr breit, hingegen sehr schmal bei vielen Lepto-medusen; bei *Obelia* wird es rudimentär. Ueberall lässt sich am Velum ein freier Distalrand und ein basaler, am Schirmrande inserirter Proximal-Rand unterscheiden; ferner eine ventrale innere und eine dorsale äussere Fläche. Die ventrale oder subumbrale Fläche des Velum ist vom Exoderm der *Subumbrella*, die dorsale oder exumbrale hingegen vom Exoderm der *Exumbrella* bekleidet; unter letz-terem liegt eine dünne Stützplatte, unter ersterem eine Muskelplatte, die aus Ringfasern zusammen-gesetzt ist, eine directe Fortsetzung der Ringmuskel-Schicht der Subumbrella (vergl. Taf. 4—6, 9—14).

§ 68. Kragenlappen der Narcomedusen. Während bei den meisten Craspedoten das Velum in gleichmässiger Breite am Schirmrande ausgespannt ist, erleidet dasselbe bei der Ordnung der *Narco-medusae* dadurch eigenthümliche Veränderungen, dass der Schirmkranz (oder „Kragen") durch radiale, mehr oder weniger tiefe Einschnitte des Randes in eine Anzahl von getrennten „Kragenlappen" zerfällt (mindestens 4, *Cunarcha*, Taf. 9; meistens 8 oder mehr, Taf. 10—14). Dieselben sind oft sehr ähnlich den echten „Randlappen" der Acraspeden und gewöhnlich mit diesen verwechselt worden; sie sind aber nach Ursprung, Bau und Bedeutung davon ganz verschieden. Die Kragenlappen der Narco-medusen entstehen dadurch, dass die Tentakeln ihre ursprüngliche Insertion am Schirmrande aufgeben und in der Exumbrella mehr oder weniger weit aufwärts wandern. Dabei nehmen sie vom Nesselring des Schirmrandes einen Fortsatz in Gestalt eines radialen (centripetalen) Nesselstreifens mit, welcher als Schirmspange *(Peronium)* die Verbindung zwischen dem Exoderm-Epithel des Tentakels und des Schirmrandes erhält. Die Peronien durchschneiden den Gallertkörper bis zur Subumbrella und bilden zugleich an ihrer distalen Basis mehr oder weniger tiefe Einkerbungen, die bei den *Peganthidae* (Taf. 10 —12) zu tiefen Einschnitten des Schirmrandes werden. Das Velum, welches dieselben ausfüllt, er-scheint natürlich hier bedeutend breiter als an dem Rande der dazwischen liegenden Kragenlappen; es verbindet die letzteren in ähnlicher Weise, wie das Velarium der Cubo-medusen die echten Randlappen dieser Ordnung (§ 70).

§ 69. Schirmrand der Acraspeden: Lappenkranz *(Corona loborum).* Während bei allen Craspedoten oder Hydromedusen das Velum als characteristische Fortsetzung des Schirmrandes auftritt, fehlt dasselbe ebenso allgemein allen Acraspeden oder Scyphomedusen. Eine velum-ähn-liche Membran *(Velarium)*, welche sich bei einigen Familien der letzteren (Charybdeiden, Aureliden) am Schirmrande als schmaler oder breiter Hautsaum ausbildet (Taf. 26 *va*), ist nach Ursprung und Structur von jenem echten Velum ganz verschieden. Dagegen besitzen alle Acraspeden am Schirmrande einen Lappenkranz *(Corona loborum).* Der-selbe fehlt ebenso allgemein den Craspedoten; denn die gallertigen „Kragenlappen", welche bei einigen Gruppen der letzteren (Narcomedusen, Taf. 9—14) sich entwickeln, aber durch das Velum verbunden werden, sind nicht den echten Randlappen der Acraspeden zu vergleichen. Diese

Fig. D. **Pericolpa quadrigata** *(Peromedusae, Pericolpidae).* Subumbral-Ansicht. *oi* Sinneskolben (interradial). *va* Ampulle an deren Basis. *t* Ten-takeln (perradial). *bl* Randlappen (adradial). *bu* Huf-eisencanal derselben. *kl* Lappenspange zwischen des-sen beiden Schenkeln. *s* Gonaden. *mk* Wurzelmus-keln der Tentakeln. *md¹* Perradiale Delta-Muskeln. *md²* Interradiale Delta-Muskeln. *ok* Mundkanten. *ar* Mundrinnen an deren Innenfläche. *oi* Mundleisten. *tr* Tentakel-Wurzeln. *bc* Kranztaschen. *mc* Kranz-muskeln.

letzteren sind vielmehr wesentlich aufzufassen als flache, blattförmige „Ruder-Tentakeln"; sie besitzen an ihrer concaven Subumbral-Fläche einen oder zwei Längsmuskeln und können durch deren
Contraction bei der Schwimm-Bewegung rudernd mitwirken. Aus der Ontogenie der Acraspeden
(*Aurelia!*) wird es wahrscheinlich, dass ihre Randlappen wirklich phylogenetisch aus Tentakeln entstanden sind. Ein dreispaltiger *Scyphostoma*-Tentakel kann bei der *Ephyra*-Bildung einem Rhopalium
und den beiden einschliessenden „Ocular-Lappen" den Ursprung geben. Die Zahl der Lappen ist sehr
verschieden. Mindestens sind bei den Acraspeden 8 adradiale Randlappen vorhanden (Fig. *D*, Taf. 16,
17). Meistens aber finden sich an deren Stelle 16 subradiale (Taf. 18—28), und sehr häufig wird
ihre Zahl secundär beträchtlich vermehrt (Taf. 30—32).

§ 70. Velarium der Cubomedusen.

Während bei den meisten Acraspeden die Randlappen
frei am Schirmrande vorspringen, mit den Tentakeln und Rhopalien alternirend, zeichnet sich die Ordnung der *Cubomedusae* dadurch aus, dass dieselben mit einander verwachsen oder durch eine dünne Zwi-
schenhaut, gleich einer Schwimmhaut, sich verbinden (Taf. 26; System, Taf. XXV, XXVI). So entsteht
eine musculöse, breite und dünne Randmembran, welche dem *Velum* der Craspedoten sehr ähnlich und
bisher gewöhnlich für demselben homolog gehalten worden ist; sie ist aber sowohl durch ihre Entstehung
wie durch ihren feineren Bau von letzterem wesentlich verschieden und wird daher zweckmässig
als *Velarium* bezeichnet. Das wahre Velum der Craspedoten und das damit verwechselte Velarium der
Cubomedusen sind ganz unabhängig von einander und auf verschiedene Weise entstanden; beide haben
eine ganz verschiedene morphologische Beziehung zum Schirmrande und zu dessen Nervenring. Das
Velarium der Cubomedusen wird gewöhnlich von Canälen (distalen Fortsätzen der Kranztaschen) durchzogen (Taf. 26, Fig. 8); hingegen ist dies bei dem Velum der Craspedoten niemals der Fall. Ferner
wird das Velarium bei den meisten Cubomedusen durch 4 perradiale *Frenula* (oder Gallertleisten der
Subumbrella) suspendirt (vergl. oben p. 80 und Taf. 26, Fig. 2, 8 *rf*). In den beiden Familien der
Cubomedusen ist das Velarium insofern verschieden, als es sich bei den *Charybdeidae* aus 8 adradialen,
bei den *Chirodropidae* hingegen aus 16 subradialen Randlappen zusammensetzt. In ähnlicher Weise,
jedoch nicht so auffallend, verwachsen die Randlappen zu einem Velarium auch bei vielen Discomedusen, namentlich Rhizostomen. Sehr breit wird dasselbe z. B. bei *Drymonema* (Taf. 30, 31). Sowohl von diesem Velarium als vom echten Velum der Craspedoten verschieden ist ein schmaler Ring-
saum des Schirmrandes, welcher sich bei einigen Discomedusen unterhalb des Tentakel-Kranzes entwickelt (*Aurelidae*, System, Taf. XXXIII, Fig. 8 *ra*).

§ 71. Nessel-Organe *(Nematillae, Nematophora, Organa urticantia, n)*.

Bei allen Medusen, wie bei
allen Acalephen oder Cnidarien überhaupt, entstehen an bestimmten Körperstellen aus dem Epithel besondere Organe, welche wesentlich aus Nesselzellen *(Cnidoblasti)* zusammengesetzt sind und daher
als Nesselorgane oder *Nematillae* bezeichnet werden. Dieselben sind bei den Medusen zum weitaus
grössten Theile Producte des Exoderms; hingegen bildet das Entoderm nur an wenigen Stellen
Nematillen, so z. B. an den Gastral-Filamenten und in der Mundhöhle. Die Nesselorgane dienen hauptsächlich als Waffen zum Angriff und zur Vertheidigung (so namentlich an den Tentakeln), daneben
aber auch als Skelet zur festen Stütze des weichen Körpers (so namentlich am Schirmrande). Die
Nesselwaffen (*Arma urticaria*) treten in sehr mannichfaltiger Form auf, als rundliche Nesselknöpfe
(in der gesammten Exoderm-Fläche), geschlossene Nesselringe (in der Aussenwand der Tentakeln),
schmale Nesselstreifen und flache Nesselpolster (am Schirmrande), konische Nesselwarzen (in der Ex-

umbrella und Subumbrella), zusammengesetzte Nesselkolben und Nesselbatterien (am Ende der Tentakeln) u. s. w. Alle diese Nesselwaffen bestehen aus epithelialen Anhäufungen zahlreicher Nesselzellen, welche gewöhnlich dicht gedrängt in der Oberfläche des Exoderms liegen und bei der Berührung ihrer frei vorragenden Nesselborste (*Cnidocilium*) aus ihrer Nesselkapsel den eingeschlossenen
Nesselfaden nebst Flüssigkeit entleeren. Sie entwickeln sich gewöhnlich in einer subepithelialen Schicht,
dem „interstitiellen Gewebe". Sobald jedoch die Nesselkapseln mit ihrem Faden in den Cnidoblasten
ganz ausgebildet sind, richten sich letztere auf und treten aus der subepithelialen in die oberflächliche
Epithel-Schicht ein. Wo diese letztere sehr dünn und flach ist (wie z. B. in der Exumbrella) entstehen
die Nesselkapseln in den Epithel-Zellen der Oberfläche selbst. An manchen Stellen, hauptsächlich am
Schirmrande, verlieren die Nesselzellen ihre ursprüngliche Bedeutung als Waffen, häufen sich dicht
gedrängt zu festen Massen an und nehmen so die Function eines stützenden Skeletes an. Solche subepitheliale Nessel-Skelete (*Sceleta urticaria*) gelangen namentlich bei den Trachylinen (*Trachomedusae* und *Narcomedusae*) zu bedeutender Entwickelung. Sie bilden hier theils einen festen Nesselring am Schirmrande (am Distalrande des Ringcanals, Taf. 3—14 *nc*), theils radiale Nesselstreifen,
welche centripetal vom Nesselringe ausgehen und in der Exumbrella aufwärts steigen. Bald dienen
diese centripetalen Nesselstreifen als feste und elastische Stützen für die frei vorragenden Hörkölbchen
(— Hörspangen, *Otoporpae*, Taf. 9—14 *oo* —), bald für die dorsal inserirten Tentakeln, deren Basis
sie mit dem Schirmrande in Verbindung erhalten (— Schirmspangen, *Peronia*, Taf. 9—14 *en*; vergl.
§ 68 —). Da die Cnidoblasten in diesen Nessel-Skeleten in vielen Schichten über einander gehäuft
und tief unter der epithelialen Oberfläche liegen, so verlieren die eingeschlossenen Fäden, die nicht
mehr austreten können, ihre Function als Armatur; hingegen entwickeln sich um so stärker die
harten Nesselkapseln, welche die Stützfunction des festen und dabei elastischen Knorpelgewebes
übernehmen (Taf. 14. Fig. 12 *en*).

§ 72. Nerven-System.

Bei allen Medusen steht das Nerven-System insofern noch auf einer
sehr tiefen Stufe der Entwickelung, als dasselbe die unmittelbarsten Beziehungen zu seiner Ursprungsstätte, dem Exoderm-Epithel, beibehält, und als weder die centralen noch die peripheren Theile
desselben zu einer völlig selbständigen Sonderung (wie bei höheren Thieren) gelangt sind. Im Allgemeinen lässt sich bei allen Medusen ein centraler und ein peripherer Abschnitt des Nerven-Systems
unterscheiden. Der ringförmige Central-Theil liegt entweder am Schirmrande oder oberhalb desselben an der Subumbrella; der Peripher-Theil hingegen erscheint hauptsächlich an der Subumbrella in Gestalt eines diffusen Nerven-Plexus ausgebreitet. Sowohl im centralen als im peripheren
Theile finden sich kleinere und grössere Ganglien-Zellen gemischt mit feineren und gröberen Fibrillen
vor (Taf. 14, Fig. 9, 10). Dieselben stehen im innigsten Zusammenhang einerseits mit dem darüber
gelegenen „Sinnes-Epithel" des Exoderms (namentlich am Schirmrande und den Sinnesorganen), anderseits mit der darunter gelegenen Muskel-Platte (namentlich an der Subumbrella und am Mundrohr).
Selbständige, einheitlich gesonderte „Ganglien" oder centralisirte Nervenknoten, sowie deutliche, aus
Bündeln von gesonderten Nerven-Fibrillen bestehende „Nervenfasern" gelangen nur an wenigen
Stellen zur Ausbildung (z. B. *Charybdea*, Taf. 26). Doch ist zu bemerken, dass die zahlreichen und
wichtigen Untersuchungen dieser schwierigen Verhältnisse aus der neuesten Zeit keineswegs ausreichen,
um sich daraus erschöpfende und sichere Vorstellungen zu bilden. Denn einerseits ist von mehreren
Hauptgruppen der Medusen (— wie z. B. den beiden Ordnungen der Stauromedusen und Peromedusen —) überhaupt das Nerven-System noch unbekannt; anderseits ist auch bei den übrigen

Ordnungen dasselbe noch nicht untersucht an wichtigen Körpertheilen, an denen es wegen ihrer grossen Beweglichkeit und hohen Empfindlichkeit wahrscheinlich eine bedeutende Entwickelung erlangt, vor Allem am Mundrohr und den Mundorganen. Soweit sich bis jetzt übersehen lässt, scheint das centrale Nerven-System in den beiden Legionen der Classe wesentliche Verschiedenheiten darzubieten, insofern dasselbe bei den Craspedoten stärker centralisirt, bei den Acraspeden mehr diffus erscheint.

§ 73. **Nerven-System der Craspedoten.** Bei allen Craspedoten, deren Nerven-System bis jetzt genauer untersucht wurde (— und unter denen sich Angehörige aller 4 Ordnungen befinden —) hat sich als wichtigstes Centrum desselben ein doppelter marginaler Nervenring herausgestellt, welcher am eigentlichen Schirmrande, unmittelbar nach aussen von der Insertion des Velum liegt. Derselbe ist äusserlich von einem flimmernden, aus kleinen Geisselzellen bestehenden Sinnes-Epithel überzogen und zerfällt durch die Stützplatte der Velum-Insertion in zwei getrennte Ringe, einen ex-umbralen und subumbralen Ring. Der dorsale oder exumbrale Nervenring (Taf. 9, Fig. 7 *rc'*; Taf. 12, Fig. 12 *rc'*) ist der sogenannte „obere", in der normalen Lage des Velum aber äussere oder untere Ring und scheint vorzugsweise das sensible Central-Organ zu sein; er enthält kleinere und spärlichere Ganglien-Zellen, sowie feinere Fibrillen und versorgt besonders die verschiedenen Sinnes-Organe des Schirmrandes (namentlich die Hörkölbchen und die Tentakeln). Der ventrale oder subumbrale Nervenring (Taf. 9, Fig. 7 *rc"*; Taf. 12, Fig. 12 *rc"*) ist der sogenannte „untere", in der normalen Lage des Velum aber innere oder obere Ring, und scheint vorzugsweise das moto-rische Central-Organ zu sein; er enthält grössere und zahlreichere Ganglien-Zellen, sowie gröbere Fibrillen, und versorgt besonders die Muskulatur des Velum und der Subumbrella. Beide Nervenringe stehen durch zahlreiche feine Fäden, welche die trennende Fulcral-Lamelle der Velum-Insertion durch-bohren, in unmittelbarem Zusammenhang und geben zahlreiche Fäden ab, welche sich plexusartig aus-breiten und mit vielen peripheren Ganglien-Zellen in Verbindung stehen. Bei vielen Craspedoten zeigt der Nervenring an den Insertions-Punkten der Tentakeln (insbesondere an den 4 perradialen und 4 interradialen) unbedeutende Anschwellungen, welche vielleicht „Radial-Ganglien" sind.

§ 74. **Nerven-System der Acraspeden.** Von den 4 Ordnungen dieser Legion sind die beiden ersten, die Stauromedusen und Peromedusen, bezüglich der Structur ihres Nerven-Systems noch so gut wie unbekannt; die beiden anderen Ordnungen scheinen sich ziemlich verschieden zu verhalten. Die Cubomedusen (— Charybdeiden und Chirodropiden —, Taf. 26: System, Taf. XXV, XXVI) zeichnen sich durch einen starken einfachen subumbralen Nervenring aus, welcher in beträcht-licher Distanz vom Schirmrande, oberhalb desselben, verläuft. Derselbe liegt eingebettet in eine Rinne der Subumbrella, deren Muskelplatte er unterbricht und besteht aus einem helleren Axenstrange und zwei trüberen angelagerten (oberen und unteren) Fibrillen-Strängen, sowie einem eigenthümlichen dar-über gelagerten Nerven-Epithel. An 8 Stellen ist der Nervenring in 8 principale Ganglien an-geschwollen. Die 4 perradialen Ganglien sind grösser und liegen höher an der Basis der 4 hoch entwickelten Sinneskolben; sie geben sensible Nerven an die letzteren und motorische Nerven an die Muskelplatte der Subumbrella ab. Die 4 interradialen Ganglien liegen tiefer, an der Basis der 4 starken Tentakel-Pedalien, und geben sowohl sensible als motorische Nerven an den Schirmrand und die Tentakeln ab. Ausgedehnte Fibrillen-Geflechte, in welche zahlreiche multipolare und spindelförmige Ganglien-Zellen eingelagert sind, liegen in der Subumbrella und dem Velarium und hängen mit dem Nervenring und seinen 8 Ganglien zusammen. Von ähnlicher Beschaffenheit, wie bei den Cubomedusen, ist das Nervensystem wahrscheinlich bei den verwandten Peromedusen, wo der Nervenring in der Tiefe der exumbralen Kranzfurche oder am Kranzmuskel zu suchen sein dürfte. Dagegen ist das viel untersuchte Nervensystem der Discomedusen insofern von abweichender Beschaffenheit, als der Nervenring hier zurücktritt, hingegen die 8 principalen Sinneskolben (4 perradiale und 4 interradiale) als 8 getrennte marginale Nerven-Centren in den Vordergrund treten. Jeder dieser 8 Sinneskolben oder Randkörper enthält bei den Discomedusen die nachstehend beschriebenen Sinnes-Organe in sich vereinigt und umschliesst in seiner Basis ein selbständiges Nerven-Centrum, welches ebenso wie bei den Cubomedusen als Principal-Ganglion bezeichnet werden kann. Dasselbe besteht aus einem dichten Polster von Nerven-Fibrillen und Ganglien-Zellen, welche unmittelbar mit den darüber liegenden Tastzellen des exodermalen Sinnes-Epithels, sowie mit den übrigen Sinnes-Organen des Rhopalium in Verbindung stehen. Andere Fäden verbinden dieselben mit dem Nerven-Plexus der Subumbrella, welcher zwischen deren Exoderm-Epithel und Muskelplatte sich ausbreitet und grosse motorische Ganglien-Zellen enthält. Die Fibrillen-Bündel, welche die 8 Principal-Ganglien der Rhopalien in unmittelbare Verbindung setzen und dem starken Nervenring der Cubomedusen entsprechen, dürften bei den Discomedusen mehr im Grunde der Schirmhöhle zu suchen sein.

§ 75. **Sinnes-Organe** *(Sensillae).* Alle Medusen besitzen am Schirmrande Sinnes-Organe. Der Schirmrand selbst ist grossentheils von Sinnes-Epithel überzogen; er ist der Mutterboden und die Ursprungsstätte verschiedener Sensillen. Dieselben erscheinen in einfachster Form (und fast allgemein verbreitet) als Tentakeln, welche offenbar den marginalen Tentakeln der Polypen homolog und phylogenetisch aus diesen entstanden sind. Nur bei wenigen Medusen-Gruppen werden die Sensillen durch die Tentakeln allein vertreten. Bei den meisten finden sich ausserdem noch differenzirte Sinnes-Organe am Schirmrande, welche theils aus ungebildeten Tentakeln hervorgegangen, theils unabhängig von solchen entstanden sind. Soweit bis jetzt die schwierige physiologische Deutung der verschiedenen Sinnes-Organe gelungen ist, lassen sich überhaupt 4 Kategorien von Sinnes-Organen je nach ihrer specifischen Energie bei den Medusen unterscheiden, nämlich: I. Tast-Organe, mechanische Werkzeuge zur Wahrnehmung von Berührung und Druck; solche sind vor Allen die Tentakeln, mit mancherlei exodermalen Zell-Bildungen, welche speciell für die Perception mechanischer Reize angepasst erscheinen: Tastborsten, Tastkämme etc. Aber auch ausserhalb der Tentakeln sind an vielen Stellen (namentlich am Schirmrande und Mundrande) besondere Tast-Organe vorhanden. II. Riech-Organe oder Geschmacks-Organe, chemische Sinnes-Werkzeuge für Empfindung der verschiedenen Mischung oder Verdünnung des Seewassers; solche sind wahrscheinlich allgemein vorhanden (vielleicht unter den angeführten Tast-Organen versteckt); vielleicht sind als besondere Riech-Organe die Clavellen der Craspedoten, die trichterförmigen Grübchen an der rhopalaren Deckschuppe der Acraspeden zu deuten. III. Seh-Organe, Ocellen oder Pigment-Augen, mit oder ohne Linse, hauptsächlich am Schirmrande und an der Tentakel-Basis sehr verbreitet; bald nur für thermische, bald zugleich für optische Perceptionen geeignet (Wärme-Augen, Licht-Augen). IV. Hör-Organe, in mehreren verschiedenen Formen am Schirmrande auftretend, unter denen sich zwei ursprünglich verschiedene Typen unterscheiden lassen, velare Hörbläschen mit exodermalen Otolithen und tentaculare Hörkölbchen mit entodermalen Otolithen. Alle 4 Arten von Sinnes-Organen können sich an einem und demselben „Sinnes-Tentakel" vereinigt finden, wie es bei den „Sinneskolben oder Rhopalien" vieler Acraspeden der Fall ist. Da der Schirmrand meistens der Sitz der verschiedensten Sensillen ist, so wurden dieselben früher bei den Medusen mit dem indifferenten, nur ihre Lage bezeichnenden Namen der Randkörper belegt *(Corpuscula marginalia).*

§ 76. Tentakeln *(t)*. Unter allen Organen des Schirmrandes der Medusen sind die weitaus wichtigsten die Tentakeln oder „Fühlfäden", da sie nicht nur die ältesten und einfachsten Sinnes-Organe dieser Nesselthier-Classe darstellen, sondern zugleich auch deren Gliedmaassen. Dieselben sitzen ursprünglich am Schirmrande („Randfäden") und werden ebenso wohl als Sinnes-Organe zum Tasten benutzt, wie als Waffen zum Angriff und zur Vertheidigung; auch als Saugnäpfe zum Ansaugen (*Pectyllidae*, Taf. 3—8), als Ruder-Organe zum Schwimmen oder als Manducations-Organe, um die ergriffene Nahrung in den Mund zu führen („Fangfäden"). Völliger Mangel der Tentakeln zeichnet nur die kleinen Gruppen der *Amalthaeidae* unter den Craspedoten, sowie die grosse Gruppe der *Rhizostomae* unter den Acraspeden aus; hier sind die Tentakeln rückgebildet und verloren gegangen. Da der Tentakel-Kranz der Medusen demjenigen ihrer Stammeltern, der Polypen, entspricht und von diesen durch Vererbung auf jene übertragen wurde, so sind auch im Allgemeinen die Verhältnisse der Bildung und Structur in beiden Classen dieselben. Wie bei den meisten Polypen die Tentakeln in einem Kreise am Peristom-Rande oder Becherrande sitzen, so bei den meisten Medusen an dem entsprechenden Schirmrande. Gewöhnlich bilden sie hier nur eine einzige Reihe und sind in dieser nach Zahl und Anordnung gesetzmässig vertheilt (§ 77). Selten stehen zwei oder mehrere Reihen von Tentakeln am Schirmrande über einander und dann gewöhnlich in sehr grosser Zahl, dicht gedrängt (*Pectyllis*, Taf. 3, 4; *Pectis*, Taf. 5, 6). Bisweilen erscheinen die Tentakeln auch in Büschel oder Bündel gruppenweis am Schirmrande zusammengestellt, so unter den Craspedoten bei den *Lizusidae* und *Hippocrenidae* (System, Taf. V, VI), bei *Pectanthis* (Taf. 7, 8); unter den Acraspeden bei den *Lucernaridae* (Taf. 16, 17) und *Chirodropidae* (System, Taf. XXVI). Von der ursprünglichen marginalen Insertion finden bisweilen Abweichungen statt, indem die Tentakeln entweder nach aussen auf die dorsale oder nach innen auf die ventrale Fläche des Schirmes hinüber wandern. Exumbrale Insertion, auf der dorsalen Fläche, findet sich bei vielen *Trachomedusae* und den meisten *Narcomedusae* (Taf. 9—14); die Tentakeln können hier in der Exumbrella weit emporsteigen, bekunden aber doch meistens ihren ursprünglichen Zusammenhang mit dem Schirmrande durch die oben erwähnten Nesselstreifen, die Schirmspangen (*Peronia*, § 68; Taf. 9, 13, 14 *en*). Auch bei den *Aurelidae* sind die Tentakeln dorsal inserirt (System, Taf. XXXIII. Fig. 8). Subumbrale Insertion der Tentakeln, auf der ventralen Schirmfläche, zeichnet die *Sthenonidae* und *Cyaneidae* aus; bei den letzteren können sie sich sogar fast auf der ganzen Subumbrella zerstreuen (*Drymonema*, Taf. 30, 31).

§ 77. Zahl und Stellung der Tentakeln. Obwohl die Tentakeln der Medusen sowohl hinsichtlich ihrer Zahl als ihrer Stellung höchst mannichfaltige Verhältnisse darbieten, so lässt sich doch durch kritische Vergleichung derselben erkennen, dass gewisse einfache, primäre und ursprüngliche Verhältnisse existiren, aus denen alle übrigen als secundäre abgeleitet werden können. Mit grosser Wahrscheinlichkeit ergiebt sich daraus, dass für die *Craspedotae* 4 perradiale Tentakeln (am Distal-Ende der 4 Radial-Canäle) die ursprüngliche Bildung darstellen, für die *Acraspedae* hingegen 8 principale Tentakeln (4 perradiale und 4 interradiale). In der Legion der Craspedoten finden sich tetranemale Formen (mit 4 perradialen Tentakeln) unter allen 4 Ordnungen vor: unter den Anthomedusen *Codonium*, *Cytaeis* etc., unter den Leptomedusen *Tetranema*, *Eucopium* etc., unter den Trachomedusen *Petasus*, unter den Narcomedusen *Cunantha* (vergl. System, p. 359); die beiden letztgenannten können jedoch bereits als octonemale betrachtet werden, da bei ihnen 4 interradiale Cordylen mit 4 perradialen Tentakeln alterniren, die Cordylen selbst aber ursprünglich nichts Anderes sind als modificirte „acustische Tentakeln" (§. 84, vergl. Taf. 9). Dies gilt auch für *Pericolpa* (Fig. D), eine der ältesten und einfachsten Formen unter den Acraspeden. Das umgekehrte Verhältniss zeigt hier *Charybdea* (Taf. 26), bei welcher die 4 Sinneskolben perradial, hingegen die 4 Tentakeln interradial gelagert sind. Sowohl *Charybdeidae* (Cubomedusen) als *Pericolpidae* (Peromedusen) sind abzuleiten von *Tessera*, der ältesten und einfachsten Form unter den Stauromedusen, welche zugleich als hypothetische Stammform aller Acraspeden gelten kann. Diese hat aber bereits 8 principale Tentakeln (4 perradiale und 4 interradiale). Bei *Pericolpa* sind nur die 4 interradialen, bei *Charybdea* die 4 perradialen, bei *Ephyra* (Stammform der Discomedusen) alle 8 Principal-Tentakeln in Sinneskolben verwandelt worden. Bei der letzteren entwickeln sich zwischen diesen 8 adradiale Tentakeln (Fig. *B ta*); ebenso bei der nahe verwandten *Nauphanta* (Taf. 27, 28). Bei der grossen Mehrzahl der Medusen nimmt die Zahl der Tentakeln mit dem Alter zu, indem in der Mitte zwischen den ursprünglichen (4 oder 8) Tentakeln später neue gebildet werden. Diese Zunahme erfolgt nach bestimmten Gesetzen, welche in den verschiedenen Hauptgruppen verschieden sind. Die ontogenetische Reihenfolge im Auftreten der verschiedenen Tentakel-Ordnungen lässt auf eine entsprechende phylogenetische Progression schliessen. Im Gegensatze zu den 8 principalen Tentakeln (— 4 perradialen und 4 interradialen —) können alle übrigen, später zwischen diesen auftretenden als succursale bezeichnet werden. Diese Unterscheidung ist desshalb wichtig, weil die 8 principalen Tentakeln die Ursache zu zahlreichen Umbildungen und Fortbildungen geben. — Durch Rückbildung von 2 gegenständigen perradialen Tentakeln entstehen oft aus tetranemalen Medusen dissonemale, z. B. *Thamnostylus dinema*, Taf. 1. Solche finden sich in vielen Gruppen der *Craspedotae*, dagegen nicht unter den *Acraspedae*. Gewöhnlich persistiren zwischen den beiden gegenständigen permanenten Tentakeln die Reste der rückgebildeten als Bulben des Schirmrandes. Sehr selten hingegen findet sich bei den entwickelten Medusen nur ein einziger Tentakel, indem die 3 anderen rückgebildet werden; solche mononemale Medusen sind die *Euphysidae*, eine kleine Subfamilie der *Codonidae* (System, Taf. II). Durch vollständigen Verlust aller Tentakeln zeichnen sich die *Amalthaeidae* unter den Craspedoten aus, die *Rhizostomae* unter den Acraspeden.

§ 78. Gestalt und Structur der Tentakeln.

Bei den meisten Medusen sind die Tentakeln lange cylindrische Fäden, seltener bandförmig abgeplattet. Meistens sind sie an der Basis dicker und gegen das Ende konisch zugespitzt, seltener hier kolbenförmig angeschwollen. Fast immer sind sie einfach und unverästelt. Nur eine einzige Familie der Craspedoten, die *Cladonemidae*, zeichnet sich durch verästelte oder zusammengesetzte Tentakeln aus (System, Taf. VII); bald sind dieselben hier dichotom verästelt, bald mit Nebenfäden oder „secundären Fäden" besetzt (halbgefiedert), wie bei den Siphonophoren und Ctenophoren. Bezüglich der Structur der Tentakeln stimmen alle Medusen im Wesentlichen überein. Ueberall setzen sie sich aus denselben 4 wesentlichen Gewebs-Schichten (oder „secundären Keimblättern") zusammen, wie der Schirm selbst, nämlich: 1) das äussere Epithel des Exoderms; 2) die darunter gelegene Muskelplatte, aus Längsfasern gebildet; 3) die structurlose elastische Stützplatte und 4) die innere Zellen-Axe des Entoderms. Als zwei Hauptformen der Tentakeln sind solide und hohle Tentakeln zu unterscheiden; beide kommen oft bei nächstverwandten Medusen vor, bisweilen bei einer und derselben Art neben einander (Geryoniden). Beide unterscheiden sich hauptsächlich durch das Verhalten der Entoderm-Axe. Die soliden Tentakeln sind im Allgemeinen starrer und kürzer, weniger ausdehnbar und biegsam; sie finden sich hauptsächlich bei den Trachylinen (*Trachomedusae* und *Narcomedusae*), sowie bei den ältesten Formen der Acraspeden (*Stauromedusae* und *Cannostomae*). Ihre cylindrische Entoderm-Axe besteht meistens nur aus einer einzigen

Reihe von scheibenförmigen Chordal-Zellen, welche gleich den Münzen einer Geldrolle über einander liegen (Taf. 6, Fig. 17; Taf. 13, Fig. 5, 6 etc.; Taf. 15). Seltener sind dieselben mehrfach geschichtet (Taf. 4, Fig. 5—8). Die hohlen Tentakeln sind im Allgemeinen biegsamer und beweglicher, länger und namentlich viel mehr ausdehnbar; sie finden sich hauptsächlich bei den Leptolinen (*Anthomedusae* und *Leptomedusae*), sowie bei der grossen Mehrzahl der Acraspeden. Sie enthalten einen Canal, der einen peripheren Ausläufer des Gastrocanal-Systems darstellt und von einer einzigen Schicht entodermaler Geissel-Zellen ausgekleidet ist (Taf. 7, Fig. 4; Taf. 17, Fig. 15, 16; Taf. 21, Fig. 21 etc.). In beiden Tentakel-Formen, ebenso bei den soliden wie bei den hohlen Tentakeln, wird die Entoderm-Axe von einer structurlosen elastischen Stützplatte überzogen, welche sie von der darüber gelegenen Muskelplatte trennt und zugleich den Contractionen derselben als Antagonist, als elastischer Extensor, entgegenwirkt. Die Muskelplatte besteht aus longitudinalen Muskel-Fibrillen, welche meistens noch mit den darüber gelegenen Epithel-Muskelzellen des Exoderms zusammenhängen. Letzteres enthält ausserdem Nessel-Zellen und Tast-Zellen in mannichfaltigster Anordnung, oft auch Drüsen-Zellen und Flimmer-Zellen.

§ 79. **Tast-Organe** (*Organa palpantia*). Da die Empfindung für Schwankungen der Temperatur und die Reaction gegen Berührung und Druck bei den Medusen allgemein verbreitet ist, so müssen auch Tast-Zellen (*Cellulae palpantes*) allgemein verbreitet sein. Als solche können zunächst mit Wahrscheinlichkeit alle indifferenten Sinnes-Zellen betrachtet werden, alle Exoderm-Zellen mit einem haarförmigen Fortsatz. Dieses Tasthäärchen kann entweder biegsam und beweglich sein („Geissel", *Flagellum*) oder starr und unbeweglich („Tastborste", *Palpellum*). Ob alle exodermalen Geissel-Zellen auch als Tast-Zellen anzusehen sind, ist noch zweifelhaft, indessen ist die Deutung wahrscheinlich wenigstens richtig für jene Geisselzellen, welche das „Sinnes-Epithel" über dem Nerven-ringe des Schirmrandes und den „Randkörpern" herstellen; sowie für jene Geisselzellen, welche bei vielen Medusen einen Theil des äusseren Tentakel-Epithels bilden (bald in Längsstreifen oder Ringe oder Spiralen geordnet längs der Tentakel-Seiten, bald als zusammenhängender Ueberzug der distalen Tentakel-Enden). Sicher erscheint die Deutung dieser exodermalen Geisselzellen als Tastzellen, sobald der directe Zusammenhang ihrer Basis mit Nerven-Fibrillen nachgewiesen ist. Dasselbe gilt auch von den „Tastborsten-Zellen" des Exoderms, welche ein steifes, oft sehr langes und weit vorragendes Tasthaar, eine Tastborste oder Palpellum tragen. Solche Tastborsten-Zellen finden sich weit verbreitet überall im Exoderm vor, sowohl an der exumbralen (dorsalen) als an der subumbralen (ventralen) Fläche; hauptsächlich jedoch an den empfindlichsten Theilen, am Schirmrande und den Tentakeln, sowie am Mundrande und den Mundarmen. In diese Kategorie gehören nach unserer Auffassung erstens sämmtliche Nesselzellen und zweitens die „Tastzellen" im engeren Sinne oder die Palpozellen (ohne Nesselkapseln). Die „Nesselborste" (*Cnidocilium*) der Nesselzellen ist, ebenso wie die Fühlborste (*Palpocilium*) der eigentlichen „Fühlzellen", ein directer, aussen frei in das Wasser vorragender Fortsatz des Protoplasma der Zelle, und da in beiden Fällen das Letztere an der Basis der Zelle mit Nerven-Fibrillen in Zusammenhang steht, kann auch in beiden Fällen der das Palpellum treffende Reiz durch Nervenleitung auf andere Theile (Muskeln etc.) übertragen werden. Mithin sind die Nesselzellen (mit Cnidocilien und Nessel-Kapseln) und die Fühlzellen (mit Palpocilien, aber ohne Nessel-Kapseln) als zwei verschiedene Modificationen von Tastborsten-Zellen (mit Palpellen) aufzufassen. Die Verthei-lung dieser Tastzellen auf die empfindlichen Organe des Schirmes und seine Anhänge ist äusserst

mannichfaltig. So finden sich z. B. bei den Trachomedusen und Narcomedusen besondere „Tastkämme"
am Schirmrande oder kammförmige Reihen von Tastborsten, Tastringe an den Tentakeln u. s. w.
(System, Taf. XVII, Fig. 9, 10 etc.).

§ 80. **Riech-Organe** *(Organa olfactoria)*. In diese Kategorie gehören die eigenthümlichen **che-**
mischen Sensillen der Medusen, die vielleicht mit gleichem oder besserem Rechte als **Ge-**
schmacks-Organe *(Organa gustatoria)* bezeichnet werden könnten. Durch physiologische Beobachtungen und Experimente lässt sich leicht nachweisen, dass die Medusen gegen Mischungs-Veränderungen
des Seewassers sehr empfindlich sind, sogar gegen geringe Verdünnung desselben, so dass sie z. B.
bei beginnendem Regen alsbald in die Tiefe sinken. Die Organe dieser chemischen Sinnes-Perception
sind mit Sicherheit nicht bekannt und werden wahrscheinlich allgemein durch Sinneszellen des Schirmrandes, der Tentakeln oder auch des Mundrandes vorgestellt. Indessen lassen sich vermuthungsweise
auch besondere Organe dafür in Anspruch nehmen, die nach Lage und Zusammensetzung den Ein-
druck von Sensillen machen. Dahin gehören unter den Craspedoten die marginalen Clavellen, unter
den Acraspeden die rhopalaren Riechgrübchen. Die „Riechkeulchen" oder **Randkeulchen**, auch
„Randkolben" genannt *(Clavelli marginales, ob)* finden sich nur in der Legion der Craspedoten, und zwar
hauptsächlich in der Ordnung der Leptomedusen. Im „System" 1879 (p. 118, 123, 143, Taf. VIII,
Fig. 7, 12; Taf. IX, Fig. 3, 8) wurden diese Clavellen als **Randkolben** *(Cordyli marginales)* bezeichnet,
weil sie bei denjenigen Leptomedusen sich finden, welchen die Hörbläschen fehlen, also vielleicht deren
Stelle vertreten können *(Thaumanthidae, Cannotidae)*. Indessen fehlen ihnen meistens (oder immer?) die
characteristischen „Hörhäärchen", welche für acustische Organe vorzugsweise bezeichnend sind. Der
birnförmige oder keulenförmige **Clavellus** (Taf. 2, Fig. 3, 4, 8) sitzt mit dünnem Stiele am Schirmrande auf und ist daher mit den konischen Anlagen junger Tentakeln nicht zu verwechseln. Er enthält einen blinden, sehr engen *Canalis clavellaris*, welcher vom Ringcanal ausgeht und mit hohem Cylinder-Epithel ausgekleidet ist (Taf. 2, Fig. 8 y). Dasselbe ist durch eine dünne Fulcral-Platte *(z)* von
dem flachen Epithel des Exoderms *(q)* geschieden. Die **Clavellen** finden sich bei vielen Thaumantiden und Cannotiden am Schirmrande in sehr grosser Zahl zwischen den Tentakeln zerstreut (oft
mehrere hundert) und dürften wohl jedenfalls als Sensillen zu deuten sein. Dasselbe gilt von den
Riechgrübchen der Acraspeden *(Fossulae olfactoriae, oz)*. Dieselben finden sich bei den Discomedusen
als kleine blinde, trichterförmige Grübchen in der Dorsalfläche der rhopalaren Deckschuppen (oder
„Trichterplatten") und sind von einem faltenreichen, mit langen Geisselhaaren ausgestatteten Sinnes-
Epithel ausgekleidet (vergl. unten die Rhopalien).

§ 81. **Seh-Organe** *(Organa optica)*. Aus physiologischen Versuchen ergiebt sich mit Leichtig-
keit und Sicherheit, dass alle Medusen mehr oder weniger gegen die Einwirkung von Licht und
Wärme empfindlich sind. Nach Analogie mit anderen Thieren ist der Schluss gestattet, dass die einfachsten Organe dieser Empfindung **Pigment-Flecken** *(Ocelli)* sind, hauptsächlich diejenigen, welche
am Schirmrande sitzen. Dieselben bestehen theils aus Pigment-Zellen, theils aus optischen Sinnes-
Zellen oder Stäbchen-Zellen, welche dem Sinnes-Epithel des dorsalen Nervenringes angehören. Während diese Ocellen ursprünglich einfache **Wärme-Augen** sind, entwickeln sie sich weiterhin zu
wirklichen **Licht-Augen**. Vorzugsweise ist es, wie auch das Experiment bestätigt, die angeschwollene Basis der Tentakeln, welche solche Pigment-Augen trägt; und zwar vorzüglich in der Ordnung
der Anthomedusen, sowie bei denjenigen Leptomedusen, welche keine Randbläschen besitzen *(Ocellatae)*.

21 *

Seltener finden sich solche Ocellen bei den Trachomedusen, Narcomedusen und Stauromedusen. Dagegen sind sie in den drei höheren Ordnungen der Acraspeden fast allgemein verbreitet und gewöhnlich an der Basis der nachstehend beschriebenen Sinneskolben oder Rhopalien zu finden. Bei vielen Acraspeden und einzelnen Craspedoten (Anthomedusen) findet sich im Pigment-Körper des Auges auch eine Linse, und bei den Cubomedusen entwickelt sich sogar ein Glaskörper und eine Retina zwischen Linse und Pigment-Becher. Hier finden sich auch „zusammengesetzte Augen" vor, indem z. B. bei *Charybdea* jeder Sinneskolben 2 grosse unpaare und 4 kleine paarige Augen trägt. Uebrigens sind auch ganz farblose Medusen, die weder marginale Ocellen noch sonstige Pigment-Flecken besitzen, gegen Licht empfindlich; hier ist es wahrscheinlich das Sinnes-Epithel des Schirmrandes, welches diese Function besorgt. Mithin findet sich in der Medusen-Classe eine lange Reihe von verschiedenen phylogenetischen Entwickelungsstufen optischer Apparate vor, von den einfachsten Anfängen bis zu sehr zusammengesetzten Augen.

§ 82. **Hör-Organe** (*Organa acustica*). Bei der grossen Mehrzahl der Medusen finden sich am Schirmrande Sinnesorgane, welche wegen der gleichzeitigen Anwesenheit von Hörsteinchen (*Otolithi*) und von borstentragenden Hörzellen (*Otocellae*) unzweifelhaft als Hör-Organe zu deuten sind. Aber auch bei der Minderzahl von Medusen, welchen die Otolithen fehlen, ist es möglich (oder vielmehr wahrscheinlich), dass akustische Functionen niederer Stufe von einem Theile der vorher beschriebenen Tastborsten-Zellen (*Pulpocellae*) ausgeübt werden. Da wir einerseits keinen bestimmten morphologischen Unterschied zwischen solchen borstentragenden Tastzellen und ebenfalls borstentragenden Hörzellen kennen, und da anderseits die Letzteren phylogenetisch nur als specielle Modificationen der Ersteren zu betrachten sind, so ist es sehr möglich, dass viele anscheinend indifferente Tastzellen nicht bloss Druckschwankungen, sondern auch Schallschwingungen empfinden. Bei dem grossen Nutzen aber, welchen die Hörthätigkeit (— z. B. die Wahrnehmung des Geräusches der tobenden Brandung bei der Annäherung an die Küste —) für die frei schwimmenden Medusen haben muss, ist es sehr wahrscheinlich, dass niedere oder höhere Grade von Schall-Empfindung allgemein in dieser Classe verbreitet sind. Als „niedere acustische Organe" würden in diesem Falle Tastborsten-Zellen anzusehen sein, welche sich bei den der Otolithen entbehrenden Medusen finden: sämmtlichen Anthomedusen und Stauromedusen, sowie den Ocellaten (Thaumantiden und Cannotiden) unter den Leptomedusen. Alle übrigen Medusen hingegen würden „höhere acustische Organe" oder wirkliche „Hör-Organe" besitzen, bestehend aus Hörzellen und Otolithen; solche finden sich bei sämmtlichen Acraspeden (mit einziger Ausnahme der Stauromedusen) und bei der Mehrzahl der Craspedoten: sämmtlichen Trachomedusen und Narcomedusen, sowie den Vesiculaten (Eucopiden und Aequoriden) unter den Leptomedusen. Bei diesen Letzteren aber, bei den *Vesiculatae*, haben die Hörorgane einen ganz anderen Bau und eine andere Entstehung als bei den übrigen genannten Gruppen; die Vesiculaten haben velare Hörbläschen mit exodermalen Otolithen, alle anderen hingegen tentaculare Hörkölbchen mit entodermalen Otolithen. Diese beiden Typen im Bau der Hörorgane sind so verschieden, dass sie eine gesonderte Besprechung verlangen.

§ 83. **Velare Hörbläschen** (mit exodermalen Otolithen, *Vesiculae velares*, auch „Randbläschen", *Vesiculae marginales* genannt, *ve*). Diese eigenthümliche Form der Hörorgane findet sich ausschliesslich in der Ordnung der Leptomedusen und zwar nur bei der einen Unterordnung derselben, die wir desshalb *Vesiculatae* nennen (den beiden formenreichen Familien der *Eucopidae* und *Aequoridae*, System,

Taf. X—XV, p. 116, 165, 210). Die andere Unterordnung der Leptomedusen, die *Ocellatae* (die beiden
Familien der *Thaumanthidae* und *Cannotidae*) besitzt
keine Otolithen, also auch keine Hörbläschen, vielleicht
aber Hörzellen auf der Subumbral-Seite des Velum.
Diese Annahme liesse sich dadurch stützen, dass auch
bei den Vesiculaten im einfachsten Falle (*Mitrocoma*)
noch keine geschlossenen Hörbläschen vorhanden sind,
sondern nur offene Grübchen an der Velum-Insertion,
in deren Exoderm sich Hörzellen und Otolithen-Zellen
entwickeln. Diese Hörgrübchen (*Fossulae velares*)
finden sich wahrscheinlich ausser bei *Mitrocoma* (System, Taf. X) auch noch bei anderen Leptomedusen
(*Phialis, Tiaropsis, Mitrocomella* etc.). Sie bilden kleine
Vertiefungen in der subumbralen oder ventralen Seite
des Velum (welche gewöhnlich als „untere" bezeichnet wird, bei normaler Haltung des horizontal ausgespannten Velum aber die „obere" ist). Ein Theil
der subumbralen Exoderm-Zellen, welche diese Grübchen auskleiden und mit dem anstossenden ventralen

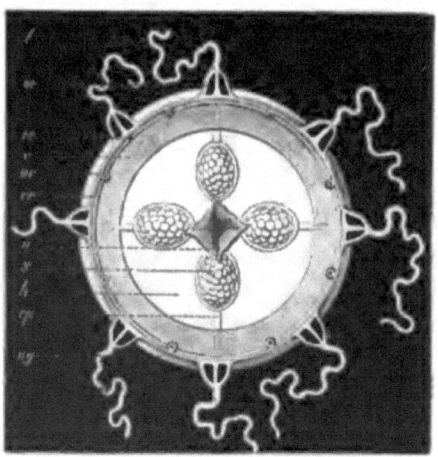

Fig. E. **Eucope campanulata** (*Leptomedutae, Euro-
pidae*), Subumbral-Ansicht. *o* Quadratische Mundöffnung.
s Ovarien. *cp* Perradial-Canäle. *rc* Ringcanal. *r* Velum.
vr Velare Randbläschen (adradial), *4* Schirmhöhle. *rc* Nervenring. *oc* Ocellen an der angeschwollenen Basis der
Tentakeln. *ug* Schirmgallerte. *t* Tentakeln.

Nervenring in Verbindung stehen, bildet im Inneren einen kalkigen Otolithen; ein anderer Theil derselben trägt eine Hörborste. Indem diese „Hörgrübchen" sich vertiefen, an der Dorsal-Seite des Velum
gewölbt vortreten und endlich ganz von der Ventral-Seite sich abschnüren, verwandeln sie sich in
geschlossene Hörbläschen (*Vesiculae velares*). Dieselben springen als kugelige oder rundliche Bläschen auf der Dorsal-Seite des Velum, nahe seiner Insertion am Schirmrande, mehr oder weniger vor,
werden vom subumbralen Nervenring innervirt, äusserlich vom dorsalen Exoderm-Epithel des Velum
überzogen und enthalten einen mit Otolymphe (— ursprünglich Seewasser —) gefüllten Hohlraum;
dieser ist ausgekleidet von einem acustischen Epithel, welches ursprünglich dem ventralen Exoderm-
Epithel des Velum angehört und theils aus borstentragenden Hörzellen, theils aus Otolithen-Zellen besteht. Die Hörhäärchen der ersteren umgreifen die letzteren oder legen sich an sie an. Im einfachsten
Falle enthält jedes velare Randbläschen nur einen einzigen Otolithen, oft eine grosse Zahl derselben.
Das innere (subumbrale) Sinnes-Epithel und das äussere (exumbrale) Deck-Epithel werden durch eine
structurlose Lamelle getrennt, welche genetisch der Stützplatte des Velum angehört. — Zahl und Vertheilung dieser velaren Hörbläschen der Leptomedusen sind sehr mannichfaltig; indessen sind ursprünglich stets 8 adradiale Hörbläschen vorhanden, welche genau in der Mitte zwischen
den 4 perradialen und den 4 interradialen Tentakeln liegen (Fig. E). Niemals finden sich weniger als
8 vor. Secundär wird bei den meisten Leptomedusen ihre Zahl beträchtlich vermehrt, oft auf mehrere
Hundert; danach kann man als 2 Gruppen der Vesiculaten *Octotessae* und *Polyotessae* unterscheiden,
erstere bleibend mit 8, letztere mit mehr als 8 velaren Hörbläschen (System, p. 117, Taf. X—XV).

§ 84. **Hörkölbchen oder Cordylen** (*Cordyli, ok*), acustische Tentakeln mit entodermalen Otolithen. Diese Form der Hörorgane ist bei den Medusen die weitaus gewöhnlichste und findet sich bei
der grossen Mehrzahl der Classe: unter den Craspedoten bei den Trachomedusen und Narcomedusen,

sowie bei sämmtlichen Acraspeden, mit einziger Ausnahme der Stauromedusen. Die Hörkölbchen aller
dieser Medusen sind modificirte kleine acustische Tentakeln, welche entodermale Otolithen enthalten, also nach Ursprung und Zusammensetzung gänzlich verschieden von den velaren Hörbläschen
der Leptomedusen (mit exodermalen Otolithen). In den beiden Legionen sind die Hörkölbchen unabhängig von einander auf analoge Weise aus Tentakeln entstanden, bei den Craspedoten aus soliden,
bei den Acraspeden aus hohlen Tentakeln. Demnach sind es bei den Ersteren die Chordal-Zellen der
soliden Entoderm-Axe, welche die Otolithen erzeugen; bei den Letzteren die Entoderm-Zellen, welche das
Epithel am Distal-Ende des Tentakel-Canals bilden. Ausserdem sind die Hörkölbchen der Acraspeden
in eigenthümlicher Weise mit anderen Sinnesorganen (Ocellen, Riechgruben, Tastplatten) combinirt und
bilden mit ihrer Umgebung zusammen die typischen Sinneskolben oder Rhopalien, die wir nachstehend
gesondert betrachten. Dagegen erscheinen die analogen (und oft sehr ähnlichen) Hörkölbchen der
Craspedoten (der *Trachomedusae* und *Narcomedusae*) als einfachere Bildungen (Taf. 3—14 *ok*). Sie
gleichen ganz einfachen und kleinen soliden Tentakeln, deren Axe aus einer Reihe von wenigen
(meistens 2—4, seltener 5—10 oder mehr) Entoderm-Zellen besteht, Fortsätzen vom inneren Epithel
des Ringcanals. Entweder nur die letzte derselben oder mehrere (2—4, seltener mehr) erzeugen in
ihrem Inneren ein Kalk-Concrement, das als Otolith fungirt. Die *Trachomedusae* (und ein kleiner Theil
der Narcomedusen, die Solmariden) besitzen in jedem Hörkölbchen nur einen einzigen runden Otolithen,
der concentrisch geschichtet, meistens kugelig, seltener ellipsoid, oft roth oder gelb gefärbt ist. Die
meisten *Narcomedusae* hingegen (wohl alle mit Ausnahme der Solmariden) besitzen krystallinische Otolithen von prismatischer Form (gewöhnlich mehrere in jedem Hörkölbchen). Das acustische Exoderm-
Epithel der Hörkölbchen ist durch eine dünne Stützplatte von der soliden Entoderm-Axe getrennt und
trägt lange starre Hörhaare; ebenso auch das Exoderm des „Hörpolsters" oder der „Hörpapille", welche
bei vielen Narcomedusen an der Basis des Hörkölbchens aus einer Anschwellung des dorsalen Nervenringes entsteht; letzterer versorgt stets den Cordylus. Bei einem Theile der Narcomedusen (den *Cunanthidae* und *Peganthidae*) finden sich an der Basis der Cordylen eigenthümliche feste Nesselstreifen,
welche von da centripetal in der Exumbrella aufsteigen und von flimmerndem Sinnes-Epithel bedeckt
sind (Hörspangen, *Otoporpae*, Taf. 9. Fig. 8 *oo*; Taf. 11. Fig. 4 *oo*). Ursprünglich scheinen meistens
4 interradiale Hörkölbchen vorhanden zu sein; später wird ihre Zahl oft sehr vermehrt und kann über
Tausend steigen (z. B. *Pegantha magnifica*, System. p. 333).

§ 85. **Cordylare Hörbläschen** (*Vesiculae cordylares*). Während bei sämmtlichen *Narcomedusae*,
sowie bei den niederen und älteren Gruppen der *Trachomedusae* (— *Petasidae*, *Pectyllidae*, Taf. 3—8,
Aglauridae —) die Hörkölbchen frei am Schirmrande stehen, ist das bei einigen jüngeren und höheren
Gruppen der *Trachomedusae* nur in der Jugend oder überhaupt nicht mehr der Fall. Die ursprünglich
freien Hörkölbchen werden hier in besondere „Hörbläschen" eingeschlossen. Bei den *Marmanemidae*
(System. Taf. XVII) geschieht das, indem an der Basis der freien Cordylen das Exoderm-Epithel des
dorsalen Nervenringes sich in Gestalt einer ringförmigen Falte wallartig erhebt; die Ränder derselben
wachsen oben über dem so gebildeten Grübchen zusammen und verwandeln dasselbe in ein geschlos-
senes Bläschen; zwischen der Innenwand des Letzteren und der Oberfläche des eingeschlossenen Cordylus sind die Hörhäärchen saitenähnlich ausgespannt. Während diese „Hörbläschen" der Marmanemiden frei am Schirmrande liegen, werden die ähnlich gebauten Hörbläschen der *Geryonidae* tief in den
Gallertkörper des Schirmrandes eingesenkt. Sowohl hinsichtlich des Ursprunges als des feineren Baues

sind demnach diese cordylaren Hörbläschen der *Marmanemidae* und *Geryonidae* ganz verschieden von den „velaren Hörbläschen" der Leptomedusen (§ 83), mit welchen sie früher allgemein unter dem Namen „Randbläschen" verwechselt wurden.

§ **86. Sinneskolben** (*Rhopalia, or*). Mit diesem Namen bezeichnen wir die eigenthümlichen „zusammengesetzten Sinnesorgane" oder „Randkörper" der Acraspeden, welche in dieser Legion fast allgemein verbreitet sind und nur den niedersten und ältesten Acraspeden, den Stauromedusen, fehlen. Bei diesen letzteren finden sich an deren Stelle einfache Tentakeln, und es geht schon hieraus, wie aus der ganzen Structur, Lagerung und Vertheilung derselben unzweifelhaft hervor, dass **die Rhopalien der Acraspeden modificirte Tentakeln** sind, ausgestattet mit mehreren verschiedenen Sinnesorganen. Wenn man annimmt, dass die einfachste und älteste unter den bekannten Acraspeden, *Tessera*, die gemeinsame Stammform dieser Legion (oder doch nicht wesentlich von der hypothetischen Stammform verschieden) ist, so erklärt sich die characteristische Stellung der Sinneskolben in den drei höheren Acraspeden-Ordnungen durch folgende Annahme: Von den 8 Principal-Tentakeln der *Tessera* sind bei den Peromedusen (Taf. 18, 19) die 4 interradialen, bei den Cubomedusen (Taf. 26) die 4 perradialen in Rhopalien verwandelt, während die 4 anderen, damit alternirenden Tentakeln blieben; bei den Discomedusen hingegen sind alle 8 Tentakeln der *Tessera* zu Sinneskolben geworden; in der That hat die grosse Mehrzahl der Ephyronien 4 perradiale und 4 interradiale Sinneskolben (Taf. 27—32); nur bei wenigen Gattungen ist deren Zahl secundär vermehrt, auf 12—16, selten auf 24—32 gestiegen (System, p. 364, 401, 427, 457). Da die Sinneskolben der Acraspeden in dieser Legion selbständig entstanden sind, und da selbst die 4 perradialen Rhopalien der Cubomedusen unabhängig von den 4 interradialen Sinneskolben der Peromedusen sich aus „acustischen Tentakeln" gebildet haben, so bieten dieselben auch mit den ähnlichen Hörkölbchen oder Cordylen der Craspedoten keine Homologie dar, sondern nur eine nahe Analogie; sie unterscheiden sich von diesen auch durch ihren zusammengesetzteren Bau, sowie durch ihre geschützte Lage in besonderen Sinnesnischen (— daher *Steganophthalmae* —). Die Sinnesnischen (*Antra rhopalaria*, Taf. 30, Fig. 2—4 *on*) sind exodermale Höhlungen, welche bei den meisten Acraspeden am Schirmrande liegen, bisweilen aber auch ihre ursprüngliche marginale Lage später verändern und entweder auf die Dorsal-Fläche der Exumbrella hinüber wandern (*Cubomedusae*, Taf. 26) oder auf die Ventral-Fläche der Subumbrella (*Drymonema*, Taf. 30, 31). Zu beiden Seiten werden die Sinnesnischen oder Sinnesbuchten gewöhnlich an ihrer ventralen oder axialen Fläche von den paarigen „Sinnesfalten" eingefasst, den axial vorspringenden medialen Rändern von ein paar Sinneslappen des Schirmrandes (Rhopalar-Lappen); diese *Plicae rhopalares* (*of*) können auch zu einer Platte verwachsen. Hingegen springt an der dorsalen oder abaxialen Seite der Sinnesnische als Schutzdach die unpaare Sinnesschuppe oder Deckschuppe vor (*Squama rhopalaris, os*), entstanden aus dem Randstückchen der Exumbrella, welches ursprünglich eine schmale Verbindungsbrücke zwischen beiden Sinnesfalten bildet. In der convexen Dorsal-Fläche der Deckschuppe findet sich meistens ein blindes trichterförmiges Riechgrübchen (*Fossula olfactoria, oz*), dessen faltiges Epithel mit eigenthümlichen Geisselzellen (Riechzellen?) ausgestattet ist. Der eigentliche Sinneskolben, der in der Nische verborgen liegt, entspricht einem kurzen, kolbenförmigen, hohlen Tentakel, dessen „Sinnes-Canal" in einem Otolithen-Sacke oder „Krystall-Sacke" endigt (Taf. 30, Fig. 4—7). Dieser besteht aus einem ansehnlichen, kugeligen oder eiförmigen Haufen krystallinischer Concremente, welche in den distalen Entoderm-Zellen des Tentakel-Canals entstanden sind; er ist eingeschlossen in eine Fuleral-Hülle, welche aussen von dem exodermalen, mit langen steifen Hörhäärchen besetzten Epithel überzogen ist.

An der proximalen Basis des Hörkölbchens findet sich gewöhnlich auf der axialen Ventral-Seite eine eigenthümliche „Tastplatte" (?), deren stäbchenförmige Tastzellen lange Geisselhaare tragen, auf der abaxialen Dorsal-Seite hingegen ein ansehnliches Pigment-Polster, welches als Auge anzusehen ist und bald eine Linse einschliesst, bald nicht. Die höchste Entwickelung scheinen diese Augen bei den Peromedusen und Cubomedusen zu erreichen; hier finden sich oft an jedem einzelnen Rhopalium mehrere Augen, bei denen sogar zwischen Linse und Pigment-Becher ein Glaskörper und eine Retina nebst grossem Ganglion opticum zur Entwickelung kommen kann (System, p. 401, 427; Taf. 23. 25 etc.).

§ 87. **Muskel-System.** Bei allen Medusen setzt sich das Muskel-System aus zwei verschiedenen Haupt-Abschnitten zusammen, aus einem Ringfaser- und einem Längsfaser-System. Beide stehen nicht allein durch ihre locale Verbreitung und durch die Richtung ihres Faser-Verlaufs in einem durchgreifenden Gegensatz, sondern auch durch ihre histologische Beschaffenheit; die circularen oder transversalen Fasern sind meistens deutlich quergestreift, die radialen oder longitudinalen Fasern hingegen grösstentheils glatt. Der weitaus grösste und wichtigste Theil beider Systeme gehört überall der Subumbrella an, welche hauptsächlich als Schwimm-Organ fungirt. Auch die Musculatur des Schirmrandes und der Tentakeln nimmt fast überall von der Subumbrella ihren Ausgang. Nur sehr unbedeutend ist dagegen die schwache Musculatur der Exumbrella, die hie und da sich entwickelt. Sowohl die transversalen als die longitudinalen Muskeln sind fast ausschliesslich Producte des Exoderm-Epithels, mit dem sie zum Theil noch auf das Engste zusammenhängen (vergl. oben p. 51—53). Ausserdem kommen jedoch bei einem Theile der Medusen (— vielleicht bei allen? —) an einzelnen Körperstellen noch schwache (gewöhnlich nur sehr unbedeutende) Muskeln vor, welche dem Entoderm-Epithel des Gastrocanal-Systems entstammen. Zu diesen entodermalen, bisher noch sehr wenig bekannten und untersuchten Muskeln gehören namentlich gewisse Ringmuskeln des Mundrohres und die Muskeln der Gastral-Filamente. Obwohl beide Legionen der Medusen-Classe unabhängig von einander entstanden sind, zeigt dennoch die Differenzirung des Muskel-Systems in Beiden ganz analoge Verhältnisse. Sowohl an dem circularen als an dem radialen Faser-Systeme der Subumbrella lassen sich im Allgemeinen drei Abschnitte unterscheiden, von denen der erste den centralen und proximalen Theil derselben einnimmt, der zweite den mittleren Theil (die eigentliche Subumbrella im engeren Sinne), der dritte den marginalen oder distalen Theil (nebst den Randanhängen).

Uebersicht über die beiden Muskel-Systeme der Subumbrella.

I. System der Circular-Muskeln (zusammengesetzt aus quergestreiften Fasern von transversalem oder circularem Verlaufe).		II. System der Radial-Muskeln (zusammengesetzt aus glatten Fasern von longitudinalem oder radialem Verlaufe).	
1. Proximaltheil des Ringmuskel-Systems	1. *Mm. orbiculares* Mundringmuskeln (Ringmuskeln des Mundrohres und Magens)	1. Proximaltheil des Strahlmuskel-Systems	1. *Mm. proboscidales* Rüsselmuskeln (Langsmuskeln des Mundrohres und Magenstieles)
2. Mitteltheil des Ringmuskel-Systems	2. *Mm. coronares* Kranzmuskeln (Kranztaschen u. s. w.)	2. Mitteltheil des Strahlmuskel-Systems	2. *Mm. codonoides* Glockenmuskeln (Deltamuskeln u. s. w.)
3. Distaltheil des Ringmuskel-Systems	3. *Mm. velares* Velarmuskeln (Ringmuskeln des Velum und Velarium)	3. Distaltheil des Strahlmuskel-Systems	3. *Mm. marginales* Randmuskeln (Langsmuskeln der Tentakeln und Randlappen)

§ 88. Circular-Muskeln der Subumbrella *(Myosystema circulare).* Das Ringmuskel-System der Subumbrella ist in beiden Legionen der Medusen-Classe ganz analog entwickelt und besteht aus quergestreiften Muskelfasern, welche in horizontalen Transversal-Ebenen (senkrecht auf der Hauptaxe) verlaufen. Dasselbe zerfällt in drei verschiedene Abschnitte: den proximalen Ringmuskel des Mundrohres und der Mundorgane *(M. orbicularis)*, den mittleren Kranzmuskel *(M. coronaris)* und den distalen Ringmuskel des Velum *(M. velaris).* Der Mundring-Muskel *(M. orbicularis, mo)* bildet den Proximal-Theil des Circular-Systems und ist im Allgemeinen der schwächste von dessen drei Abschnitten, auch am ungleichmässigsten in den verschiedenen Gruppen entwickelt. Nur bei denjenigen Medusen, die sich durch ein starkes und bewegliches Mundrohr auszeichnen oder durch grosse Mundlappen oder faltige Mundarme, erlangt derselbe eine ansehnliche Entwickelung; so unter den Craspedoten an den faltigen Mundlappen vieler Anthomedusen und Leptomedusen, an den wulstigen, in eine grosse Saugscheibe ausdehnbaren Lippen vieler Trachomedusen (Taf. 3, Fig. 2; Taf. 5, Fig. 3,

Fig. F. **Pericolpa quadrigata** *(Peromedusae, Pericolpidae).* Subumbral-Ansicht. *si* Sinneskolben (interradial). *ov* Ampulle an deren Basis. *t* Tentakeln (perradial). *bl* Randlappen (adradial). *hu* Hufeisencanal derselben. *kl* Lappenspange zwischen dessen beiden Schenkeln. *z* Gonaden. *mk* Wurzelmuskeln der Tentakeln. *md¹* Perradiale Delta-Muskeln. *md²* Interradiale Delta-Muskeln. *ak* Mundkanten. *ar* Mundrinnen an deren Innenfläche. *ei* Mundleisten. *tr* Tentakel-Wurzeln. *be* Kranztaschen. *mc* Kranzmuskeln.

4; Taf. 7, Fig. 3 *am*), an dem sehr contractilen und dehnbaren Magenrohr vieler Narcomedusen (Taf. 9 —14); unter den Acraspeden an den Mundlappen der Stauromedusen und Cubomedusen (Taf. 15, 17, 26), an den Backentaschen der Peromedusen (Taf. 20, Fig. 9—11), an den Mundarmen vieler Discomedusen (Taf. 30—32). — Weit bedeutender ist der zweite und mittlere Abschnitt des Ringmuskel-Systems, der grosse Kranz-Muskel *(M. coronaris, mc).* Derselbe ist ursprünglich bei allen Medusen als der wichtigste Schwimm-Muskel zu betrachten und nimmt bei den meisten den grössten Theil der Subumbrella ein, vom Distalrande des Orbicular-Muskels (oder bei Anderen des Glockenmuskels) bis zum Proximalrande des Velar-Muskels. Bald laufen die parallelen und dicht gedrängten Circular-Fasern desselben als ununterbrochene Ringe an der ganzen Subumbrella hin; bald zerfallen sie durch 4, 8, 16 oder mehr radiale Septen in ebenso viele einzelne Tafeln. In 4 interradiale Kranztafeln zerfällt der Kranzmuskel bei sehr vielen Craspedoten, in 8 adradiale z. B. bei den Cubomedusen (Taf. 26), in 8 principale (4 perradiale und 4 interradiale) Tafeln bei Pericolpa (Fig. *F*), in 16 subradiale bei den Pectylliden (Taf. 4, 8); hingegen sind von den 16 Kranztafeln der Periphylla 8 principal, 8 adradial (Taf. 19). Häufig (namentlich bei den grösseren Acraspeden) erhebt sich die Stützplatte unter dem Kranzmuskel in Gestalt einfacher oder zusammengesetzter Ringfalten, so dass der darüber liegenden Musculatur im beschränkten Raum eine ausgedehntere Insertions-Fläche geboten wird (Taf. 19—22 *mc*). Bei den meisten Craspedoten ist der Kranzmuskel im Verhältniss breiter und überzieht als zusammenhängende Platte den grössten Theil der Subumbrella, während er bei den meisten Acraspeden schmäler ist und mehr auf deren Peripherie beschränkt bleibt; nicht selten wird er hier stark zurückgedrängt durch die radialen, auf seine Kosten sich ausdehnenden Delta-Muskeln (Fig. *F md*). — Den dritten, distalen Abschnitt des subumbralen Ringfaser-Systems bildet der Velar-Muskel *(M. velaris).* Er stellt bei den Craspedoten den wichtigsten Bestandtheil des *Velum* dar (Taf. 4

—14 *mv*) und wird durch den ventralen Nervenring vom anstossenden Distalrande des Kranzmuskels getrennt. Bei den Acraspeden wird er durch den analogen (aber nicht homologen!) Ringmuskel des *Velarium* vertreten; er ist hier am stärksten bei den Cubomedusen entwickelt (Taf. 26 *mv*). Vergl. oben §§ 66—70.

§ 89. **Radial-Muskeln der Subumbrella** (*Myosystema radiale*). Während das Ringmuskel-System der Medusen fast beständig aus quergestreiften Fasern sich zusammensetzt, wird das **Strahlmuskel-System der Subumbrella** in beiden Legionen dieser Classe grösstentheils durch glatte, nicht quergestreifte Muskelfasern gebildet; dieselben verlaufen in verticalen Meridian-Ebenen, bald mehr radial, bald mehr longitudinal, parallel der Hauptaxe. Analog dem circularen kann auch das radiale Faser-System in drei Abschnitte geschieden werden: die proximalen Längsmuskeln des Mundrohres und der Mundorgane, sowie des Magenstiels (*Mm. proboscidales*), die mittleren Glockenmuskeln (*Mm. codonoides*) und die distalen Längsmuskeln des Schirmrandes (*Mm. marginales*). Das System der **Rüsselmuskeln** (*Mm. proboscidales*) bildet den Proximal-Theil des Radial-Systems; man kann in diesem Systeme sowohl die eigentlichen Längsmuskeln des Mundrohres und der verschiedenen Mundorgane (Mundlappen, Mundarme) zusammenfassen, als auch die Längsmuskeln des gallertigen Magenstieles (z. B. bei den Octorchidae, System, Taf. XII, XIII; Geryonidae, System, Taf. XVIII); je mehr hier der Magenstiel als beweglicher „Rüssel" entwickelt ist, desto kräftiger sind die 4, 6 oder 8 breiten longitudinalen Muskelbänder, welche in dessen Oberfläche zwischen den aufsteigenden Radial-Canälen herablaufen. Unter den Längsmuskeln des Mundrohres selbst sind gewöhnlich 4 perradiale am stärksten entwickelt. Dieselben verlaufen an den 4 faltigen Mundlappen oder den grossen daraus entstandenen Mundarmen in der Abaxial-Seite ihrer Mittelrippe und strahlen oft büschelförmig gegen deren gekräuselten Mundrand aus. — Weit bedeutender ist bei den meisten Medusen der zweite und mittlere Abschnitt des Radialmuskel-Systems, dessen einzelne Theile wir unter dem Namen der **Glockenmuskeln** (*Mm. codonoides*) zusammenfassen. Es gehören hierher alle Längsmuskeln der Subumbrella, welche zwischen der Basis des „Rüssels" und dem Schirmrande liegen. Nur selten (namentlich bei einem Theile der Narcomedusen und Stauromedusen) stellt der Glockenmuskel (gleich dem Kranzmuskel) eine einheitliche, glockenförmig gewölbte Muskelplatte dar, die aus divergirenden Radial-Fasern besteht; gewöhnlich zerfällt er in eine Anzahl von (4, 8, 16 oder mehr) getrennten Längsmuskeln. Bei den meisten Craspedoten verlaufen an der Subumbral-Fläche der Radial-Canäle 4 oder 8 solcher Längsmuskeln, oft aber auch 4 oder 8 andere in der Mitte zwischen ihnen (Taf. 1, Fig. 2 *mi*). Mithin finden sich gewöhnlich 4 perradiale (*mp*) und dazwischen 4 interradiale (*mi*), oft ausserdem noch 8 adradiale Längsbänder vor, seltener mehr. Bald sind sie einfache, unpaare Bänder, welche genau in der Mittellinie der Radial-Canäle verlaufen (z. B. *Pectyllidae*, Taf. 8—8), bald paarige Bänder, welche deren beide Seitenränder einfassen (z. B. *Tiaridae*, System, Taf. IV, Fig. 2, 3). Am stärksten sind die subumbralen Radial-Muskeln bei denjenigen Craspedoten entwickelt, bei welchen sich Gekrösplatten (Mesenterien oder Mesogonien) ausbilden. Viele Tiariden besitzen 4 solche perradiale Mesenterien, die Pectylliden hingegen 8 principale (Taf. 4, Fig. 3; Taf. 8, Fig. 9 *ur*). Dieselben liegen als 4 oder 8 dünne und breite Blätter in den principalen Radial-Ebenen und verlaufen in der Schirmhöhle frei ausgespannt von der Subumbrella zum Mundrohr hinüber; die longitudinalen Muskelfasern in denselben (*M. mesenteriales*) setzen sich am Proximal-Rande der Mesogonien in die Rüssel-Muskeln fort. — Unter den **Acraspeden** verhält sich der Glockenmuskel am meisten ähnlich demjenigen der Craspedoten bei den *Cubomedusae* (Taf. 26; System, Taf. XXV, XXVI). Die Subumbrella dieser Tesseronien ist im Ganzen fast kubisch; ihr Kranzmuskel besteht aus 4 breiten, viereckigen (oft fast quadratischen oder rechteckigen) Muskelplatten, welche in den Interradien unter rechten Winkeln zusammenstossen. Hier werden sie durch 4 schmale, längs der 4 Cathammal-Septen verlaufende interradiale Längsmuskeln geschieden, in der Mitte hingegen durch 4 breitere perradiale Längsmuskeln halbirt; die letzteren setzen sich unten auf die 4 Frenula velarii fort (Taf. 26, Fig. 8 *vf*); oben auf die Mesenterien, welche zu den 4 Magenkanten hinübergehen (Taf. 26, Fig. 2, 3; System, Taf. XXVI, Fig. 2, 3 *gm*). Bei den übrigen Tesseronien (sowohl bei den *Stauromedusae* als bei den *Peromedusae*) liegen an der Stelle jener 8 schmalen, bandförmigen Längs - muskeln die 8 kräftigen und breiten, dreieckigen Delta-Muskeln (Taf. 15—29 *md*). Dieselben entspringen mit breiter Basis am Proximal-Rande des Kranzmuskels (*mc*) und verlaufen mit conver-girenden Fasern gegen den Grund der Schirmhöhle (Fig. F *md*). Gewöhnlich sind die 4 interradialen Delta-Muskeln (*md'*) beträchtlich stärker als die 4 perradialen (*md*); erstere inseriren sich an den 4 interradialen Cathammal-Knoten (*kn*) und setzen sich oft darüber hinaus als „Intergenital-Muskeln" fort (Taf. 20, Fig. 8 *ms*); letztere inseriren sich an den 4 perradialen Gaumen-Knoten (*gk*) und setzen sich von da auf die Mesenterien und die Kanten des Mundrohres fort. Bei den *Ephyroniae* oder *Disco-medusae* erscheinen diese Theile des Glockenmuskels weit unbedeutender als bei den *Tesseroniae*, was mit der Rückbildung der 4 Perradial-Taschen und mit der Ausdehnung des breiten Schirmkranzes zu-sammenhängt. Nur bei einigen Cannostomen bleiben die 8 Delta-Muskeln (und besonders die 4 inter-radialen) noch ziemlich entwickelt (so bei *Atolla*, Taf. 29, Fig. 3 und bei *Nauphanta*, Taf. 28, Fig. 12). Hingegen sind sie bei den meisten Discomedusen rückgebildet. Indessen lassen sich die 4 starken Pfeiler-Muskeln, welche viele Semostomen und Rhizostomen besitzen, als Fortbildungen der 4 per-radialen Delta-Muskeln auffassen; sie gehen an ihrem Proximal-Ende in die 4 perradialen Rüssel-Mus-keln über. — Den dritten und distalen Abschnitt des Strahlmuskel-Systems bildet das System der Randmuskeln (*M. marginales*). Wir fassen unter diesem Namen alle longitudinalen oder radialen Muskeln zusammen, welche am Schirmrande, nach aussen vom Distalrande des circularen Kranzmuskels, sich entwickeln. Dieselben sind höchst mannichfaltig und verschiedenartig differenzirt. Die wichtigsten sind die Muskeln der Tentakeln und der Randlappen. Die Muskelfasern der Tentakeln verlaufen sämmtlich longitudinal, in sehr mannichfaltiger Anordnung.

§ 90. **Musculatur der Exumbrella.** Im Gegensatze zu der mächtigen und allgemeinen Ent-wickelung des Muskel-Systems an der unteren oder subumbralen Fläche des Schirmes scheint dasselbe an der oberen oder exumbralen Fläche ganz zu fehlen. Indessen ergiebt eine genauere Untersuchung, dass auch hier Muskeln (wenn auch nur schwach) an einzelnen Stellen entwickelt sind; wenigstens bei einigen Gruppen von Medusen (vielleicht bei allen?), und zwar ebenso wohl transversale als longitudinale Faserzüge. Als exumbrale Circular-Muskeln sind hervorzuheben: schwache Gürtel-Muskeln (*Mm. zonares*, *mz*), welche bei einigen Craspedoten oberhalb des Schirmrandes sich finden, bei anderen in der Ringstrictur zwischen Schirm und Kuppel-Aufsatz (z. B. *Catablema*, System, Taf. IV, Fig. 4). Stärker noch treten dieselben bei einigen Acraspeden hervor, so nament-lich der ansehnliche Gürtel-Muskel der Peromedusen, welcher hier den glatten Schirmkegel von der Pedal-Zone des Schirmkranzes scheidet und zackenförmige Ausläufer in die Furchen zwischen dessen Pedalien hinabschickt (Taf. 23, Fig. 34 *mz*; Taf. 24, Fig. 2 *mz*). — Exumbrale Radial-Muskeln finden sich in einigen Gruppen (besonders bei den Trachomedusen und Narcomedusen) am Schirm-rande als Spangen-Muskeln entwickelt (*Mm. peroniales*, Taf. 13, Fig. 7 *ml*; Taf. 14, Fig. 12 *ml*). An-dere, obwohl noch schwächere Längsmuskeln, kommen hier und da am Schirmscheitel und an anderen

Stellen der convexen äusseren Schirmfläche vor und zwar ebenfalls in beiden Legionen. Unter den Craspedoten finden sich 4 perradiale und 4 interradiale Längsmuskeln im peripheren (und bisweilen auch im centralen) Theile der Exumbrella bei einigen Anthomedusen; ebenso unter den Acraspeden bei den Cubomedusen. Ferner gehören zu diesem System die longitudinalen Muskelbänder der Taeniolen und die kräftigen Stielmuskeln der Stauromedusen (Taf. 16, 17, Fig. 13, 14 m).

§ 91. Schirmhöhle oder Schwimmhöhle *(Antrum, Caverna umbralis, h)*.

Die Schirmhöhle der Medusen ist für diese Classe von Nesselthieren ebenso characteristisch wie der Schirm selbst; sie wird oben von dessen unterer concaver Fläche *(Subumbrella)* eingeschlossen, während sie sich unten frei durch die Schirmhöhlen - Mündung öffnet *(Apertura antri)*. Je nachdem die Umbrella flach oder hoch gewölbt, mehr schirmförmig oder mehr kegelförmig ist, erscheint auch die subumbrale Schirmhöhle flacher oder höher gewölbt; indessen ist ihre Wölbung, welche vom Exoderm der Subumbrella ausgekleidet wird, stets flacher als die der äusseren Schirmfläche, welche vom Exoderm der Exumbrella überzogen wird; denn die gallertige Wand des peripheren Schirmkranzes ist stets dünner als die der centralen Schirmkuppel. Da bei jeder Contraction der schwimmenden Meduse die Wölbung der Schirmhöhle höher, ihre Mündung enger und Wasser aus derselben ausgestossen wird, bei jeder Dilatation der Umbrella hingegen frisches Wasser in die abgeflachte und erweiterte Schirmhöhle eintritt, so kann dieselbe physiologisch ebenso wohl als „Schwimmhöhle" wie als „Athemhöhle" betrachtet werden. Wahrscheinlich ist das Exoderm-Epithel der Subumbrella, welches die Schirmhöhle auskleidet, respiratorischer Function angepasst. Die Schirmhöhlen-Mündung *(Apertura antri, ha)* ist bei den Acraspeden ganz einfach und vom Lappenkranze umgrenzt; bei den Craspedoten hingegen wird sie dadurch verengt, dass das Velum gleich einem Diaphragma vom Schirmrande her nach innen frei vorspringt. Bei einigen Craspedoten ist das Velum so breit, dass wahrscheinlich die Mündung der Schirmhöhle durch dasselbe zeitweise völlig geschlossen werden kann, so namentlich bei den *Pectyllidae* (Taf. 3—8). Der centrale Axenraum der Schirmhöhle wird durch das Mundrohr und die verschiedenen Organe des Buccal-Magens, oft auch durch die Gonaden mehr oder weniger ausgefüllt.

§ 92. Nischen der Schirmhöhle *(Cavernulae subumbrales)*.

Bei vielen Medusen entwickeln sich an der Subumbral-Wand der Schirmhöhle besondere Nebenräume derselben, theils durch Bildung von Falten oder Vorsprüngen der Subumbrella, theils durch Einsenkung einzelner Organe in grubenartige Vertiefungen, theils durch besondere Wachsthums-Verhältnisse des Schirmrandes und der hier gelegenen „Randkörper". Alle diese verschiedenen Nebenhöhlen der Schirmhöhle können als „Schirmhöhlen-Nischen oder Subumbral-Nischen" *(Cavernulae subumbrales)* zusammengefasst werden. Bei vielen Narcomedusen, namentlich den Peganthiden, zerfällt die Schirmkranz-Höhle in einen peripheren Kranz von getrennten „Lappenhöhlen" *(Cavernulae lobares)*; dieselben umgeben die centrale Schirmhöhle gleich den Altarnischen eines Rundtempels *(Pegantha pantheon, p. 32, Taf. 11, 12)*. Bei *Pectis* stülpen sich 8 adradiale „Mundtrichter oder innere Backentaschen" *(Cavernulae buccales)* von aussen in das Mundrohr ein (p. 16, Taf. 4, 5, Fig. 4, 5 io). Bei vielen Cubomedusen und Peromedusen, namentlich den Periphylliden, ist jeder Tentakel an seiner Basis von einem subumbralen Tentakel-Trichter *(Cavernula tentacularis)* umgeben, über welchem der Distalrand des subumbralen Kranzmuskels dachartig vorspringt. Bei *Periphylla* (Taf. 19, Fig. 6; Taf. 20, Fig. 8) ist derselbe einfach, bei *Periphema* (Taf. 24, Fig. 1) durch viele kleine Frenula in Nebentrichter getheilt. Bei vielen Cubomedusen gehen 4 perradiale dreieckige Subumbral-Falten als „*Frenula velarii*" von der Basis der Sinnesnische und dem verticalen Septum der Randtaschen zur Subumbral-Fläche des horizontalen, nach innen vorspringenden Velarium hinüber (Taf. 26, Fig. 2, 3, 8 *vf*); so dass beiderseits desselben sich 2 kleine Velar-Nischen einsenken *(Cavernulae velares)*. Bei den meisten Discomedusen bilden sich am Schirmrande 8 (seltener 16) Sinnesnischen zur Aufnahme der Sinneskolben oder Rhopalien (*Antra rhopalaria*, vergl. oben § 86). Dieselben rücken bei Einigen, z. B. bei *Drymonema*, centripetal weit in die Subumbrella hinein (Taf. 30, 31 *on*).

§ 93. **Schirmkranz-Höhle und Schirmtrichter-Höhle.** Bei einigen Craspedoten und bei vielen Acraspeden entwickeln sich im Grunde der Schirmhöhle, an der Basis des Mundrohres, 4 oder 8 verticale Falten der Subumbrella, die Gekrösplatten (*Mesenteria*), und dadurch zerfällt der obere Theil der einfachen Schirmhöhle in 4 oder 8 getrennte Höhlen: die Schirmtrichter oder Trichterhöhlen (*Infundibula*, *i*). Wir bezeichnen dann die untere einfache Hälfte der Schirmhöhle, welche sich unten am Schirmrande frei öffnet, als Schirmkranz-Höhle (*Antrum coronare*); hingegen die obere, viertheilige oder achttheilige Hälfte als Schirmtrichter-Höhle (*Antrum infundibulare*); die erstere communicirt mit der letzteren durch 4 interradiale oder 8 adradiale Trichtermündungen (*Ostia infundibularia*).

§ 94. **Trichterhöhlen und Gekrösplatten** (*Infundibula* et *Mesenteria*). Die 4 oder 8 Trichterhöhlen oder Schirmtrichter (*Infundibula* i), welche die Schirmtrichter-Höhle vieler Medusen zusammensetzen, sind mehr oder minder kegelförmige Hohlräume, ausgekleidet vom Exoderm der Subumbrella; oben im aboralen Grunde der Schirmhöhle sind sie stets blind geschlossen, während sie sich unten durch die rundlichen Trichtermündungen (*Ostia infundibularia*) in die Schirmkranz-Höhle öffnen. Getrennt werden die benachbarten Trichter durch dünne verticale Scheidewände, die Gekrösplatten (*Mesenteria* vel *Mesogonia*, *mr*). Nur bei einer Gruppe, bei den *Pectyllidae* (Taf. 3—8) sind deren 8 vorhanden (4 perradiale und 4 interradiale), dazwischen 8 adradiale Trichter. Sonst finden sich stets nur 4 perradiale Mesenterien und dazwischen 4 interradiale Trichter. Die Mesenterien oder Mesogonien entstehen dadurch, dass die 4 perradialen Mundkanten im Grunde der Schirmhöhle sich flügelförmig verbreitern und in Gestalt dünner Falten der Subumbrella erheben. Je weiter sich diese Falten nach aussen auf der Subumbral-Fläche fortsetzen und je höher sie anderseits nach unten auf den Mundkanten sich erheben, desto tiefer werden die Trichterhöhlen zwischen ihnen. Bei den Craspedoten sind die Mesenterien stets dünne, zarte Membranen, welche hauptsächlich zur Fixirung des Mundrohres dienen (so unter den Anthomedusen bei *Tiara* und *Turris*, System, Taf. III, IV; unter den Trachomedusen bei *Pectyllis* und *Pectanthis*, Taf. 4, 8). Bei den Acraspeden hingegen sind die Mesenterien oft innen hohl, indem die centrale Magenhöhle taschenartig sich in dieselben ausbuchtet, so insbesondere bei einem Theile der Lucernariden ("Mesogon-Taschen", *Bursae mesenteriales*). Bei den Cubomedusen (Taf. 26) sind die Trichterhöhlen meistens unbedeutend und flach; dagegen sehr gross und tief bei den Peromedusen. Hier dringen sie bei den Periphylliden (Taf. 21, Fig. 12, 13 *ib*) sogar bis zur Spitze der Schirmkuppel empor, so dass sich im Mittelpunkte des Basal-Magens die 4 Trichterhöhlen berühren (Taf. 20, Fig. 8 *ib*). In diesem Falle höhlen die Trichter zugleich die 4 interradialen Taeniolen in ihrer ganzen Länge aus, so dass diese soliden Leisten sich in hohle Kegel verwandeln. Eigenthümlich modificirt erscheinen die 4 interradialen Trichterhöhlen bei den Discomedusen, wo sie als „Athemhöhlen" oder „Subgenital-Höhlen" eine besondere Bedeutung erlangen.

§ 95. Subgenital-Höhlen *(Demnia,* sonst auch „Athemhöhlen. Genitalhöhlen, Schirmhöhlen der Geschlechts-Organe" genannt, *Infundibula subgenitalia).* Diese eigenthümlichen 4 interradialen Höhlen finden sich nur in der Ordnung der Discomedusen und entwickeln sich hier zum Theil zu sehr sonderbar gestalteten und umgebildeten Hohlräumen. Im Grunde sind dieselben jedoch weiter nichts als subumbrale Trichterhöhlen, welche durch besondere Anpassungen (namentlich durch ihre Beziehungen zu den Gonaden) eine abweichende Form und Function erworben haben. Während bei den drei Ordnungen der *Tesseroniae,* entsprechend der conischen oder pyramidalen Form ihres hochgewölbten Schirmes, die 4 Trichter meistens als schlanke hohe Kegel emporsteigen, breiten sie sich dagegen bei den *Ephyroniae* oder *Discomedusae,* in Correlation zu der flachen Scheiben-Gestalt ihrer niedrigen Umbrella, an deren unterer Fläche in Gestalt niedriger Taschen aus. Die Subumbral-Wand der flachen und weiten Magenhöhle ist bei dieser Medusen-Ordnung zugleich die Ursprungsstätte der Geschlechts-Drüsen und bildet eine zarte, dünnwandige „Gastrogenital-Membran" *(gg),* in der sich 4 interradiale (oder bei den Cannostomen bisweilen 8 adradiale) Geschlechts-Bänder entwickeln. Rings um diese Gonaden verdickt sich häufig die gallertige Stützplatte der Subumbrella in Gestalt eines festen knorpelartigen Subgenital-Ringes *(Annulus subgenitalis).* Wenn nun das Genitalband beträchtlich wächst und die zarte Gastrogenital-Membran in dessen Umgebung sich vielfach faltet, so kann die letztere eine doppelte Lagen-Veränderung eingehen. Entweder tritt sie durch den festen, nicht in gleichem Maasse sich ausdehnenden Subgenital-Ring nach unten in die Schirmhöhle heraus, stülpt sich gleich einer vorgetretenen Hernie aus und bildet so 4 herabhängende „äussere Gastrogenital-Taschen", deren Höhlung vom Entoderm ausgekleidet ist *(Extraversio Gonadum,* System, p. 470); so z. B. bei den *Cyaneidae* (Taf. 30, 31 *gg).* Oder umgekehrt, die wachsende und faltenreiche Gastrogenital-Membran sammt den daran befestigten Gonaden tritt nicht durch den Subgenital-Ring hervor, sondern stülpt sich umgekehrt nach innen, in die centrale Magenhöhle hinein, gleich einer reponirten Hernie (so z. B. bei den *Aurelidae,* System, Taf. XXXIII, Fig. 7). Sie bildet dann 4 „innere Subgenital-Höhlen", ausgekleidet vom Exoderm der Subumbrella *(Intraversio Gonadum,* System, p. 470). Diese sind aber nichts Anderes als abgeflachte „Trichterhöhlen"; die enge Oeffnung des Subgenital-Ringes, vergleichbar der „Bruchpforte" *(Porta herniae subgenitalis),* ist das *Ostium subgenitale,* welches aus der Schirmkranz-Höhle in die 4 Trichterhöhlen führt (vergl. die ausführliche Darstellung im „System der Medusen", 1879, p. 467 —473). Während die 4 Subgenital-Höhlen bei den meisten damit ausgestatteten Discomedusen getrennt bleiben *(Tetrademniae),* verschmelzen sie bei einem Theile der Rhizostomen *(Monodemniae)* im Centrum zu einem einzigen gemeinschaftlichen „Subgenital-Saal".

§ 96. Subgenital-Saal *(Porticus subgenitalis, Syndemnium, ir).* Nur bei zwei Familien der Rhizostomen, die wir desshalb in der Section der Monodemniae vereinigen, bei den *Versuridae* (System, Taf. XI.) und bei den *Crambessidae* (System, Taf. XXXVIII, XXXIX), findet sich in der Mitte der Umbrella der sonderbare und höchst merkwürdige Hohlraum, den wir als *Porticus subgenitalis* bezeichnet haben (System, 1879, p. 472). Dieser centrale „Subgenital-Saal" entsteht dadurch, dass die 4 interradialen, vorstehend beschriebenen „Subgenital-Höhlen" centripetal bis zur Mitte der centralen Magenhöhle hineinwachsen und hier in unmittelbare Communication treten (Taf. 32 und Holzschnitt Fig. G). Die zarten „Gastrogenital-Membranen" *(gg),* welche die dünnen Wände der eingestülpten Subgenital-Beutel bilden, treten in der centralen Axe der Magenhöhle in Berührung und verwachsen mit einander; diese entodermale Verwachsungsstelle wird sodann durchbrochen und somit verschmelzen die 4 ursprünglich getrennten Subgenital-Höhlen in eine einzige. Der kreuzförmige, so entstandene cen-

trale „Subgenital-Porticus" (Taf. 32, Fig. 2 *ir*)
ist ganz vom Exoderm der Subumbrella
ausgekleidet und öffnet sich nach aussen
nur durch 4 interradiale Portale, die „Subgenital-Ostien" (Fig. 1, 7 *ig*). Seine obere
Wand oder die „Saaldecke" (*Paries porticus
gastralis*) bildet die zarte „Gastrogenital-Membran" (*gg*), welche ihn von der darüber gelegenen Magenhöhle (*gc*) trennt und die 4
Gonaden (*s*) trägt; seine untere Wand oder
der „Saalboden" (*Paries porticus brachialis*) bildet die eigenthümliche „armtragende Scheibe"
(*Discus brachiferus*), von welcher unten die
8 adradialen Mundarme der Rhizostomen
herabhängen, und in deren Mitte unten sich
die „Mundkreuz-Naht" befindet (Taf. 32,
Fig. 2, 6, 7 *ah*). Beide Wände, der orale
„Saalboden" und die aborale „Saaldecke"
hängen nur zusammen durch die 4 perradialen „Saalpfeiler" (*Pilastri, ap*). Das
sind 4 starke, verticale Gallertsäulen, welche

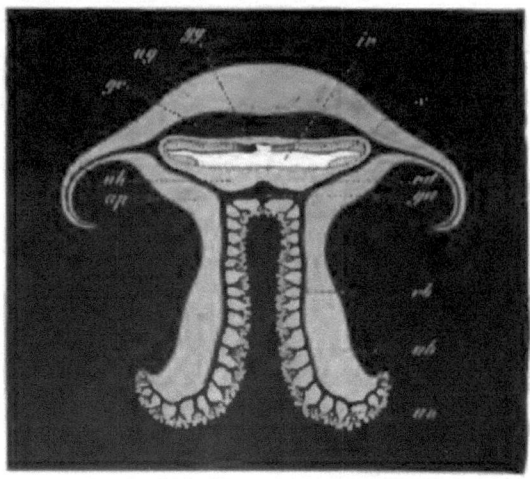

Fig. 6. **Cannorhiza connexa** (*Discomedusae, Versuridae*), Adradial-Schnitt. *ug* Schirmgallerte. *gc* Central-Magen. *gg* Boden desselben (Gastrogenital-Membran mit den Gonaden, *s*). *ir* Subgenital-
Porticus. *ah* Armscheibe. *ap* Armpfeiler. *cd* Pfeiler-Canal (Perradial).
ga Buccal-Magen. *ab* Mundarme (Adradial). *cb* Armcanal. *an* Trichterkrausen (Saugmündchen).

zwischen den 4 engeren oder weiteren „Subgenital-Ostien" liegen. In ihnen verlaufen perradial nach
abwärts die 4 einfachen „Pfeiler-Canäle" (Fig. 2, 4 *cd*), welche allein die Verbindung zwischen dem
oberen Central-Magen (*gc*) und dem unteren Buccal-Magen (*ga*) nebst den davon abgehenden Arm-
canälen (*cb*) herstellen.

Vierter Abschnitt.

Gastrocanal-System der Medusen.

§ 97. Zusammensetzung des Gastrocanal-Systems. Von den beiden grossen Organ-Systemen,
welche den Körper der Medusen zusammensetzen, umfasst das Gastrocanal-System (oder „Gastrovascular-System") die Gesammtheit der vegetativen Organe, die Apparate der Ernährung und
Fortpflanzung. Dasselbe steht somit in physiologischer Beziehung dem Neurodermal-System gegenüber, welches den Complex der animalen Organe bildet. Dieser Gegensatz zeigt sich auch histologisch
mit Bezug auf die beiden primären Keimblätter, indem die meisten und wichtigsten Theile des Gastrocanal-Systems von dem Entoderm (oder dem „vegetativen Keimblatte") abstammen, diejenigen des
Neurodermal-Systems hingegen vorzugsweise von dem Exoderm (oder dem „animalen Keimblatte").
Von den beiden Apparaten, welche das Gastrocanal-System zusammensetzen, ist weitaus der ansehnlichste und am meisten differenzirte der Ernährungs-Apparat, gebildet durch den centralen
Hauptdarm (Magen nebst Mundorganen) und den von ihm ausgehenden radialen Kranzdarm (Canal-

kranz oder Taschenkranz). Weit einfacher und weniger differenzirt ist der Fortpflanzungs-Apparat; derselbe besteht lediglich aus den Sexual-Drüsen oder Gonaden, welche sich in der Subumbral-Wand des Gastrocanal-Systems entwickeln.

§ 98. Hohlraum und Wände des Gastrocanal-Systems. Das einheitliche „Gastrocanal-System" der Medusen lässt trotz seiner zahlreichen und bedeutenden Modificationen in den verschiedenen Gruppen dennoch überall einen und denselben wesentlichen Typus · der Bildung erkennen. Ueberall erscheint dasselbe als eine weiter entwickelte Fortbildung jenes einfachsten gastralen Hohlraumes, den wir bei den niedersten Polypen antreffen (*Hydra*, *Clava* etc. unter den Hydropolypen; *Scyphostoma*, *Spongicola* etc. unter den Scyphopolypen). Die primitive, ganz einfache „Magenhöhle" dieser ältesten Polypen ist nichts Anderes als der ursprüngliche Urdarm (*Archigaster*, *Archenteron*) der *Gastraea*, welcher noch heute in der *Gastrula* aller Metazoen die gemeinsame ontogenetische Grundlage für deren Darmsystem bildet; seine einzige Oeffnung ist der Urmund (*Archistoma*, *Blastoporus*). Die beiden Wände dieses einfachen Urdarmes der Polypen werden als aborale Becher-Wand (*Paries calycinalis*, *Calyx*) und orale Peristom-Wand (*Paries peristomalis*, *Peristomium*) unterschieden; beide gehen am Rande des Bechers (*Margo calycinalis*) unmittelbar in einander über. Bei den Medusen entspricht dem *Calyx* einerseits die *Notumbrella*, dem *Peristomium* anderseits die *Coelumbrella*; daher bezeichnen wir hier die äussere oder Becher-Wand des Gastral-Raumes als Rückenwand (*Paries umbralis* vel *dorsalis*), die entgegengesetzte innere oder Peristom-Wand als Bauchwand (*Paries subumbralis* vel *ventralis*). Das Entoderm-Epithel der ersteren wird beständig aus kleinen und flachen, dasjenige der letzteren aus grossen und hohen Geisselzellen gebildet (§ 47).

§ 99. Hauptdarm und Kranzdarm (*Axogaster* et *Perogaster*). Bei allen Medusen zerfällt das Gastrocanal-System oder „Darmsystem" zunächst in zwei verschiedene Haupt-Abschnitte, in einen centralen und einen peripheren Theil; der Kürze halber bezeichnen wir ein für allemal den ersteren als Hauptdarm, den letzteren als Kranzdarm. Der centrale Hauptdarm (*Gaster principalis*, *Axogaster*) ist einfach und ungetheilt; seine Axe ist zugleich die Hauptaxe des ganzen Körpers; am Aboral-Pole derselben liegt die Schirmkuppel (oder das Centrum der gallertigen Schirmscheibe), am Oral-Pole hingegen die Mundöffnung. Der periphere Kranzdarm (*Gaster coronaris*, *Perogaster*) ist dagegen stets durch radiale Scheidewände (Cathammen oder Septen) in 4 oder mehr radiale Höhlen (Taschen oder Canäle) geschieden. Die ideale, kreisrunde oder polygonale Grenzlinie zwischen Hauptdarm und Kranzdarm wird demnach durch die Proximal-Enden der Septen oder Cathammen bestimmt; zwischen ihnen liegen die Magenspalten (*Ostia gastralia*, *go*). Diese engeren oder weiteren Spaltöffnungen sind die einzigen Oeffnungen, durch welche der centrale Hauptdarm mit den Fächern des radial-getheilten Kranzdarmes communicirt.

§ 100. Cathammen oder Concrescenzen (Verwachsungen der beiden Schirmwände oder Verlöthungen der dorsalen und ventralen Umbrella; Septen des Gastrocanal-Systems). Der einzige wesentliche Unterschied zwischen dem einfacheren Gastrocanal-System der Polypen und dem zusammengesetzteren der davon abgeleiteten Medusen besteht darin, dass der periphere Theil des letzteren stets durch radiale Septen oder Scheidewände in eine Anzahl von mindestens 4 radialen Fächern (Taschen oder Canäle) zerfällt. Früher wurde irrthümlich angenommen, dass diese „Radial-Taschen" und „Radial-Canäle" sämmtlich Ausstülpungen der centralen Magenhöhle seien, welche von deren Rande in den soliden peripherischen Theil der Umbrella hineinwachsen. Jetzt dagegen wissen wir, dass diese Radial-Höhlen vielmehr dadurch entstehen, dass an bestimmten Stellen (und zwar zuerst an 4 Inter-radial-Stellen) in der Peripherie des einfachen Gastral-Raumes die beiden Wände desselben (die umbrale Dorsal-Wand und die subumbrale Ventral-Wand) mit einander verwachsen oder sich ver-löthen. Diese Verwachsungen (*Concrescentiae*) oder Verlöthungen (*Cathammata*, k) bilden die radialen Scheidewände oder Septen des peripheren Gastrocanal-Systems, zwischen welchen die Reste der ursprünglich einfachen Höhle offen bleiben. Dieser Entstehung der Septen oder Cathammen ent-sprechend findet sich in der Mitte ihrer soliden Gallertmasse ursprünglich eine doppelte, eng verlöthete Zellen-Schicht des Entoderms, die „Cathammal-Platte".

§ 101. **Cathammal-Platte** (*Lamina cathammalis*, dk; Entoderm-Lamelle, Gastrale Lothplatte, Ge-fässplatte). Die „Entoderm-Lamelle", welche wir ihrer Entstehung und Bedeutung gemäss als „Catham-mal-Platte" bezeichnen, bleibt bei allen Medusen im Inneren der Cathammen oder Septen conservirt und erhält die Hohlräume des Gastrocanal-Systems, welche durch diese letzteren getrennt werden, in continuirlicher Verbindung. Ursprünglich besteht die Cathammal-Platte stets aus einer doppelten Schicht von Entoderm-Zellen (Taf. 25, Fig. 8, 10); die äussere oder abaxiale Schicht (— die „umbrale Entoderm-Lamelle", du^2 —) gehört dem Dorsal-Epithel des Kranzdarmes an und kleidete ursprüng-lich die concave Innenfläche der Notumbrella aus (Fig. 8, 10 ug); hingegen gehört die innere oder axiale Schicht (— die „subumbrale Entoderm-Lamelle", dw^2 —) genetisch zum Ventral-Epithel des Kranzdarmes und bekleidete vordem die convexe Aussenfläche der Coelumbrella (Fig. 8, 10 zw). Bisweilen (so z. B. sehr deutlich in den festen Septal-Knoten der Peromedusen, Taf. 25, Fig. 8, 10) bleiben beide Schichten der Cathammal-Platte zeitlebens sehr deutlich erhalten und lassen sich selbst künstlich (durch passenden Druck) auf feinen Querschnitten wieder von einander ablösen. Gewöhnlich ist dies aber nicht der Fall. Vielmehr ist meistens im Connectiv des Cathamma nur eine einzige dünne Zellenschicht nachweisbar, indem die beiden ursprünglich getrennten Entoderm-Platten völlig mit ein-ander verschmolzen sind. Beiderseits derselben findet am *Cathamma* häufig eine beträchtliche Erhärtung und Verdichtung der beiden Connectiv-Platten statt, und bisweilen verwandelt sich hier sogar das weiche Gallertgewebe in festen, echten Faserknorpel (Taf. 25, Fig. 8, 10 ug^2, zw^2).

§ 102. **Die drei Hauptformen der Cathammen** (k). Die Verwachsungen oder Verlöthungen der beiden Wände des Gastral-Raumes, durch welche die Cathammen oder Septen entstehen, können in drei Hauptformen auftreten, je nachdem sie in einem Punkte, einer Linie oder einer Fläche statt-finden. In allen drei Fällen beträgt die ursprüngliche Zahl der Cathammen 4, und diese 4 primären Septen liegen interradial (in der Mitte zwischen den 4 primären Tentakeln), während die 4 pri-mären, durch sie getrennten Radial-Höhlen perradial liegen (in denselben Meridian-Ebenen wie die 4 primären Tentakeln). Die Zahl der Cathammen kann aber secundär (entsprechend den oben angeführten Variationen der homotypischen Grundzahl, §§ 23—26) beträchtlich vermehrt werden. Im einfachsten Falle, wenn die Concrescenz in 4 Punkten geschieht, entstehen 4 Septal-Knoten (*Nodi catham-males*, kn), so bei einem Theile der Stauromedusen und bei allen Peromedusen; der periphere Hohl-raum des Gastrocanal-Systems erscheint dann als ein grosser Ring-Sinus (*Sinus coronaris*), dessen Viertheilung durch die 4 kleinen Knoten nur angedeutet wird (Taf. 15, 20—25). Im zweiten Falle, wenn die Verlöthung in 4 Linien geschieht, entstehen 4 Septal-Leisten (*Limites cathammales*, ks); so bei den meisten Stauromedusen, allen Cubomedusen und einem Theile der Discomedusen (Cannostomen und die Hälfte der Semostomen: Pelagiden und Cyaneiden); der periphere Hohlraum des Gastrocanal-Systems bildet dann 4 breite Radial-Taschen (*Bursae radiales*), welche durch die schmalen Leisten getrennt werden (Taf. 16, 17, 26). Im dritten Falle endlich, wenn die Verwachsung in 4 Flächen geschieht, entstehen 4 Septal-Tafeln (*Tabulae cathammales*, *kt*); so bei den meisten Craspedoten und unter den Acraspeden bei einem Theile der Discomedusen (bei der Hälfte der Semostomen: Flosculiden und Ulmariden, sowie bei sämmtlichen Rhizostomen) (Taf. 1, 2, 32).

§ 103. Cathammal-Spalten (*Antra septalia*).

In der Ordnung der *Anthomedusae* (— und nur in dieser! —) tritt sehr häufig, wenn nicht allgemein, eine partielle Auflösung der Cathammen und somit eine locale Trennung der verwachsenen beiden Schirmwände ein; dadurch entstehen die eigenthümlichen „Cathammal-Spalten oder Septal-Höhlen" dieser Craspedoten. In allen bisher beobachteten Fällen treten dieselben als 8 adradiale Höhlen auf, welche vollkommen abgeschlossen sind und ein gallertiges Fluidum enthalten. Sie nehmen den grössten Theil der Subumbrella ein, grenzen unten an den Schirmrand, oben an die Basis des Mundrohres und werden von einander getrennt durch die 8 bandförmigen Längsmuskeln der Subumbrella, von denen 4 perradiale an der Axialseite der 4 Radial-Canäle verlaufen, 4 interradiale in der Mitte zwischen diesen (Taf. 1, Fig. 2 *mi*). Die Abaxial-Wand der Cathammal-Spalten wird von der dünnen Zellenschicht der dorsalen Entoderm-Lamelle gebildet, welche der concaven Innenfläche der Notumbrella aufliegt. Ihre Axial-Wand hingegen bildet die Stützplatte der Coelumbrella, deren ventrale Entoderm-Lamelle verloren gegangen ist. Die Septal-Höhlen finden sich sehr ausgebildet z. B. bei *Codonium* und *Sarsia* unter den Codoniden, bei *Tiara* und *Catablema* unter den Tiariden, bei *Cytaeis* und *Rathkea* unter den Margeliden u. s. w. Sie wurden hier irrthümlich als „Coelom-Spalten" betrachtet und der wahren Leibeshöhle (*Coeloma*) der höheren Thiere an die Seite gestellt. Eine solche existirt jedoch bei den Medusen eben so wenig als bei allen anderen Nesselthieren. Vielmehr entstehen die Septal-Höhlen jener Anthomedusen dadurch, dass die verschmolzenen beiden Cathammal-Tafeln zwischen den 8 principalen Radial-Linien secundär aus einander weichen und nur in diesen 8 Linien verwachsen bleiben. Das geht am deutlichsten daraus hervor, dass die Cathammal-Platte an den Seitenrändern der Septal-Höhlen, da wo sie an die Radial-Canäle anstossen, sich continuirlich in deren Entoderm-Belag fortsetzt. Hingegen bleiben dieselben vom Exoderm des Schirmes völlig getrennt, aussen durch den Gallertkörper der Notumbrella, innen durch die Stützplatte und Muskelplatte der Coelumbrella.

§ 104. Gastrocanal-System der Craspedoten und Acraspeden.

Die beiden Legionen der Medusen-Classe zeigen zwar in der Bildung ihres Gastrocanal-Systems ganz analoge Differenzirungen, aber trotz aller Aehnlichkeit doch einen ganz constanten und daher sehr wesentlichen Unterschied. Bei allen Acraspeden nämlich finden sich an bestimmten Stellen desselben bewegliche Magenfäden (*Filamenta gastralia*) oder „innere Magen-Tentakeln"; während diese bei den Craspedoten niemals vorkommen. Mindestens sind bei den Acraspeden 4 solche Gastral-Filamente vorhanden, welche regelmässig interradial vertheilt sind. Gewöhnlich sind dieselben aber sehr zahlreich (meist über hundert, oft über tausend) und dergestalt regelmässig geordnet, dass sie 4 interradiale Filament-Gruppen (*Phacellae*) bilden. Die beweglichen Fäden dieser Phacellen stehen bald in einer, bald in mehreren Reihen, sind bald einfach, bald verästelt, und werden stets aus einem soliden, cylindrischen oder bandförmigen Gallertfaden (— einer Fortsetzung des Fulcrum —) gebildet, welcher vom Entoderm-Epithel überzogen ist. Die Phacellen der Acraspeden (oder „Phacelloten") sind desshalb von grösster phylogenetischer Bedeutung, weil ihre Anlage bereits in den Polypen-Ahnen dieser Legion existirt. Die Scyphopolypen, von denen die Acraspeden abstammen, besitzen an der Innenfläche ihrer Magenwand sämmtlich ursprünglich 4 interradiale Magenleisten oder gastrale Taeniolen und aus diesen entwickeln sich bei den „Scyphomedusen" die „Filamente".

§ 105. **Taeniolen oder Magenleisten** (*Taeniola gastralia, ß*). Für unsere phylogenetische Hypothese (§ 6), dass die beiden Legionen der Medusen-Classe unabhängig von einander, aus zwei verschiedenen Polypen-Gruppen entstanden sind, ist vor Allem die Thatsache grundlegend, dass die wichtigen, vorstehend angeführten Unterschiede in der Magenbildung der beiden Medusen-Legionen (— mit oder ohne Gastral-Filamente —) bereits in den entsprechenden beiden Legionen der Polypen-Classe bestehen, von denen jene abstammen. Die niederen Hydro-Polypen, von denen die Craspedoten (oder „Hydro-Medusen") abstammen, besitzen niemals jene characteristischen 4 interradialen Taeniolen der Scypho-Polypen, obwohl ähnliche Längsleisten der inneren Magenwand (in unregelmässiger Zahl, Lage und Gestalt) auch bei einigen Craspedoten (Tubularien etc.) sich finden. Hingegen sind die höheren Scypho-Polypen, von denen die Acraspeden (oder „Scypho-Medusen") abstammen, sämmtlich ursprünglich durch den Besitz von 4 interradialen Taeniolen ausgezeichnet (auch „Gastral-Wälle, Mesenterial-Wülste, Längsleisten, Längswälle, Längswülste der inneren Magenwand" genannt). Diese longitudinalen Magenleisten (welche auch bei den Corallen als sogenannte „Mesenterial-Filamente oder Mesenterial-Bänder" — besser „Gastral-Bänder" — allgemein verbreitet sind) erscheinen bei den Scyphopolypen ursprünglich als 4 interradiale, rippenartige Verdickungen der gallertigen Stützplatte oder Fulcral-Lamelle; sie springen an der inneren Fläche der Magenwand frei in die Magenhöhle vor und theilen dadurch deren peripheren Hohlraum in 4 perradiale Nischen oder Rinnen (Taf. 15, Fig. 2, 3, 7, 8 *ß*; Taf. 17, Fig. 13, 14 *ß*). Gewöhnlich enthalten sie einen Längsmuskel (Taf. 17, Fig. 13 *m*) und stets sind sie vom Entoderm-Epithel überzogen.

§ 106. **Dorsale und ventrale Taeniolen** *(Taeniola notumbralia et coelumbralia).* Da die Taeniolen oder Magenleisten der Scyphopolypen in der ganzen Ausdehnung ihrer Gastral-Fläche sich entwickeln und ursprünglich (bei *Scyphostoma, Spongicola* etc.) vom aboralen bis zum oralen Pole, von der Fussplatte des Stieles bis zum Mundrande gehen, so müssen als zwei Hauptabschnitte derselben ein notumbrales und ein coelumbrales Stück unterschieden werden; beide gehen am Peristomrande oder Becherrande des Scyphopolypen (entsprechend dem Schirmrande der Scyphomeduse) in einander über. Das notumbrale oder **dorsale Taeniol** reicht von der aboralen Basis oder Kuppelspitze bis zum Peristom-Rande oder Schirmrande und ist eine leistenförmige Verdickung des Calyx oder der *Notumbrella* (überzogen vom dorsalen Entoderm). Das coelumbrale oder **ventrale Taeniol** hingegen reicht vom Peristom-Rande bis zum Mundrande und ist eine leistenförmige Verdickung der *Coelumbrella* (überzogen vom ventralen Entoderm). An den Stellen, an welchen die beiden Taeniolen-Stücke, dorsale und ventrale Leisten, zur Berührung und Verwachsung gelangen, entstehen die Cathammen oder Septen der Acraspeden (*k*).

§ 107. **Gastral-Filamente** (Magenfäden, Mesenterial-Filamente, Innere Magen-Tentakeln, *f*). Die characteristischen „Filamente" (oder Gastral-Filamente) der Acraspeden, welche ihnen eben so allgemein zukommen, als sie den Craspedoten beständig fehlen, sind ursprünglich Papillen oder Excrescenzen der Taeniolen. Bei denjenigen Acraspeden, bei welchen Taeniolen in ursprünglicher Gestalt

23 *

persistiren (insbesondere Stauromedusen), lässt sich unmittelbar nachweisen, dass die Filamente ursprünglich Theile der Taeniolen sind (*Tesserantha*, Taf. 15; *Lucernaria*, Taf. 16, 17). Dasselbe gilt bei der
Strobilation der Discomedusen, wo die einzelnen Stücke der 4 Strobila-Taeniolen unmittelbar zu den
4 primären Filamenten der von der Strobila sich abschnürenden Ephyrula-Medusen werden (Fig. A *f*,
pag. 135). Diesem Ursprunge entsprechend besteht jedes Filament aus einem soliden (bald mehr
cylindrischen, bald mehr bandförmig abgeplatteten) Gallert-Faden oder einer „Fulcral-Papille",
welche nichts Anderes ist als eine papillöse oder fingerförmige Excrescenz der Stützplatte des Taeniols.
Das Entoderm-Epithel des letzteren setzt sich direct auch auf das Filament fort und besteht theils aus
Geisselzellen, theils aus Drüsenzellen (Becherzellen); dazu kommen oft noch Nesselzellen und (vielleicht
allgemein?) zarte Epithel-Muskelzellen (vergl. Taf. 22, Fig. 23—26). Meistens sind die beweglichen
Gastral-Filamente der Medusen einfach, seltener dichotom verzweigt oder selbst baumförmig verästelt
(Taf. 26, Fig. 7 *f*).

§ 108. **Phacellen oder Filament-Gruppen.** Nur bei wenigen der einfachsten und ältesten
Acraspeden-Genera (*Tessera*, System, Taf. XXI; *Ephyra*, Taf. XXVII) beschränkt sich die Filament-
Production der Taeniolen auf 4 einfache Gastral-Filamente, welche unmittelbar an den 4 inter-
radialen Cathammal-Knoten liegen; und auch bei den jungen Larven anderer Acraspeden, z. B. den
Ephyrula-Larven von *Aurelia*, treten zuerst nur 4 solche einzelne Filamente auf (Fig. A *f*, pag. 135).
Bei allen übrigen Acraspeden finden sich zahlreiche Filamente, welche gesonderte Filament-Grup-
pen oder *Phacelli* bilden. Ursprünglich sind stets nur 4 interradiale Phacellen vorhanden

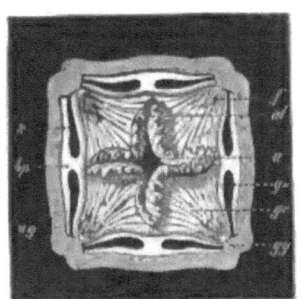

Fig. H. **Procharagma prototypus**
(*Cubomedusae, Charybdeidae*). Horizontaler Querschnitt unterhalb des Magens,
dessen Boden (oder Subumbral-Wand) (*gc*)
vollständig sichtbar ist; in der Mitte die
Mundöffnung (*a*) mit den 4 perradialen
Mundlappen (*al*). Die Gastral-Filamente
(*f*) sitzen auf den 4 interradialen Pylorus-Klappen (*gy*). *gw* Subumbral-Wand
der beiden Magentaschen (*bp*). *s* Gonaden. *ng* Schirm-Gallerte.

(Fig. D *f*); sie sind durch Theilung von 4 ursprünglichen einfachen
Filamenten oder durch wiederholte Filament-Production der Taeniolen entstanden. Häufig finden sich aber statt deren 8 adradiale Phacellen, entstanden durch Gabelspaltung der 4 interradialen; genauer also: 4 Paar Phacellen. Gewöhnlich sind diese
am Proximal-Ende paarweise vereinigt, während sie am Distal-Ende
divergiren. Die distale Divergenz der 8 Phacellen wird am stärksten bei den Periphylliden, wo die 4 Taeniolen durch die 4 exodermalen konischen Trichterhöhlen der Subumbrella bis zu ihrem
aboralen Ende ausgehöhlt werden (Taf. 20, 21). Bald bilden die
Phacellen gerade Linien, bald mehr oder weniger geschwungene
Bogen, oft von complicirtem Verlaufe, so bei den Periphylliden
(Taf. 21, 22). Zwar können die Taeniolen in allen drei Kammern
des Hauptdarmes Phacellen bilden; bei den meisten Acraspeden
bleibt jedoch deren Bildung auf den Central-Magen beschränkt. Im
Basal-Magen sind sie stark entwickelt namentlich bei den Peromedusen und einigen Stauromedusen, am Buccal-Magen bei den
Cubomedusen und Peromedusen; die Bartfäden der letzteren sind
ihre letzten Ausläufer (Taf. 20, Fig. 9—11 *af*). Bei den Disco-
medusen nehmen die Phacellen eine bestimmte topographische (und wahrscheinlich auch physiologische)
Beziehung zu den Geschlechtsdrüsen an; sie liegen hier an der Innenfläche der subumbralen Magenwand, am inneren oder axialen Rande der krausenförmig gefalteten Gonaden und folgen deren ge-
wundenem Verlaufe.

§ 109. Die drei Kammern des Hauptdarmes *(Gaster principalis)*. Der centrale „Hauptdarm" der Medusen ist nur selten ganz einfach; gewöhnlich zerfällt er mehr oder weniger deutlich in zwei bis drei Abschnitte oder Kammern, welche in der Hauptaxe des Körpers über einander liegen. Die unterste von diesen ist das Mundrohr oder der Mundmagen (*Gaster buccalis*, Fig. J *ga*); er enthält am Oral-Pole der Hauptaxe die Mundöffnung. Die mittlere Kammer ist die „Haupthöhle" oder der Mittelmagen (*Gaster centralis*, *gc*). Die dritte und oberste Abtheilung ist das Stielrohr oder der Grundmagen (*Gaster basalis*, *gb*) und endet am Aboral-Pole der Hauptaxe blind geschlossen. Der Central-Magen communicirt unten durch die Gaumenpforte (*Porta palatina*, *gp*) mit dem Mundmagen, oben durch die Magenpforte (*Porta pylorica*, *gy*) mit dem Grundmagen; ausserdem liegen in den Seitenwänden des Mittelmagens gewöhnlich die Magenspalten (*Ostia gastralia*, *go*), durch welche derselbe mit den Radial-Kammern des Kranzdarmes communicirt. Bei vielen Medusen aus beiden Legionen (namentlich Anthomedusen und Peromedusen) sind alle drei Magenkammern wohl entwickelt; gewöhnlich ist aber die oberste (der Basal-Magen) rückgebildet. Bei der grossen Mehrzahl der Medusen ist der Buccal-Magen die längste, der Central-Magen die breiteste von den drei Kammern, während der Basal-Magen die kleinste oder überhaupt verschwunden ist. Alle drei Kammern sind auch bereits bei vielen Polypen (sowohl Hydropolypen als Scyphopolypen) zu unterscheiden. Es entspricht der Buccal-Magen der

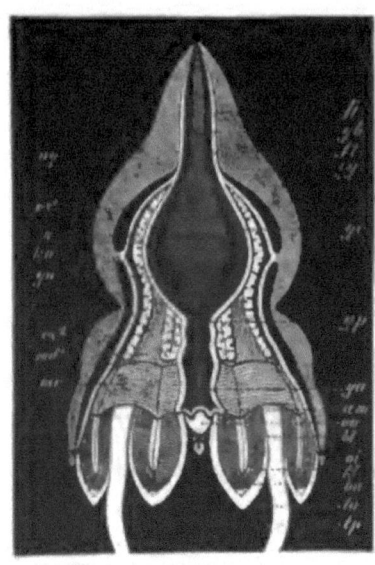

Fig. J. **Pericolpa quadrigata** *(Peromedusae, Pericolpidae)*. Interradial-Schnitt. *ug* Schirmgallerte. *es* Ringsinus (*es¹* Proximal-Theil. *es²* Distal-Theil). *s* Gonaden. *kn* Cathammal-Knoten. *go* Gastral-Ostien. *md* Delta-Muskeln. *me* Kranzmuskel. *ft* Taeniolen. *gb* Nischen des Basal-Magens zwischen denselben. *gy* Pylorus. *gc* Central-Magen. *gp* Gaumenpforte. *ga* Buccal-Magen (Mundrohr). *am* Mundrand. *ai* Sinneskolben (Interradial). *oa* Ampulle an deren Basis. *bu* Hufeisen-Canal der Randlappen *(la)*. *kl* Lappenspange zwischen deren beiden Schenkeln *(bl)*. *tp* Tentakeln (Perradial).

Meduse dem frei vorragenden Mundrohr des Polypen (*Tubus oralis*); der Mittelmagen der ersteren dem eigentlichen „Bechermagen" des letzteren (*Cavitas calycina*), und der Basal-Magen der Meduse dem Stielrohr des Polypen (*Tubus peduncularis*).

§ 110. Mundmagen oder Mundrohr (*Gaster buccalis*, auch *Tubus oralis*, Proboscis, Manubrium, Rüssel, Mundstiel, Magenrohr genannt, *ga*). Die erste und unterste von den drei Kammern des Hauptdarmes ist der Buccal-Magen oder das Mundrohr (*ga*). Derselbe ist aus dem „Mundrohr oder Rüssel" der Polypen hervorgegangen und zeigt sich ausserordentlich verschiedenartig in Bezug auf Grösse, Form und Differenzirung entwickelt. Ursprünglich trägt er stets am Oral-Pole seiner verticalen Axe die Mundöffnung (*oa*), während er am Aboral-Pole derselben sich durch die Gaumenpforte (*gp*) in den Central-Magen (*gc*) öffnet; diese letztere Oeffnung ist bald ganz scharf abgesetzt, bald unmerklich verstrichen. Gewöhnlich findet sich die Gaumenpforte in der Mitte der Subumbrella, so dass das Mundrohr von derselben frei in die Schirmhöhle hinabhängt. Bei der grossen Mehrzahl der Medusen ist das Mundrohr die längste, aber nicht die breiteste von den drei Magenkammern. Ausnehmend stark ist es namentlich bei den Anthomedusen, Trachomedusen, Peromedusen und Discomedusen entwickelt,

während es bei den übrigen Ordnungen gewöhnlich schwach, oft ganz rudimentär ist. Selten bildet
das Mundrohr einen einfachen Cylinder, ohne Radial-Theilung (so bei den Codoniden, System. Taf. I, II;
und bei vielen Narcomedusen, System. Taf. XIX, XX). Bei der grossen Mehrzahl der Craspedoten und
bei allen Aeraspeden ist das Mundrohr ausgesprochen viertheilig, indem die 4 perradialen
Mundkanten (*Costae orales*, *ak*) mit centrifugaler Wachsthums-Tendenz nach aussen vorspringen und
sich unten in die Mittelrippen der Mundlappen verlängern; während dazwischen die 4 interradialen
Mundsäulen (*Columnae orales*, *ac*) mit centripetaler Wachsthums-Tendenz nach innen einspringen und
unten in den Buchten des Mundrandes endigen.

§ 111. **Mundöffnung** (*Actinostoma*, *Apertura oris*, *Osculum*, *aa*). Bei allen Medusen ist ursprünglich der Mund eine einfache, gewöhnlich quadratische oder kreuzförmige Oeffnung am
unteren Ende des Buccal-Magens. Selten bleibt aber der Rand derselben ganz einfach; gewöhnlich
entwickeln sich aus demselben verschiedene Organe, unter denen bei weitem die wichtigsten und häu-
figsten 4 perradiale Mundlappen oder aus deren Verlängerung entstandene Mundarme sind (§ 113).
Die terminale Mundöffnung selbst zeigt gewöhnlich bei den Medusen dieselbe characteristische Kreuz-
figur, wie der Querschnitt des Mundrohres, das typische Mundkreuz (*Stomostaurus*), mit 4 perradial
vorspringenden Schenkeln und dazwischen 4 interradial einspringenden Winkeln (Taf. 1, Fig. 2. 4;
Taf. 15, Fig. 5, 6 etc.). Für die Orientirung der Kreuzaxen ist diese ganz constante Stellung des
Mundkreuzes sehr wichtig. — Der freie Mundrand oder die Ränder der Mundarme sind gewöhnlich
stark mit Nesselzellen bewaffnet, welche oft in besondere, regelmässig vertheilte Gruppen zusammengestellt sind (Taf. 1, Fig. 4). Indem sich die gallertige Stützplatte unter diesen Nesselzellen-Gruppen
konisch oder halbkugelig vorwölbt, entstehen orale Nesselpapillen oder Nesselknöpfe (Mundwarzen,
Papillae orales, z. B. bei *Pelagia*). Wenn diese letzteren in die Länge wachsen, entwickeln sie sich zu
tentakelähnlichen, cylindrischen, beweglichen Fäden, welche gleich den echten (marginalen) Tentakeln
sowohl zum Tasten als zum Ergreifen der Beute dienen. Diese Mundtentakeln oder „Mundfinger"
(*Digitella*) gleichen in ihrem Bau vollständig den inneren „Magententakeln" oder Gastral-Filamenten (§ 107)
und wurden früher damit verwechselt („Mundfilamente"). Allein das Epithel, welches die solide Gallert-
Axe der beiden analogen Gebilde überzieht, gehört bei den gastralen Filamenten dem Entoderm an,
bei den oralen Digitellen hingegen dem Exoderm. Die Digitellen besetzen in sehr grosser Zahl die
Ränder der Mundarme bei vielen Semostomen (z. B. *Aurelia*) und allen Rhizostomen. — Aehnliche,
aber wesentlich verschiedene Gebilde sind die Mundgriffel (*Stomostyli*). Dieselben sind hauptsächlich
bei den Anthomedusen entwickelt und characterisiren hier die Familien der *Margelidae* und *Dendronemidae*
(System, p. 70, Taf. V—VII). Sie gleichen im Bau vollständig den soliden Rand-Tentakeln und bestehen aus einer cylindrischen Axe, die von einer einzigen Reihe entodermaler Chordal-Zellen gebildet
wird (Taf. 1, Fig. 5 *d*); diese wird durch eine feste, elastische Stützplatte (*z*) von einer dünnen Muskelplatte (*m*) getrennt, deren longitudinale Fasern mit dem exodermalen Epithel (*q*) zusammenhängen;
das freie Distal-Ende trägt einen kugeligen Nesselknopf (*n*). Ursprünglich sind nur 4 einfache Mundgriffel an den 4 perradialen Mundecken vorhanden (*Cytaeis*, *Lizusa*, System. Taf. VI, Fig. 13). Gewöhnlich wird aber ihre Zahl vermehrt und häufig verästeln sie sich dendritisch (System. Taf. V—VII).
Bisweilen verlängert sich das Mundrohr noch secundär in einen lang herabhängenden Rüssel, so dass
die ursprünglich terminalen Mundgriffel an seine Basis zu stehen kommen (*Thamnostylus*, Taf. 1, Fig. 1;
Limnorea, *Nemopsis*, System, p. 86, 92, Taf. V).

§ 112. Backentaschen und Mundsäulen *(Bursae buccales* et *Columnae orales).* Bei einigen Me-
dusen aus beiden Legionen erweitern sich die dünnen und dehnbaren Wände des Mundrohres zu
grossen Ausstülpungen, welche weit nach aussen (in die Schirmhöhle) centrifugal vorspringen und nach
Gestalt und Function den „Backentaschen" mancher Säugethiere vergleichbar sind *(bb).* Die dickeren
Stellen der Mundwand, welche zwischen ihnen centripetal nach innen vorspringen, bezeichnen wir als
„Mundsäulen" *(ac).* Am stärksten entwickelt sind die Backentaschen unter den *Acraspedae* bei den
Peromedusen, wo sie 4 mächtige perradiale Ausbuchtungen des grossen Buccal-Magens bilden und
aufgeblasen halbkugelig oder fast kugelig erscheinen (so bei *Periphylla,* Taf. 18—25 *bb).* Jede einzelne
aufgeblasene Backentasche ist hier bisweilen voluminöser als der ganze Central-Magen. Die 4 dicken
interradialen Mundsäulen zwischen ihnen *(ac)* springen mit ihren flügelartig verbreiterten Axial-Flächen
innen dergestalt vor, dass hinter diesen „Mundflügeln" *(ad)* die adradialen Seitenräume der 4 Backentaschen besondere Nischen oder „Flügeltaschen" bilden (vergl. auch System, p. 405, Taf. XXIV, Fig. 14).
— Unter den *Craspedotae* sind die Backentaschen am stärksten bei den Trachomedusen entwickelt, deren
Mundrohr oft höchst dehnbar ist. *Pectis* (Taf. 5, Fig. 2—5; Taf. 6, Fig. 11) besitzt 16 subradiale
Backentaschen, die paarweise aus 4 perradialen und 4 interradialen Ausstülpungen des Mundrohres
hervorgehen und durch 8 adradiale subumbrale „Mundtrichter" geschieden werden (Taf. 5, Fig. 5 *io).*
Andere Trachomedusen haben 8 adradiale Backentaschen (hervorgegangen aus der Theilung von 4
perradialen).

§ 113. Mundlappen und Mundarme *(Lobi orales, al; Brachia oralia, ab).* Bei der grossen Mehrzahl der Medusen ist der Mundrand nicht einfach, sondern an den 4 perradialen Ecken in 4 blattförmige Mundlappen oder Mundarme ausgezogen, während zwischen diesen 4 interradiale Mundbuchten oder Mundeinschnitte *(Sinus orales)* nach innen einspringen. Meistens haben die 4 Mundlappen
die Form eines dünnen eiförmigen Blattes, dessen zarte Ränder mehr oder weniger, oft sehr zierlich
gefaltet sind, während eine starke Mittelrippe (als Distal-Stück der perradialen Mundkante) in der Mitte
vorspringt. Oft ist die Stützplatte dieser Mittelrippe gallertig verdickt, rinnenförmig, innen concav,
aussen convex. Stets ist die axiale Innenseite der Mundlappen vom Entoderm bekleidet, ihre abaxiale
Aussenseite vom Exoderm (vergl. im „System", 1879, die Mundlappen der Authomedusen, Taf. III, IV;
der Leptomedusen Taf. VIII, X, XI, XIII; der Trachomedusen Taf. XVI, XVIII; der Narcomedusen
Taf. XIX, XX; der Stauromedusen Taf. XXI, XXII; der Peromedusen Taf. XXIII, XXIV; der Cubomedusen Taf. XXV, XXVI; der Discomedusen Taf. XXVII, XXX, XXXII, XXXIII). Wenn die 4 perradialen Mundlappen sehr gross und die Mundbuchten zwischen ihnen so tief werden, dass sie das
Mundrohr grösstentheils oder selbst ganz viertheilen, so bezeichnet man die Mundlappen als Mundarme. Zu ungewöhnlich kräftiger Entwickelung gelangen diese in der Ordnung der Discomedusen
bei der Unterordnung der Semostomen, namentlich bei den „fahnenmündigen" Pelagiden (System,
Taf. XXXI) und Cyaneiden (System, Taf. XXX). Bei den meisten Cyaneiden gleichen sie zarten faltenreichen Vorhängen, die nicht selten grösser als der ganze Schirm sind und werden daher als „Mundgardinen" bezeichnet (Taf. 30, 31).

§ 114. Vieltheiliger Mund der Rhizostomen. Durch eine ganz eigenthümliche Entwickelung
des Mundes, welche in ihrer Art im ganzen Thierreiche einzig dasteht, zeichnet sich die dritte und
letzte Unterordnung der Discomedusen aus, die formenreiche Gruppe der Rhizostomen (System,
1879, p. 464, 560, Taf. XXXIV—XL). Phylogenetisch ist diese aus der zweiten Unterordnung, den

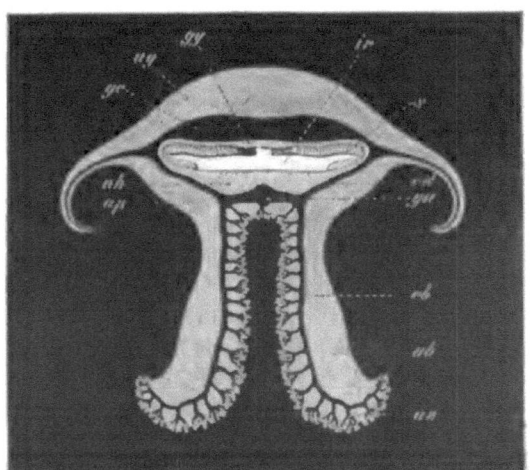

Fig. K. **Cannorhiza connexa** *(Discomedusae, Versuridae)*, Adradial-Schnitt. *ug* Schirmgallerte. *gc* Central-Magen. *gg* Boden desselben (Gastrogenital-Membran mit den Gonaden, *s*). *ir* Subgenital-Porticus. *nh* Armscheibe. *ap* Armpfeiler. *cd* Pfeiler-Canal (Perradial). *ga* Buccal-Magen. *ab* Mundarme (Adradial). *cb* Armcanal. *an* Trichterkrausen (Saugmündchen).

Semostomen, entstanden (l. c. Taf. XXX—XXXIII), wie die letztere aus der ersten Unterordnung, den Cannostomen, hervorgegangen ist (l. c. Taf. XXVII—XXIX). Das beweist deutlich die Ontogenie der Rhizostomen, welche in frühester Jugend Cannostomen sind, später Semostomen werden und zuletzt erst in Rhizostomen sich verwandeln. Das einfache vierkantige Mundrohr der Cannostomen bildet zunächst am Mundrande 4 zarte, gekräuselte Mundlappen (Ephyriden, System, Taf. XXVII; Floseuliden, Taf. XXXII). Indem diese ansehnlich wachsen und die 4 interradialen Mundbuchten zwischen ihnen sich zu tiefen Einschnitten gestalten, verwandeln sie sich in 4 kräftige perradiale Mundarme, welche bei den meisten Ulmariden sich zu langen Mundfahnen ausbilden (System, Taf. XXXI—XXXIII). Schon bei einer Ulmaride (*Aurosa*, System, Taf. XXXIII, Fig. 7, 8) spalten sich die 4 perradialen Mundarme am Distal-Ende gabelförmig in 2 Lappen. So entstehen die 8 adradialen Mundarme, welche allen Rhizostomen zukommen und welche nur an ihrer Basis paarweise zusammenhängen; meist sind sie hier zu 4 starken perradialen Mundpfeilern (*ap*) verbunden. Während nun die dünnen Blattränder der 8 Arme sich stark kräuseln, wird ihre dicke Mittelrippe an der concaven Entoderm-Seite rinnenartig vertieft (Armrinne, *Sulcus brachialis*, *ar*). Nun legen sich die einzelnen Falten der stark gekräuselten Mundränder dergestalt an einander, dass die gegenüber stehenden und sich berührenden Entoderm-Flächen der rinnenförmigen Falten an den Berührungsstellen verwachsen und sich in kurze Canäle verwandeln. Diese münden durch einen Trichter am Distal-Ende frei nach aussen, durch eine Spalte am Proximal-Ende nach innen in die perradiale Armrinne. Auch diese verwandelt sich in einen Canal (Armcanal), indem ihre Ränder verwachsen. Indem endlich auch die centrale Mundöffnung oben zwischen den Basen der 4 Armpfeiler zuwächst und sich durch eine kreuzförmige „Mundnaht" schliesst (Taf. 32, Fig. K), treten an deren Stelle physiologisch die zahlreichen „Krausentrichter" (Trichtermündchen oder Saugmündchen). Eigentlich beruht also diese abweichende Polystomie der Rhizostomen auf einer cathammalen Vieltheilung des ursprünglich einfachen Mundes; der Centraltheil verwächst, während zahlreiche periphere Mundtrichter an seine Stelle treten. Die Verwachsung der Mundkrausen beruht ebenso auf entodermaler Concrescenz oder Cathammen-Bildung, wie bei den Septen zwischen den subumbralen Radial-Fächern des Kranzdarmes. Auch hier wie dort persistirt die entodermale Cathammal-Platte (§ 101). — Die Trichterkrausen der Rhizostomen, deren freier Mundrand meistens sehr dicht mit zahllosen Digitellen besetzt ist, können mannichfache und ansehnliche Anhangs-Organe produciren. Durch ringförmige Verwachsung (*Concrescentia annularis*) entstehen daraus die Nesselkolben (z. B. *Cassiopea*, *Cotylorhiza*, System, Taf. XXXVII); hingegen durch spaltförmige Verwachsung (*Concrescentia longitudinalis*) die Nesselpeitschen (z. B. *Cephea*, *Lychnorhiza*, System, Taf. XXXIV).

§ 115. Gaumen oder Gaumenpforte *(Palatum, Porta palatina, gp).* Mit diesem Namen bezeichnen wir die ringförmige Einschnürung, durch welche sich bei den meisten Medusen das Mundrohr mehr oder weniger deutlich von dem Central-Magen absetzt. Während dieselbe oft nur sehr unbedeutend oder fast verstrichen erscheint, tritt sie in anderen Fällen als ein schlanker Hals sehr ausgeprägt hervor (vergl. im System als Beispiele die Anthomedusen Taf. III, IV, VII, die Leptomedusen Taf. X, XII, XIII, die Trachomedusen Taf. XVI, XVIII, die Nareomedusen Taf. XIX, XX, die Stauromedusen Taf. XXI, XXII, die Peromedusen Taf. XXIII, XXIV, die Cubomedusen Taf. XXV, XXVI, die Discomedusen Taf. XXVII, XXVIII, XXX, XXXI etc.). Die Gaumen-Oeffnung ist gewöhnlich der engste Theil des Principal-Darmes und scheint in vielen Fällen willkürlich geschlossen werden zu können, so dass der Eintritt von Wasser aus dem buccalen in den centralen Magen abgesperrt ist. Die Gestalt der Gaumen-Oeffnung ist meistens ausgesprochen kreuzförmig; die 4 perradialen Schenkel dieses „Gaumenkreuzes", welches das obere Endstück des „Mundkreuzes" bildet, springen centrifugal nach aussen vor; ihre concaven Abaxial-Enden sind oft rinnenförmig vertieft (Gaumenrinnen, *Sulci palatini, gs,* Taf. 20, Fig. 11). Dieselben werden oft durch eine starke, knotenförmige Verdickung der Fulcral-Lamelle gestützt (Gaumenknoten, *Nodi palatini, gk,* Taf. 20, Fig. 9, 10). Zwischen ihnen liegen die 4 interradialen Gaumenlippen (*Labia palatina, gl*), welche centripetal nach innen einspringen (System, Taf. X, Fig. 6; Taf. XXIV, Fig. 14; Taf. XXVIII, Fig. 5; Taf. XXXI, Fig. 3); die gallertige Fulcral-Platte der letzteren ist oft nicht minder stark verdickt als diejenige der ersteren, häufig knorpelartig erhärtet, besonders bei grossen Acraspeden. Bei vielen Cyaneiden bildet sie einen dicken und knorpelharten Gaumenring (*Annulus palatinus,* Taf. 30, 31 *au*). Die Cubomeduse *Chirodropus* zeichnet sich dadurch aus, dass an ihren Gaumenlippen sich 4 interradiale Gaumenklappen entwickeln (*Valvulae palatinae,* System, p. 429, Taf. XXVI, Fig. 3, 4 *k*); dieselben gleichen in ihrer Gestalt den „Semilunar-Klappen" des menschlichen Herzens, wenden ihre Concavität dem Central-Magen zu und verhindern bei völligem Verschluss desselben seine Communication mit dem Mundrohr.

§ 116. Mittel-Magen oder Central-Höhle (*Gaster centralis, Cavitas centralis, gc*). Die zweite und mittlere von den drei Kammern des axialen Hauptdarmes, der Central-Magen, ist bei den frei schwimmenden Medusen homolog der centralen „Becherhöhle" oder dem „eigentlichen Magen" der festsitzenden Polypen. Derselbe ist unten durch die Gaumenpforte (*Palatum*) von dem Buccal-Magen geschieden, oben durch die Magenpforte (*Pylorus*) von dem Basal-Magen. In den Seitenwänden des Central-Magens befinden sich 4 perradiale (seltener zahlreiche) Oeffnungen (*Ostia gastralia*), durch welche derselbe mit den umgebenden Taschen oder Canälen des Kranzdarmes communicirt. Die allgemeine Gestalt und relative Grösse des Central-Magens ist äusserst mannichfaltig und oft schwer zu bestimmen. Gewöhnlich bildet derselbe die weiteste und breiteste von den drei Kammern des Hauptdarmes, während der Buccal-Magen die längste ist. Bald ist der Central-Magen ganz in den Gallertkörper des Schirmes eingeschlossen, bald nicht; im ersteren Falle ist gewöhnlich seine horizontale Axe bedeutend grösser als die verticale, im letzteren Falle meistens umgekehrt. Im Allgemeinen lassen sich hiernach zwei Hauptformen des Central-Magens unterscheiden, die jedoch durch vielfache Zwischenformen verknüpft und nicht scharf zu trennen sind, der hohe Obelisken-Magen und der flache Linsen-Magen. Der hohe Obelisken-Magen (*Gaster centralis obeliscus*) hat im Allgemeinen die Gestalt eines Obelisken oder einer abgestutzten Quadrat-Pyramide (Taf. 15—24); die untere Grundfläche desselben bildet das Palatum, die obere Grundfläche der Pylorus; den 4 Kanten des Obelisken entsprechen die 4 perradialen Gastral-Ostien, den 4 Seiten die 4 interradialen Seitenwände des Central-Magens oder die Obelisken-

Tafeln (*Tabulae obelisci*, *gz*). Die verticale Axe des Obelisken-Magens ist gewöhnlich grösser als der horizontale Diameter. Meistens hängt derselbe frei in die Schirmhöhle herab, oft sogar an einem kürzeren oder längeren „Magenstiel" befestigt (*Pedunculus gastralis*, *us*, s. oben); so bei der Mehrzahl der Anthomedusen (System, Taf. III, IV, VII), der Leptomedusen (System, Taf. XI—XV) und der Trachomedusen (System, Taf. XVI—XVIII); ferner unter den Acraspeden bei den meisten Tesseronien, sowohl Stauromedusen als Peromedusen und Cubomedusen (System, Taf. XXI—XXVI). In vielen Fällen dienen zur Befestigung des frei herabhängenden Obelisken-Magens 4 perradiale Mesenterial-Falten oder Mesogonien, welche denselben an der Subumbrella fixiren; durch 8 solche Mesogonien (4 perradiale und 4 interradiale) sind die Pectylliden ausgezeichnet (Taf. 3—8). — Die zweite Hauptform des Central-Magens, der flache Linsen-Magen (*Gaster centralis lenticula*), ist nur in zwei Ordnungen die vorherrschende, unter den Craspedoten bei den Narcomedusen (System, Taf. XIX, XX), unter den Acraspeden bei den Discomedusen (System, Taf. XXVII—XL). Hier ist die horizontale Axe des Central-Magens gewöhnlich viel grösser als die verticale, und der linsenförmige flache Central-Magen tritt nicht oder nur wenig in die subumbrale Schirmhöhle vor; sein peripherer Rand ist linsenförmig zugeschärft; da der Basal-Magen und somit auch der Pylorus hier fehlt, bildet die flache Oberwand oder die „Magendecke" unmittelbar der scheibenförmige Gallert-Körper der Umbrella; die Unterwand oder der „Magenboden" wird durch eine dicke Gallert-Platte der Subumbrella gestützt und communicirt in der Mitte durch das Palatum mit dem Mundrohr (Taf. 26—31).

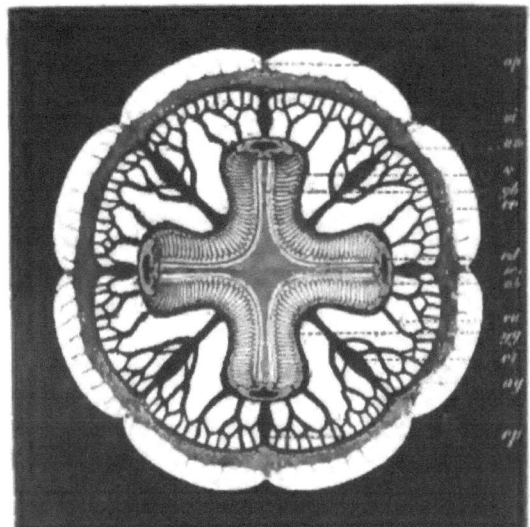

Fig. L. **Cannorhiza connexa** (*Discomedusae, Versuridae*). Subumbral-Ansicht des Schirmes. Die Armscheibe nebst den 8 Mundarmen ist entfernt, indem die 4 perradialen Armpfeiler (*ab*) (welche Schirmscheibe und Armscheibe verbinden) durchschnitten sind. *op* Perradiale Sinneskolben. *oi* Interradiale Sinneskolben. *um* Schirmrand (nach unten eingeschlagen). *s* Gonaden. *wx* Gallertkreuz der Gastrogenital-Membran (*gg*). *gk* Perradiale Schenkel desselben. *ug* Peripherer Schirmkranz. *cc* Ring-Canal. *cd* Pfeiler-Canäle. *ca* Adradial-Canäle. *ci* Interradial-Canäle. *cp* Perradial-Canäle.

§ 117. Kreuz-Kammern und Kreuz-Säulen (*Camerae cruciatae* et *Columnae cruciatae*).

Bei vielen Medusen aus verschiedenen Gruppen nimmt der quadratische Central-Magen eine mehr oder minder auffallende Kreuzform an, indem 4 perradiale Ausbuchtungen in ähnlicher Weise mit 4 interradialen Einbuchtungen alterniren, wie das beim Mundkreuz und beim Gaumenkreuz der Fall ist (Taf. 32, Fig. 3, 4). Wir bezeichnen dann die 4 perradialen Schenkel des centralen Magenkreuzes als Kreuzkammern; hingegen die 4 interradialen Gallertstücke der Umbrella, welche centripetal zwischen ihnen einspringen, als Kreuzsäulen. Letztere entsprechen morphologisch dem interradialen Mittelstück der Obelisken-Platten und zugleich dem Central-Abschnitt der Taeniolen. Sehr auffallend tritt die Kreuzform des Central-Magens z. B. hervor bei vielen Anthomedusen (System, Taf. IV, Fig. 7, 9), Leptomedusen (System, Taf. VIII, Fig. 6), Stauromedusen (System, Taf. XXI, XXII) und Discomedusen (System, Taf. XXVIII, XXIX etc.).

Am stärksten entwickelt sind die Kreuz-Kammern in der Unterordnung der Rhizostomen, bei welchen sie oft bedeutend grösser sind als die centrale Kreuzhöhle (System, Taf. XXXVII—XL). Besonders Bedeutung erlangen die Kreuzkammern dann, wenn sich die Geschlechtsdrüsen grösstentheils oder ganz in ihnen entwickeln; sie werden dann bisweilen zu selbständigen Genital-Taschen; so bei manchen Anthomedusen und Discomedusen.

§ 118. **Magenspalten** *(Ostia gastralia, go)*. Die Communication des centralen Hauptdarmes mit dem peripheren Kranzdarm wird bei allen Medusen ausschliesslich durch die radialen „Magenspalten" vermittelt, welche gewöhnlich auf die Seitenwand des Central-Magens beschränkt sind. Die Zahl dieser Gastral-Ostien entspricht derjenigen der Kammern des Kranzdarmes, welche in den Central-Magen münden und beträgt demnach bei der Mehrzahl der Medusen Vier. Zu diesen 4 primären per-radialen Gastral-Ostien kommen aber häufig noch 4 secundäre interradiale hinzu, bisweilen noch eine grössere und dann meistens variable Anzahl von succursalen Magenspalten. Form und Grösse derselben sind sehr verschieden. Im Allgemeinen sind natürlich die Gastral-Ostien grosse und weite Spalten bei denjenigen Medusen, deren Kranzdarm aus breiten Taschen mit schmalen Scheidewänden besteht (also bei den meisten Acraspeden und namentlich bei den Tesseronien, sowie bei den Canno-stomen und den Typhlocannen unter den Semostomen, Taf. 15—31). Hingegen sind die Gastral-Ostien kleine und enge Löcher bei denjenigen Medusen, deren Kranzdarm aus engen Canälen mit breiten Scheidewänden sich zusammensetzt, also bei den meisten Craspedoten, sowie bei den Cyclocannen und Rhizostomen unter den Discomedusen (Taf. 1—8, 32). Nach ihrer Lage stehen die Gastral-Ostien bald vertical, bald schräg, bald horizontal. Durch sehr grosse und weite Gastral-Ostien zeichnen sich die meisten Tesseronien aus; vertical oder subvertical liegen sie hier bei den meisten Peromedusen und einem Theile der Stauromedusen (Taf. 16—25); hingegen horizontal oder subhorizontal bei den meisten Cubomedusen (Taf. 26) und einem anderen Theile der Stauromedusen; sowohl hier als dort sind die Ränder der Gastral-Ostien oft ganz oder grösstentheils mit Phacellen gesäumt (Taf. 17, Fig. 21). Bis-weilen (namentlich bei den Cubomedusen) finden sich Klappen, durch welche die Gastral-Ostien ge-schlossen werden können. Durch völligen Mangel der Gastral-Ostien zeichnet sich die kleine Narco-medusen-Gruppe der Solmonetiden aus, bei welcher der ganze Kranzdarm obliterirt ist *(Solmaris* und *Solmoneta,* System, Taf. XIX, Fig. 10—12; Taf. XX, Fig. 7—10). Das ganze Gastrocanal-System ist in Folge dieser Rückbildung bei *Solmaris* auf einen einfachen linsenförmigen Central-Magen reducirt.

§ 119. **Pylorus oder Magenpforte** *(Porta pylorica, gy)*. Bei den meisten Medusen, bei welchen der Basal-Magen entwickelt ist, erscheint derselbe durch eine ringförmige Einschnürung mehr oder weniger deutlich von dem Central-Magen abgesetzt. Diese Einschnürung bezeichnen wir als Magen-pforte oder Pylorus; sie verhält sich oben ähnlich wie unten die Gaumenpforte, fehlt aber natürlich allen Medusen, bei welchen der Basal-Magen rückgebildet ist. Bei den Anthomedusen, welche allein unter den Craspedoten einen Basal-Magen oder Scheitel-Canal besitzen, ist die Pylorus-Oeffnung des-selben eine einfache kreisrunde Strictur und nur bei den Cladonemiden insofern von besonderem Inter-esse, als sie vielleicht der „Trichtermündung" entspricht, welche bei den Ctenophoren den exodermalen „Schlundmagen" von der entodermalen „Trichterhöhle" trennt *(Ctenaria,* System, p. 107, Taf. VII). Unter den Acraspeden fehlt gewöhnlich der Pylorus, ebenso wie der Basal-Magen, den Discomedusen oder Ephyronien, während er bei den Tesseronien meistens deutlich ausgeprägt ist. Bei den Stauro-medusen ist die Pylorus-Strictur bald verstrichen, bald tief einschneidend (Taf. 15, Fig. 2, 3 A B). Bei

den Peromedusen wird sie durch den Proximal-Rand des Ring-Sinus scharf markirt (Taf. 21, Fig. 12,
13 C D). Bei den Cubomedusen und bei den Cannostomen entwickeln sich oft besondere „Pylorus-
Klappen" (Valvulae pyloricae), welche von den 4 interradialen Ecken der quadratischen Strietur nach
innen vorspringen und den Boden von 4 kleinen „Pylorus-Taschen" bilden (Bursae pyloricae, by).

§ 120. **Grundmagen oder Grundrohr** (Gaster basalis vel Tubus cupolaris, auch „Stiel-Canal, Stielrohr, Scheitel-Canal oder Kuppel-Canal" genannt, gb). Das Grundrohr ist die dritte und oberste von
den drei Hauptkammern des centralen Hauptdarmes, durch den Pylorus vom Central-Magen getrennt,
und entspricht dem „Stielrohr oder Stielcanal" der gestielten Polypen. Bei der Mehrzahl der Medusen
ist derselbe verloren gegangen und hat sich nur in einigen Gruppen durch Vererbung erhalten. Unter
den Craspedoten ist er nur bei einem Theile der Anthomedusae noch zu finden und erscheint hier
als ein einfacher enger Canal, welcher die Axe des Scheitel-Aufsatzes der Schirmkuppel durchsetzt
und in dessen Spitze blind endigt; ursprünglich hing durch diesen Stielcanal der Magen der knospen-
den Anthomeduse mit dem Magen des ammenden Tubularia-Polypen zusammen (vergl. System, p. 5,
Taf. I, II, IV, VII); bei manchen Cladonemiden ist derselbe zu einer geräumigen „Scheitelhöhle" (Cavitas
cupolaris) erweitert, die bisweilen die junge Brut aufnimmt (Pteronema, Eleutheria). Von weiterem morphologischen Interesse ist die erweiterte birnförmige Scheitelhöhle der Cladonemiden insofern, als sie
wahrscheinlich der „Trichterhöhle" der Ctenophoren entspricht (System, p. 99, 107, Taf. VII, Ctenaria).
Unter den Aeraspeden fehlt der Basal-Magen gewöhnlich ganz den flach gewölbten Discomedusen
oder Ephyronien, während er bei den drei übrigen Ordnungen, den hoch gewölbten Tesseronien, fast
beständig erhalten und meistens sehr entwickelt ist. Er erscheint hier bei den Stauromedusae (bei den
Tesseriden, Taf. 15, und Lucernariden, Taf. 16, 17) als ein kürzerer oder längerer vierseitiger Canal,
welcher den Scheitel-Aufsatz oder den Stiel des Schirmes durchzieht und an dessen aboralem Ende
blind geschlossen ist. Die 4 interradialen Taeniolen (ft) theilen den Stiel-Canal in 4 perradiale Halbcanäle (Stielrinnen oder „Grundmagen-Nischen", Semicanales basales, gn, Taf. 17, Fig. 13). Diese werden
bei einigen Lucernariden zu 4 getrennten Stielcanälen (Canales basales), indem die 4 interradialen Taeniolen in der Axe des Magens zusammentreffen und hier zu einem centralen Säulchen verwachsen
(Columella). Bei den Peromedusae ist der Basal-Magen stets sehr ansehnlich entwickelt, durch den Pylorus-Ring (welcher dem oberen Rande des „Ring-Sinus" entspricht) scharf vom Central-Magen abgesetzt und durch die vorspringenden Taeniolen in 4 Nischen oder Halbcanäle getheilt. Wenn die
4 Taeniolen durch die subumbralen, bei Periphylla bis zur Kuppelspitze empor dringenden Trichterhöhlen (Taf. 21, Fig. 12—18 ib) in hohle Kegel verwandelt werden, so tritt dadurch die Viertheilung
des konischen Basal-Magens um so auffallender hervor. Bei den Cubomedusae ist der basale Magen
bald mit dem centralen verschmolzen, bald von ihm durch eine Pylorus-Strictur getrennt, bildet dann
aber eine sehr flache und niedrige Höhle von quadratischer Form; die 4 interradialen Ecken derselben
buchten sich bisweilen zu 4 niedrigen, dreieckigen „Pylorus-Taschen" aus (Bursae pyloricae, by),
welche durch 4 vorspringende „Pylorus-Klappen" vom Central-Magen geschieden sind (System, p. 430).

§ 121. **Die beiden Hauptformen des Kranzdarmes** (Gaster coronaris vel Perogaster). Unter dem
Begriffe des „Kranzdarmes oder Coronar-Darmes" fassen wir das gesammte periphere Gastroeanal-
System der Medusen zusammen, welches den centralen Hauptdarm kranzförmig umgiebt und nur
durch die Gastral-Ostien mit demselben communicirt. Obgleich dasselbe in beiden Legionen der Classe
im Wesentlichen dieselbe Bildung besitzt, ist dennoch anzunehmen, dass es in beiden Legionen sich un-

abhängig von einander entwickelt hat. Die Verlöthung oder Concrescenz der beiden Wände des peripheren Gastral-Raumes, durch welche die radialen Kammern des Kranzdarmes entstehen, zeigt in beiden Legionen einen wesentlichen Unterschied. Bei den Craspedoten, welche von Hydro-Polypen (ohne Taeniolen!) abstammen, ist die concave Innenfläche der Notumbrella oder des Dorsal-Schirmes mit der convexen Aussenfläche der Coelumbrella oder des Ventral-Schirmes fast in ihrer ganzen Ausdehnung dergestalt verwachsen, dass die Cathammen ursprünglich 4 breite Tafeln darstellen, zwischen welchen nur 4 enge Radial-Canäle übrig bleiben; diese treten dann am peripheren Schirmrande nachträglich durch einen secundären Ringcanal in Verbindung. Bei den Acraspeden hingegen, welche von Scypho-Polypen (mit den 4 characteristischen Taeniolen) abstammen, sind diese Magenleisten der Ausgangs-Punkt der Concrescenz; an 4 interradialen Punkten ist der Dorsal-Theil der 4 Taeniolen (an der Notumbrella) mit ihrem Ventral-Theil (an der Coelumbrella) dergestalt verwachsen, dass die Cathammen ursprünglich 4 kleine Knoten oder schmale Leisten darstellen, zwischen welchen 4 breite Radial-Taschen frei bleiben; diese communiciren am peripheren Schirmrande, unterhalb der 4 Knoten durch einen primären Ringcanal, den Distalrest des einfachen Gastral-Raumes. Obgleich nun diese beiden wesentlich verschiedenen Hauptformen des Kranzdarmes in beiden Legionen wahrscheinlich eine durchgreifende primäre Differenz in seiner Conformation ausdrücken, so kommen doch in beiden Legionen Modificationen desselben vor, welche die abgeleiteten Bildungen in Beiden zum Verwechseln ähnlich machen. Insbesondere nähern sich die Narcomedusen auffallend den Acraspeden, die Cubomedusen hingegen den Craspedoten. Trotzdem sind beide Gruppen genetisch ganz verschieden, und es ist daher zweckmässig, beide Hauptformen des Kranzdarmes hier gesondert zu betrachten; die erstere bezeichnen wir als Canal-Kranz, die letztere als Taschen-Kranz.

§ 122. **Canal-Kranz der Craspedoten** *(Corona canalium)*. Bei der grossen Mehrzahl der Craspedoten erhält sich eine und dieselbe Form des Kranzdarmes, welche für diese Medusen-Legion als die typische und ursprüngliche anzusehen ist: der Canal-Kranz. Dieser ist zusammengesetzt aus 4 engen perradialen Canälen (Fig. M *cp*), welche von den 4 Ecken des Central-Magens abgehen, in der Subumbrella zum Schirmrande verlaufen und sich hier durch einen Ringcanal verbinden (*cc*), vergl. Taf. 1, 2. Dieser typische viertheilige „Canal-Kranz" der „Hydro-Medusen" ist aus dem einfachen Gastral-Raum ihrer Vorfahren, der Hydro-Polypen, dadurch entstanden, dass dessen beide Wände (Kelchwand und Peristom-Wand) sich an einander legten und dergestalt verlötheten, dass nur 4 enge Radial-Canäle zwischen ihnen offen blieben. Die breiten Concrescenz-Flächen zwischen den 4 perradialen Canälen enthalten auch bei der ausgebildeten Craspedote noch jene wichtige (ursprünglich doppelte) Schicht von Entoderm-Zellen, welche ihre Entstehung documentirt (Cathammal-Platte, § 101). Der marginale „Ring-Canal" (*cc*), welcher die 4 Radial-Canäle am Schirmrande in Verbindung setzt, scheint nicht der

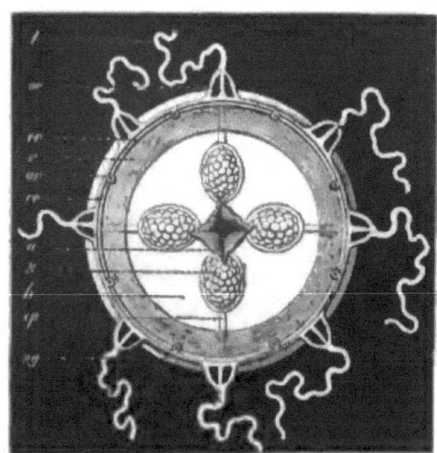

Fig. M. **Eucope campanuláta** *(Leptomedusae, Eucopidae)*, Subumbral-Ansicht. *a* Quadratische Mundöffnung. *s* Ovarien. *cp* Perradial-Canäle. *cc* Ringcanal. *v* Velum. *ov* Velare Randbläschen *(adradial)*. *h* Schirmhöhle. *rc* Nervenring. *oc* Ocellen an der angeschwollenen Basis der Tentakeln. *ug* Schirmgallerte. *t* Tentakeln.

offen gebliebene Marginal-Theil des ursprünglich einfachen Gastral-Raumes (des Hydropolypen) zu sein, sondern dadurch zu entstehen, dass sich die Distal-Enden der offen gebliebenen Radial-Canäle durch marginale Ausläufer in Verbindung setzen (daher: „Secundärer Ringcanal"). Diese typische Urform des Kranzdarmes der Craspedoten unterliegt vielfachen Modificationen, von denen einzelne (*Narcomedusae*) dem Taschenkranz der Acraspeden zum Verwechseln ähnlich werden („Convergente Züchtung").

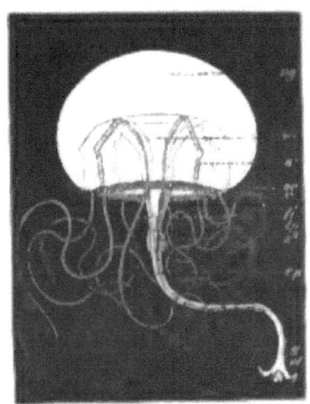

Fig. N. **Octorchis germanica** (*Leptomedusae, Eucopidae*), Profil-Ansicht. *ug* Gallertschirm. *v* Velum. *vr* Velare Randbläschen. *tp* Perradiale Tentakeln. *ti* Interradiale Tentakeln. *s¹* Distale Hoden (an der Subumbrella). *s²* Proximale Hoden (am Magenstiel). *cp* Perradiale Canäle. *g* Magen. *al* Mundlappen.

§ 123. Radial-Canäle (*Canales radiales*, *cr*). Bei der grossen Mehrzahl der Craspedoten finden sich nur 4 perradiale Canäle vor, welche an der Insertion der 4 primären Tentakeln in den Ringcanal münden. Sie sind gewöhnlich sehr eng, cylindrisch, seltener bandförmig abgeplattet (bei einigen Tiariden, Geryoniden, Narcomedusen). Selten kommen 6 statt 4 Canäle vor (bei einem Theile der *Cannotidae* und *Geryonidae*, System, Taf. IX, Fig. 6—9; Taf. XVIII, Fig. 7, 8). In einigen Familien kommen constant 8 Canäle vor, indem in der Mitte zwischen den 4 perradialen sich nachträglich 4 interradiale secundär entwickeln (Taf. 3—8; *Melicertidae, Octocannidae, Trachynemidae, Aglauridae*, System, Taf. VIII, XVI, XVII). Selten hingegen finden sich 8 adradiale Canäle, welche durch basale Gabeltheilung von 4 perradialen entstehen (*Ctenaria, Cladonema, Dendronema*, System, Taf. VII). Bei den Aequoriden steigt die Zahl der Radial-Canäle von 8 auf 50—60, bisweilen auf 100—200 und darüber, und dann ist sie zugleich sehr unbestandig (System, Taf. XIV, XV). Ebenso variabel und inconstant ist ihre Zahl bei den Narcomedusen, wo sie jedoch nicht über 32 steigt, meistens zwischen 11 und 20 beträgt (System, Taf. XIX, XX). Während die Radial-Canäle der meisten Craspedoten ganz einfach und unverästelt sind, zeichnen sich die drei Subfamilien der *Cannotidae* durch mannichfaltige Verästelung derselben aus; die Radial-Canäle der *Polyorchidae* sind mit blinden Seitenästen besetzt und erscheinen daher gefiedert (*Ptychogena*, Taf. 2); bei den *Berenicidae* münden die einfachen oder verästelten Seitenzweige der Radial-Canäle, ebenso wie deren directe Fortsetzung in den Ringcanal; bei den *Williadae* theilen sich die Radial-Canäle gabelförmig in je zwei Aeste, wie bei den Cladonemiden und Zygocanniden; auch können sich die Gabeläste wiederholt dichotom verästeln (System, Taf. IX). Bei denjenigen Craspedoten, bei welchen sich im Centrum der Subumbrella ein solider gallertiger Magenstiel entwickelt, zerfällt jeder Radial-Canal in zwei Abschnitte; in einen aufsteigenden Stielcanal und einen absteigenden Subumbral-Canal; der erstere führt vom Magengrunde, am Oral-Ende des Magenstiels, bis zur Basis des letzteren (im Grunde der Subumbrella); der letztere von hier bis zum Ringcanal (Fig. N).

§ 124. Ringcanal der Craspedoten (*Canalis circularis*, *cc*). Bei allen Craspedoten werden ursprünglich die Radial-Canäle am Schirmrande durch einen Ringcanal (*Canalis circularis*) verbunden. Die Ontogenese desselben ergiebt, dass er nicht durch Offenbleiben des primären Gastral-Raumes an seinem peripheren Rande entsteht, sondern durch secundäre Anastomosen-Bildung der Radial-Canäle. Während die letzteren dadurch entstehen, dass die beiden Entoderm-Flächen des einfachen Gastral-Raumes der Polypen zu 4 breiten interradialen Cathammal-Tafeln verwachsen, bildet sich der verbindende

Ring-Canal am Distal-Ende der offen gebliebenen Radial-Canäle dadurch, dass zwischen ihnen am Distal-
Rande der entodermalen Cathammal-Platte die beiden Epithel-Schichten derselben (dorsales und ventrales Entoderm) wieder aus einander weichen. Der marginale Ring-Canal der Craspedoten bildet sich
demnach in ähnlicher Weise, wie der secundäre Ringcanal der Cycloperien unter den Discomedusen,
während der primäre Ring-Canal (oder besser „Ring-Sinus") der übrigen Acraspeden eine ganz andere
Bildung ist (vergl. unten §. 126, 134). Von dem einfachen Ringcanal der Craspedoten gehen in distaler Richtung die Tentakel-Canäle ab, welche in die hohlen Tentakeln hinein gehen. In proximaler
Richtung entwickeln sich bisweilen „Centripetal-Canäle", welche vom Ringcanal aus gegen die Mitte
der Subumbrella hinwachsen und hier blind enden (§ 135).

§ 125. Feston-Canal und Radial-Taschen der Narcomedusen. Durch ganz eigenthümliche
Bildungs-Verhältnisse des Kranzdarms, welche von denjenigen der übrigen Craspedoten völlig verschieden erscheinen, ist die Ordnung der Narcomedusen ausgezeichnet. Scheinbar gehen hier von der Peripherie des Central-Magens breite blinde Taschen aus, welche nicht durch einen Ringcanal zusammenhängen und denjenigen der *Typhloperiae* unter den Discomedusen gleichen. Indessen ergiebt die genauere vergleichende Untersuchung derselben, dass sie mit diesen letzteren nicht zu vergleichen sind,
dass vielmehr auch hier die typische Grundform des Kranzdarms ursprünglich dieselbe ist, wie bei
allen übrigen Craspedoten: 4 enge perradiale Canäle, welche am Schirmrande durch einen Ring-Canal
communiciren. Nur erleidet diese ursprüngliche Bildung hier eigenthümliche Modificationen, welche in
erster Linie durch die centripetale Wanderung der Tentakeln auf die Exumbrella bedingt
erscheinen (vergl. „System", 1879, Taf. XIX, XX, p. 302—306). Während nämlich bei den übrigen
Craspedoten die Tentakeln gewöhnlich ihre ursprüngliche Stellung am Schirmrande beibehalten, wandern sie bei den Narcomedusen von da aus auf die Dorsalfläche der Exumbrella hinauf, gegen den
Scheitel hin, und nehmen dabei von ihrer ursprünglichen Insertion einen Theil des Schirmrandes mit,
dessen Nesselring sich in eine centripetale Schirmspange (*Peronium*) verwandelt (§ 68, Taf. 9—14 *en*).
Der ursprünglich marginale Ringcanal, welcher an der Innenseite des marginalen Nesselringes liegt,
folgt dem centripetalen Ausläufer des letzteren, welcher in der Exumbrella das Peronium bildet, und
säumt beide Seitenränder des letzteren in Gestalt eines doppelten Spangen-Canals (*Canalis peronia-
lis*, *ck*, Taf. 9—14). An der dorsalen Insertions-Stelle des Tentakels münden die beiden parallelen
(nur durch das Peronium getrennten) Doppel-Canäle in das Distal-Ende des eigentlichen Radial-Canals
ein, welcher taschenartig verbreitert ist (*Cunantha*, *Cunina*, System, Taf. XIX, Fig. 1, 3). Während viele
Cunanthidae (die *Cunoctanthidae*) dieses einfachste Verhalten zeigen und sich unmittelbar an gewisse Trachomedusen (*Geryonidae*) anschliessen, spaltet sich bei anderen Cunanthiden (*Cunoctonidae*) der Distal-
Theil jedes Radial-Canals gabelförmig in je zwei blinde, distalwärts divergirende Taschen, und diese
internemalen Lappentaschen liegen demgemäss paarweise zwischen je zwei Peronien und Peronial-Canälen (*Cunarcha*, Taf. 9, Fig. 2—4; *Cunoctona*, System, Taf. XX, Fig. 1—6). Bei den nächstverwandten
Aeginidae wird der einfache Proximal-Theil der verbreiterten Radial-Canäle rückgebildet oder geht in
der Magen-Peripherie auf, während die beiden aus ihrem Distal-Theil entstandenen „Lappentaschen"
sich zu selbständigen „internemalen Magentaschen" ausbilden, die unmittelbar in die Magen-Peripherie
münden (*Aeginura*, Taf. 13, 14; *Aegina*, System, Taf. XX). Die doppelten Peronial-Canäle, welche zwischen je zwei Taschen-Paaren in den Magen münden, scheinen hier zunächst einfache „Radial-Canäle"
zu sein, welche sich am Schirmrande durch einen zusammenhängenden einfachen Ringcanal verbinden;
in der That aber besteht dieser scheinbar einfache „Ringcanal" aus 4 oder 8 getrennten „Randcanälen"

(*Canales marginales, cm*); diese werden durch die Distal-Enden der Peronien völlig geschieden, und jeder Randcanal bildet zusammen mit den zugekehrten Hälften der beiden anstossenden peronialen Doppel-Canäle einen hufeisenförmigen „Bogen-Canal". Zwischen je 2 Peronien mündet ein Bogen-Canal mit 2 getrennten Ostien in die Magenhöhle. Den ganzen Ringcanal aber, der sich bei den Aeginiden dergestalt aus 4 oder 8 getrennten Bogen-Canälen zusammensetzt, nennen wir den Feston-Canal (*Canalis festivus, cf.* Taf. 13, 14). — Wieder eine andere Modification bieten die *Pegunthidae* (Taf. 10—12). Hier gehen die Radial-Canäle vollständig im centralen Magen auf oder werden rückgebildet, so dass der Feston-Canal (oder der modificirte Ring-Canal) unmittelbar in den Magen mündet, und zwar mit doppelt so viel Oeffnungen, als Bogen den Feston-Canal zusammensetzen; jeder Bogen desselben mündet mit 2 Ostien ein (*go*). In der Familie der *Solmaridae* endlich verschwindet der Feston-Canal vollständig, durch Obliteration; auch die Radial-Canäle können hier gleichzeitig völlig obliterirt sein (*Solmonetidae*), während bei anderen Solmariden bald die pernemalen Magentaschen erhalten bleiben (*Solmissidae*), bald die internemalen Magentaschen (*Solmundinae*, System, Taf. XIX, XX, p. 346).

§ 126. **Taschen-Kranz der Acraspeden** (*Corona bursarum*). Im Gegensatze zu dem typischen „Canal-Kranze" der Craspedoten ist für die Legion der Acraspeden eine wesentlich verschiedene Form des Kranzdarmes als typische und ursprüngliche Einrichtung anzusehen: der „Taschen-Kranz", zusammengesetzt aus 4 weiten perradialen Taschen, welche von dem Umfang des Central-Magens abgehen, in der Subumbrella gegen den Schirm-Rand verlaufen und sich hier durch einen Ringcanal verbinden. Dieser typische viertheilige „Taschen-Kranz" der Scypho-Medusen hat sich aus dem einfachen Gastral-Raum ihrer Vorfahren, der Scypho-Polypen, dadurch entwickelt, dass die 4 interradialen Taeniolen desselben an 4 Punkten (gleicher Höhe) oder in 4 Streifen mit ihrem oberen Dorsal-Stücke und ihrem unteren Ventral-Stücke sich an einander legten und verlötheten. So entstanden 4 kleine interradiale Knoten oder schmale Leisten (Taf. 15, Fig. 2, 3 *kn*; Taf. 16, Fig. 2, 3 *ks*); dieselben bilden unvollständige Scheidewände zwischen 4 weiten perradialen Taschen (*bp*). Die kleinen Verwachsungs-Knoten oder die 4 schmalen Verwachsungs-Leisten enthalten auch bei den ausgebildeten Acraspeden noch eine doppelte (oder durch Verschmelzung einfach gewordene) Schicht von Entoderm-Zellen, welche als „Cathammal-Platte" jene Entstehung beweist (§ 101, Taf. 25, Fig. 8). Der marginale Ringcanal, welcher unterhalb der 4 schmalen Septen die 4 breiten Taschen am Schirmrande in Verbindung setzt, scheint der offen gebliebene Marginal-Theil des ursprünglich einfachen Gastral-Raumes des Scypho-Polypen zu sein (daher: „Primärer Ringcanal"). Diese typische Urform des Kranzdarms der Acraspeden unterliegt vielfachen Modificationen, von denen einzelne (*Flosculidae*) dem „Canal-Kranz" der Craspedoten zum Verwechseln ähnlich werden („Convergente Züchtung").

§ 127. **Radial-Taschen** (*Bursae radiales, br*). Im Gegensatze zu den häufigen Abweichungen von der Vierzahl der typischen Radial-Canäle, welche die Craspedoten zeigen, ist sehr bemerkenswerth die constante Vierzahl der perradialen Taschen bei den Acraspeden. Ursprünglich (phylogenetisch!) sind sie hier wohl allgemein vorhanden; aber häufig gehen sie allerdings frühzeitig verloren. Sie entsprechen den 4 flachen Magen-Nischen von *Scyphostoma*, welche constant durch 4 interradiale Taeniolen geschieden werden. Häufige individuelle Ausnahmen (besonders Individuen mit 6 oder 8 Radial-Taschen) sind von keiner Bedeutung, weil sie sich nicht erblich erhalten. Im Allgemeinen unterscheiden sich jedoch die beiden Sublegionen der Acraspeden, Tesseronien und Ephyronien, insofern sehr auffallend, als bei den *Tesseroniae* (Taf. 15—26) die 4 primären Radial-Taschen stets sehr gross bleiben und nebst dem zugehörigen Ring-Sinus permanent den Hauptbestandtheil des Kranzdarms bilden; während sie bei den *Ephyroniae* (Taf. 27—32) gewöhnlich rückgebildet werden oder durch Verschmelzung mit dem Central-Magen in diesem aufgehen, aber auch sonst nur unbedeutend erscheinen und gegen den peripheren Taschenkranz ganz zurücktreten. Dieser letztere, der mindestens aus 8, meistens aber aus 16 radialen Kranz-Taschen besteht, bildet bei den *Ephyroniae* stets den Haupt-bestandtheil des Kranzdarms, tritt hingegen bei den *Tesseroniae* ganz gegen den inneren viertheiligen Taschenkranz zurück. Damit stehen aber wichtige Differenzen in der übrigen Organisation der beiden Sublegionen im Zusammenhang. Es wird daher praktisch sein, die Radial-Taschen der Tesseronien und Ephyronien gesondert zu betrachten.

§ 128. **Die 4 Perradial-Taschen der Tesseronien.** In allen drei Ordnungen der Tessero-nien, bei den *Stauromedusae, Peromedusae* und *Cubomedusae,* bilden die 4 primären Perradial-Taschen (*bp*) nach Umfang und Ausdehnung den bei weitem bedeutendsten Theil des Kranzdarmes, während der marginale Taschenkranz an deren Peripherie dagegen sehr zurücktritt (System, p. 363—449, Taf. XXI —XXVI). Da der Schirm bei allen Tesseronien hochgewölbt ist und seine geometrische Grundform eine hohe (meistens oben abgestutzte) Quadrat-Pyramide darstellt, so nehmen die 4 breiten Taschen die 4 Seitenflächen derselben ein, während die 4 interradialen Septen zwischen ihnen den 4 Kanten der regulären Pyramide entsprechen. Am oberen oder proximalen Rande communicirt jede viereckige Tasche durch ein spaltförmiges Gastral-Ostium (*go*) mit dem Central-Magen, am unteren oder distalen Rande durch zwei oder mehrere Spalten mit den Marginal-Taschen; ihre beiden Seitenränder werden durch die Septen oder Cathammen und deren ideale (interradiale) Verlängerungen gebildet. Unterhalb der 4 Cathammen communiciren alle 4 Perradial-Taschen durch 4 interradiale Spalten, welche zusam-men einen idealen „primären Ring-Canal" herstellen, den „Kranz-Sinus" (*Sinus coronaris*, § 134). Von den beiden flachen viereckigen Wänden jeder Perradial-Tasche wird die äussere (abaxiale) von der inneren (concaven) Entoderm-Fläche der Notumbrella gebildet, hingegen die innere (axiale) von der äusseren (convexen) Entoderm-Fläche der Coelumbrella. Während in diesen wesentlichsten Bau-Verhältnissen sämmtliche Tesseronien ohne Ausnahme übereinstimmen, finden sich im Einzelnen doch mancherlei bedeutende Modificationen, welche hauptsächlich einerseits auf die verschiedene Ausdehnung der Cathammen, anderseits auf die verschiedene Stellung der Gastral-Ostien zurückzuführen sind. Diese letzteren bilden bei einem Theile der Stauromedusen und bei sämmtlichen Peromedusen schmale Längsspalten des Central-Magens, welche mehr oder weniger vertical stehen, hingegen bei dem anderen Theile der Stauromedusen und bei allen Cubomedusen breite Querspalten, welche mehr oder weniger horizontal stehen; demnach ist auch das specielle anatomische Verhältniss des proximalen Taschen-Theiles zum Central-Magen ziemlich verschieden. Was die 4 interradialen Septen der 4 Ta-schen oder die 4 primären Cathammen betrifft, so sind diese bei einem Theile der *Stauromedusae* (*Tesseridae*) und bei allen *Peromedusae* kleine, aber sehr feste, knorpelharte Knoten (*Nodi cathammales*) von geringem Umfange (Taf. 15, Fig. 2—6 *kn;* Taf. 20—24 *kn*), hingegen bei dem anderen Theile der *Stauromedusae* (*Lucernaridae*) und bei sämmtlichen *Cubomedusae* schmale und lange Leisten (*Limites ca-thammales,* Taf. 16, 17 *ks*). Die Peromedusen zeichnen sich ausserdem dadurch vor den anderen Tes-seronien aus, dass die 4 Perradial-Taschen oberhalb der 4 Septal-Knoten zu einem mächtigen „oberen Ringsinus" zusammentreten, welcher den Central-Magen ringförmig umgiebt und mit seinem oberen (geschlossenen) Rande bis zum Pylorus-Ringe hinaufreicht (*Periphyllidae,* Tafel 20, Tafel 21 *cs¹*); ver-gleiche § 134.

§ 129. Die 4 Perradial-Taschen der Ephyronien. In durchgreifendem Gegensatze zu der ersten und älteren Sublegion der Acraspeden, zu den Tesseronien, schlägt der Kranzdarm bei der zweiten und jüngeren Sublegion derselben, bei den Ephyronien, eine wesentlich verschiedene Bildungs-Richtung ein. Während die 4 primären Perradial-Taschen des Kranzdarmes bei den ersteren stets sehr gross sind und seinen Haupt-Bestandtheil bilden, scheinen sie dagegen bei den letzteren zu fehlen oder nur als kleine Rudimente zu existiren; sie sind daher bis heute bei den Ephyronien oder Discomedusen völlig übersehen und von keinem Medusologen gewürdigt worden. Sehr wichtig sind für deren Verständniss die beiden vorstehend beschriebenen Tiefsee-Cannostomen *Nauphanta* (Taf. 27, 28) und *Atolla* (Taf. 29), weil sie die ursprüngliche Bildung vermöge ihrer Grösse deutlicher zeigen als die bekannte kleine *Nausithoe*, bei welcher die 4 Septal-Knoten zwar auch ebenso vorhanden, aber sehr klein und bisher stets übersehen worden sind. Bei allen den genannten *Cannostomae* (und wahrscheinlich bei allen Discomedusen dieser Unterordnung) finden sich im oberen Theile des Kranzdarmes 4 interradiale Septal-Knoten (*kn*, Taf. 27, Fig. 3; Taf 28, Fig. 14, 15; Taf. 29, Fig. 3, 6 *kn*). Dieselben entsprechen nach Lage und Bedeutung vollständig denjenigen der Tesseriden (Taf. 15, Fig. 2—6 *kn*) und der Periphylliden (Taf. 20—24 *kn*). Bei *Atolla* (Taf. 29) sind diese wichtigen 4 interradialen Cathammal-Knoten stark abgeplattet, dreieckig; bei *Nauphantha* hingegen (Taf. 27, 28) und ebenso bei *Nausithoe* sehr klein und daher bis jetzt nicht berücksichtigt. Dennoch zeigen sie auf dünnen Querschnitten deutlich die bedeutungsvolle Cathammal-Platte oder Entoderm-Lamelle (*dk*), die Verlöthungsplatte zwischen Gallertkörper der Notumbrella und Stützplatte der Coelumbrella (Taf. 25, Fig. 8 *dk*). Durch diese 4 interradialen „Verwachsungs-Knoten" wird die Ventral-Wand der letzteren mit der Dorsal-Wand der ersteren fest verlöthet und zwischen ihnen bleiben 4 perradiale Querspalten, welche die 4 rudimentären, sehr verkürzten „Radial-Taschen" darstellen und deren Proximal-Rand demnach zugleich als „Gastral-Ostium" zu deuten ist (*go*). Denkt man sich jene Knoten in Gestalt schmaler Septal-Leisten interradial nach unten verlängert, so zerfällt dadurch der unterhalb gelegene „Coronar-Canal" oder „Ring-Sinus" (*cs*) in 4 breite und lange Radial-Taschen, welche denjenigen der *Lucernaridae* gleichen (Taf. 16, 17 *bp*). In den beiden übrigen Unterordnungen der Discomedusen, bei den *Semostomae* und *Rhizostomae*, scheinen die 4 primären, ursprünglich sicher vorhandenen Septal-Knoten rückgebildet und verloren gegangen zu sein, während die *Cannostomae* sie noch bis heute getreu conservirt haben; und die Cannostomen, die den Tesseronien in vieler Beziehung noch so nahe stehen, sind ja die Stammformen der Discomedusen, aus denen sich erst später die Semostomen (— und aus diesen noch viel später die Rhizostomen —) entwickelt haben. Bei den *Ephyrula*-Larven der letzteren deuten wahrscheinlich die 4 primären Gastral-Filamente ungefähr die Stelle an, wo sich früher die Septal-Knoten ihrer Vorfahren befunden haben. Vielleicht sind auch die oben beschriebenen 4 „Kreuztaschen" des Central-Magens theilweise oder ganz als Reste der ursprünglichen 4 Radial-Taschen des Kranz-Darmes zu deuten; sowie die centripetalen Septal-Leisten zwischen ihnen als Reste der Cathammal-Tafeln.

§ 130. Die Marginal-Taschen der Tesseronien. Nur bei der ersten und ältesten Familie der Tesseronien, bei den *Tesseridae*, wird der periphere Kranzdarm ausschliesslich durch die 4 grossen Perradial-Taschen gebildet und durch den marginalen Ringcanal oder Ringsinus, welcher dieselben unterhalb der 4 interradialen Septen in Verbindung setzt (*Tesserantha*, Taf. 15, Fig. 2—6; *Tessera*, System, Taf. XXI). Bei allen übrigen Tesseronien finden sich am Distal-Rande der 4 Perradial-Taschen noch andere Taschen vor, welche als periphere Ausbuchtungen der letzteren sich entwickeln und den Kranz der Marginal-Taschen zusammensetzen. Bei den *Lucernaridae* werden dieselben durch 4 Paar „Armtaschen" dargestellt, welche in die 8 adradialen Arme oder Randlappen hineingehen und von deren Distal-Ende aus in jeden Tentakel einen Tentakel-Canal schicken (Taf. 16, 17). Ganz ähnlich verhalten sich die *Charybdeidae*, deren 8 adradiale Rand-Taschen abwechselnd durch die 4 interradialen Septen und die 4 peradialen Frenula velarii geschieden werden (Taf. 26). Bei den *Chirodropidae* wird ihre Zahl verdoppelt, indem jede der 8 adradialen Randtaschen sich in 2 subradiale Lappentaschen spaltet (System, p. 446, Taf. XXVI). Ausserdem geben bei den meisten *Cubomedusae* (mit Ausnahme der niedersten Formen, der *Procharagmidae*) zahlreiche einfache oder verästelte „Velar-Canäle" vom Distal-Rande der Lappentaschen aus, welche sich im Velarium (der breiten, die Randlappen verbindenden Randhaut) ausbreiten und ohne Anastomosen blind enden (Taf. 26, Fig. 8 *cv*). Etwas anders ist das Verhältniss bei den *Peromedusae*, indem hier zunächst bei den *Pericolpidae* (System, Taf. XXIII) vom Distal-Rand des Ring-Sinus 8 principale Kranztaschen abgehen (4 perradiale und 4 interradiale). Die Subumbral-Wand derselben bilden die 8 Kranztafeln des Kranz-Muskels. Jede der 8 Kranztaschen spaltet sich in 2 distale Lappen-Canäle und einen medialen Haupt-Canal. Der letztere geht bei den 4 perradialen Kranztaschen in den Tentakel, bei den 4 interradialen in den Sinneskolben; die beiden Lappen-Canäle jeder Kranztasche hingegen (*bl*) versorgen die zugekehrten Hälften von je 2 benachbarten Randlappen und communiciren an deren Distal-Ende durch einen Hufeisen-Canal (*bu*) mit den entgegenkommenden Canälen der anderen Hälften (Taf. 22, Fig. 22; Taf. 23, Fig. 29). Die *Periphyllidae* unterscheiden sich von den *Pericolpidae* nur dadurch, dass an Stelle jedes einfachen perradialen Tentakels 3 Tentakeln und 2 dazwischen eingeschaltete subradiale Randlappen treten (Taf. 18—25). Indem sämmtliche Lappencanäle der Peromedusen durch Uförmige Hufeisen-Canäle (*bu*) unten am Distal-Ende der Randlappen in Verbindung stehen, oben aber am Proximal-Ende in benachbarte Kranztaschen münden, entsteht bei allen Peromedusen am äussersten Rande des gelappten Schirms ein gewundener zusammenhängender „Feston-Canal" von eigenthümlicher Bildung (Taf. 20, Fig. 8; Taf. 22, Fig. 22).

§ 131. **Die Marginal-Taschen der Ephyronien.** Während bei den *Tesseroniae* die Marginal-Taschen stets nur als untergeordnete Anhänge am Distal-Rande der 4 Perradial-Taschen (oder des grossen, aus deren Verbindung gebildeten Ring-Sinus) erscheinen, bilden sie dagegen bei den *Ephyroniae* oder *Discomedusae* den Hauptbestandtheil des Kranzdarms; sie differenziren sich hier in grösster Mannichfaltigkeit. Je mehr bei den Discomedusen die 4 primären Perradial-Taschen zurücktreten, desto mehr breiten sich an ihrer Stelle die zahlreichen und voluminösen Marginal-Taschen aus; trotzdem sind die letzteren auch hier ursprünglich als distale Fortsätze oder periphere Ausstülpungen der ersteren anzusehen. Bei der mannichfaltigen und vielgestaltigen Differenzirung, welche der Kranz der Marginal-Taschen in den verschiedenen Gruppen der Discomedusen erfährt, ist es wichtig, die ursprünglichen von den späteren Bildungen zu unterscheiden. Als ursprüngliche Marginal-Taschen der Ephyronien betrachten wir nur jene einfachen 8 **principalen Radial-Taschen** (4 perradiale und 4 interradiale), welche bei der Ephyrula-Larve dieser Ordnung überall zuerst auftreten und zu den 8 typischen Sinneskolben oder Rhopalien derselben hingehen (daher „Sinnes-Taschen, Ocular-Taschen oder **Rhopalar-Taschen**" genannt, *Bursae rhopalares, br*). Sie entsprechen den 8 „**Kranztaschen**" der *Pericolpidae* (unter den Peromedusen), von denen ebenfalls 4 perradial, 4 interradial liegen (erstere zu den Tentakeln, letztere zu den Rhopalien gehend; Holzschnitt Fig. *O*, p. 198). Zu diesen 8 principalen Rhopalar-Taschen der Discomedusen treten aber alsbald 8 **adradiale,** mit ihnen alternirende **Tentacular-Taschen,** welche zu den 8 typischen Adradial-Tentakeln dieser Ordnung hingehen (Taf. 27,

25 *

28 *bt*). Der characteristische Kranz der Marginal-Taschen besteht daher bei den meisten Ephyronien aus 16 Kranztaschen (*Bursae coronares, bc*), von denen die 8 principalen Rhopalar-Taschen jedoch phylogenetisch älter sind, als die 8 adradialen Tentakel-Taschen. Alle 16 Taschen werden durch 16 schmale Septen oder „Verwachsungs-Streifen" getrennt; diese 16 subradialen Cathammal-Leisten entsprechen den 16 subradialen Lappenspangen der Periphylliden. Indessen communieiren die 16 Kranztaschen der Discomedusen nicht, wie die der letzteren, durch einen marginalen Festoncanal (unterhalb der Distal-Enden der Cathammal-Leisten), bleiben vielmehr ursprünglich völlig getrennt und endigen blind. Dieses ursprüngliche Verhalten zeigen noch heute viele Ephyriden, indem die 8 grös-seren Principal-Taschen in den 8 Sinneskolben, die 8 kleineren Adradial-Taschen an der Basis der 8 Tentakeln blind geschlossen endigen. Aus diesem primären Verhalten lassen sich die mannichfal-tigen peripheren Taschen-Bildungen der Discomedusen sämmtlich als secundäre Modificationen und jüngere Fortbildungen ableiten.

§ 132. **Typhloperien oder Ephyronien ohne Annular-Canal.** Der periphere Taschenkranz der Discomedusen besteht nach der vorstehenden Ausführung ursprünglich bei allen Acraspeden dieser Ordnung (wie noch heute bei ihrer Ephyrula-Larve) aus 16 einfachen blinden Kranz-Taschen, welche durch 16 schmale subradiale Cathammal-Leisten geschieden werden, und von denen die 8 principalen (4 perradiale und 4 interradiale) zu den 8 Rhopalien, die 8 adradialen zu den 8 Tentakeln gehen. Bezüglich der weiteren Differenzirung dieses ursprünglichen Taschenkranzes bestehen aber in dieser formenreichen Ordnung zwei verschiedene Typen, von denen wir der Kürze halber den älteren, con-servativen als *Typhloperiae*, den jüngeren, progressiven als *Cycloperiae* bezeichnen; der letztere ist durch die Erwerbung eines secundären Ringcanals ausgezeichnet, welcher dem ersteren noch fehlt. Die Gruppe der Typhloperien, oder der Ephyronien ohne Ringcanal, umfasst von den drei Un-terordnungen dieser Ordnung erstens sämmtliche Cannostomen (*Ephyridae, Linergidae*) und zweitens die Hälfte der Semostomen (*Pelagidae, Cyaneidae*). Hier bleiben die 16 Kranztaschen stets völlig isolirt, gleichviel ob sie einfach bleiben oder sich vielfach verästeln. Einfach und unverästelt bleiben die Ta-schen hier bei den *Ephyridae* (System, Taf. XXVII, XXVIII) und *Pelagidae* (System, Taf. XXXI); nur spaltet sich hier gewöhnlich jede Kranztasche gabelförmig in zwei Lappentaschen, welche die zuge-kehrten Hälften von je zwei benachbarten Randlappen versorgt; die beiden einfachen blinden Lappen-taschen eines jeden Lappens gehören somit zwei verschiedenen benachbarten Randlappen an und blei-ben getrennt durch die (subradiale) Lappenspange. Demnach sind hier meistens 32 blinde Lappentaschen vorhanden, deren Zahl jedoch später durch Spaltung und Bildung secundärer Lappen beträchtlich ver-mehrt werden kann. Durch distale Verästelung der Lappentaschen zeichnen sich dagegen aus die *Li-nergidae* (System, Taf. XXIX) und die *Cyaneidae* (System, Taf. XXX). Hier entsendet jede Lappentasche aus ihrer Peripherie zahlreiche gabelspaltige oder dendritisch verästelte Canäle; dieselben verhalten sich ähnlich den dendritischen „Velar-Canälen" der Cubomedusen (Taf. 26), bilden keinerlei Anastomosen und endigen überall mit blinden Aestchen an der Peripherie der Lappen (Taf. 30, 31).

§ 133. **Cycloperien oder Ephyronien mit Annular-Canal.** Während bei den vorstehend ge-schilderten Typhloperien die 16 ursprünglichen Kranztaschen und ihre distalen Verästelungen völlig getrennt bleiben, zeichnet sich dagegen die zweite Hälfte der Discomedusen dadurch aus, dass sich zwischen denselben ein verbindender Ringcanal entwickelt. Diese Gruppe der Cycloperien, oder der Ephyronien mit Ringcanal, umfasst von den drei Unterordnungen dieser Ordnung erstens die

Hälfte der *Semostomae (Flosculidae, Ulmaridae)* und zweitens sämmtliche *Rhizostomae*. Aus der Ontogenie dieser Cycloperien geht mit Sicherheit hervor, dass dieselben phylogenetisch von den Typhloperien abzuleiten sind, und dass ihr characteristischer Ringcanal *(Canalis annularis, cn)* sich erst secundär als ringförmige periphere Anastomose zwischen den 16 ursprünglich getrennten und blinden Kranztaschen entwickelt hat. Die Ephyrula-Larve der Cycloperien ist derjenigen der Typhloperien zum Verwechseln ähnlich und ebenfalls nur mit 16 einfachen blinden Kranztaschen ausgerüstet. Erst im Laufe ihrer Metamorphose bilden dieselben bei den Cycloperien seitliche Ausläufer, welche denjenigen der benachbarten Kranztaschen entgegenwachsen und mit ihnen in offene Anastomose treten. So entsteht dieser secundäre Ringcanal der Cycloperien *(Canalis annularis)*, welcher demnach analog (nicht homolog) dem secundären „Ringcanale" *(Canalis circularis)* der Craspedoten, aber ganz etwas Anderes ist, als der „Kranzcanal" oder primäre Ringcanal der Acraspeden *(Canalis coronaris)*. Dieser letztere liegt an der Proximal-Seite der Kranztaschen (zwischen ihnen und den 4 Septal-Knoten), jener erstere hingegen an der Distal-Seite derselben. Mit der Entstehung des Annular-Canals der Cycloperien steht offenbar eine andere wichtige Eigenthümlichkeit derselben in engster Correlation; die 16 breiten Kranz-Taschen der Typhloperien verwandeln sich bei allen Cycloperien in 16 schmale Kranz-Canäle, indem die 16 schmalen subradialen Septal-Leisten zwischen den ersteren *(Limites cathammales)* sich zu 16 breiten Septal-Tafeln ausdehnen *(Tabulae cathammales)*. So entsteht eine besondere Form des Kranzdarmes, welche der gewöhnlichen Form der Craspedoten zum Verwechseln ähnlich und dennoch ganz unabhängig davon entstanden, auch in ihrer Beziehung zum Hauptdarm wesentlich verschieden ist. Denn die engen „Radial-Canäle" der Craspedoten entspringen unmittelbar aus dem Central-Magen, während die ähnlichen „Kranz-Canäle" der Cycloperien ursprünglich aus dem Distal-Rande eines Ring-Sinus entspringen, der an der Distal-Seite von 4 Cathammal-Knoten liegt. Im Uebrigen zeigt die weitere Differenzirung der Radial-Canäle und ihres Ringcanals, sowie das Verhalten zu den benachbarten Organen des Schirm-Randes in beiden Abtheilungen die grösste Aehnlichkeit. Die älteste Familie unter den Cycloperien, die *Flosculidae* (System, Taf. XXXII), zeigen einfache Radial-Canäle, welche sich innerhalb des Ringcanals nicht verästeln (gleich der grossen Mehrzahl der Craspedoten). Hingegen besitzen alle übrigen Cycloperien (— die *Ulmaridae* und sämmtliche *Rhizostomae*) verzweigte Radial-Canäle, welche sich innerhalb des Ringcanals verästeln (gleich den Cannotiden unter den Craspedoten). Ausserhalb des Ringcanals gehen hier wie dort von demselben periphere Canäle ab. in die Tentakeln, Rhopalien, Randlappen u. s. w. (§ 135).

§ 134. **Ring-Sinus der Acraspeden** *(Sinus coronaris, Canalis coronaris)*. Eine sehr wichtige, bisher nicht gebührend gewürdigte Einrichtung bildet der vorher erwähnte Ring-Sinus oder der Kranz-Sinus der Acraspeden *(cs)*. Er ist nicht zu verwechseln mit dem vorstehend besprochenen Annular-Canal und ist als eine ursprüngliche und typische Eigenthümlichkeit dieser Legion zu betrachten, welche den Craspedoten fehlt. Derselbe ist ursprünglich ein ganz einfacher, cylindrischer oder abgeplatteter Ring im Kranztheil der Subumbrella und wird durch den ganzen peripheren Abschnitt des Kranzdarmes gebildet, welcher nach aussen vom Distal-Rande der 4 interradialen Cathammal-Knoten *(kn)* oder Leisten *(ks)* liegt; so bei *Tesserantha* (Taf. 15, Fig. 2—6 *cs*) und bei der nahe verwandten Stammform aller Acraspeden, bei *Tessera* (System, Taf. 21 *cs*). Obgleich seine Ontogenie noch unbekannt ist, so darf man doch bezüglich seiner Phylogenie wohl mit Sicherheit annehmen, dass er keine secundäre marginale Communication der 4 breiten Perradial-Taschen darstellt, sondern vielmehr den offen gebliebenen Marginal-Theil des ursprünglich einfachen Scyphostoma-Magens, der nach aussen

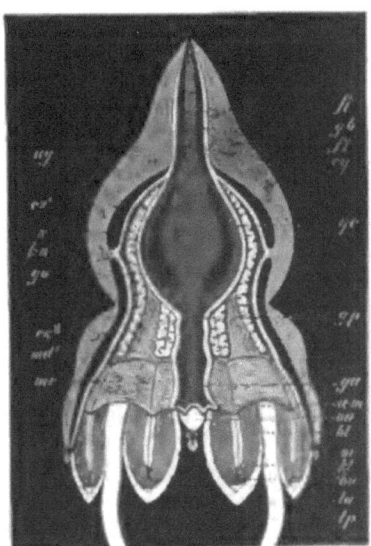

Fig. O. **Pericolpa quadrigata** (*Peromedusae, Pericolpidae*). Interradial-Schnitt. *ug* Schirmgallerte. *cs* Ringsinus (*cs¹* Proximal-Theil. *cs²* Distal-Theil). *s* Gonaden. *kn* Cathammal-Knoten. *go* Gastral-Ostien. *md* Delta-Muskeln. *mc* Kranzmuskel. *ft* Taeniolen. *gb* Nischen des Basal-Magens zwischen denselben. *gy* Pylorus. *gc* Central-Magen. *gp* Gaumenpforte. *ga* Buccal-Magen (Mundrohr). *am* Mundrand. *ni* Sinneskolben (Interradial). *na* Ampulle an deren Basis. *bu* Hufeisen-Canal der Randlappen (*la*). *kl* Lappenspange zwischen dessen beiden Schenkeln (*bl*). *tp* Tentakeln (Perradial).

von den 4 interradialen Cathammen liegt (*k*). Da diese letzteren ursprünglich nur kleine Verwachsungs-Knoten sind (wie bei den *Tesseridae* und *Peromedusae*), so bilden die Perradial-Taschen zwischen ihnen zunächst nur schmale, horizontale Spalten. Sobald aber aus den Knoten langgestreckte Concrescenz-Leisten werden (wie bei den *Lucernaridae* und *Cubomedusae*), so dehnen sich entsprechend zugleich jene unbedeutenden Perradial-Spalten zu ansehnlichen Taschen aus, auf Kosten des breiten Ringsinus, den sie grösstentheils in sich aufnehmen. Der breite Ringsinus wird so auf einen schmalen „Kranzcanal" reducirt, welcher die 4 grossen Perradial-Taschen unterhalb des Distalrandes ihrer Septal-Leisten in Communication erhält (Taf. 16, Fig. 2, 3, 12 *cc*; Taf 26). Die bei weitem grösste Ausdehnung und zugleich eine sehr auffallende Modification erleidet der Ringsinus bei den *Peromedusae*, wahrscheinlich in directer Correlation zu der gewaltigen Ausdehnung der 4 subumbralen Trichterhöhlen (*ci*), welche hier centripetal bis zum Pylorus (*gy*) emporwachsen. Der Ringsinus dehnt sich hier dem entsprechend ebenfalls centripetal nach oben bis zum Pylorus aus und zerfällt in einen oberen und unteren Theil. Der obere Ringsinus (Fig. O *cs¹*) liegt oberhalb der 4 kleinen interradialen Septal-Knoten (*kn*) und ist wahrscheinlich eigentlich als peripherer Abschnitt des Central-Magens zu deuten (*gc*); während der untere Ringsinus (Fig. O *cs²*) unterhalb der Septal-Knoten liegt und vermuthlich allein dem wahren primären Ringcanal der übrigen Tesseronien entspricht. Wenn diese Deutung richtig ist, so würden die wahren Gastral-Ostien (und zugleich die 4 Perradial-Taschen) durch die horizontalen Spalträume zwischen den 4 Knoten dargestellt werden; hingegen würden die verticalen Spalten in der Wand des Central-Magens, welche wir als „Gastral-Ostien" beschrieben haben (Fig. O *go*), als 4 Kreuztaschen des Central-Magens anzusehen sein. Es ist jedoch auch möglich, dass der „obere Ringsinus" (*cs¹*) durch den secundären Zusammenfluss von 4 grossen Perradial-Taschen entstanden ist, von deren langen Septen nur das Distal-Stück (in Gestalt der 4 kleinen Knoten) noch erhalten ist. Unter den *Ephyroniae* (oder *Discomedusae*) zeigen nur die *Cannostomae* noch ähnliche Verhältnisse; bei *Nausithoe* und *Nauphanta* (Taf. 27, 28) sowie bei *Collaspis* und *Atolla* (Taf. 29) ist der Ringsinus (*cs*) nebst den 4 primären Cathammen (*k*) und den 4 perradialen Spalten zwischen ihnen noch bis heute conservirt. Bei den übrigen Ephyronien (*Semostomae* und *Rhizostomae*) sind die 4 Cathammen aufgelöst und verschwunden; in Folge dessen ist der Ringsinus im Central-Magen aufgegangen, dessen peripheren Theil er bildet.

§ 135. Periphere Ausläufer des Gastrocanal-Systems. Bei vielen niederen Medusen beider Legionen beschränkt sich die Bildung des Gastrocanal-Systems auf die angeführten wesentlichen Theile des centralen Hauptdarmes und des peripheren Kranzdarmes. Bei der grossen Mehrzahl der Medusen treten jedoch dazu noch accessorische Ausläufer des Canal-Systems, welche zur Ernährung peripherer Organe dienen. Dahin gehören vor Allen die Ernährungs-Canäle der Randorgane, der Tentakeln und Sinnes-Organe; dieselben gehen theils unmittelbar von den Distal-Enden der radialen Canäle oder Taschen ab, theils von dem marginalen Ringcanale, welcher dieselben in Verbindung setzt. Unter den Craspedoten entwickeln sich ausserdem bisweilen besondere Centripetal-Canäle, welche vom Ringcanale aus gegen die Mitte der Subumbrella hinwachsen und zur Ernährung dieser letzteren dienen. Sie finden sich fast ausschliesslich in der Ordnung der *Trachomedusae* und sind gewöhnlich einfach, mit blinden Proximal-Enden; so bei *Pectis* unter den Pectylliden (Taf. 5, Fig. 2; Taf. 6, Fig. 11, 20); bei *Olindias* unter den Petasiden und bei einem Theile der *Geryonidae* (System, Taf. XV, Fig. 9, 10; Taf. XVIII, Fig. 5, 8). Durch dendritische Verästelung der Centripetal-Canäle zeichnet sich die Cannotide *Spirocodon* aus (System, p. 636, Nr. 588). — Unter den Acraspeden sind namentlich diejenigen peripheren Ausläufer des Canal-Systems bemerkenswerth, welche in die Randlappen oder das aus deren Verwachsung gebildete Velarium hineingehen. Dahin gehören die Velar-Canäle der Cubomedusen (Taf. 26, Fig. 8); die Lobar-Canäle der Discomedusen. Diese letzteren bilden bei den Typhloperien (§ 132), wie bei den Cubomedusen, keine Anastomosen; hingegen bilden sie bei den Cycloperien (§ 133) durch reiche Anastomosen ein mannichfach geformtes Canal-Netz, welches oft nicht bloss die Randlappen, sondern einen grossen Theil der Subumbrella einnimmt (Taf. 32, Fig. *B*, § 117). Endlich sind noch bemerkenswerth unregelmässige, bald einfache, bald vielfach verästelte Gallert-Canäle *(Canales endocollares)*, welche bei grossen und alten Discomedusen vom Kranzdarm aus in den Gallertkörper hinein wuchern (z. B. *Chrysaora*, *Cyanea*, *Pilema*, *Crambessa*).

§ 136. **Periphere Oeffnungen des Gastrocanal-Systems.** Bei der grossen Mehrzahl aller Medusen ist der centrale Mund die einzige Oeffnung des Gastrocanal-Systems. Indessen finden sich bei einzelnen Medusen beider Legionen ausserdem auch noch kleine periphere Oeffnungen vor, die jedenfalls secundärer Natur sind. Die wichtigsten von diesen finden sich am Schirmrande und können allgemein als Randporen *(Pori marginales)* bezeichnet werden. Unter den Craspedoten gehören dahin die sogenannten „Excretions-Papillen oder Subumbral-Papillen" (auch „Marginale Trichter oder Excretions-Trichter" genannt, *Papillae excretoriae* vel *subumbrales*). Diese eigenthümlichen Excretions-Organe des Schirmrandes finden sich ausschliesslich in der Ordnung der *Leptomedusae*, hier aber ziemlich verbreitet vor. Es sind kleine trichterförmige oder konische Warzen, welche sich in verschiedener Zahl am Distalrande der Subumbrella, zwischen dem Insertions-Rande des Velum und dem Ringcanal erheben; sie enthalten eine Ausstülpung des Ringcanals und öffnen sich durch eine kleine Mündung in die Schirmhöhle (System, p. 119, Taf. XI, Fig. 13 *ex*; Taf. XIII, Fig. 5 *q*). Die Zahl derselben ist bei vielen Eucopiden (z. B. *Octorchis*) und Aequoriden (z. B. *Polycanna*) sehr beträchtlich, aber unbestimmt. Da die Geisselzellen des Entoderms in den Subumbral-Papillen nach aussen gerichtet sind, gegen den Randporus hin, so ist der letztere als „Excretions-Oeffnung" oder „After" zu deuten. — Unter den Acraspeden sind ähnliche „marginale After-Oeffnungen" schon seit längerer Zeit von *Aurelia* bekannt, wo sie am Distal-Ende der 8 Adradial-Canäle liegen, an deren Einmündung in den Ringcanal; der Austritt von Flüssigkeit aus diesen Canälen lässt sich an den 8 adradialen Marginal-Poren von jungen Aurelien leicht direct beobachten. Dieselben Poren kommen aber auch bei anderen Ulmariden vor. Da sie immer klein und leicht zu übersehen sind, ist es möglich, dass sie eine viel weitere Verbreitung besitzen, als wir gegenwärtig annehmen. Bei einigen Medusen scheinen auch die Tentakeln am Distal-Ende eine Oeffnung zu besitzen.

§ **137. Geschlechts-Organe** *(Gonades, Genitalia, Sexualia, s).* Die Geschlechts-Organe zeigen bei allen Medusen insofern sehr einfache, übereinstimmende und einheitliche Bildungs-Verhältnisse, als sie überall wesentlich nur aus den **Geschlechtsdrüsen** *(Gonades)* bestehen, und als diese Gonaden überall in der **Subumbral-Wand** des **Gastrocanal-Systems** entstehen. Auch zeigen die beiderlei Geschlechter keinen wesentlichen Unterschied, indem die männlichen **Spermarien** sich an denselben Stellen und auf dieselbe Weise entwickeln, wie die weiblichen **Ovarien**. Dagegen besteht ein wesentlicher und durchgreifender Unterschied zwischen den beiden Legionen der Medusen-Classe, insofern die subepitheliale Zellenschicht, welche als „Sexual-Epithel" oder „Keim-Epithel" die beiderlei Sexual-Zellen, Spermatozoen und Eier, liefert, bei den *Craspedotae* dem **Exoderm**, bei den *Acraspedae* dem **Entoderm** der subumbralen Gastrocanal-Wand angehört; daher werden bei den ersteren die reifen Geschlechts-Producte unmittelbar nach aussen in die exodermale Schirmhöhle entleert, bei den letzteren hingegen in den entodermalen Hohlraum des Gastrocanal-Systems, von wo sie durch den Mund austreten. Die *Craspedotae* sind mithin *Ectocarpae*, gleich den Hydropolypen, Siphonophoren und Ctenophoren; die *Acraspedae* hingegen sind *Endocarpae*, gleich den Scyphopolypen und Korallen (§ 19).

§ **138. Gonochorismus und Hermaphroditismus.** Fast alle bekannten Medusen sind getrennten Geschlechtes, **Gonochoristen**; nur sehr wenige sind Zwitter oder **Hermaphroditen**. Mit voller Sicherheit gehört zu den letzteren die Pelagide *Chrysaora* (System, p. 503, Taf. XXXI). Während hier die 4 interradialen Gonaden Eier produciren, entstehen gleichzeitig rundliche Spermarien oder Hoden-säckchen in ganz unregelmässiger Zahl, Grösse und Form an den verschiedensten Stellen der Sub-umbral-Wand des Gastrocanal-Systems, sowohl in den Gonaden und an den Mundarmen, als an anderen Stellen des Hauptdarmes und des Kranzdarmes, sogar in den peripheren Kranztaschen. Ge-wöhnlich ist *Chrysaora* in der Jugend rein männlich, später Zwitter und im Alter rein weiblich; es scheint jedoch auch rein gonochoristische Exemplare zu geben, die zeitlebens bloss männliche oder bloss weibliche Sexual-Zellen bilden. Ein ähnlicher Hermaphroditismus, wie bei *Chrysaora*, scheint auch bei den nahe verwandten *Linergidae* sich zu finden; die eigenthümlichen, regelmässig vertheilten „Sub-umbral-Bläschen" dieser Cannostomen scheinen Sperma zu bilden, während ihre Gonaden bloss Eier produciren (System, p. 493, Taf. XXIX). — Unter den Craspedoten scheint ein Theil der *Narcomedusae* zwitterig zu sein; indessen sind diese und einige andere (wahrscheinliche) Fälle von Hermaphroditismus nicht sicher genug bekannt. — Die **Spermazellen** der Medusen sind allgemein feine Geisselzellen, nicht auffallend von denjenigen anderer Nesselthiere verschieden. Die **Eizellen** sind meistens nackt und amöboid bei den Craspedoten (Taf. 1, Fig. 8); hingegen meistens in Fulcral-Kapseln eingeschlossen bei den Acraspeden (Taf. 25, Fig. 7); bei einigen Acraspeden erhalten sie einen ansehnlichen Nahrungs-dotter und erreichen dann über 1 Mm. Grösse (Taf. 25, Fig. 4).

§ **139. Gonaden der Craspedoten.** Bei allen Craspedoten entwickeln sich die Geschlechts-drüsen (in wichtigem und durchgreifendem Gegensatze zu den Acraspeden) aus dem **Exoderm** der **Subumbral-Wand** des Gastrocanal-Systems und werden bei der Reife unmittelbar nach aussen in die Schirmhöhle entleert. Bald entstehen sie mehr in dessen centralem Theile, bald mehr im peripheren Theile; im ersteren Falle nennen wir sie Gastral-Gonaden, im letzteren Falle Canal-Gonaden. **Gastral-Gonaden**, in der Subumbral-Wand des Central-Magens und des davon ausgehenden Mundrohres, finden sich in den beiden Ordnungen der Anthomedusen (Taf. 1) und der Narcomedusen (Taf. 10—12). **Canal-Gonaden** hingegen, in der Subumbral-Wand der peripheren Radial-Canäle, besitzen die beiden

Ordnungen der Leptomedusen (Taf. 2) und der Trachomedusen (Taf. 3—8). Indessen giebt es in beiden Gruppen auch einzelne Ausnahmen; bisweilen wachsen die centralen Gastral-Gonaden centrifugal fort und dehnen sich vom Magen auch auf die peripheren Radial-Canäle aus (z. B. *Nemopsis* unter den Anthomedusen, System, Taf. V, Fig. 6—9); bei vielen Narcomedusen gehen sie sogar grösstentheils oder ganz auf die „Magentaschen" dieser Ordnung über, welche aus dem Proximaltheil der Radial-Canäle entstehen (Taf. 9, 13, 14). In anderen Fällen dehnen sich umgekehrt die peripheren Canal-Gonaden centripetal auf den centralen Magen aus (z. B. *Staurostoma, Staurophora, Orchistoma* unter den Leptomedusen, System, Taf. VIII, Fig. 6; Taf. XV, Fig. 3—5). Betrachtet man die Craspedoten als eine monophyletische Thiergruppe, so dürfte wahrscheinlich im Allgemeinen die Gastral-Production der Gonaden als das ältere und ursprünglichere Verhältniss anzusehen sein, aus dem sich erst secundär die Canal-Production der Geschlechtsdrüsen entwickelt hat; oder man nimmt an, dass ursprünglich die Subumbral-Wand des ganzen Gastrocanal-Systems Sexual-Zellen producirte, und dass später erst diese Production auf Hauptdarm und Kranzdarm vertheilt wurde. Wenn man hingegen (mit mehr Wahrscheinlichkeit!) die Craspedoten als polyphyletische Gruppe betrachtet, so können Canal- und Gastral-Gonaden in den verschiedenen Ordnungen unabhängig von einander entstanden sein.

§ **140. Gastral-Gonaden der Craspedoten.** Das einfachste und ursprünglichste Verhältniss der Genital-Bildung zeigen in der Legion der Craspedoten diejenigen Genera, bei welchen nur ein einziges Geschlechtsorgan existirt, eine ringförmige Gonade in der subumbralen Magenwand, in deren Mitte sich der Mund befindet. Dieses Verhältniss zeigen die Codoniden unter den Anthomedusen, sowie viele einzelne Gattungen unter den Narcomedusen. Die Codoniden (System, p. 10, Taf. I. II) zeichnen sich aus durch ein dünnes und langes, in verticaler Richtung ausgedehntes Magenrohr, in dessen Wand sich die Geschlechts-Zellen ganz gleichmässig entwickeln, so dass der Gonadenring die Gestalt eines cylindrischen Rohres erhält. Im Gegensatze dazu besitzen die Narcomedusen einen flachen und breiten, in horizontaler Richtung ausgedehnten Magensack, so dass der Genital-Ring in dessen Subumbral-Wand ebenfalls breit und flach erscheint (*Polycolpa*, Taf. 10, Fig. 1). Während dieser centrale Geschlechtsring bei vielen Narcomedusen ganz einfach bleibt, dehnt er sich bei anderen centrifugal auf die peripheren Radial-Taschen aus, und bei vielen wird zuletzt die Sexual-Production auf die letzteren beschränkt. Er zerfällt dann in eben so viel oder doppelt so viel einzelne „Genital-Taschen", als ursprünglich Radial-Canäle vorhanden sind (vergl. das System der Medusen, p. 312, 327, 335, 347, Taf. XIX, XX). Bei *Aeginura* (Taf. 13, 14) werden die Gonaden durch 16 internemale Magentaschen gebildet, bei *Pegantha* (Taf. 11, 12) durch einen Kranz von getrennten Säckchen, die einzeln aus der Magen-Peripherie sich ausstülpen und in die einzelnen subumbralen „Lappenhöhlen" des Schirmkranzes hinabhängen (Taf. 11, Fig. 3). In ähnlicher Weise zerfällt auch bei den meisten Anthomedusen der ursprünglich (— bei den Codoniden —) einfache Genitalring in 4 oder 8 radiale Stücke. Zunächst erfolgt die Radial-Spaltung des ersteren in der Weise, dass 4 interradiale Felder von der Sexual-Production frei bleiben, mithin 4 perradiale Gonaden in den 4 Magen-Kanten liegen (System, Taf. III, Fig. 1, 2; Taf. IV, Fig. 1 etc.). Jede von diesen aber kann wieder in 2 Hälften zerfallen, welche durch den perradialen Längsmuskel der Magenkante getrennt werden (*Thamnostylus*, Taf. 1; System, Taf. IV, Fig. 3, 10). Endlich können sich diese 8 adradialen Geschlechtsdrüsen paarweise dergestalt nähern und in den 4 Interradien verwachsen, dass die zugekehrten Schenkel von je 2 benachbarten, ursprünglich getrennten Gonaden sich mit einander zu einer einzigen Drüse verbinden; dann zeigen sich schliesslich 4 interradiale Gonaden in den 4 Seitenwänden des Magens (System, Taf. V, Fig. 1, 3;

Taf. VI, Fig. 3, 15 etc.). Wir haben dann scheinbar dasselbe Verhältniss, wie bei vielen Acraspeden; allein bei letzteren ist die interradiale Lage der 4 bogenförmigen Gonaden eine primäre, hingegen bei ersteren eine secundäre (oder vielmehr tertiäre) Erscheinung.

§ 141. **Canal-Gonaden der Craspedoten.** Im Gegensatze zu den Gastral-Gonaden der Anthomedusen und Narcomedusen finden wir bei den Leptomedusen und Trachomedusen die Geschlechtsdrüsen gewöhnlich auf die Subumbral-Wand der Radial-Canale beschränkt, bald nehmen sie deren ganze Länge ein, bald nur einen Theil derselben (proximalen, mittleren oder distalen Theil). Da die Zahl der Radial-Canäle bei den meisten Craspedoten 4 beträgt, so sind demnach gewöhnlich auch 4 perradiale Gonaden vorhanden (Taf. 2). Diese ursprüngliche Zahl verdoppelt sich bei denjenigen Craspedoten, bei welchen zwischen den 4 primären perradialen 4 secundäre interradiale entstehen (Melicertiden, Octocanniden, Aglauriden, Pectylliden, Taf. 3—8; System. Taf. VIII, Fig. 10; Taf. XVI, XVII). Bei den Aequoriden, wo die Zahl der Radial-Canäle sich unbestimmt vermehrt (20—80 und darüber), steigt entsprechend auch die Zahl der an ihnen befestigten Gonaden (System. Taf. XIV, XV). Im einfachsten Falle bildet jede Geschlechtsdrüse eine einfache, leistenförmige Verdickung in der Subumbral-Wand jedes Radial-Canals. Bei vielen Craspedoten aber zerfällt diese Leiste in 2 laterale Hälften, zwischen welchen die Median-Linie jener Wand von der Sexual-Production frei bleibt. Je stärker sich in dieser Median-Linie ein longitudinaler Radial-Muskel ausbildet, desto mehr weichen die beiden paarigen Hälften der Geschlechts-Leiste aus einander (Taf. 8, Fig. 9). Bald hängen dieselben als 2 parallele Falten in die Schirmhöhle herab (z. B. Aequoriden), bald breiten sie sich blattartig in der Fläche der Subumbral-Wand aus (Geryoniden). Sowohl wenn die Genital-Leiste an der Subumbral-Wand des Radial-Canals einfach bleibt, als wenn sie sich in zwei paarige Hälften theilt, bildet der Canal häufig eine blindsackförmige Ausstülpung in dieselbe, so dass sie die Form eines herabhangenden Bläschens, Säckchens oder Schlauches annimmt (Taf. 3—8). Weitere Complicationen in ihrer Bildung entstehen dadurch, dass sich das Geschlechtsband faltet; auch können die Buchten zwischen den einzelnen Falten so tief werden, dass es in zahlreiche einzelne Bläschen zerfällt (z. B. *Olindias*, System. Taf. XV, Fig. 11). — Die *Octorchidae*, eine Subfamilie der Eucopiden, ist dadurch ausgezeichnet, dass jede der 4 Gonaden in 2 weit entfernte Stücke zerfällt; das proximale Stück liegt am aufsteigenden Radial-Canal des Schirmstieles (Fig. N s^2); das distale Stück hingegen am absteigenden Radial-Canal der Subumbrella (Fig. N s^1, p. 190); hier kommen also 8 Gonaden auf 4 Radial-Canäle.

§ 142. **Gonaden der Acraspeden.** Bei allen Acraspeden entwickeln sich die Geschlechtsdrüsen (— in beständigem und typischem Gegensatz zu den Craspedoten —) aus dem Entoderm der Subumbral-Wand des Gastrocanal-Systems. Die reifenden Geschlechts-Producte treten hier gewöhnlich zunächst aus der subepithelialen Keimschicht in die Tiefe des gallertigen Mesoderms und werden hier in besondere „Fulcral-Kapseln" eingeschlossen (Taf. 25, Fig. 7 yz). Später durchbrechen sie bei der Reife diese „Chorion"-Hüllen und fallen frei in den Gastral-Raum hinein, um dann durch die Mundöffnung entleert zu werden. Auch bei den Acraspeden, wie bei den Craspedoten, erfolgt die Bildung der Geschlechts-Zellen bald mehr im centralen, bald mehr im peripheren Theile des Gastrocanal-Systems. Während aber bei den Craspedoten die centralen Gastral-Gonaden die ursprünglich primäre Bildung und die peripheren Canal-Gonaden secundär von ersteren abgeleitet zu sein scheinen, findet bei den Acraspeden wahrscheinlich das Gegentheil statt. Gerade die älteren und einfacher gebauten *Tesseroniae* (die Stauromedusen, Peromedusen und Cubomedusen) besitzen periphere Bursal-

Gonaden, welche sich in der Subumbral-Wand der 4 weiten Radial-Taschen oder des weiten, sie verbindenden, peripheren Ring-Sinus entwickeln; von hier aus treten dieselben bei den jüngeren und höher entwickelten *Ephyroniae* (den Discomedusen) mehr und mehr centripetal auf die Subumbral-Wand des breiten und flachen Central-Magens hinüber, so dass sie hier wieder als Gastral-Gonaden erscheinen. Ein weiterer wichtiger Unterschied beider Legionen scheint darin zu bestehen, dass die 4 Radial-Stücke des Geschlechts-Apparates bei den Craspedoten ursprünglich perradial liegen, bei den Acraspeden umgekehrt ursprünglich interradial. Während bei den Ephyronien unter den letzteren meistens 4 interradiale Drüsen sich finden (seltener in 8 Stücke zerfallen), finden sich bei den Tesseronien umgekehrt gewöhnlich 8 getrennte Stücke, die jedoch stets paarweise zu den 4 interradialen Gonaden gehören.

§ 143. **Bursal-Gonaden der Acraspeden** *(Tesseroniae)*. Alle Tesseronien stimmen darin überein, dass der Central-Magen von der Sexual-Production frei bleibt und sich die Geschlechtsdrüsen ausschliesslich oder doch grösstentheils in der Subumbral-Wand der 4 Perradial-Taschen entwickeln. Sie bilden hier im einfachsten Falle 4 interradiale hufeisenförmige Drüsen, welche mit der Concavität ihres U-förmigen Proximal-Bogens die 4 interradialen Cathammal-Knoten (*kn*) oder die Proximal-Enden der 4 schmalen Septal-Leisten (*ks*) umfassen, während die beiden Schenkel jedes Bogens in 2 benachbarte perradiale Taschen hineinragen (Taf. 15, Fig. 2—6). Dieses einfachste und wahrscheinlich ursprüngliche Verhalten zeigen die ältesten und einfachsten von allen Acraspeden, die *Tesseridae* (System, Taf. XXI), sowie einige nächstverwandte *Lucernaridae (Halicyathus)*. Bei allen übrigen Tesseronien (also bei den meisten *Lucernaridae*, sowie bei sämmtlichen *Peromedusae* und *Cubomedusae*) zerfällt jede der 4 interradialen Gonaden in 2 getrennte Hälften, indem der convexe Proximal-Bogen der hufeisenförmigen Drüse (welcher den Cathammal-Knoten umfasst) rückgebildet wird und wegfällt, so dass bloss die beiden Schenkel übrig bleiben. Diese liegen dann zu beiden Seiten des zugehörigen interradialen Cathammal-Septum, aber in 2 verschiedenen Perradial-Taschen, so dass also jede Tasche die zugekehrten Hälften von je 2 benachbarten Gonaden-Paaren enthält. Bei den Lucernariden (Taf. 16, 17) und bei den Peromedusen (Taf. 18—25) liegen die 8 paarweise zusammengehörigen Geschlechtsdrüsen als blattförmige Wülste in der Subumbral-Wand der 4 Perradial-Taschen selbst. Bei den Cubomedusen hingegen (Taf. 26) hängen sie mit der letzteren nur durch einen schmalen Insertions-Rand (unmittelbar neben dem Verwachsungs-Streifen des Cathamma, aber an dessen Subumbral-Seite!) zusammen und ragen übrigens als 8 freie Genital-Blätter in den Hohlraum der Taschen hinein, die sie grossentheils ausfüllen (Fig. P *s*; System, Taf. XXI —XXVI). In der Structur der Gonaden finden sich bei den verschiedenen Tesseronien mancherlei Abstufungen. Im einfachsten Falle, bei den *Tesseridae*, sind die Sexual-Drüsen nichts weiter als einfache Leisten oder Polster, entstanden aus schwielenförmigen Verdickungen des Entoderms der Subumbral-Wand (gleich den einfachsten Canal-Gonaden der Craspedoten); eine entsprechende Leiste der Fulcral-Lamelle dient den subepithelialen Keim-Zellen als stützendes Gerüst (*Sterigma*). Weiterhin bilden sich dann (bei

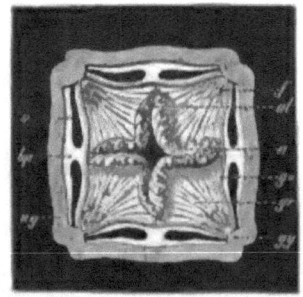

Fig. P. **Procharagma prototypus** *(Cubomedusae, Charybdeidae)*. Horizontaler Querschnitt unterhalb des Magens, dessen Boden (oder Subumbral-Wand) (*gc*) vollständig sichtbar ist; in der Mitte die Mundöffnung (*a*) mit den 4 perradialen Mundlappen (*al*). Die Gastral-Filamente (*f*) sitzen auf den 4 interradialen Pylorus-Klappen (*gy*). *gw* Subumbral-Wand der beiden Magentaschen (*bp*). *s* Gonaden. *ug* Schirm-Gallerte.

26 *

einem Theile der *Peromedusae*) mehr oder weniger verwickelte Falten, welche sich über die Subumbral-Wand erheben und frei in den Taschenraum hineinragen; das Stütz-Gerüste der Fulcral-Platte
(*Sterigma*) erhebt sich dann ebenfalls höher und erlangt eine stärkere Entwickelung (Taf. 23, Fig. 38,
39; Taf. 25, Fig. 5—7). Bei den *Cubomedusae* entwickelt sich letzteres zu einem breiten und dünnen
Blatte, welches nur an der Insertions-Basis (nahe der Cathammal-Leiste) mit der Stützplatte der Subumbrella zusammenhängt und auf beiden freien Flächen (sowohl der axialen als der abaxialen)
Sexual-Zellen trägt; bisweilen wird ihr freier Rand gelappt oder dendritisch verästelt (*Chirodropus*,
System, Taf. XXVI). Die complicirteste Structur erlangen die Geschlechtsdrüsen bei den *Lucernaridae*
(System, p. 386). Hier zerfällt jedes der 8 Geschlechtsblätter in zahlreiche einzelne Follikel, welche
einen Genital-Sinus mit Ausführgang enthalten, und bisweilen ist selbst jeder Follikel wieder aus
einer Anzahl kleiner Säckel zusammengesetzt (Taf. 17, Fig. 17—19).

§ 144. **Gastral-Gonaden der Acraspeden** (*Ephyrinae*). Während bei allen Tesseronien die
Subumbral-Wand der 4 Perradial-Taschen die Ursprungsstätte der Geschlechtsdrüsen ist, wandern dieselben bei den Ephyronien oder Discomedusen von dort centripetal auf die Subumbral-
Wand des Central-Magens hinüber. Diese centripetale Orts-Veränderung ist desshalb phylogenetisch als eine secundäre zu betrachten, weil die jüngeren und höher entwickelten Ephyronien offenbar von den älteren und einfacher gebauten Tesseronien abzuleiten sind, und weil gerade die niedersten und ältesten Bildungsstufen der ersteren noch unmittelbare Anknüpfungs-Punkte an die letzteren
bieten. Bei einigen Cannostomen (insbesondere einigen Ephyriden), bei welchen noch die 4 primären
interradialen Cathammal-Knoten erhalten sind, finden wir noch 4 interradiale hufeisenförmige Gonaden,
welche mit ihrem concaven Proximal-Bogen die letzteren umfassen und deren distal divergirende
Schenkel noch in der Subumbral-Wand des Ring-Sinus oder der 4 Perradial-Taschen liegen (System,
p. 467, 480, 492; Taf. XXVII, XXVIII, XXIX). Oft sind die Schenkel-Paare hier in getrennte Hälften
zerfallen, indem der verbindende Proximal-Bogen verloren ging (*Nauphanta*, Taf. 27, 28; *Atolla*, Taf. 29).
Während so in der ersten und ältesten Ordnung der Discomedusen, bei den Cannostomen, die ursprünglichen Genital-Verhältnisse der Tesseronien sich noch mehr oder weniger erhalten haben, sind
diese dagegen verschwunden bei den übrigen Discomedusen, bei sämmtlichen Semostomen und
Rhizostomen. Da hier die 4 primären Cathammal-Knoten resorbirt und somit die 4 perradialen,
durch sie getrennten Taschen nebst dem Ringsinus in dem flachen Central-Magen aufgegangen sind,
so liegen hier auch allgemein 4 einfache interradiale Gonaden in der Subumbral-Wand des Central-
Magens, um so mehr dessen Centrum genähert, je höher der Ephyronien-Character entwickelt ist und
je mehr sich der periphere Schirmkranz auf Kosten der centralen Schirmscheibe ausgedehnt hat. Die
zarte und dünne „Gastrogenital-Membran" (*gg*), an deren entodermaler Innenfläche hier die 4 Gonaden gelagert sind, wird zwar einfach als „Magenboden" oder Subumbral-Wand des Central-Magens bezeichnet; indessen ist dabei stets im Sinne zu behalten, dass eigentlich nur ihr axialer oder
proximaler Theil diesen Namen verdient, während ihr abaxialer oder distaler Theil ursprünglich vielmehr der Subumbral-Wand des Ringsinus und der 4 Perradial-Taschen an dessen Proximal-Rande
entspricht, welche in Folge von Auflösung und Resorption der 4 interradialen Cathammen im Central-
Magen aufgegangen sind. Häufig (namentlich bei den Pelagiden und Cyaneiden) stülpt sich die zarte
Gastrogenital-Membran (gleich einer Hernie) aus der Magenhöhle nach unten aus und bildet 4 herabhängende „Gastrogenital-Taschen", in deren Grunde unten die 4 krausenförmigen Genital-Bänder liegen
(*Extraversio gonadum*, Taf. 30, 31; System, p. 470, Taf. XXX). Bei den meisten Rhizostomen hingegen

(wie auch bei den Aureliden) stülpt sich umgekehrt die dünne Gastrogenital-Membran nach innen in die Magenhöhle hinein gleich einer reponirten Hernie *(Intraversio gonadum*, System, p. 470, Taf. XXXIV—XL). Wenn nun die 4 eingestülpten „Inneren Gastrogenital-Taschen" hier im Centrum der Magenhöhle bis zur Berührung sich nähern, können sie mit einander verwachsen und mittels Durchbruchs der verlötheten Wände in Communication treten. Dann entsteht die merkwürdige, oben beschriebene Bildung des centralen „Subgenital-Porticus", dessen Decke die kreuzförmige Gastrogenital-Membran, dessen Boden die „Armscheibe" bildet (vergl. oben § 96, p. 174, Holzschnitt Fig. *G*, *H*, und Taf. 32; sowie im „System" p. 471—473 und Taf. XXXVIII —XL). Diese und andere Modificationen in der gastralen Gonaden-Bildung der Ephyronien sind bereits im „System der Medusen" (1879, p. 467 —473) vergleichend geschildert worden; sie lassen sich sämmtlich von

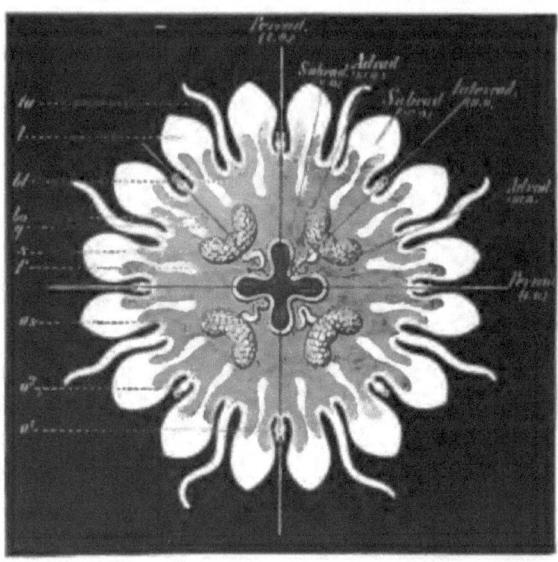

Fig. *Q*. **Zonephyra pelagica** (*Discomedusae, Ephyridae*). Subumbral-Ansicht. Die 4 Ordnungen von Kreuzaxen (mit doppelt so vielen Radien) sind angegeben. In den 4 Perradien (I. Ordnung) liegen das Mundkreuz (*as*) und die 4 perradialen Sinneskolben (*o¹*). In den 4 Interradien (II. Ordnung) liegen die Gastral-Filamente (*f*), die Gonaden (*s*) und die 4 interradialen Sinneskolben (*o²*). In den 8 Adradien (III. Ordnung) liegen die 8 Tentakeln (*ta*) und die tentacularen Kranztaschen (*bt*). In den 16 Subradien (IV. Ordnung) liegen die 16 Randlappen (*l*). Vom Centralmagen (*g*) strahlen 16 gabelspaltige Kranztaschen aus, 8 tentaculare (*bt*) und 8 rhopalare (*bo*).

den 4 einfachen hufeisenförmigen Gonaden ableiten, welche wir in der Subumbral-Wand der Magen-Peripherie (oder des Ringsinus) bei der ältesten und einfachsten Form der Discomedusen finden, bei *Ephyra* (Fig. *Q*). In diesen, wie in anderen morphologischen Beziehungen bleibt *Ephyra* einer der wichtigsten Typen unter allen Medusen.

MONOGRAPHIE DER MEDUSEN.

VON

ERNST HAECKEL.

––––––––

ZWEITER THEIL.

ERSTE HÄLFTE:

DIE TIEFSEE-MEDUSEN DER CHALLENGER-REISE.

ZWEITE HÄLFTE:

DER ORGANISMUS DER MEDUSEN.

MIT 32 TAFELN UND MIT 8 HOLZSCHNITTEN.

JENA

VERLAG VON GUSTAV FISCHER

vormals FRIEDRICH MAUKE.

1881.

DIE

TIEFSEE-MEDUSEN

DER

CHALLENGER-REISE

UND DER

ORGANISMUS DER MEDUSEN.

ZWEITER THEIL EINER

MONOGRAPHIE DER MEDUSEN.

VON

Dr. ERNST HAECKEL

PROFESSOR AN DER UNIVERSITÄT JENA.

ATLAS.

JENA

VERLAG VON GUSTAV FISCHER

VORMALS FRIEDRICH MAUKE

1881.

Glossarium Medusarum.

| | **A. Actinostoma.**
Osculum. | **Mouth.**
Central-aperture. | **Mund.**
Osculum. |

a

Mundöffnung der Medusen, aus dem Urmunde (Archistoma oder Blastoporus) der Gastrula entstanden; ihr Rand *(am)* bildet die Grenzlinie zwischen innerem und äusserem Keimblatt (Entoderm und Exoderm); die innere (axiale) Fläche des Mundrohres wird vom Entoderm, die äussere (abaxiale) vom Exoderm bekleidet.

aa	Actinostoma, apertura oris	*aperture of the mouth*	Mundöffnung
ab	Brachia oralia	*arms of the mouth*	Mundarme (perradial)
ao	Columnae buccales	*buccal columns*	Mundsäulen (interradial)
ad	Alae oris adradiales	*wings of the mouth*	Mundflügel (adradial)
ae	Fissurae buccales	*buccal clefts*	Schlundspalten
af	Filamenta oralia (barbulae)	*oral filaments*	Mundfäden
ag	Glandulae orales	*glands of the mouth*	Munddrüsen
ah	Stomodiscus (discus oralis)	*brachiferous plate*	Mundscheibe, Armscheibe
ai	Taeniola oralia	*buccal clasps*	Mundleisten (interradial)
ak	Costae orales	*buccal ribs*	Mundkanten (perradial)
al	Lobi orales	*lobes of the mouth*	Mundlappen (perradial)
am	Margo oralis	*margin of the mouth*	Mundrand
an	Crispae orales	*chonial frills*	Mundarmkrausen (der Rhizostomen)
ao	Oscula crisparia	*chonial pores*	Krausenmündchen (der Rhizostomen)
ap	Pilastri brachiales	*pillars of the mouth*	Mundpfeiler, Armpfeiler (perradial)
aq	Catablemata oralia	*curtains of the mouth*	Mundgardinen (perradial)
ar	Sulci orales	*furrows of the mouth*	Mundrinnen
as	Stomostaurus (crux oralis)	*croth of the mouth*	Mundkreuz (perradial)
at	Tubus oralis	*manubrium*	Mundrohr
au	Annulus oralis	*ring of the mouth*	Mundring (knorpelig)
aw	Labia oralia	*centripetal lips*	Lippenwülste (interradial)
ax	Axis oralis	*central cavity of the mouth*	Mundaxenraum
ay	Styli orales	*styles of the mouth*	Mundgriffel
az	Digitella oralia	*digituli of the mouth*	Mundtentakeln

| | **B. Bursae.**
Bursae gastrocanales. | **Pouches.**
Chymiferous pouches. | **Taschen.**
Gefäss-Taschen. |

b

Breite und flache, taschenförmige Hohlräume des Gastrocanal-Systems, vom Entoderm ausgekleidet; theils directe radiale Ausstülpungen der centralen Magenhöhle, theils peripherische Ausbuchtungen in verschiedenen Theilen.

ba	Bursae adradiales	*radial pouches of III. order*	Adradial-Taschen
bb	Bursae buccales	*buccal pouches*	Backentaschen
bc	Bursae coronares	*coronary-pouches*	Kranztaschen
bd	Bursae alares	*wing-pouches*	Flügeltaschen
bg	Bursae gastrales	*gastral pouches*	Magentaschen
bi	Bursae interradiales	*radial pouches of II. order*	Interradial-Taschen
bl	Bursae lobares	*pouches of the marginal lobes*	Lappentaschen
bm	Bursae marginales	*marginal pouches*	Randtaschen
bo	Bursae sensillares	*pouches of the sense-organs*	Sinnestaschen

bp	Bursae perradiales	*radial pouches of I. order*	Perradial-Taschen
br	Bursae radiales	*radial pouches (in general)*	Radial-Taschen
bs	Bursae sexuales	*genital pouches*	Geschlechts-Taschen
bt	Bursae tentaculares	*tentacular pouches*	Tentakel-Taschen
bu	Bursae hipposideri	*horseshoe-shaped canals*	Hufeisen-Taschen
bv	Bursae velarii	*pouches of the velarium*	Velar-Taschen
bw	Bursae mesenteriales	*pouches of the mesenteria*	Mesogon-Taschen
by	Bursae pyloricae	*pyloric pouches*	Pylorus-Taschen

c	**C. Canales.**	**Canals.**	**Canäle.**
	Gastrocanales,	*Chymiferous tubes,*	*Gastrocanäle,*
	Tubi chymiferi.	*Gastrocasodar tubes, Vessels.*	*Gefässe.*

Schmale und enge, röhrenförmige Hohlräume des Gastrocanal-Systems, vom Entoderm ausgekleidet; theils directe radiale Ausstülpungen der centralen Magenhöhle, theils peripherische Röhren in verschiedenen Theilen.

ca	Canales adradiales	*radial canals of III. order*	Adradial-Canäle
cb	Canalis basalis	*canal of the umbrella-peduncle*	Stiel-Canal (der Schirmkuppel)
cc	Canalis circularis	*circular-canal of the margin*	Ring-Canal am Schirmrande
cd	Canales pilastrales	*pillar-canals*	Armpfeiler-Canäle (der Rhizostomen)
ce	Canales centripetales	*centripetal-canals*	Blinde Centripetal-Canäle
cf	Canalis festivus	*festoon-canal*	Feston-Canal (der Narcomedusen)
cg	Canales gastrales	*gastric canals*	Magen-Canäle
ch	Canales brachiales	*brachial canals*	Arm-Canäle (der Rhizostomen)
ci	Canales interradiales	*radial canals of II. order*	Interradial-Canäle
ck	Canales peroniales	*peronial canals*	Spangen-Canäle (der Narcomedusen)
cl	Canales lobares	*canals of the marginal lobes*	Lappen-Canäle
cm	Canalis marginalis	*marginal-canal*	Rand-Canal
cn	Canales ramales	*branches of the canals*	Canal-Aeste
co	Canales sensillares	*canals for the organs of sense*	Sinnes-Canäle
cp	Canales perradiales	*radial canals of I. order*	Perradial-Canäle
cr	Canales radiales	*radial canals (in general)*	Radial-Canäle
cs	Canalis coronaris	*coronal-sinus*	Ring-Sinus
ct	Canales tentaculares	*tentacular canals*	Tentakel-Canäle
cv	Canales velares	*canals of the pseudovelum*	Velar-Canäle
cy	Canales clavares	*tubes of the sensitive clubs*	Canäle der Randkeulen

d	**D. Entoderma.**	**Endoblast.**	**Darmblatt.**
	Entoderma,	*Hypoblast, Inner germinal layer,*	*Gastralblatt,*
	Lamina gastralis.	*Inner foundation membrane.*	*Inneres Keimblatt.*

Inneres primäres Keimblatt, entsprechend der inneren einfachen Zellenschicht der Gastrula (oder der invaginirten Hälfte der Blastula). Später sondert sich dasselbe bei den Medusen in das bleibende Entoderm (oder das Epithel des Gastrocanal-Systems) und die davon ausgeschiedene Gallertmasse (Umbrella) und Stützplatten etc.

da	Entoderma orale	*entoderm of the mouth*	Gastral-Epithel des Mundes
dc	Entoderma canalis circularis	*epithelium of the circular-canal*	Gastral-Epithel des Ringcanals
df	Entoderma filamentorum	*epithelium of the gastral filaments*	Epithel der Gastral-Filamente
dg	Entoderma gastrale	*epithelium of the gastral cavity*	Inneres Magen-Epithel
dk	Entoderma cathammale	*entoderm of the fusions*	Gefäss-Platte, Entoderm-Lamelle
dl	Entoderma loborum	*epithelium of the pouches of the lobes*	Epithel der Lappentaschen
dp	Entodermatis plicae et processus	*folds of the entoderm*	Falten und Zotten des Entoderms
dr	Entoderma canalium radialium	*epithelium of the radial canals*	Epithel der Radial-Canäle
ds	Entoderma sexuale (Acraspedarum)	*sexual epithelium of the Acraspedae*	Keim-Epithel der Geschlechts-Organe (der Acraspeden)
dt	Entoderma tentaculorum	*inner epithelium of the hollow tentacles*	Gastral-Epithel der hohlen Tentakeln
du	Entoderma umbrale	*dorsal-epithelium of the canal-system*	Epitel der dorsalen Canal-Wand
dw	Entoderma subumbrale	*ventral-epithelium of the canal-system*	Epithel der ventralen Canal-Wand
dz	Entodermatis cellulae chordales	*notochordal cells of the solid tentacles*	Entodermale Chordal-Zellen

e | **E. Exumbrella.** | **Exumbrella.** | **Aussenschirm.**
Paries umbrellae dorsalis, | *Upper wall* | *Rückenwand,*
Ectophragma. | *of the umbrella.* | *Aeussere (convexe) Schirmwand.*

Aeussere oder obere, dorsale Wand des Gallertschirms, bekleidet vom dorsalen Exoderm-Epithel, mehr oder weniger convex gewölbt. Sie wird durch den Schirmrand gegen die Subumbrella abgegrenzt.

ea	Costae adradiales	*radial ribs of III. order*	Adradiale Rippen
ec	Fossa circularis	*circular furrow of the exumbrella*	Ringfurche
eg	Gyri radiales	*radial gyri*	Radial-Wülste
ei	Costae interradiales	*radial ribs of II. order*	Interradiale Rippen
el	Fossa lobaris	*radial furrow of the marginal lobes*	Lappenfurche
en	Peronia tentaculorum	*clasps of the tentacles*	Schirmspangen (der Narcomedusen)
eo	Crypta rhopalaris	*niche of the rhopalium*	Sinnesnische
ep	Costae perradiales	*radial ribs of I. order*	Perradiale Rippen
er	Costae radiales	*radial ribs (in general)*	Radial-Rippen
es	Sulci radiales	*radial furrows of the exumbrella*	Radial-Furchen

f | **F. Filamenta.** | **Gastro-filaments.** | **Gastralfilamente.**
Filamenta gastralia, | *Digitate appendages,* | *Magenfäden,*
Tentacula gastralia. | *Gastral tentacles.* | *Magen-Tentakeln,*

Fingerförmige Fortsätze der Gastral-Wand, welche frei in den Hohlraum des Gastrocanal-Systems hineinragen und aus soliden Gallertfäden (oder Zotten der Gallertscheibe) bestehen, deren freie Oberfläche vom Entoderm-Epithel überzogen ist; letzteres ist differenzirt in Geisselzellen, Nesselzellen, Drüsenzellen und Epithel-Muskelzellen.

fa	Filamenta gastris oralis	*tentacles of the buccal stomach*	Orale Magenfäden
fb	Filamenta gastris basalis	*tentacles of the basal stomach*	Basale Magenfäden
fc	Crura taeniolorum	*branches of the stomachic selvages*	Schenkel der Magenleisten
fg	Filamenta gastris centralis	*tentacles of the central stomach*	Centrale Magenfäden
fp	Filamentorum phacellae	*bunches of filaments*	Filament-Bündel
ft	Taeniola gastralia	*selvages of the stomach*	Magenleisten (interradial)

g | **G. Gaster.** | **Stomach.** | **Magen.**
Stomachus, | *Central cavity,* | *Centralhöhle,*
Cavitas centralis. | *Main cavity.* | *Haupthöhle.*

Die centrale, bald mehr scheibenförmige, bald mehr glockenförmige Haupthöhle des Körpers, deren centrale, verticale Axe zugleich die Haupt-Axe des Medusen-Körpers ist. Die obere (dorsale oder umbrale) Wand der Magenhöhle wird stets durch die solide Gallertmasse der Umbrella (überzogen vom flachen Epithel des dorsalen Entoderms) gebildet, hingegen die untere (ventrale oder subumbrale) Wand von dem Central-Theil der Subumbrella (überzogen vom hohen Epithel des ventralen Entoderms); in der Mitte der unteren Wand mündet das Mundrohr.

ga	Gaster buccalis	*oral stomach*	Mundmagen
gb	Gaster basalis	*basal stomach*	Grundmagen
gc	Gaster centralis	*central stomach*	Mittelmagen
gd	Glandulae gastrales	*glands of the stomach*	Magendrüsen
gf	Fundus gastris	*bottom of the stomach*	Magen-Boden, Magengrund
gg	Membrana gastro-genitalis	*gastrogenital membran*	Gastrogenital-Membran
gh	Crux gastro-genitalis (perr.)	*croth of the same*	Leistenkreuz dieser Membran
gk	Gastris nodi palatini (perr.)	*nodes of the palate*	Gaumenknoten
gl	Lamina gastralis	*entoderm-lamell*	Magen-Gefässblatt
gm	Gastris margo periphericus	*edge of the stomach*	Magen-Umkreis
gn	Antra gastris basalis (perr.)	*niches of the basal stomach*	Nischen des Grundmagens
go	Ostia gastralia (perrad.)	*openings of the stomach*	Gastral-Ostien
gp	Gastris porta palatina	*door of the palate*	Gaumenpforte
gr	Gastris sulci basales (perr.)	*stomachic basal furrows*	Magen-Grundrinnen
gs	Gastris sulci palatini (perr.)	*furrows of the palate*	Gaumenrinnen
gt	Tubus gastralis	*manubrium*	Magenrohr
gu	Paries gastris umbralis	*umbral-wall of the stomach*	Dorsalwand des Magens
gv	Gastris valvulae palatinae (perr.)	*valves of the palate*	Gaumenklappen

a *

gw	Paries gastris subumbralis	*subumbral-wall of the stomach*	Ventral-Wand des Magens
gx	Gastris sulci exumbrales (inter.)	*interradial furrows of the stomach*	Interradiale Längsfurchen des Magens
gy	Pylorus (porta pylorica)	*door of the pylorus*	Magenpforte
gz	Laminae obelisci	*obelisc-plates of the central stomach*	Obeliskenplatten des Central-Magens

h   H. Antrum.   Umbrella-cavity.   Schirmhöhle.
Caverna umbrellae.   *Cavity of the nectocalyx.*   *Schwimmhöhle.*

Offene Höhle unter dem concaven Schirm, oben überwölbt von der Subumbrella, unten frei geöffnet (oder nur am Rande durch das ringförmige Velum theilweise geschlossen). In dem centralen Axenraum der Schirmhöhle liegen stets die Mund-Organe. Sämmtliche Wände der Schirmhöhle sind vom Exoderm-Epithel der Subumbrella bekleidet.

ha	Apertura antri	*opening of the nectocalyx*	Mündung der Schirmhöhle
hb	Basis antri	*floor of the nectocalyx*	Grund der Schirmhöhle
hl	Antra loborum marginalium	*cavities of the marginal lobes*	Lappen-Höhlen (der Narcomedusen)
hr	Recessus antri	*niches of the nectocalyx*	Nischen der Schirmhöhle

i   I. Infundibula.   Funnel-cavities.   Trichterhöhlen.

Offene Höhlen, vom Exoderm-Epithel der Subumbrella bekleidet, welche nichts anderes sind, als verschieden-artige Fortsätze, Seitenräume oder Nebenhöhlen der Schirmhöhle (Antrum).

ia	Apex infundibuli	*summit of the funnel*	Trichterspitze
ib	Infundibula basalia	*basal funnels*	Basal-Trichter
ig	Ostia subgenitalia	*apertures of the subgenital cavities*	Oeffnungen der Subgenital-Höhlen
ii	Infundibula interradialia	*interradial funnels*	Interradiale Trichter
il	Infundibula loborum	*funnels of the marginal lobes*	Lappen-Trichterhöhlen
io	Infundibula oralia	*funnels of the mouth*	Mundtrichter (äussere Backentaschen)
ip	Infundibula peduncularia	*funnels of the peduncle*	Stieltrichter
ir	Porticus subgenitalis	*central subgenital floor*	Subgenital-Saal (der Monodemnien)
is	Infundibula subgenitalia	*subgenital cavities*	Subgenitalhöhlen (Schirmtrichterhöhl.)
it	Infundibula tentaculorum	*funnels of the tentacles*	Tentakel-Trichterhöhlen
iv	Infundibula velaria	*funnels of the velarium*	Velar-Trichter (der Cubomedusen)

k   K. Cathammata.   Fusions.   Verlöthungen.
Septa, Concrescentiae,   *Soldered parts,*   *Concrescenz-Platten,*
Fustones, Partes concretae.   *Cathammal plates.*   *Verwachsungs-Stellen.*

Stellen, an welchen die beiden Wände des peripherischen Gastrocanal-Systems (— umbrale oder dorsale und subumbrale oder ventrale Wand —) mit einander verwachsen oder verlöthet sind; bald punktförmige Knoten (nodi), bald linienförmige Leisten (limites), bald flächenförmige Tafeln (tabulae). Stets besteht jedes Cathamma oder Loth ursprünglich aus 2 Epithel-Platten des Entoderms, die aber oft zu einer einzigen Zellen-Schicht verschmelzen ("Gefässplatte, Entoderm-Lamelle oder Cathammal-Platte", dk).

kl	Loborum cathammata	*soldered clasps of the marginal lobes*	Lappen-Spangen
kn	Nodi cathammales	*soldered nodes*	Verwachsungs-Knoten
kt	Tabulae cathammales	*soldered plates*	Verwachsungs-Tafeln
ks	Limites cathammales	*soldered ridges*	Verwachsungs-Leisten

l   L. Lobi.   Lobes.   Lappen.
Lobi marginales umbrellae.   *Marginal lobes of the umbrella.*   *Lappen des Schirmrandes.*

Blattförmige Fortsätze des Schirmrandes, welche durch Einschnitte desselben getrennt werden und meistens peripherische Fortsätze des Gastrocanal-Systems enthalten. Echte (den Tentakeln homologe) Randlappen finden sich bloss in der Legion der Acraspeden, während die falschen, bisweilen bei den Craspedoten (bei Narcomedusen) vorkommenden Randlappen ganz andere Bildungen sind (Gallertlappen, durch die Entwickelung der Peronien entstanden).

la	Lobi adradiales	*adradial lobes*	Adradiale Randlappen
lm	Lobi marginales	*marginal lobes*	Randlappen
ll	Lobuli velares	*lobules of the velar lobes*	Läppchen der Velar-Lappen
lo	Lobi oculares	*ocular lobes*	Augenlappen

lp	Patagium lobare	*border-membrane of the lobes*	Randsaum der Lappen
ls	Paries loborum subumbralis	*concave inside of the lobes*	Ventral-Wand der Lappen
lt	Lobi tentaculares	*tentacular lobes*	Tentakel-Lappen
lu	Paries loborum umbralis	*convex outside of the lobes*	Dorsal-Wand der Lappen
lv	Lobi velares	*lobes of the pseudovelum*	Velar-Lappen

m   M. Musculi.   Muscles.   Muskeln.

    Der bei weitem grösste Theil aller Medusen-Muskeln gehört der Subumbrella an und wird von deren Exo-
derm-Epithel ausgeschieden; viel unbedeutender sind die dorsalen Muskeln, welche vom Exoderm-Epithel der Exumbrella, sowie die gastralen Muskeln, welche vom subumbralen Entoderm-Epithel des Mundrohrs gebildet worden.

ma	Musculi adradiales	*radial muscles of III. order*	Adradiale Muskeln
mb	M. buccales	*buccal-muscles*	Backenmuskeln
mc	M. coronaris	*coronal-muscle*	Kranzmuskel
md	M. deltoidei	*deltoid-muscles*	Deltamuskeln
md,	M. delt. perradiales	*deltoid-muscles of I. order*	Perradiale Deltamuskeln
md„	M. delt. interradiales	*deltoid-muscles of II. order*	Interradiale Deltamuskeln
me	M. exumbrales	*muscles of the outside of the umbrella*	Muskeln der Exumbrella
mf	M. filamentorum	*muscles of the gastral-filaments*	Muskeln der Gastral-Filamente
mg	M. gastrales	*gastral muscles*	Muskeln der Magenwand
mg,	M. gastrales longitudinales	*longitudinal-muscles of the stomach*	Längsmuskeln der Magenwand
mg„	M. gastrales circulares	*transversal muscles of the stomach*	Ringmuskeln der Magenwand
mh	M. loborum marginalium	*muscles of the lobes*	Längsmuskeln der Randlappen
mi	M. interradiales	*radial muscles of II. order*	Interradiale Muskeln
mk	M. radicales tentaculorum	*root-muscles of the tentacles*	Wurzelmuskeln der Tentakeln
ml	M. longitudinales	*longitudinal muscles*	Längsmuskeln
mm	M. marginalis	*marginal muscle*	Randmuskel
mn	M. congenitales	*congenital-muscles*	Congenitale Muskeln
mo	M. orbicularis	*ring-muscle of the mouth*	Ringmuskel des Mundes
mp	M. perradiales	*radial muscles of I. order*	Perradiale Muskeln
mq	M. codonoides	*muscle of the swimming bell*	Glocken-Muskel
mr	M. radiales	*radial muscles (in general)*	Radial-Muskeln
ms	M. intergenitales	*intergenital muscles*	Intergenital-Muskeln
mt	M. tentaculorum longitudinales	*longitudinal muscles of the tentacles*	Längsmuskeln der Tentakeln
mv	M. veli vel velarii (circulares)	*ring-muscles of the velum*	Ringmuskeln des Velum
mw	M. subumbrellae circulares	*ring-muscles of the subumbrella*	Ringmuskeln der Subumbrella
mz	M. zonaris exumbrellae	*ring-muscle of the outside*	Gürtel-Muskel der Exumbrella

n   N. Nematillae.   Nettling-organs.   Nesselorgane.
Urticantia.   Urticating bodies, Stinging bodies.   Nesselkörper.

    Organe verschiedener Form, welche aus einer oder mehreren Nesselzellen, meist aus gehäuften Gruppen von
Nesselzellen (Cnidoblasten oder Nematai-Zellen) bestehen; Nesselknöpfe, Nesselbänder, Nesselplatten etc.

na	Nematillae oris	*urticating knobs of the mouth*	Nesselknöpfe des Mundes
nc	Marginis circulus nematalis	*urticating ring of the umbrella-margin*	Nesselring des Schirmrandes
ne	Nematillae exumbrellae	*urticating knobs of the exumbrella*	Nesselknöpfe der Exumbrella
nf	Fila nematalia	*urticating threads*	Nesselfäden
nk	Cystae urticantes	*nematocysts, thread-cysts*	Nesselkapseln
nm	Nematillae marginis	*thread-cells of the margin*	Nesselzellen des Schirmrandes
np	Nematillae peronii	*thread-cells of the peronia*	Nesselzellen der Schirmspangen
ns	Nematillae sexuales	*thread-cells of the genital organs*	Nesselzellen der Gonaden
nt	Nematillae tentaculorum	*thread-cells of the tentacles*	Nesselorgane der Tentakeln
nw	Nematillae subumbrellae	*thread-cells of the subumbrella*	Nesselzellen der Subumbrella
nz	Cellulae nematales	*thread-cells*	Nesselzellen

o   O. Sensillae.   Sens-organs.   Sinnesorgane.
Corpuscula marginalia.   Marginal bodies.   Randkörper.

    Sinnesorgane verschiedener Art, grösstentheils am Schirmrande angebracht; Tast-, Riech-, Hör- und Seh-Or-
gane; bald einzeln, bald vereinigt (zu Sinneskolben etc.). Der wesentlichste sensible Theil aller Sinnesorgane besteht

immer aus verschiedenartig differenzirten Exoderm-Zellen, während an der Bildung der untergeordneten Theile auch Entoderm-Zellen sich betheiligen können.

oa	Ampulla rhopalaris	bladder of the rhopalia	Ampulle der Sinneskolben
ob	Claves marginales	marginal clubs	Randkeulen
oo	Ocellus	eye-speck	Auge
od	Lens crystallina	lens of the eye	Dioptrische Linse
of	Plicae rhopalares	sense-folds	Sinnesfalten
og	Ganglion acusticum	auditory ganglion	Hör-Ganglion
oh	Setulae auditivae	auditory hairs	Hörhäärchen
ok	Cordyli	auditory clubs	Hörkölbchen (acustische Tentakeln)
ol	Otolithi	otolits	Hörsteinchen
on	Antrum rhopalare	niche of the rhopalium	Nische der Sinneskolben
oo	Otoporpae	clasps of the cordyli	Hörspangen (der Narcomedusen)
op	Pulvinar pigmentosum	pigmented pad of the rhopalia	Pigmentpolster der Rhopalien
or	Rhopalia	clubs of sense	Sinneskolben (der Acraspeden)
os	Squama rhopalaris	protective scale of the rhopalium	Deckschuppe der Sinneskolben
ot	Otocystae	auditory vesicles	Hörbläschen
ov	Vesiculae velares ·	marginal vesicles	Randbläschen (der Leptomedusen)
os	Infundibulum olfactorium	olfactory funnel	Riechgrube

---

p   **P. Pedunculus.**   **Peduncle.**   **Schirmstiel.**

Processus cupularis.   *Apical process of the umbrella.*   *Scheitel-Aufsatz des Schirms.*

Konischer oder pyramidaler, bisweilen in einen langen Cylinder oder ein vierseitiges Prisma ausgezogener Aboral-Fortsatz der Umbrella, homolog dem Stiel der Polypen. Bald ist der Schirmstiel am Ende angeheftet (bei den festsitzenden Lucernariden), bald endet er frei zugespitzt (bei den schwimmenden Codoniden, Tesseriden etc.).

pa	Axis pedunculi	central canal of the peduncle	Centraler Axenraum des Schirmstiels
pb	Basis pedunculi	adherent caudal disc	Basis des Schirmstiels
pc	Costae pedunculi	ribs of the peduncle	Rippen des Schirmstiels
ps	Sulci pedunculi	furrows of the peduncle	Rinnen des Schirmstiels
pt	Apex pedunculi	top of the peduncle	Spitze des Schirmstiels

---

q   **Q. Exoderma.**   **Ectoblast.**   **Hautblatt.**

Ectoderma,   *Epiblast, Outer germinal layer,*   *Dermalblatt,*
Lamina dermalis.   *Outer foundation membrane.*   *Aeusseres Keimblatt.*

Aeusseres primäres Keimblatt, entsprechend der äusseren einfachen Zellenschicht der Gastrula (oder der nicht invaginirten Hälfte der Blastula). Später sondert sich dasselbe bei den Medusen in das bleibende Exoderm (oder das äussere Epithelium des ganzen Körpers) und die davon ausgeschiedenen Muskeln etc.

qa	Exoderma orale	ectoderm of the mouth	Exoderm-Epithel des Mundes
qe	Exoderma exumbrellae	ectoderm of the exumbrella	Exoderm-Epithel der Exumbrella
qg	Exoderma gastrale	ectoderm of the stomach	Exoderm-Epithel des Magens
qs	Exoderma sexuale (Craspedotarum)	sexual epithelium of the Craspedotae	Keim-Epithel der Geschlechts-Organe (der Craspedoten)
qt	Exoderma tentaculorum	ectoderm of the tentacles	Epithel der Tentakeln
qw	Exoderma subumbrellae	ectoderm of the subumbrella	Exoderm-Epithel der Subumbrella

---

r   **R. Nervi.**   **Nervs.**   **Nerven.**

Während das peripherische Nervensystem der Medusen aus diffusen, weit unter dem Exoderm verbreiteten und mit ihm zusammenhängenden Plexus besteht, erscheint als Central-Theil am Schirmrande bei den Craspedoten ein zweifacher, bei den Acraspeden ein einfacher Nervenring, mit gangliösen Anschwellungen an den Sinnesorganen.

ro	Circulus nervosus	nervous ring	Nervenring des Schirmrandes
ro'	Circulus nervosus exumbralis	upper nervous ring	Dorsaler Nervenring
ro''	Circulus nervosus subumbralis	lower nervous ring	Ventraler Nervenring
rg	Plexus nervosus gastralis	nervous plexus of the stomach	Nerven-Plexus des Magens

| ro | Nervi sensillares | *nerves of the sense-organs* | Sinnesnerven |
| rs | Plexus nervosus subumbralis | *nervous plexus of the subumbrella* | Nerven-Plexus der Subumbrella |

s — S. Sexualia.
Genitalia.

Genital-Organs.
Reproductive organs.

Geschlechtsorgane.
Genitalien.

Die Geschlechtsorgane aller Medusen bestehen wesentlich nur aus den Geschlechtsdrüsen oder Gonaden, welche bei den Craspedoten aus dem Exoderm, bei den Acraspeden aus dem Entoderm sich entwickeln.

sa	Apertura genitalis	*sexual aperture*	Oeffnung der Geschlechts-Höhlen
sb	Folliculi sexuales	*genital follicles*	Gonaden-Bläschen
sc	Cavitas gonadum	*cavity of the genital sacs*	Höhle der Geschlechtsbeutel
sd	Epithelium gastrale gonadum	*inner epithelium of the genitalia*	Entoderm-Epithel der Gonaden
se	Lobi gonadum	*lobes of the genital glands*	Lappen der Geschlechtsdrüsen
sf	Gonades femininae	*ovaries*	Eierstöcke
sg	Gonades	*genital glands*	Geschlechtsdrüsen
sm	Gonades masculinae	*spermaries*	Hoden
so	Ova	*eggs*	Eier
sp	Plicae genitales	*genital folds*	Geschlechtsfalten
ss	Sinus genitalis	*genital sinus*	Geschlechtsbucht
st	Sterigma genitale	*fulcral stage of the genitalia*	Fulcral-Gerüste der Gonaden
sw	Epithelium subumbrale gonadum	*outer epithelium of the genitalia*	Exoderm-Epithel der Gonaden
sz	Zoospermia	*spermatozoa*	Samenfäden

t — T. Tentacula.

Tentacles.

Tentakeln.

Ursprünglich entspricht der Tentakel-Kranz der Medusen demjenigen der stammverwandten Polypen und steht demgemäss dort am Schirmrande, wie hier am Peristom-Rande; indessen verändern bei vielen Medusen die Tentakeln nachträglich ihre Stellung und wandern bald auf die dorsale, bald auf die ventrale Fläche des Schirmes.

ta	Tentacula adradialia	*tentacles of III. order*	Adradiale Tentakeln
tb	Tentaculorum bulbi basales	*basal bulbes of the tentacles*	Basale Tentakel-Bulben
to	Tentacula cava	*hollow tentacles*	Hohle Tentakeln
td	Tentacula solida	*solid tentacles*	Dichte Tentakeln
te	Tentacula spiralia, Cirri	*spiral cirri*	Spiral-Fäden
ti	Tentacula interradialia	*tentacles of II. order*	Interradiale Tentakeln
tk	Tentacula ancoralia	*margin anchors or colletocystophors*	Randanker oder Randpapillen
tp	Tentacula perradialia	*tentacles of I. order*	Perradiale Tentakeln
tr	Tentaculorum radices	*roots or spurs of the tentacles*	Tentakel-Wurzeln
ts	Tentacula suctoria	*suckers*	Saugnäpfe (der Pectylliden etc.)

u — U. Umbrella.
Discus, campana,
Discus gelatinosus.

Umbrella.
Disc, bell,
Jelly-disc.

Schirm.
Scheibe, Glocke,
Gallertscheibe.

Gallertige, concav-convexe Scheibe, den voluminösesten Theil, und bei den meisten Medusen die Hauptmasse des ganzen Körpers bildend; die obere convexe Fläche (Exumbrella) stösst am Schirmrande mit der unteren concaven Fläche (Subumbrella) zusammen.

ua	Umbrellae pedalia adradialia	*pedalia of III. order*	Adradiale Schirm-Sockel
uc	Umbrellae conus (cupula)	*cone of the umbrella*	Schirmkegel (Schirmkuppel)
ud	Umbrellae pedalia	*pedalia of the umbrella*	Gallertige Schirm-Sockel
uf	Umbrellae fibrillae elasticae	*elastic fibrillae of the jelly-disc*	Elastische Fasern der Schirm-Gallerte
ug	Umbrellae gelatina	*jelly of the umbrella*	Schirm-Gallerte
ui	Umbrellae pedalia interradialia	*pedalia of II. order*	Interradiale Schirm-Sockel
uk	Umbrellae conus lingualis	*tongue-like cone of the umbrella*	Zungenkegel oder Gastralkegel
um	Margo umbralis	*margin of the umbrella*	Schirmrand
up	Umbrellae pedalia perradialia	*pedalia of I. order*	Perradiale Schirm-Sockel
us	Pedunculus gastralis	*gelatinous peduncle of the stomach*	Magenstiel (gallertiger, solider Stiel)
ut	Tubercula umbrellae	*tubercles of the umbrella*	Schirmböcker
uz	Umbrellae corona	*corona of the umbrella*	Peripherer Schirmkranz

▼	**V. Velum.**	**Velum.**	**Randhaut.**

Musculöser dünnhäutiger Ring, vom Schirmrande als Fortsetzung der Subumbrella nach unten und innen frei vorspringend, nur in der Legion der Craspedoten. Das bei einigen Acraspeden vorkommende Velarium (oder Pseudovelum) ist eine ähnliche, aber wesentlich verschiedene Bildung.

va	Velarium (Acraspedarum)	*pseudovelum (of some Acraspeda)*	Velum-ähnliche Randmembran
vb	Veli basis	*basal edge of the velum*	Insertions-Rand des Velum
ve	Velum exumbrale	*dorsal surface of the velum*	(Untere) Dorsalfläche des Velum
vf	Velarii frenula (perradial.)	*suspensors of the velum*	Suspensorien des Velarium
vm	Veli margo	*free edge of the velum*	Freier Axial-Rand des Velum
vw	Velum subumbrale	*ventral surface of the velum*	(Obere) Ventral-Fläche des Velum

▼	**W. Subumbrella.**	**Subumbrella.**	**Innenschirm.**
	Paries umbrellae ventralis,	*Lower wall of the umbrella,*	*Bauchwand,*
	Opsophragma,	*Nectosac, nectocalyx.*	*Innere (concave) Schirmwand,*
	Nectocalyx.	*Swimming sac.*	*Schwimmsack.*

Innere oder untere, ventrale Wand des Gallertschirms, bekleidet vom ventralen Exoderm-Epithel, unter welchem eine Ringmuskelschicht liegt; sie wird durch den Schirmrand gegen die Exumbrella abgegrenzt.

wo	Plicae circulares subumbrales	*circular folds of the subumbrella*	Ringfalten der Subumbrella
wf	Frenula subumbralia	*radial folds of the subumbrella*	Verticale Falten der Subumbrella
wi	Tabulae intergenitales	*intergenital plates*	Intergenital-Tafeln der Subumbrella bei den Rhizostomen
wr	Mesenteria (vel Mesogonia)	*circumoral buttresses* (perradial)	Gekrösplatten oder Mesenterial-Falten
ws	Sulci circulares subumbrales	*circular furrows (between the folds) of the subumbrella*	Ringfurchen (zwischen den Ringfalten der Subumbrella)
wv	Valvulae subgenitales (interr.)	*subgenital valves*	Subgenital-Klappen (der Rhizostomen)

x	**X. Organa varia exodermalia.**	**Different organs of the Ectoblast.**	**Verschiedene Organe des Exoderms.**
y	**Y. Organa varia entodermalia.**	**Different Organs of the Endoblast.**	**Verschiedene Organe des Entoderms.**

z	**Z. Fultura.**	**Chondrophys.**	**Stützplatte.**
	Lamina fulcralis,	*Supporting plate,*	*Stützlamelle,*
	Lamina basalis.	*Fulcral-plate.*	*Fulcral-Platte.*

Structurlose hyaline Membran, unmittelbar unter dem Epithel des Entoderms liegend und von diesem ausgeschieden (— seltener ein locales Product des Exoderms, z. B. im Velum —). Bald ist die Stützplatte dünn, aber fest, einer elastischen Platte ähnlich, bald dicker, aber weicher, als directe Fortsetzung der Gallert-Masse der Umbrella.

sa	Fultura actinostomatis	*chondrophys of the mouth*	Stützplatte des Mundes
sg	Fultura gastralis	*chondrophys of the stomach*	Stützplatte des Magens
sk	Fultura cathammalis	*chondrophys of the soldered parts*	Stützplatte der Concrescenzen
sl	Fultura loborum	*chondrophys of the marginal lobes*	Stützplatte der Randlappen
st	Fultura tentaculorum	*chondrophys of the tentacles*	Stützplatte der Tentakeln
sv	Fultura veli (aut velarii)	*chondrophys of the velum (or velarium)*	Stützplatte des Velum (oder Velarium)
sw	Fultura subumbrellae	*chondrophys of the subumbrella*	Stützplatte der Subumbrella
ss	Fultura umbrellae	*chondrophys of the umbrella*	Stützplatte der Umbrella

Tafel I.

Erste Medusen-Ordnung:

ANTHOMEDUSAE.

Craspedoten mit gastralen Gonaden; stets ohne Hörorgane, aber mit marginalen Ocellen.

Familie:

MARGELIDAE.

Anthomedusen mit 4 oder mehr (bald einfachen, bald verästelten) Mundgriffeln, mit 4 oder 8 getrennten radialen Gonaden in der Magenwand, und mit einfachen (bald gleichmässig vertheilten, bald in 4 oder 8 Bündel gruppirten) Tentakeln.

Subfamilie: THAMNOSTOMIDAE.

Margeliden mit verästelten oder zusammengesetzten Mundgriffeln, und mit gleichmässig vertheilten, nicht in Bündel gruppirten Tentakeln.

Thamnostylus dinema.

Tafel I.

Thamnostylus dinema.

Figur 1. Die ganze Meduse, 5mal vergrössert, von der Seite gesehen. Aus der Mündung der Schirmhöhle tritt in der Mitte das lange vierseitig-prismatische Mundrohr weit hervor, welches oberhalb der Mundöffnung
ringförmig eingeschnürt ist. Dasselbe ist rings umgeben von den zahlreichen Aesten der 4 mächtigen, dichotom verzweigten, blutrothen Mundgriffel, deren letzte Endästchen einen Nesselknopf tragen. Oberhalb derselben sind in den
Seitenwänden des umgekehrt pyramidalen Central-Magens die 4 blattförmigen gefiederten Gonaden sichtbar. Von
der Basis des Central-Magens gehen die 4 schmalen Radial-Canäle aus, welche sich am Schirmrande oberhalb des
pigmentirten Nesselringes in einem Ringcanal vereinigen. Unterhalb ihrer Einmündung liegt ein pigmentirter Ocellar-
Bulbus. Von 2 gegenständigen Bulben gehen 2 lange, mit Nesselringen versehene Tentakeln ab.

Figur 2. Umbrella, von oben gesehen, 4 mal vergrössert. *gc* Central-Magen. *s* Gonaden (Ovarien).
gx Interradiale Furchen der Magenwand. *cr* Radial-Canäle. *ce* Ringcanal. *mi* Interradiale Längsmuskeln der Subumbrella. *v* Velum. *ug* Schirm-Gallerte. *ne* Nesselknöpfe der Exumbrella.

Figur 3. Der Central-Magen, von unten gesehen, 8 mal vergrössert, nachdem das Mundrohr (*at*) und
die 4 Mundgriffel (*ay*) an ihrer Basis abgeschnitten sind. Die 4 blattförmigen gefiederten Gonaden (*sf*) bedecken den
grössten Theil der Magenwand (*gc*). 4 perradiale innere Magenrinnen (*gs*) alterniren mit 4 interradialen äusseren
Magenfurchen (*gx*).

Figur 4. Die Mundöffnung und der angrenzende unterste Theil des Mundrohres, von unten gesehen,
10 mal vergrössert. *ar* 4 perradiale Mundrinnen (an der Innenseite der aussen vortretenden Mundrohr-Kanten).
na Nesselknöpfe des Mundrandes. *ax* Axialer Hohlraum des Magenrohrs.

Figur 5. Vier Endästchen eines Mundgriffels, stark vergrössert, mit ihren terminalen Nesselknöpfen.
d Münzenförmige Chordal-Zellen der soliden Entoderm-Axe, mit ihren centralen Kernen. *s* Fulcral-Platte oder Stütz-
Lamelle. *m* Muskel-Platte. *g* Exoderm. *n* Endständige Nesselknöpfe.

Figur 6. Eine Gonade, von der Gestalt eines gefiederten Blattes, dessen perradiale Mittelrippe eine Magenkante und die in derselben verlaufende Magenrinne bildet.

Figur 7. Ein Mundgriffel-Aestchen im Querschnitt, stark vergrössert. *d* Eine entodermale Chordal-
Zelle mit ihrem Kern (*y*), welcher von verzweigten Protoplasma-Fäden umgeben ist, die sowohl innen um den Kern
herum, als aussen an der Innenwand der Zelle in einer dünnen Protoplasma-Schicht sich vereinigen. *s* Die zugehörige
Stützlamelle. *m* Muskel-Platte (Longitudinale Muskel-Fibrillen im Querschnitt). *g* Exoderm-Epithel.

Figur 8. Ein reifes Ei mit grossem hellen Keimbläschen und dunklem doppelt contourirtem Keimfleck.

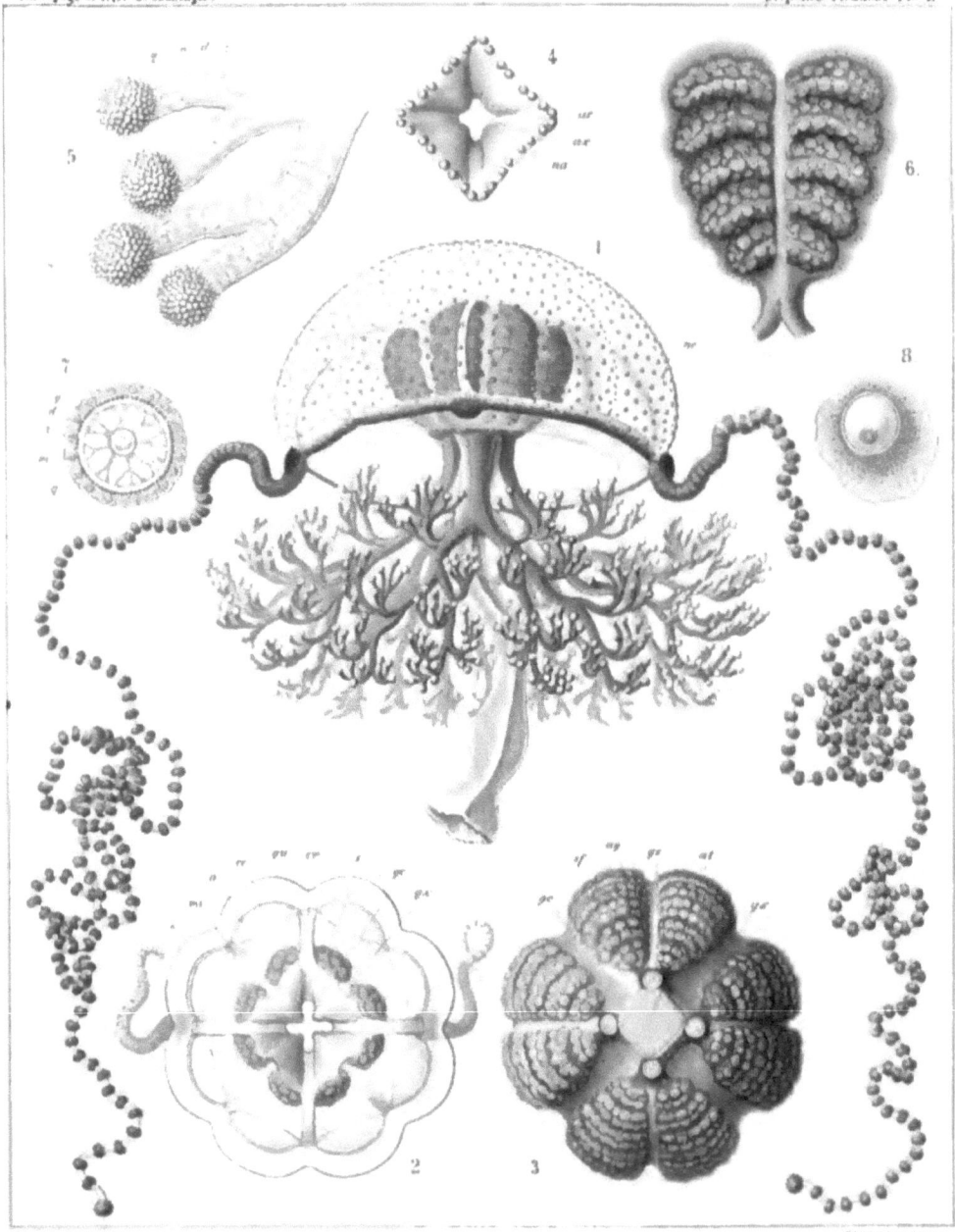

E.Haeckel and A Giltsch.Del.

E.Giltsch Jena Lith.gr.

THAMNOSTYLUS DINEMA.

Tafel II.

Zweite Medusen-Ordnung:

LEPTOMEDUSAE.

Craspedoten mit canalären Gonaden; theils mit velaren Hörbläschen und exodermalen Otolithen, theils ohne Hörbläschen, aber mit marginalen Ocellen.

Familie:

CANNOTIDAE.

Leptomedusen ohne Hörbläschen, mit marginalen Ocellen, und mit zusammengesetzten Radial-Canälen, welche verästelt, gabelspaltig oder gefiedert sind.

Subfamilie: POLYORCHIDAE.

Cannotiden mit 4 oder 6 Radial-Canälen, welche gefiedert oder mit blinden Seitenästen versehen sind, die den Ringcanal nicht erreichen.

Ptychogena pinnulata.

Tafel II.

Ptychogena pinnulata.

Figur 1. Die ganze Meduse, in doppelter natürlicher Grösse, halb von der Seite, halb von unten gesehen. Das vierseitige Magenrohr, welches in der Mitte der Schirmhöhle herabhangt, ist unten weit geöffnet. Aus seiner Basis entspringen mit konischer Erweiterung die 4 Radial-Canäle, deren gefiederte Proximal-Hälfte die Gonaden trägt. Die zahlreichen Tentakeln am Schirmrande sind in zierlichen Festons aufgerollt.

Figur 2. Die ganze Meduse, in doppelter natürlicher Grösse, von unten gesehen. Durch den weit geöffneten centralen Mund, dessen freier Rand unregelmässig gelappt ist *(al)*, blickt man in die vierseitige Magenhöhle *(gc)*, in deren quadratischem Grunde das rechtwinkelige Kreuz der centralen Flimmerrinne sichtbar ist *(gs)*. Von den 4 Ecken des Magengrundes gehen 4 konische Trichter aus *(ck)*, welche sich unmittelbar in die 4 perradialen Canäle fortsetzen *(cr)*. Der Proximal-Theil der letzteren wird von den Gonaden eingenommen, deren Fiederblättchen unten zierlich gelappt sind *(s)*. *t* Tentakeln. *ob* Randkolben. *v* Velum. *w* Subumbrella. *u* Umbrella.

Figur 3. Ein Stück des Schirmrandes, 3 mal vergrössert, von unten und innen gesehen. *cc* Ringcanal. *v* Velum. *tb* Basale Bulben der Tentakeln. *ob* Randkolben.

Figur 4. Radial-Schnitt durch den Schirmrand, 3 mal vergrössert. *v* Velum. *w* Subumbrella. *u* Umbrella-Gallerte. *e* Exumbrella. *tb* Basale Bulben der Tentakeln. *ob* Randkolben.

Figur 5. Eine Gonade, von oben, von der Umbral-Fläche, 3 mal vergrössert. *cp* Peripherischer Theil des Radial-Canals. *s* Fiederäste desselben, welche in die Höhlungen der Geschlechts-Blätter hineinführen.

Figur 6. Eine Gonade, von unten, von der Subumbral-Fläche, 3 mal vergrössert. *cp* Peripherischer Theil des Radial-Canals. *ck* Konischer Basaltheil desselben. *s* Genital-Blättchen. *g* Magenhöhle.

Figur 7. Kreuzförmige Flimmer-Rinne im Magengrunde (an der Gastralfläche des Gallertschirms, *u*), in doppelter natürlicher Grösse. Dieselbe ist hier amphithect (nicht regulär, wie in Fig. 2). Die 4 Schenkel des Kreuzes stossen paarweise zusammen und die beiden Paare sind H förmig durch eine Transversal-Rinne verbunden.

Figur 8. Ein Randkolben (Cordylus, Riechkolben?), im Längsschnitt, 10 mal vergrössert. *cy* Enger Central-Canal desselben. *d* Hohe Cylinder-Zellen des Entoderms. *q* Flache Sinneszellen des Exoderms. *s* Stützplatte oder Fuleral-Lamelle (Fultura) zwischen beiden Zellen-Lagen.

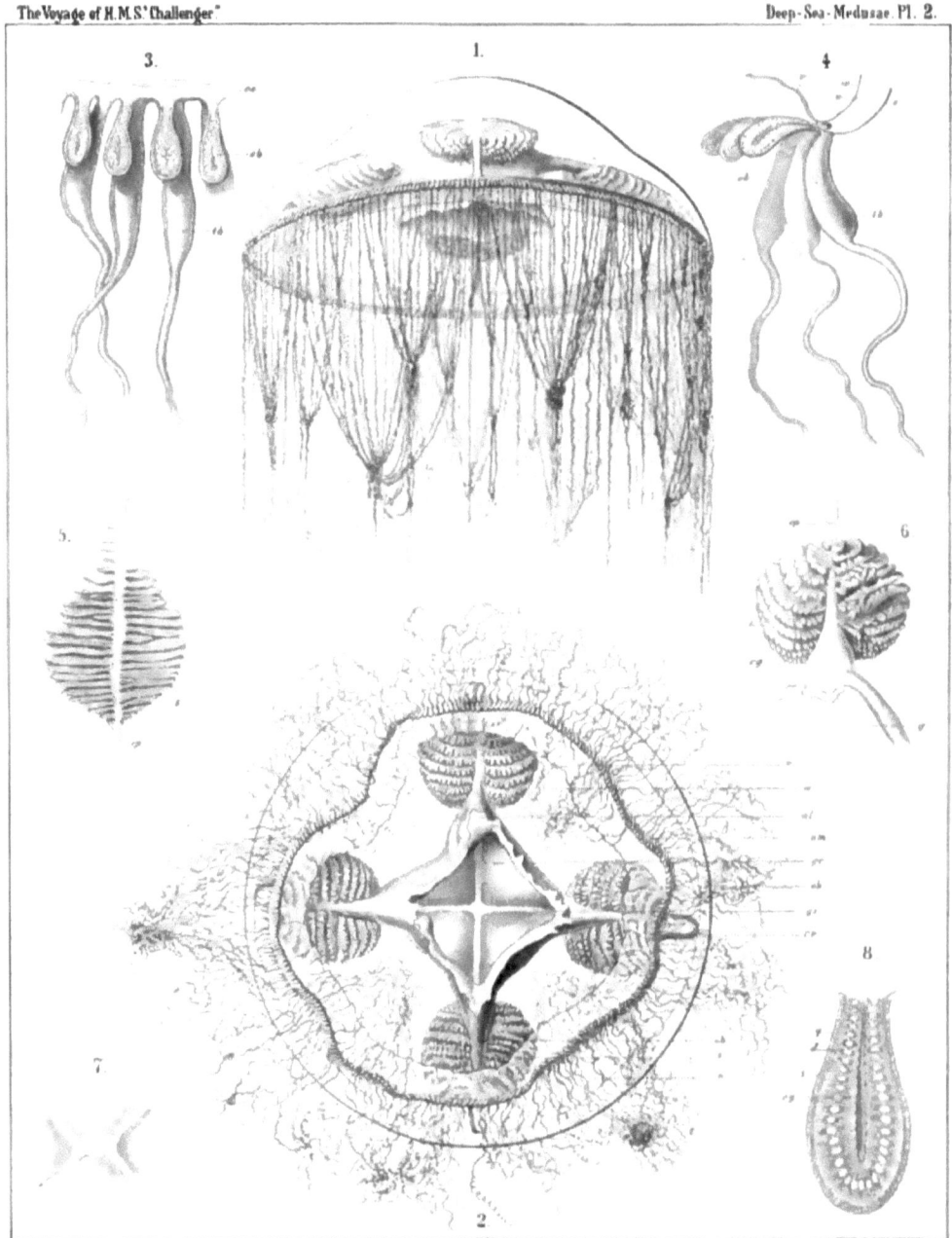

PTYCHOGENA PINNULATA.

Tafel VIII.

Dritte Medusen-Ordnung:

TRACHOMEDUSAE.

Craspedoten mit canalären Gonaden; mit Hörkölbchen, welche bald frei am Schirmrande stehen, bald in Hörbläschen eingeschlossen sind, mit entodermalen Otolithen-Zellen.

Familie:

TRACHYNEMIDAE.

Trachomedusen mit 8 Radial-Canälen, ohne Magenstiel, und mit Hörkölbchen, welche frei am Schirmrande liegen oder in ein Hörbläschen eingeschlossen sind.

Subfamilie: PECTYLLIDAE.

Trachynemiden mit Saugnäpfen an den Tentakeln; mit radialen Mesogonien oder Geschlechtsgekrösen.

Pectanthis asteroides.

Tafel VIII.

Pectanthis asteroides.

Figur 6. Die ganze Meduse, im Profil, 10 mal vergrössert; auf dem Boden nach Art eines Echinoderms kriechend, mit Saug-Tentakeln, die theils gleich Ambulacral-Füsschen angesaugt sind, theils tastend umherbewegt werden. (In Pola von mir nach dem Leben gezeichnet.)

Figur 7. Die ganze Meduse, im Profil, 10 mal vergrössert, auf dem Rücken vor Anker liegend. Aus der engen Oeffnung des stark contrahirten Velum tritt das lange Magenrohr, an der Basis vom Gonaden-Kranze umgeben, tastend hervor. Tentakeln wie in Fig. 10. (In Pola von mir nach dem Leben gezeichnet.)

Figur 8. Ein Stück des Schirmrandes, stark vergrössert, von unten und innen gesehen. *sen* Nessel-knöpfe der Subumbrella. *ser* Distal-Ende der Mesogonien. *y* Chordaler Ring von Entoderm-Zellen oberhalb des Ringcanals (?). *zp* Schwarz pigmentirter, gewundener Flimmerring von Exoderm-Zellen unterhalb desselben. *xo* Riech-gruben (?). *td* Tast-Tentakeln. *tc* Saug-Tentakeln. *ok* Hörkölbchen.

Figur 9. Perradial-Schnitt durch die Umbrella, welcher die vordere Schirmhälfte entfernt, das centrale Magenrohr mit dem Gonaden-Kranz jedoch intact gelassen hat, 30 mal vergrössert. *u* Schirm-Gallerte. *cr* Radial-Canal. *ser* Mesogonium. *s* Spermarium. *mw* Muskelplatte der Subumbrella. *sen* Nesselknöpfe derselben. *gt* Magenrohr. *al* Mundlappen. *y* Chordal-Ring an der Subumbral-Wand des Ringcanals (?). *xo* Sinneskörper mit Flimmergrube (Riechgrube?). *ok* Hörkölbchen. Von den 8 Mesogonien *(ser)* sind 3 abgeschnitten, 5 conservirt.

Figur 10. Die ganze Meduse, im Profil, 20 mal vergrössert. Während die Saug-Tentakeln unten auf dem Boden angesaugt sind, werden die Tast-Tentakeln nach oben gerichtet und lebhaft tastend umherbewegt. (In Pola von mir nach dem Leben gezeichnet.)

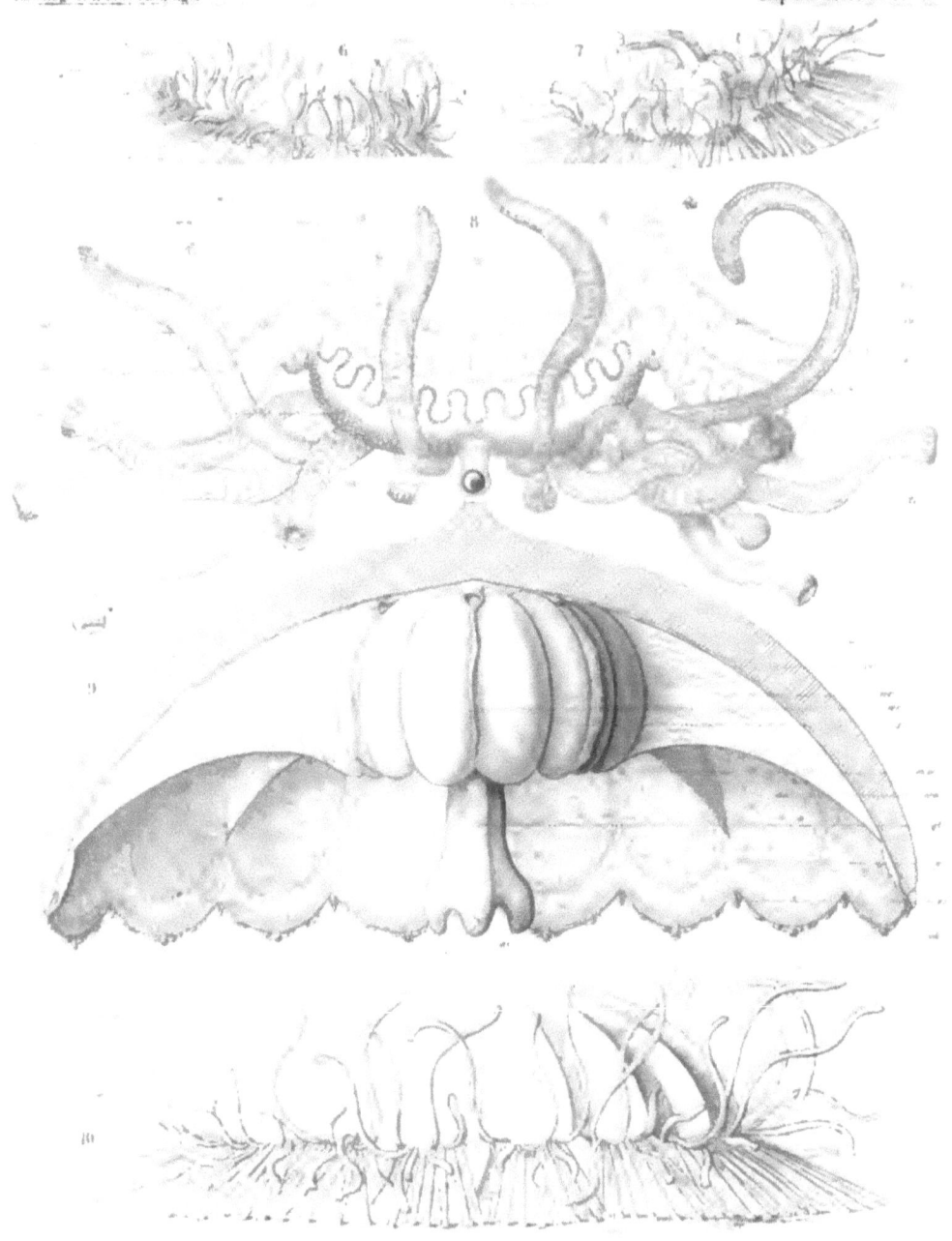

PECTANTHIS ASTEROIDES

Tafel IX.

Vierte Medusen-Ordnung:

NARCOMEDUSAE.

Craspedoten mit gastralen Gonaden; mit Peronien zwischen Schirmrand und Tentakel-Basis; mit freien marginalen Hörkölbchen und entodermalen Otolithen-Zellen.

Familie:

CUNANTHIDAE.

Narcomedusen mit breiten, taschenförmigen Radial-Canälen (oder pernemalen Magentaschen), welche bald einfach, bald in je zwei blinde Lappentaschen gespalten, stets aber durch doppelte Peronial-Canäle mit dem Ringcanal verbunden sind; mit Otoporpen oder Hörspangen an der Basis der Hörkölbchen.

Subfamilie: CUNOCTONIDAE.

Cunanthiden, deren Radial-Taschen in je zwei blinde Lappentaschen gabelförmig gespalten sind.

Cunarcha aeginoides.

Tafel IX.

Cunarcha aeginoides.

Die Bedeutung der Buchstaben ist überall dieselbe.

a	Mundöffnung	*hl*	Lappenhöhle	*qw*	Exoderm der Subumbrella
bg	Perradiale Magentaschen	*mp*	Peronial-Muskel (Perradial)	*r*	Nerven
bl	Lappentaschen (Ovarien)	*mv*	Ringmuskeln des Velum	*re*	Dorsaler Nervenring
ck	Peronial-Canäle	*mw*	Ringmuskeln der Subumbrella	*re_a*	Ventraler Nervenring
cm	Rand-Canal	*n*	Nessel-Organe	*s*	Ovarien
d	Entoderm	*nb*	Nessel-Wulst an der Tentakel-Basis	*so*	Eizellen
du	Umbral-Epithel des Festoncanals	*uc*	Nesselring des Schirmrandes	*t*	Tentakeln
dw	Subumbral-Epithel desselben	*oh*	Hörhäärchen (Setulae acusticae)	*tr*	Tentakel-Wurzel
ec	Kranzfurche der Exumbrella	*ok*	Hörkölbchen (Cordylen)	*u*	Umbrella
en	Peronien oder Schirmspangen	*ok'*	Grössere perradiale Hörkölbchen	*uf*	Elastische Fasern derselben
er	Perradiale Rippen der Exumbrella	*ok''*	Kleinere adradiale Hörkölbchen	*ug*	Gallerte derselben
es	Peronial-Furche der Exumbrella	*ol*	Hörsteinchen (Otolithen)	*v*	Velum
ge	Central-Magen	*oo*	Hörspangen (Otoporpen)	*ve*	Exumbral-Epithel des Velum
gt	Magenrohr (Mundrohr)	*op*	Pigmentpolster an der Hörspange	*vw*	Subumbral-Epithel des Velum
gu	Umbral-Wand des Central-Magens	*op_s*	Pigmentpolster am Hörkölbchen-Stiel	*s*	Stützplatte (Fulcrum)
gw	Subumbral-Wand desselben	*q*	Exoderm	*sv*	Stützplatte des Velum
h	Schirmhöhle	*qr*	Exoderm der Exumbrella	*sw*	Stützplatte der Subumbrella

Figur 1. Ventral-Ansicht der ganzen Meduse (von unten), mit eingeschlagenen Kragenlappen und Tentakeln, 15 mal vergrössert.

Figur 2. Dorsal-Ansicht der ganzen Meduse (von oben), mit flach ausgebreiteten Kragenlappen, 10 mal vergrössert.

Figur 3. Profil-Ansicht der ganzen Meduse (von der Seite), mit abstehenden Kragenlappen und ausgestrecktem Mundrohr, 15 mal vergrössert.

Figur 4. Ein Kragenlappen (oder ein Quadrant des Schirmkragens), mit den angrenzenden Theilen, flach ausgebreitet, 30 mal vergrössert.

Figur 5. Horizontaler Querschnitt durch eine perradiale Peronial-Furche und das in derselben liegende Peronium, stark vergrössert.

Figur 6. Radial-Schnitt durch einen Quadranten des Schirms, projicirt, halb schematisch, 25 mal vergrössert.

Figur 7. Radial-Schnitt durch den Schirmrand und ein an demselben sitzendes Hörkölbchen nebst Hörspange, stark vergrössert.

Figur 8. Ein Hörkölbchen, nebst dem angrenzenden Theile des Schirmrandes und der zugehörigen Hörspange, stark vergrössert.

CUNARCHA AEGINOIDES.

Tafel XII.

Vierte Medusen-Ordnung:

NARCOMEDUSAE.

Craspedoten mit gastralen Gonaden; mit Peronien zwischen Schirmrand und Tentakel-Basis; mit freien marginalen Hörkölbchen und entodermalen Otolithen-Zellen.

Familie:

PEGANTHIDAE.

Narcomedusen ohne Radial-Canäle und ohne Magentaschen in der Subumbrella; aber mit einem Feston-canal (oder einem Ringcanal, der einen Kranz von getrennten Lappencanälen bildet); mit Otoporpen oder Hörspangen an der Basis der Hörkölbchen.

Subfamilie: PEGASIDAE.

Peganthiden mit einem Kranze von mehreren getrennten Gonaden, welche Aussackungen der subum-bralen Magenwand bilden und einzeln in den Lappenhöhlen des Schirmkragens liegen.

Pegantha pantheon.

Tafel XII.

Pegantha pantheon.

Figur 7. Radial-Schnitt durch die ganze Meduse, 5 mal vergrössert (halb schematisch). *ug* Die gallertige solide Schirmlinse. *t* Tentakeln. *tr* Tentakel-Wurzeln. *ec* Horizontale Kranzfurche der Umbrella. *lm* Gallertige Kragenlappen. *oo* Hörspangen oder Otoporpen. *ok* Hörkölbchen. *v* Velum. *cf* Feston-Canal. *sm* Hoden-Säckchen. *sc* Gastrale Höhle des Hodens. *gc* Centrale Magenhöhle. *ga* Mundrohr. *a* Mundöffnung. *dg* Entoderm der subumbralen Magenwand. *qg* Exoderm derselben.

Figur 8. Exumbral-Ansicht der ganzen Meduse (von oben), 4 mal vergrössert. In der linken Hälfte der Figur ist die Schirmlinse flach ausgebreitet, die Kragenlappen nach unten eingeschlagen (in natürlicher Lage); in der rechten Hälfte hingegen ist die Schirmlinse stark zusammengezogen, die Kragenlappen flach ausgebreitet (durch künstlichen Druck). Man sieht die starken Radial-Rippen der Exumbrella, welche sich von der centralen Linse auf die peripheren Kragenlappen fortsetzen.

Figur 9. Subumbral-Ansicht der ganzen Meduse (von unten), 4 mal vergrössert. In der rechten Hälfte der Figur wird der grösste Theil der Subumbrella durch das breite faltige Velum (*v*) und durch die einwärts geschlagenen Kragenlappen (*lm*) verdeckt, während diese in der linken Hälfte durch einen Horizontal-Schnitt entfernt sind. Durch diesen Schnitt sind die Hodensäckchen (*sm*) halbirt und ihre Höhle (*sc*) geöffnet; man sieht, wie dieselben im Schutze der Lappenhöhlen (*hl*) liegen und vom peripheren Rande des flachen Magens abgehen, dessen Subumbral-Wand (*gw*) in starke Falten gelegt ist. *g* Grund der flachen Magenhöhle. *am* Mundrand.

Figur 10. Stück vom Distal-Theil eines Tentakels, mässig vergrössert. *q* Exoderm-Zellen. *n* Kugelige Nesselkapseln derselben. *m* Longitudinale Muskelfasern. *s* Stützplatte.

Figur 11. Ein ähnliches Tentakel-Stück, im Längsschnitt, mässig vergrössert. Buchstaben wie in Fig. 10. *dz* Chordal-Zellen des Entoderms. *yn* Centrale Kerne derselben (in der Axe des Tentakels).

Figur 12. Radial-Schnitt durch den Schirmrand, stark vergrössert. *v* Velum. *ew* Subumbrales Epithel des Velum. *mw* Ringmuskeln des Velum (im Querschnitt). *sv* Stützlamelle des Velum. *ve* Exumbrales Epithel des Velum. *ok* Hörkölbchen. *ol* Otolithen (in welchen nach Behandlung mit Essigsäure und Carmin ein roth gefärbter Kern sichtbar ist). *oh* Hörhäärchen. *nc* Nesselring des Schirmrandes. *rc′* Dorsaler Nervenring (im Querschnitt). *rc″* Ventraler Nervenring. *oo* Hörspange (Otoporpa). *ug* Schirm-Gallerte. *uf* Elastische Fasern in derselben. *cf* Distaltheil des Feston-Canals (im Querschnitt). *yc* Falte an dessen unterem Rande. *du* Umbrales Entoderm-Epithel des Feston-Canals. *dw* Subumbrales Entoderm-Epithel desselben. *sw* Stützlamelle der Subumbrella. *mw* Ringmuskel-Schicht derselben. *qw* Exoderm-Epithel der Subumbrella.

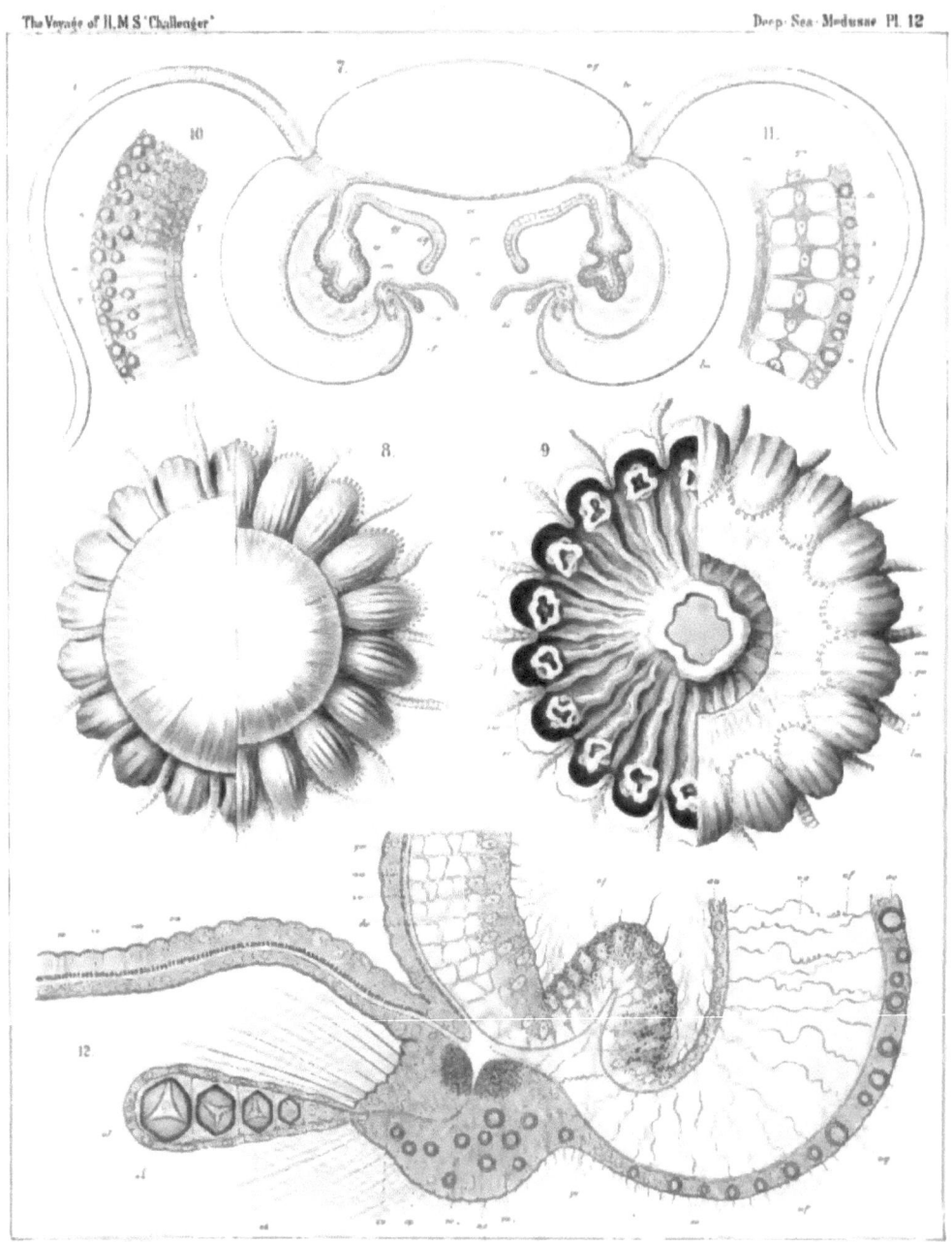

PEGANTHA PANTHEON.

Tafel XIV.

Vierte Medusen-Ordnung:

NARCOMEDUSAE.

Craspedoten mit gastralen Gonaden; mit Peronien zwischen Schirmrand und Tentakel-Basis; mit freien marginalen Hörkölbchen und entodermalen Otolithen-Zellen.

Familie:

AEGINIDAE.

Narcomedusen mit einem Randcanal, welcher durch doppelte Peronial-Canäle unmittelbar mit dem Magen communicirt; mit internemalen Magentaschen (welche aus den distalen Lappentaschen rückgebildeter Radial-Canäle entstanden sind); ohne Otoporpen oder Hörspangen an der Basis der Hörkölbchen.

Subfamilie: AEGINURIDAE.

Aeginiden mit 8 peronialen Doppel-Canälen (4 perradialen und 4 interradialen).

Aeginura myosura.

Tafel XIV.

Aeginura myosura.

Figur 8. Ansicht des Mundrohrs, von unten, 6 mal vergrössert. *ar* Interradiale Furchen desselben. *al* Perradiale ausgerandete Mundlappen. *gw* Subumbrale Magenwand.

Figur 9. Isolirte Sinneszellen aus dem dorsalen Nervenring, in Verbindung mit zwei multipolaren Ganglien-Zellen, ca. 1000 mal vergrössert.

Figur 10. Ganglien-Zellen und Nervenfasern aus dem Hörganglion (Fig. 3 *og*), ca. 1000 mal vergrössert.

Figur 11. Die ganze Meduse, durch einen perradialen Meridian-Schnitt halbirt, 5 mal vergrössert. *ug* Gallertschirm. *e* Exumbrella. *ec* Kranzfurche der Exumbrella. *cn* Peronien oder Schirmspangen. *em* Peronial-Platten. *nc* Nesselring des Schirmrandes. *ok* Hörkölbchen. *v* Velum. *w* Subumbrella. *mw* Ringmuskeln der Subumbrella. *h* Schirmhöhle. *tr* Tentakel-Wurzeln. *t* Tentakeln. *cw* Randcanal. *ck* Peronial-Canäle. *bs* Internemale Magentaschen (Hoden). *gc* Central-Magen. *gu* Umbral-Wand desselben (Magen-Decke). *gw* Subumbral-Wand desselben (Magen-Boden). *at* Mundrohr. *al* Mundlappen.

Figur 12. Horizontaler Querschnitt durch ein Peronium und die benachbarten Theile des Schirms, 400 mal vergrössert. *gw* Exoderm-Epithel der Subumbrella. *mw* Ringmuskel-Schicht derselben. *sw* Stützplatte derselben. *ck* Lumen der Peronial-Canäle (im Querschnitt). *dw* Hohes vacuolisirtes Cylinder-Epithel ihres subumbralen Entoderms. *du* Flaches kleines Würfel-Epithel ihres umbralen Entoderms. *ug* Schirm-Gallerte. *uf* Elastische Fasern derselben. *en* Nessel-Skelet-Gewebe des Peronium (der Nesselfaden, dessen Spiral-Windungen als feine Querstreifen erscheinen, ist aus vielen der durchschnittenen dickwandigen Nesselkapseln herausgefallen). *ml* Longitudinale Muskelfasern an der Axial-Seite des Peronium, im Querschnitt. *sp* Stützlamelle derselben. *em* Peronial-Platte (eingesenkte Doppel-Lamelle des Exoderm-Epithels; vergl. Fig. 7, Taf. XIII).

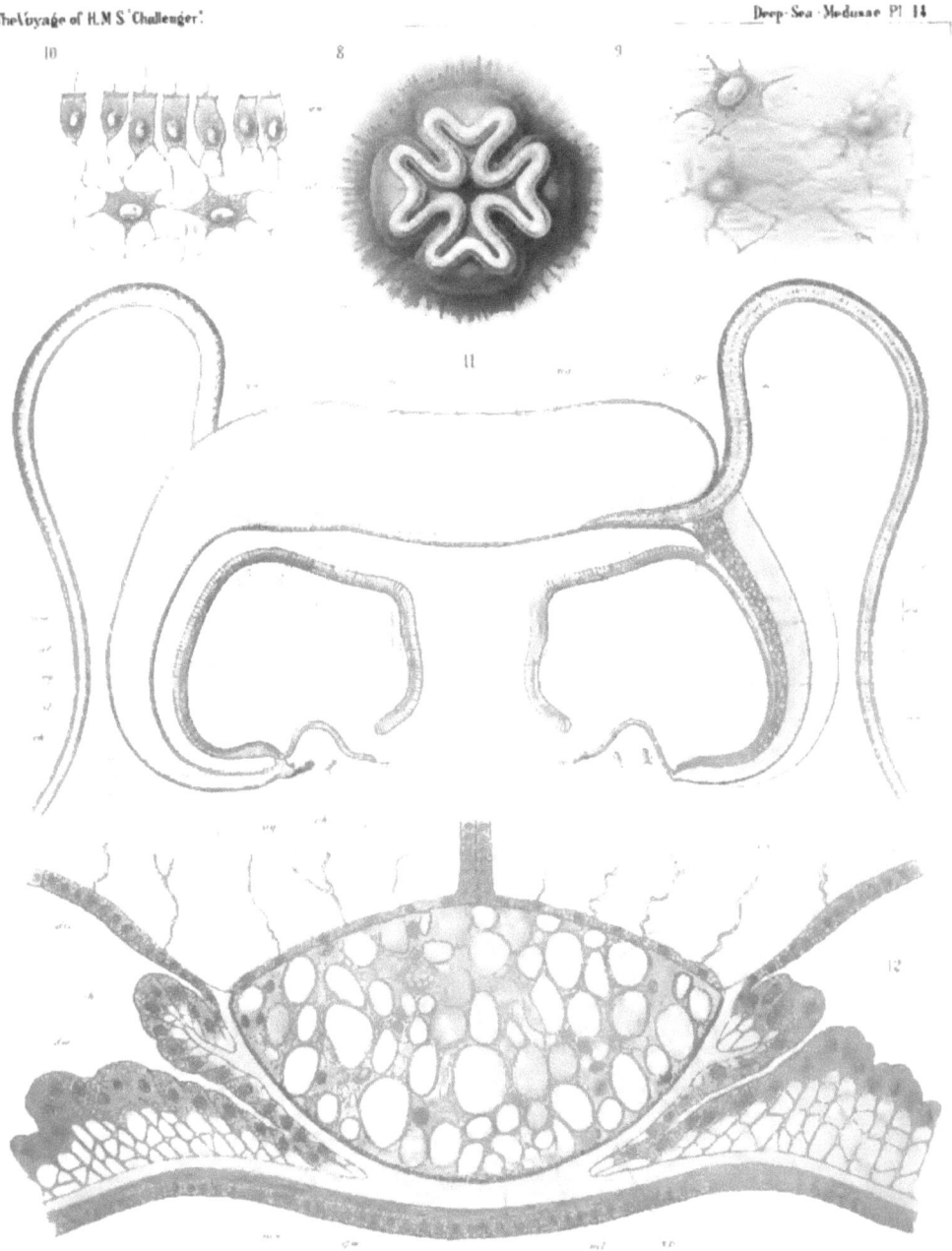

AEGINURA MYOSURA.

Tafel XV.

Fünfte Medusen-Ordnung:

STAUROMEDUSAE.

Acraspeden ohne Sinneskolben, mit 4 hufeisenförmigen Gonaden (oder 4 Paar bandförmigen Gonaden)
in der Subumbral-Wand von 4 weiten perradialen Magentaschen.

Familie:

TESSERIDAE.

Stauromedusen ohne hohle Randlappen oder Randarme; aber mit 8 entwickelten Principal-Tentakeln
(4 perradialen und 4 interradialen), ausserdem bisweilen zahlreichen accessorischen Tentakeln.

Subfamilie: TESSERANTHIDAE.

Frei schwimmende Tesseriden, ohne Stiel; mit einfachen soliden Tentakeln.

Tesserantha connectens.

Tafel XV.

Tesserantha connectens.

Die Bedeutung der Buchstaben ist überall dieselbe.

a	Mundöffnung	*gb*	Basal-Magen (Scheitel-Canal)	*md'*	Perradialer Delta-Muskel
ak	Mundkanten (perradial)	*gc*	Central-Magen (Haupthöhle)	*md''*	Interradialer Delta-Muskel
al	Mundlappen (perradial)	*gn*	Rinnen des Basal-Magens (perradial)	*oc*	Ocelli (Pigment-Augen)
ar	Mundrinnen (interradial)	*go*	Gastral-Ostien (perradial)	*p*	Scheitel-Aufsatz (Schirmstiel)
bp	Magentaschen (perradial)	*gp*	Gaumen-Pforte (Porta palatina)	*s*	Gonaden oder Geschlechtsdrüsen
cs	Ringsinus	*gy*	Magen-Pforte (Porta pylorica)	*ta*	Adradiale Tentakeln
er	Exumbrale Nesselrippen	*he*	Schirmkranzhöhle (Antrum coronae)	*ti*	Interradiale Tentakeln
er'	8 grössere principale Nesselrippen	*ii*	Trichterhöhlen (interradial)	*tp*	Perradiale Tentakeln
er''	8 kleinere adradiale Nesselrippen	*kn*	Septal-Knoten (Cathammen)	*ug*	Schirm-Gallerte
f	Gastral-Filamente	*l*	Randlappen	*w*	Subumbrella
ft	Taeniolen (interradial)	*mb*	Buccal-Muskeln	*wr*	Mesenterien (Mesogonien, perradial)
ga	Oral-Magen (Mundrohr)	*mc*	Ringmuskel (Kranzmuskel)	*z*	Stützplatte (Fulcral-Lamelle)

Figur 1. Die ganze Meduse, im Profil, 10 mal vergrössert. In der Exumbrella treten 16 dunkel pigmentirte longitudinale Nesselrippen hervor, 8 längere, bis zur Kuppelspitze durchgehende, principale (4 perradiale und 4 interradiale, *er'*), und mit diesen alternirend 8 kürzere, nur unten stark entwickelte adradiale (*er''*). An der Basis der 8 principalen Tentakeln stehen schwarze Ocellen (*oc*).

Figur 2. Perradial-Schnitt durch die Umbrella, 10 mal vergrössert; in der Mitte das herabhangende Magenrohr, an der Basis fixirt durch die Mesenterien (*wr*).

Figur 3. Interradial-Schnitt durch die Umbrella, 10 mal vergrössert; das Mundrohr ist entfernt, um die Gonaden und Muskeln der Subumbrella zu zeigen.

Figur 4. Die Subumbrella, von unten gesehen, 10 mal vergrössert. In der Mitte das perradiale Mundkreuz mit den gekräuselten Mundlappen; rings herum die 4 interradialen Septal-Knoten (*kn*) und Gonaden (*s*).

Figur 5—8. Vier Querschnitte durch die Umbrella, in den 4 Höhen, welche in Fig. 2 und 3 durch die Horizontal-Linien *AB, CD, EF* und *GH* angegeben sind. Fig. 5—7 sind 10 mal, Fig. 8 hingegen 40 mal vergrössert. Der erste Querschnitt, Fig. 5 (*GH*) geht durch den Ringsinus (*cs*) und Kranzmuskel (*mc*); der zweite, Fig. 6 (*EF*) durch die 4 Septal-Knoten (*kn*) und Mesogonien (*wr*); der dritte, Fig. 7 (*CD*) durch den Central-Magen (*gc*); und der vierte, Fig. 8 (*AB*) durch den Basal-Magen (*gb*).

Tafel XVI.

Fünfte Medusen-Ordnung:

STAUROMEDUSAE.

Acraspeden ohne Sinneskolben, mit 4 hufeisenförmigen Gonaden (oder 4 Paar bandförmigen Gonaden) in der Subumbral-Wand von 4 weiten perradialen Magentaschen.

Familie:

LUCERNARIDAE.

Stauromedusen mit 8 hohlen adradialen Randlappen oder Randarmen, welche ein pinselförmiges Büschel von geknöpften Tentakeln tragen; aber ohne entwickelte Principal-Tentakeln (welche entweder fehlen oder in adhaesive Randanker umgebildet sind).

Subfamilie: HALICLYSTIDAE.

Lucernariden ohne Mesogon-Taschen in der Subumbral-Wand der vier Radial-Taschen.

Lucernaria bathyphila.

Tafel XVII.

Lucernaria bathyphila.

Figur 13. Horizontaler Querschnitt durch den Schirmstiel oberhalb der Fussplatte (in der Höhe der Linie *AB*, Fig. 3), 20 mal vergrössert. *gb* Basal-Magen (centraler Stiel-Canal). *gn* Periphere Nischen desselben. *ug* Gallertwand des Schirmstiels. *uf* Elastische Fasern in derselben. *q* Exoderm-Epithel der Exumbrella. *d* Entoderm-Epithel des Basal-Magens. *ft* Die 4 interradialen Taeniolen (oder gallertigen Längsleisten des Basal-Magens). *s* Gallert-Platte derselben. *m* Längsmuskeln des Stiels. *es* Die 4 interradialen Längsfurchen des Stiels (an der Exumbral-Seite der Taeniolen).

Figur 14. Horizontaler Querschnitt durch ein Taeniol (oder eine longitudinale muskulöse Gallertleiste des Magenstiels), 80 mal vergrössert (vergl. Fig. 13). *d* Entoderm des Basal-Magens. *ft* Gallerte des Taeniols. *m* Längsmuskelfasern, auf dendritisch verästelte Falten der Gallertplatte vertheilt. *q* Exoderm-Zellen (Epithel-Muskelzellen?) im Centrum des Taeniols.

Figur 15. Adradialer Längsschnitt durch eines der 8 Tentakel-Büschel, 10 mal vergrössert. *bl* Lappentasche (oder „Armhöhle"). *d* Entoderm. *s* Verdickte Gallert-Platte. *m* Längsmuskel (Schenkel eines interradialen Delta-Muskels). *q* Exoderm. Die einzelnen Tentakeln (alle am Ende mit einem Saugnapf) sind nur in der Distal-Hälfte frei, in der Proximal-Hälfte alle durch Gallertmasse mit einander verbunden.

Figur 16. Längsschnitt durch einen Saugnapf (am Distal-Ende eines Tentakels), 50 mal vergrössert. *x* Grubenförmige Vertiefung in der Mitte des Saugnapfs, mit niedrigem Epithel ohne Nesselkapseln. *q* Hohes Cylinder-Epithel des Saugnapfs, mit Klebdrüsen und Nesselkapseln *(n)*. *m* Muskeln. *s* Gallertige Stützplatte. *d* Entoderm des centralen Tentakel-Canals *(ct)*. *y* Eigenthümlicher conischer Axen-Zapfen im blinden Distal-Ende eines jeden Tentakel-Canals, durch Carmin sich dunkelroth färbend.

Figur 17. Horizontaler Querschnitt durch ein Ovarium (in der Subumbral-Wand einer perradialen Magentasche), bei schwacher Vergrösserung. *qw* Exoderm-Epithel der Subumbrella. *sw* Gallertige Stützplatte derselben. *sk* Die einzelnen Läppchen oder Sackchen des Eierstocks. *sb* Die kleinen, diese zusammensetzenden Follikel. *sc* Genital-Sinus. *sl* Oviduct. *sa* Oeffnung des Eileiters in die Radial-Tasche. *dw* Entoderm.

Figur 18. Längsschnitt durch einen Sacculus des Ovarium, bei mittlerer Vergrösserung (vergl. Fig. 10). Die Pfeile deuten die Oeffnungen der Ovarial-Follikel *(sb)* an, durch welche diese in den „Genital-Sinus", *sc* (oder die Höhle des Sacculus) münden. Letztere mündet durch den Oviduct *(sl)* in die perradiale Magentasche *(sa)*. Buchstaben wie in Fig. 17.

Figur 19. Längsschnitt durch einen Folliculus des Ovarium, bei starker Vergrösserung (vergl. Fig. 11). *dw* Entoderm-Epithel der perradialen Magentasche. *so* Eier. *sc''* Follikel-Höhle, aus welcher die reifen Eier durch den Oviductulus *(sl'')* in den Genital-Sinus (oder die Höhle des Sacculus) gelangen (vergl. Fig. 18).

Figur 20. Radialer Querschnitt durch den circularen Randmuskel, um die dendritischen Stützfalten des Fulcrum zu zeigen, schwach vergrössert. *qw* Exoderm-Epithel der Subumbrella. *m* Muskelplatte. *sw* Stützplatte der Subumbrella. *d* Entoderm-Epithel der Magentaschen.

Figur 21. Ein Schirmtrichter *(ti)* nebst den angrenzenden Gastral-Ostien *(go)*, schwach vergrössert, von innen gesehen. *gs* Gaumenrinne (Oral-Ende des Gastral-Ostium). *sk* Ovarial-Sackchen. *f* Gastral-Filamente (die Ränder der Gastral-Ostien säumend). *ft* Taeniol.

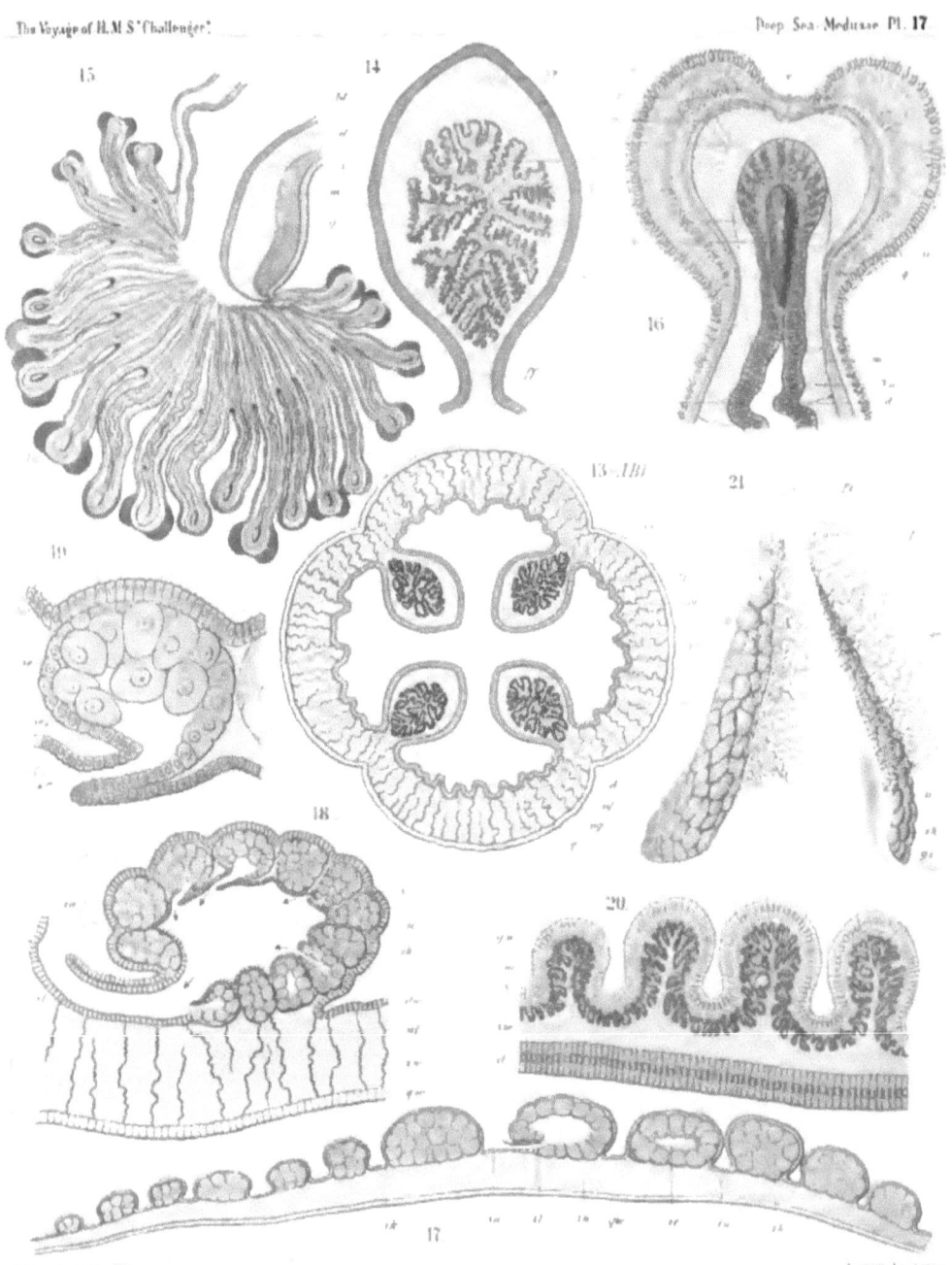

LUCERNARIA BATHYPHILA.

Tafel XX.

Sechste Medusen-Ordnung:

PEROMEDUSAE.

Acraspeden mit 4 interradialen Sinneskolben, und mit 4 Paar bandförmigen Gonaden in der Subumbral-Wand eines weiten Ringsinus, in welchem nur 4 kleine interradiale knorpelige Septal-Knoten die Zusammensetzung aus 4 weiten perradialen Magentaschen andeuten.

Familie:

PERIPHYLLIDAE.

Peromedusen mit 12 Tentakeln (4 perradialen und 8 adradialen), und mit 4 interradialen Sinneskolben, sowie mit 16 Randlappen und 32 Lappentaschen.

Subfamilie: PERIPHEMIDAE.

Periphylliden, deren 4 interradiale Trichterhöhlen nicht auf den Central-Magen beschränkt sind, sondern auch den Basal-Magen ganz oder theilweise durchsetzen.

Periphylla mirabilis.

Tafel XXV.

Periphema regina.

Figur 4. Ein reifes Ei, 100 mal vergrössert. Die kugelige Eizelle ist von einem dicken structurlosen Chorion eingeschlossen (*yc*); an einer Stelle desselben öffnet sich eine vorspringende Micropyle (*ym*). Der Dotter ist aus kugeligen, dicht gedrängten Dotterkörnern von gleichmässiger Grösse zusammengesetzt (*yd*). Das helle kugelige Keimbläschen (*yn*) enthält einen grossen dunkeln Keimfleck (*yf*) und dieser einen ansehnlichen, doppelt contourirten Keimpunkt (*yp*).

Figur 5. Ein Follikel des Ovarium, von der inneren (entodermalen und abaxialen) Fläche betrachtet, 4 mal vergrössert. Auf den fächerförmigen Querfalten des Follikels sind die Eier an dessen freier (dem Ringsinus zugekehrter) Entoderm-Fläche dergestalt vertheilt, dass die kleinsten und jüngsten Eier am basalen Insertionsrande der Falten liegen, die grössten und ältesten hingegen an ihrem frei vorspringenden Rande.

Figur 6. Ein Follikel des Ovarium, im Längsschnitt, 4 mal vergrössert. Die glatte axiale Exodermfläche der Subumbrella (*qw*) ist durch eine dicke gallertige Fulcralplatte (*sw*) von der faltenreichen abaxialen Entodermfläche getrennt, deren Keim-Epithel (*ds*) die Eier erzeugt. *h* Schirmhöhle. *cs* Hohlraum des Ringsinus.

Figur 7. Eine Falte eines Follikels des Ovarium, im Längsschnitt, 8 mal vergrössert. Die reifen, von einem Chorion umschlossenen Eier (*so*) sind in besondere Fulcral-Kapseln eingeschlossen (*ys*); weite abstehende gallertige Hüllen, welche aus einer oberflächlichen abaxialen Wucherung der Stützplatte der Subumbrella hervorgehen (*ws*). *cs* Hohlraum des Ringsinus.

Figur 8. Horizontaler Querschnitt durch einen interradialen Cathammal-Knoten, 300 mal vergrössert. *ug* Gallerte der Umbrella, an der Verlöthungsstelle in Faserknorpel verwandelt (*ug₂*). *du₂* Umbrale Entoderm-Lamelle des Cathamma. *dw₂* Subumbrale Entoderm-Lamelle des Cathamma. *sw* Gallertige Stützplatte der Subumbrella, an der Verlöthungsstelle in Faserknorpel verwandelt (*sw₂*). *cs* Ringsinus (hier in 4 perradiale Räume durch die 4 Septal-Knoten getrennt). *du* Umbrales Entoderm-Epithel des Ringsinus. *dw* Subumbrales Entoderm-Epithel desselben. *md^r* Insertion des interradialen Delta-Muskels (im Querschnitt). *mw* Ringmuskeln der Subumbrella. *qw* Exoderm-Epithel der Subumbrella.

Figur 9. Ein Stückchen Faserknorpel aus dem verhärteten Gallertgewebe des Cathamma (Fig. 8 *ug₂*), 600 mal vergrössert. Die histologische Structur dieses modificirten Gallertgewebes unmittelbar an der Verlöthungsstelle des interradialen Septal-Knotens ist gleich dem Faserknorpel der Wirbelthiere. *ys* Knorpelzellen, in Knorpelkapseln eingeschlossen. *yi* Faserzüge der Intercellular-Substanz.

Figur 10. Horizontaler Querschnitt durch eine Lappenspange, 300 mal vergrössert. *qe* Exoderm-Epithel der Exumbrella. *qw* Exoderm-Epithel der Subumbrella. *du* Umbrales Entoderm-Epithel der Lappentasche. *dw* Subumbrales Entoderm-Epithel derselben. *ug* Gallerte der Umbrella, bei *ug₂* in Faserknorpel verwandelt. *sw* Gallerte der Subumbrella, bei *sw₂* in Faserknorpel verwandelt. *kl* Cathamma lobare. *bl* Lappentaschen.

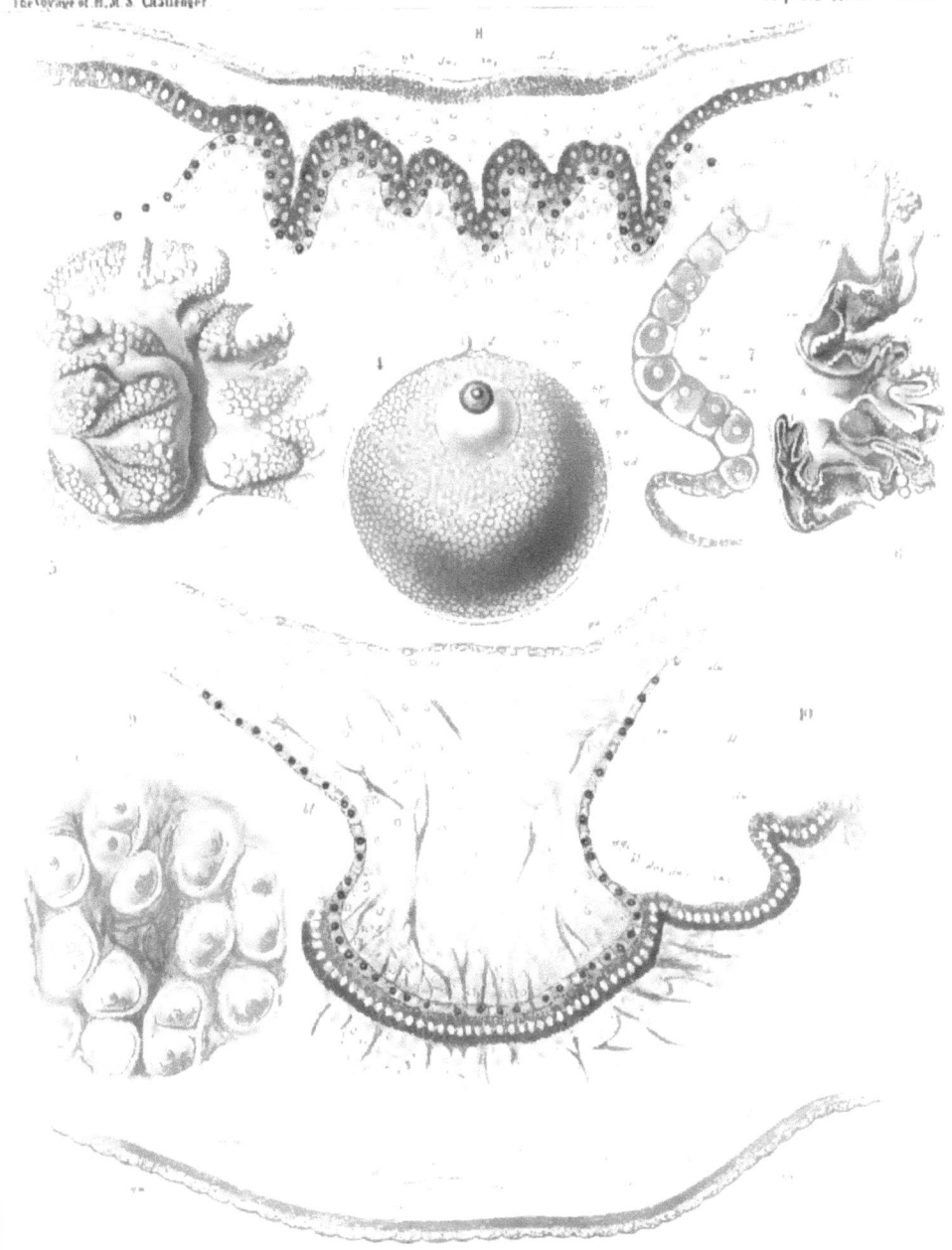

PERIPHEMA REGINA.

Tafel XXVI.

Siebente Medusen-Ordnung:

CUBOMEDUSAE.

Acraspeden mit 4 perradialen Sinneskolben, und mit 4 Paar blattförmigen Gonaden, welche in 4 weite perradiale Magentaschen frei hineinragen und längs deren schmalen interradialen Septen an ihrer Subumbral-Wand nur mit einem Rande befestigt sind.

Familie:

CHARYBDEIDAE.

Cubomedusen mit 4 einfachen interradialen Tentakeln und mit 4 perradialen Sinneskolben; sowie mit 8 Randtaschen (aber ohne Taschen-Arme an der Umbralwand der 4 Radial-Taschen).

Subfamilie: TAMOYIDAE.

Charybdeiden mit Velar-Canälen und mit 4 perradialen Frenula des Velarium.

Charybdea Murrayana.

Tafel XXVI.

Charybdea Murrayana.

Die Buchstaben bedeuten in allen Figuren dasselbe:

aa	Mundöffnung	*gb*	Basal-Magen	*rc*	Nervenring
al	Mundlappen	*gu*	Gastral-Ostien (perradial)	*s*	Blattförmige Gonaden
bm	Adradiale Randtaschen	*gp*	Gaumen-Strictur	*sd*	Keim-Epithel des Entoderms
bp	Perradiale Magentaschen	*gt*	Gaumen-Rinne	*so*	Eizellen
ct	Tentakel-Canäle	*gy*	Pylorus-Klappen	*t*	Tentakeln
cv	Velarium-Canäle	*gw*	Subumbral-Wand des Magens	*u*	Umbrella
dk	Cathammal-Platte (oder Entoderm-Lamelle der Septen)	*h*	Schirmhöhle	*uf*	Elastische Fasern des Gallertschirms
		i	Interradiale Trichterhöhlen	*ug*	Gallerte der Schirmkuppel
du	Entoderm der Umbrella	*it*	Tentakel-Trichter (Achselhöhle)	*ui*	Gallertsockel (Pedalien)
dw	Entoderm der Subumbrella	*ks*	Cathammal-Leisten (Septa)	*va*	Velarium
e	Exumbrella (äussere Schirmfläche)	*mi*	Interradiale Längsmuskeln der Subumbrella	*vf*	Frenula Velarii
ea	Adradiale Exumbral-Furchen			*rm*	Freier Rand des Velarium
ec	Kranzfurche der Exumbrella	*mp*	Perradiale Längsmuskeln der Subumbrella	*w*	Subumbrella (innere Schirmfläche)
ei	Interradiale Exumbral-Furchen			*wr*	Mesogonien (Mesenterial-Falten)
eo	Sinnesnische der Exumbrella	*ww*	Ringmuskel-Schicht der Subumbrella	*z*	Stützplatte (Fulcral-Lamelle)
ep	Perradiale Exumbral-Furchen	*wr*	Rhopalien (Perradiale Sinneskolben)	*zs*	Stützplatte der Gonaden
f	Gastral-Filamente	*qw*	Exoderm der Subumbrella	*zw*	Fulcrum der Subumbrella

Figur 1. Die ganze Meduse, in Profil-Ansicht, in natürlicher Grösse. Man erblickt zwei Seiten des kubischen Schirms, welche in der Interradial-Furche der Kante (*ei*) zusammenstossen.

Figur 2. Perradial-Schnitt durch den Schirm, in natürlicher Grösse. Man sieht beiderseits in eine geöffnete Radial-Tasche (*bp*) hinein. Die vollständige mittlere Radial-Tasche ist grösstentheils von den blattförmigen Gonaden (*s*) ausgefüllt, welche von den interradialen Septal-Leisten (*ks*) entspringen.

Figur 3. Interradial-Schnitt durch den Schirm, in natürlicher Grösse. Man erblickt zwei Seitenwände der kubischen Subumbrella, welche in der interradialen Kante an der Septal-Leiste (*ks*) zusammenstossen und deren Kranzmuskel durch den perradialen bandförmigen Längsmuskel (*mp*) halbirt wird.

Figur 4. Exumbral-Ansicht des Schirms, von oben (von der Scheitelfläche), in natürlicher Grösse. In der Mitte schimmert durch den quadratischen Scheitel das Kreuz der perradialen Magenrinnen (*gs*) hindurch. Die zweitheiligen Eckwülste der interradialen Kanten treten stark hervor.

Figur 5. Subumbral-Ansicht des Schirms, von unten (von der Mündungsfläche), in natürlicher Grösse. Durch die Oeffnung des Velarium (*va*) erblickt man im Grunde der Schirmhöhle den Magenboden mit seinen subumbralen Ringmuskeln (*gw*) und perradialen Magenrinnen (*gs*), in der Mitte das Mundkreuz mit den Mundlappen (*al*).

Figur 6. Querschnitt durch den Schirm, ungefähr in der Mitte der Höhe, von unten, in natürlicher Grösse. In den geöffneten Radial-Taschen (*bp*) sind die 4 Paar Geschlechts-Blätter sichtbar (*s*), in ihrem proximalen Grunde die 4 Gastral-Ostien (*go*).

Figur 7. Ein Phacellus oder Filament-Busch, schwach vergrössert; bestehend aus einer Gruppe von baumförmigen Gastral-Filamenten (*f*), welche auf einer interradialen Pylorus-Klappe in einer Ecke des Magenbodens aufsitzt (*gw*). Darunter ist ein Stück der subumbralen Taschenwand (*w*) und eines Cathammal-Septum (*ks*).

Figur 8. Ein Quadrant des Velarium, nebst den angrenzenden Theilen, 4 mal vergrössert, von der Subumbral-Seite gesehen. Das Velarium (*va*) mit seinen baumförmigen Canälen ist durch die perradialen Frenula (*vf*) an der Subumbrella (*w*) befestigt und nach oben zurückgeschlagen. Der Nervenring (*rc*) steigt im Bogen von den Sinnesnischen (*eo*) zu den interradialen Tentakel-Pedalien herab (*ui*).

Figur 9. Das Mundkreuz, mit den 4 Mundlappen, welche gefaltet und stark gekräuselt sind, von unten gesehen, 3 mal vergrössert.

Figur 10. Querschnitt durch ein Cathammal-Septum (*ks*) nebst den angrenzenden Theilen, stark vergrössert; man sieht, dass die Geschlechts-Blätter an der Axial-Seite des Cathamma von der Subumbrella abgehen.

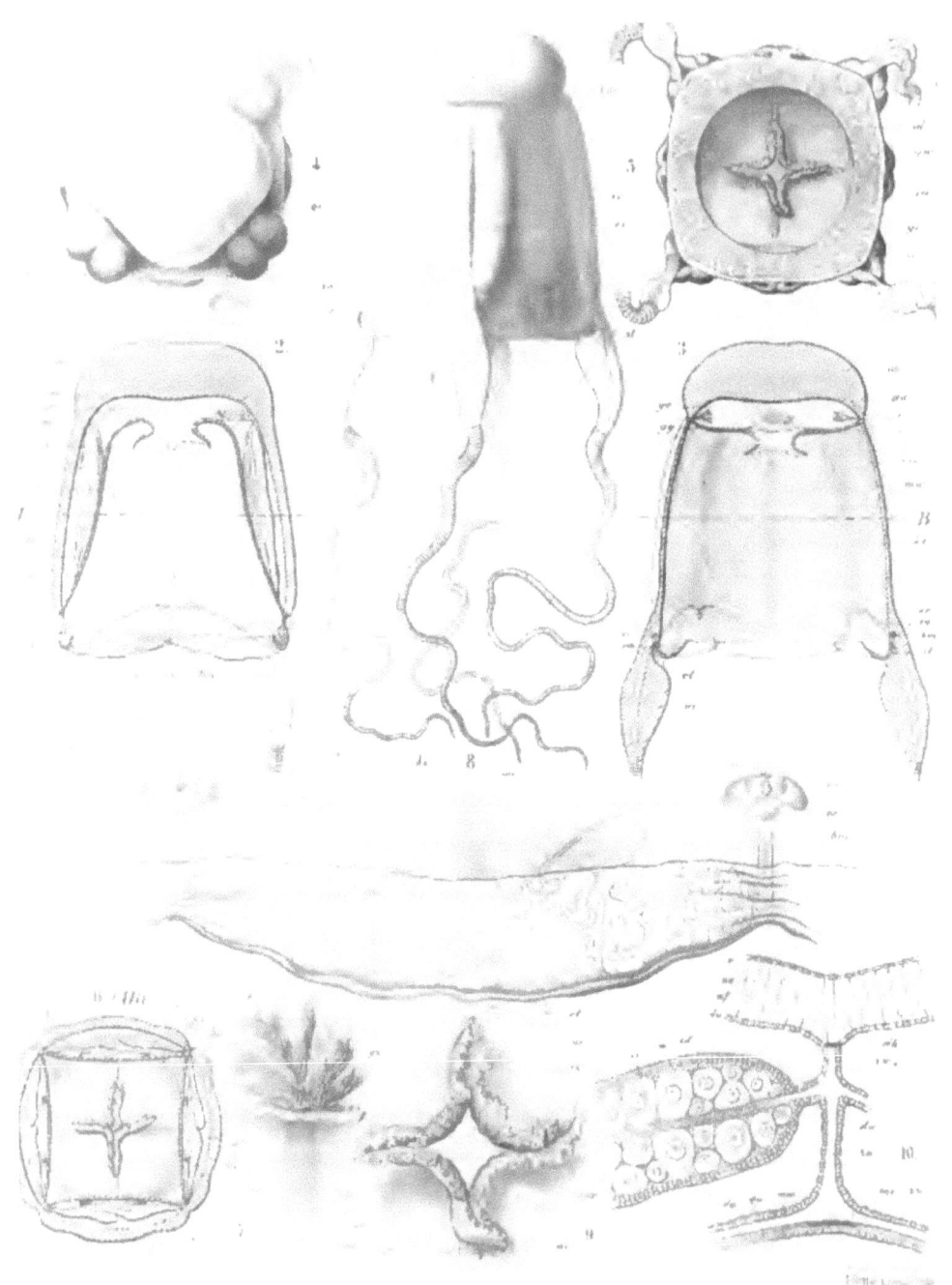

CHARYBDEA MURRAYANA.

Tafel XXVII.

Achte Medusen-Ordnung:

DISCOMEDUSAE.

Acraspeden mit 8 oder mehr Sinneskolben (4 perradialen und 4 interradialen, ausserdem bisweilen mehreren accessorischen), und mit 4 interradialen (selten 8 adradialen) Gonaden in der Sub-umbralwand des scheibenförmigen Centralmagens; sowie mit einem Kranze von 16—32 oder mehr radialen Taschen oder Canälen in der Peripherie.

VIII A. Erste Unterordnung der Discomedusen:

CANNOSTOMAE.

Discomedusen mit einfachem, vierseitig-prismatischem Mundrohr, ohne Mundarme; mit einfacher centraler Mundöffnung, und mit kurzen soliden Tentakeln.

Familie:

EPHYRIDAE.

Cannostomen mit breiten, einfachen oder gabeltheiligen Radial-Taschen, ohne verästelte Lappen-Canäle und ohne Ring-Canal.

Subfamilie: NAUSITHOIDAE.

Ephyriden mit 8 Sinneskolben und 8 adradialen, damit alternirenden Tentakeln, mit 16 subradialen Randlappen und mit 8 getrennten adradialen Gonaden.

Nauphanta Challengeri.

Tafel XXIX.

Atolla Wyvillei.

Die Bedeutung der Buchstaben ist in allen Figuren dieselbe:

aa	Mundöffnung	ga	Buccal-Magen	mf'	Axialer Tentakel-Muskel
ac	Mundsäulen (interradial)	gb	Basal-Magen	or	Rudimentäre Sinneskolben
al	Mundlappen	gc	Central-Magen	q	Exoderm
am	Mundrand	gi	Pylorus-Klappen	s	Ovarien
bb	Backentaschen (perradial)	go	Gastral-Ostien	sa	Apertura des Genital-Sinus
bp	Perradiale Magentaschen	gp	Gaumen	so	Eier
bt	Tentaculare Kranztaschen	gw	Wülste der subumbralen Magenwand	ss	Genital-Sinus
ck	Tentaculare Lappen-Canäle	h	Schirmhöhle	st	Fulcral-Gerüste (Sterigma)
co	Ocular-Canäle (Sinnestaschen)	i	Trichterhöhlen	st'	Basale Wurzel desselben
cs	Ringsinus	kl	Lappenspangen	t	Tentakeln
ct	Tentakel-Canäle	kt	Cathammal-Tafeln (Septal-Platten)	uc	Centrale Schirmscheibe
cx	Adocular-Canäle	l	Randlappen	uo	Pedalien der Rhopalien
dg	Entoderm-Fläche des Magens	mc'	Dünner innerer Kranzmuskel	ut	Pedalien der Tentakeln
ec	Kranzfurche der Exumbrella	mc''	Dicker äusserer Kranzmuskel	w	Subumbrella
ec'	Dünnster Theil des Gallertschirms	md'	Perradialer Delta-Muskel	wr	Mesenterien (perradial)
er	Randrinnen der Schirmscheibe	md''	Interradialer Delta-Muskel	yu	Circulare Furche an der Subumbral-
es	Randkerben der Schirmscheibe	mk	Wurzelmuskeln der Tentakeln		Wand des Ringsinus
f	Gastral-Filamente	mi'	Abaxialer Tentakel-Muskel	zw	Stützplatte der Subumbrella

Figur 1 und 2 in natürlicher Grösse, die übrigen Figuren in doppelter natürlicher Grösse.

Figur 1. Exumbral-Ansicht der ganzen Meduse (von oben), in natürlicher Grösse. Die tiefe Kranzfurche (ec) trennt die zackige Schirmscheibe (uc) von dem Kranze der Tentakel-Pedalien (ut) und Sinnes-Pedalien (uo).

Figur 2. Subumbral-Ansicht der ganzen Meduse (von unten), in natürlicher Grösse. Die 8 Ovarien (s) umgeben paarweise den Magen, dessen Mesenterien (wr) die 4 Paare trennen.

Figur 3. Subumbral-Ansicht der ganzen Meduse (von unten), in 4 Quadranten, in doppelter natürlicher Grösse. Der erste Quadrant (rechts unten) giebt die vollständige Subumbral-Ansicht, während in den 3 übrigen der Kranzmuskel entfernt ist. Im zweiten Quadranten (links unten) ist der Taschenkranz dargestellt, im dritten Quadranten (rechts oben) die Deltamuskeln und Tentakel-Muskeln. Im vierten Quadranten (links oben) sind alle subumbralen Organe entfernt, so dass man die Entoderm-Fläche des Gallertschirms von unten sieht. Von den 8 Gonaden ist links oben ein Paar entfernt, links unten ein Paar geöffnet. Die subumbrale Magen-Wand ist nur rechts unten vollständig.

Figur 4. Profil-Ansicht der ganzen Meduse, in doppelter natürlicher Grösse. Die rechte Hälfte der Figur zeigt die äussere Profil-Ansicht, die linke Hälfte hingegen einen Radial-Schnitt.

Figur 5. Radial-Schnitt durch das Magenrohr, in doppelter natürlicher Grösse, um die Wülste (gw) und Phacellen (f) an dessen Innenwand zu zeigen.

Figur 6. Horizontal-Schnitt durch die Gaumenpforte (gp) oder die eingeschnürte Mitte des Magenrohres, in doppelter natürlicher Grösse; zwischen den 4 perradialen Kreuz-Schenkeln springen die dreieckigen interradialen Cathammal-Tafeln (kt) centripetal vor.

Figur 7, 8. Zwei Tangential-Schnitte durch eine Tentakel-Wurzel und die beiden benachbarten Rhopalar-Pedalien (uo) in doppelter natürlicher Grösse; Fig. 7 weiter aussen, Fig. 8 weiter innen.

Figur 9. Radial-Schnitt durch ein Ovarium und den umgebenden Ringsinus in doppelter natürlicher Grösse; man erblickt die Insertion des Sterigma (st) an der Subumbral-Wand (w) des Ringsinus (cs).

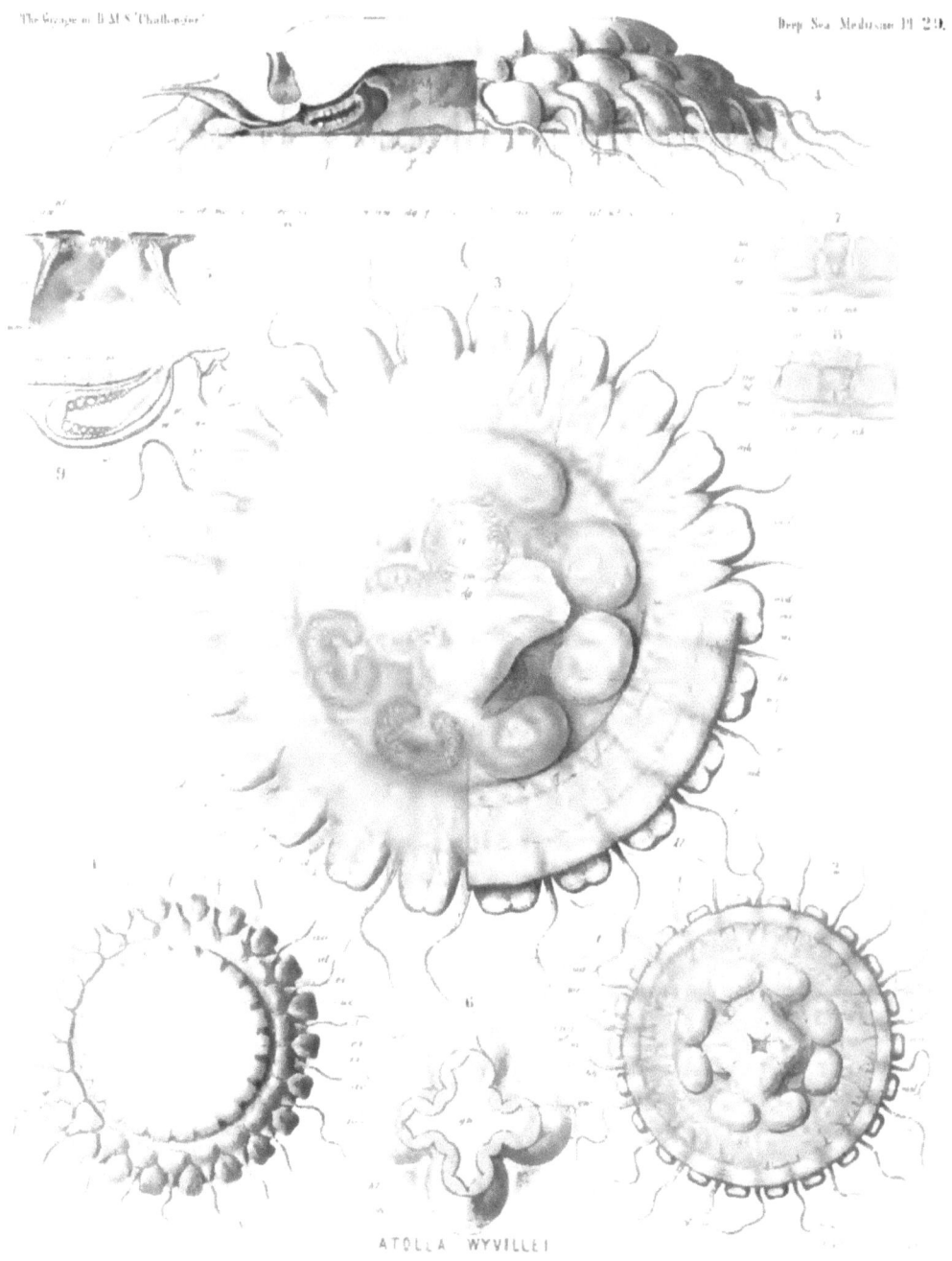

ATOLLA WYVILLEI

Tafel XXXI.

Achte Medusen-Ordnung:

DISCOMEDUSAE.

Acraspeden mit 8 oder mehr Sinneskolben (4 perradialen und 4 interradialen, ausserdem bisweilen mehreren accessorischen), und mit 4 interradialen (selten 8 adradialen) Gonaden in der Subumbral-Wand des scheibenförmigen Centralmagens; sowie mit einem Kranze von 16—32 oder mehr radialen Taschen oder Canälen in der Peripherie.

VIII B. Zweite Unterordnung der Discomedusen:

SEMOSTOMAE.

Discomedusen mit 4 grossen perradialen Mundarmen, und mit einfacher centraler Mundöffnung, sowie mit langen hohlen Tentakeln.

Familie:

CYANEIDAE.

Semostomen mit breiten Radial-Taschen, und mit verästelten blinden Lappen-Canälen, ohne Ring-Canal.

Subfamilie: DRYMONEMIDAE.

Cyaneiden mit 8 Sinneskolben (4 perradialen und 4 interradialen), welche weit vom Schirmrande entfernt in tiefen Nischen der Subumbrella liegen; sowie mit zahlreichen Tentakeln, welche fast auf der ganzen Subumbrella zerstreut sind, in der Randzone dagegen fehlen.

Drymonema Victoria.

Tafel XXXI.

Drymonema Victoria.

Figur 8. Die ganze Meduse, Profil-Ansicht (von der Seite und etwas von oben), in natürlicher Grösse. Man erblickt oben auf der Exumbrella die äussere Velar-Furche, welche die centrale Schirmscheibe von dem peripheren Lappenkranze oder Velarium absetzt; an dem letzteren sind die 80 verwachsenen Randlappen sichtbar, an der ersteren die 16 gabelspaltigen Radialstreifen, welche eine Sternfigur, ähnlich wie bei *Chrysaora* bilden. Unten hängt von der Subumbrella der mächtige Busch der Mund-Gardinen, der Gonaden und der Tentakeln herab. Die zahlreichen Tentakeln sind allenthalben auf der breiten Tentakel-Zone der Subumbrella zerstreut, nicht (wie bei der verwandten *Cyanea*) in 8 Büschel gruppirt. Die 4 mächtigen perradialen Mundarme (oder Mundgardinen) hängen von der Peristom-Scheibe gleich zarten faltenreichen Vorhängen herab und sind unten an ihren ausgebreiteten Rändern auf das Zierlichste gekräuselt. Mit ihnen alterniren die halb so langen 4 interradialen Gastrogenital-Taschen, die ebenfalls gardinenförmig gefaltet sind; nur 2 derselben (zu beiden Seiten der mittleren Arm-Gardine) sind in der Figur sichtbar; das krausenartig gefaltete Genital-Band im Grunde der Taschen ist vielfach gewunden.

Figur 9. Die Peristom-Scheibe mit dem centralen Mundkreuze und den benachbarten Organen, von einer jungen Person, von unten gesehen, in natürlicher Grösse. Mit den 4 perradialen Mundarmen (*ab*) alterniren die 4 interradialen Gonaden, von denen die beiden unteren vollständig sichtbar, die beiden oberen halb unter der Basis der Mundarme versteckt sind; das krause, vielfach gewundene Genitalband (*s*) liegt unten im distalen Grunde der faltenreichen Gastrogenital-Taschen (*gg*), deren Proximal-Ende an dem knorpeligen Mundringe (*au*) inserirt ist. Von den 4 Mundarmen oder Arm-Gardinen ist nur das Basalstück in der Figur sichtbar, und zwar so dargestellt, dass dasselbe am oberen Arm vollständig ist, an den beiden mittleren hingegen halb abgeschnitten, an dem unteren grösstentheils entfernt. Am oberen Arme sieht man, wie die beiden divergirenden Seitenränder der starken, gleichseitig dreieckigen Knorpelplatte (— welche den Basaltheil der Mundgardinen und die distale Ausbreitung der Armpfeiler bildet —) an einer Stelle (bei *ab*) klappenartig über einander greifen; dadurch wird die flache Mundrinne (*ar*) auf eine kurze Strecke fast in einen Canal verwandelt. An den beiden mittleren Mundarmen (rechts und links) ist die untere Klappe (oder der untere Seitenrand der dreieckigen Knorpelplatte) weggeschnitten, so dass die Mundrinne (oder Armrinne) ganz offen liegt (*ar*). Noch mehr ist letztere am unteren Arme frei gelegt, von dem nur der dorsale Mitteltheil der Knorpelplatte erhalten ist. Von den zarthäutigen und faltenreichen Mundgardinen, welche aus den umgebogenen und zurückgeschlagenen Seitenrändern der basalen Knorpelplatte hervorgehen, ist nur oben ein kleiner Basaltheil sichtbar (*aq*); man sieht aber, wie hier unterhalb des Mundringes (*au*) die 4 Mundgardinen an ihrer Basis zusammenhängen und ein kurzes Mundrohr bilden (*at*).

Figur 10. Eine Gonade nebst den benachbarten Mundtheilen, in natürlicher Grösse, von einem reifen Weibchen. *s* Das bandförmige, krausenartig gefaltete Ovarium. *gg* Die zarthäutige Gastrogenital-Tasche. *au* Knorpeliger Mundring. *ap* Die perradialen Mundpfeiler. *at* Mundrohr. *am* Krauser Rand der Mundgardinen (*aq*), nach oben zurückgeschlagen.

Figur 11. Ein Stückchen eines Genital-Bandes (Spermarium), schwach vergrössert. *s* Die Hoden-Follikel. *gg* Gastrogenital-Membran. *f* Gastral-Filamente, auf deren entodermaler Innenfläche zerstreut.

DRYMONEMA VICTORIA

Tafel XXXII.

Achte Medusen-Ordnung:

DISCOMEDUSAE.

Acraspeden mit 8 oder mehr Sinneskolben (4 perradialen und 4 interradialen, ausserdem bisweilen mehreren accessorischen), und mit 4 interradialen (selten 8 adradialen) Gonaden in der Sub-umbral-Wand des scheibenförmigen Centralmagens; sowie mit einem Kranze von 16—32 oder mehr radialen Taschen oder Canälen in der Peripherie.

VIII C. Dritte Unterordnung der Discomedusen:

RHIZOSTOMAE.

Discomedusen mit 8 grossen adradialen, einfachen oder verästelten Mundarmen, welche zahlreiche kleine Trichter-Mündchen tragen; ohne centrale Mundöffnung und ohne Tentakeln.

Familie:

CRAMBESSIDAE.

Rhizostomen mit einem einzigen centralen Subgenital-Porticus und mit dorsalen sowohl als ventralen Trichter-Krausen der 8 Mundarme (Monodemniae multicrispae).

Subfamilie: LEPTOBRACHIDAE.

Crambessiden ohne freie Oberarme, sowie mit bandförmigen, verlängerten und dünnen Unterarmen, welche grösstentheils nackt sind und nur am Distaltheil ein quastenförmiges Büschel von Trichter-Krausen mit Trichter-Mündchen tragen.

Leonura terminalis.

Tafel XXXII.

Leonura terminalis.

Die Buchstaben bedeuten in allen Figuren dasselbe:

a	Mundöffnung (zugewachsen)	*ch*	Arm-Canäle (adradial)	*ir*	Subgenital-Porticus
ab	Mundarme	*ci*	Interradiale Subumbral-Canäle	*lo*	Ocular-Lappen
ah	Mundscheibe (Armscheibe)	*cp*	Perradiale Subumbral-Canäle	*lv*	Velar-Lappen
aa	Trichterkrausen (Saugkrausen)	*cv*	Velar-Canäle (Lappen-Canäle)	*o₁*	Perradiale Rhopalien
ao	Krausenmündchen (Saugmündchen)	*ga*	Buccal-Magen	*o₂*	Interradiale Rhopalien
ap	Armpfeiler (Mundpfeiler)	*gc*	Central-Magen	*s*	Gonaden (Genital-Krausen)
as	Mundkreuz (zugewachsen)	*gg*	Gastrogenital-Membran	*sx*	Distal-Enden derselben
ca	Adradiale Subumbral-Canäle	*gh*	Leistenkreuz derselben	*ug*	Schirm-Gallerte
cc	Ringcanal	*gm*	Rand des Central-Magens	*u*	Subumbrella
cd	Pfeiler-Canäle (perradial)	*ig*	Subgenital-Ostien (Portale)	*z*	Stützplatte (Paltura)

Mit Ausnahme von Fig. 5 und 8 sind alle Figuren in natürlicher Grösse gezeichnet.

Figur 1. Die ganze Meduse, Profil-Ansicht (von der Seite), in natürlicher Grösse. Man sieht alle 8 Arme mit ihren Krausen und Terminal-Knöpfen. Rechts ist aus dem Velarium ein Octant herausgeschnitten, um ein Subgenital-Ostium (*ig*) zu zeigen, beiderseits von einem Mundpfeiler (*ap*) begrenzt.

Figur 2. Radial-Schnitt durch die ganze Meduse, in natürlicher Grösse. Der Schirm (*ug*) hängt nur durch die 4 perradialen Mundpfeiler (*ap*) mit der armtragenden Scheibe (*ah*) zusammen; ebenso steht der Central-Magen (*gc*) — von dem die Radial-Canäle ausgehen — nur durch die 4 Pfeiler-Canäle (*cd*) mit dem Buccal-Magen (*ga*) in Verbindung, von welchem die 8 Arm-Canäle abgehen.

Figur 3. Die ganze Meduse, Exumbral-Ansicht (von oben), in natürlicher Grösse. Der kreuzförmige Central-Magen mit dem Genital-Kreuz schimmert durch die Exumbrella hindurch, welche polygonal getäfelt erscheint; am Rande die 8 Sinneskolben.

Figur 4. Die ganze Meduse, Subumbral-Ansicht (von unten), in natürlicher Grösse. Die 4 perradialen Mundpfeiler (*ap*) sind an ihrem Ursprunge abgeschnitten und nebst der daran hängenden Mundscheibe und den 8 Armen entfernt, so dass man die ganze Subumbral-Fläche frei sieht, in der Mitte die kreuzförmige Gastrogenital-Membran (welche den Boden des Central-Magens bildet).

Figur 5. Die Zotten-Rosette der Mundscheibe, in der Mitte ihrer Ventral-Fläche, von unten, in doppelter natürlicher Grösse; die 8 adradialen Schenkel derselben hängen an der Basis paarweise zusammen.

Figur 6. Die Dorsal-Fläche der Mundscheibe, von oben, in natürlicher Grösse; in der Mitte schimmert der Buccal-Magen (*ga*) durch. An den 4 perradialen Ecken sind die Durchschnitte der 4 Pfeiler-Canäle (*cd*) sichtbar und beiderseits derselben die Distal-Enden der Gonaden (*sx*).

Figur 7. Die Ventral-Fläche der Mundscheibe, von unten, in natürlicher Grösse. Von den 4 Arm-paaren sind die 3 unteren an der Basis abgeschnitten; in der Mitte ist die Zottenrosette entfernt, um die Verwachsungs-Naht des Mundkreuzes zu zeigen (*ao*).

Figur 8. Querschnitt durch einen Arm, in der Distal-Hälfte, am Beginne der Krausenbildung, schwach vergrössert. *aa₁* Ventrale (unpaare) Krause. *aa₂* Dorsale (paarige) Krausen. *ch₁* Ventraler (unpaarer) Armcanal. *ch₂* Dorsale (paarige) Arm-Canäle.

LEONURA TERMINALIS.